Peter Stein inszeniert

# FAUST

PETER STEIN INSZENIERT

# FAUST

VON JOHANN WOLFGANG GOETHE

Das Programmbuch
Faust I und II

Herausgegeben von
Roswitha Schieb
unter Mitarbeit von Anna Haas

DUMONT

# Inhalt

## Teil 1
## Zu Autor, Stück und Aufführung



## Teil 2
## Probentagebuch

## Teil 3
# Aufführungsfotos und Faust-Illustrationen der Goethezeit



## Teil 4
# Analysen und Meinungen zu Goethes Faust

## Teil 5
## Anhang

# Zur Entstehungsgeschichte unserer Faust-Aufführung

Peter Stein

Meine Arbeit an dieser Inszenierung widme ich Klaus Michael Grüber, dessen zweimalige Beschäftigung mit dem Stück mir Vorbild war.

Letzten Endes beginnt diese Geschichte Mitte der 50er Jahre mit den Versuchen eines Bildungsbürgerknaben, den *Faust II* zu lesen. Ich hatte – damals war das noch Pflicht – den *Faust I* in der Schule gelesen und spannend, ja erregend gefunden, doch der zweite Teil wurde von den Lehrern als bedeutungsvoll, wichtig, ja besonders »goethisch«, jedoch als zu schwierig, für Jugendliche ungeeignet, zu gewichtig, außer Betracht gelassen. Der Hang zur Besserwisserei, sportiver Ehrgeiz, Entzifferungssucht, Lust an Sprache und Sprachwitz ließen mich immer wieder den Versuch unternehmen, diesen als unbesteigbar verschrieenen Bildungsberg zu bekraxeln. Anreiz waren auch die gnadenlosen Verrisse, die das Werk von seinem Erscheinen bis in allerneueste Zeit immer wieder erfahren mußte und die in ihrer Gereiztheit die Schwierigkeiten der Interpreten bei der Bewältigung ihrer Aufgaben verrieten.

Der erste schülerhafte Verständnisversuch scheiterte nicht nur am Primärtext, sondern auch an der Unfähigkeit, die Kommentare zu lesen. Der nächste Annäherungsversuch des Germanistikstudenten acht Jahre später mißlang ebenso, trotz der erlernten Fähigkeit, die Kommentare zu benutzen, doch blieb als Ergebnis die Gewißheit, daß *Faust II* nicht nur ein kategorial anderes Kunstwerk sei als der *Faust I*, sondern daß der Titel »Weltgedicht« wenn überhaupt, dann nur auf *Faust II* zutreffen könne, daß es sich hier um das eigentliche Zentrum des Werkes und um den Gipfel der Sprachkunst Goethes handele.

Nie wieder, bis zum Beginn der Proben 1999, habe ich den ersten *Faust* aufgeschlagen, bin ihm nur in zahllosen Aufführungen begegnet, deren abstoßend-nachlässige, flüchtige oder falsche Behandlung des Sprach- und Sprechproblems mich immer vom Stück und meiner Leseerinnerung entfernten. Womit ich Umgang pflegte, war der zweite Teil, so, als wir 1969/70 den Spielplan der neu zu gründenden Berliner Schaubühne aufzustellen versuchten. Wieder wollte sich die Intensität des Interesses nicht in eine Intensität des Lesens und Aufnehmens verwandeln, der Ermüdungseffekt, die Kurzatmigkeit der Konzentration, die Verständnisverwirrung wollten nicht weichen, auch las ich diesmal als Regisseur und auf »Theatertauglichkeit« hin, da machte mir die Abwesenheit von Handlung, das Abgebrochene, »Inkommensurable«, die fragile Dramaturgie zu schaffen.

15 Jahre später, bei dem Versuch, ein »Mittelalter-Projekt« fürs Theater zu entwerfen, erinnerte ich mich an die Szenen im *Faust II*, wo deutsches Mittelalter und mediterrane antike Klassik aufeinandertreffen, sich durchdringen, und so etwas wie eine »Renaissance« erdacht wird. Zu meiner Verwunderung ging das erneuerte Lesegeschäft plötzlich ganz leicht vonstatten, Kommentare wurden nicht gebraucht, das Werk öffnete sich als Theaterstück, sein Einfallsreichtum, seine intrikate Struktur, sein Tiefsinn und vor allem seine aggressive Frivolität und Komik drängten sich geradezu auf. Goethes Warnung, *Faust II* betreffend, »wer sich nicht etwas umgetan und einiges erlebt hat, wird nichts damit anzufangen wissen«, begriff ich nun, ebenso, was er mit der paradoxalen Formel von den »ernst gemeinten Scherzen« sagen wollte. Folgende Erkenntnisse ließen mich jetzt an eine Aufführung des zweiten Teils denken:

1. *Faust II* ist als Theaterstück geschrieben. Es benutzt das Theater als Metapher, es zitiert Theater (auf dem Theater auf dem Theater), es demonstriert die Kenntnis unterschiedlicher Theaterformen und -räume und macht ständig Anspielungen auf Aufführungspraktiken.
2. Das Stück besitzt eine dramatische Struktur, die erst im 20. Jahrhundert ausgearbeitet und akzeptiert wurde. Denn seine Makrostruktur ist zyklisch angelegt, die Handlung in wiederkehrenden Kreisen angeordnet, die sich spiralenförmig übereinanderschieben. Die Binnenstruktur benutzt das Formprinzip der Reihung einzelner »Nummern« (in der Art einer Revue, kabarettartig). Diese »Nummern« haben die Tendenz, in kleinere und kleinste »Unter-Nummern« zu zerfallen – alles Formprinzipien des 20. Jahrhunderts – wie auch die grundsätzlich musikalischen Bauformen vieler Teile.
3. Es behandelt Themen und zentrale Probleme des sogenannten modernen Menschen wie Zukunftsverfangenheit und

Zukunftslosigkeit, Überhandnehmen des Virtuellen in Ökonomie und Alltagsleben, Schaffung künstlicher Intelligenz, den fatalen Drang zum Eingriff in die Natur und ihre Umgestaltung, die verheerenden Folgen des Drangs der Übereilung, der Beschleunigung der Erlebnisabläufe, usw.
4. Es ist im klassischen Sinn als Tragödie angelegt, die das unerbittliche Scheitern allen menschlichen Strebens vor Augen führt, im Detail jedoch präsentiert es sich als Komödie, ja als Satire und Farce.
5. Das Stück ist von einem 80jährigen geschrieben, also ein Alterswerk, bewußt als ein solches gestaltet mit allen Freiheiten, Rücksichtslosigkeiten gegen Konvention, die großen Alterswerken eigen sind. Jugend gegen Alter, das Altern selbst, der Kampf um das Bewahren der Impulse der Jugend sind ebenfalls wichtige Themen. Goethes Bezugnahme auf sein Jugendwerk *Faust* und die Tatsache, daß er als Form wieder das Theater wählte, gaben ihm die Möglichkeit, all sein Wissen, seine Gedanken und Vorstellungen als Spielmaterial zu nutzen, es in die Luft zu werfen, allem und jedem, vor allem sich selbst zu widersprechen und so eine Frechheit und aggressive Kraft zu entfalten, die Alterswerken normalerweise nicht eigen sind.

Um all dies aber zu entfalten, das wurde mir rasch klar, muß man das Stück integral vorstellen, zusammen mit dem 1. Teil. Man muß auch die theaterräumlichen Vorschläge Goethes ernstnehmen. Die unselige Tradition der »Fassungen« galt es zu durchbrechen, andererseits kein Weihe- oder Festspiel zu weltanschaulichen Zwecken daraus zu machen (wie von Rudolf Steiner geschehen).

Mein Ziel wurde die erste ungestrichene Gesamtaufführung des *Faust* durch ein Berufstheaterensemble, das dieses Stück wie andere für ein bis zwei Spielzeiten in den Spielplan nimmt.

Die Probleme, die sich einer solchen simplen Realisierung in den Weg stellen, sind vielfältige.
1. Die Länge des Stücks. Die reine Spieldauer von ca. 15 Stunden entspricht 6 Normalaufführungen und läßt sich so nicht in den Spielplan eines Normaltheaters einbinden.
2. Der Raum. Das Befolgen der goetheschen Raum-Konzeptionen erfordert eine ständige Veränderung des räumlichen Verhältnisses zwischen Spiel- und Zuschauerraum, ein fester Theaterraum ist dafür ungeeignet.
3. Die Schauspieler. Da nur zwei große, einige mittlere und unzählige winzige Rollenaufgaben in diesem Stück zur Verfügung stehen, gleichzeitig etwa ein halbes Jahr probiert werden muß, ohne eine Premiere zu haben, ist die Mitarbeit bei solch einem Projekt für die Mehrheit der benötigten Schauspieler unattraktiv.
4. Der finanzielle Aspekt. Bühnenbilder für quasi sechs Inszenierungen und die lange Probenzeit sind extrem teuer.

Dennoch schien, nachdem für die Faust-Rolle ein Schauspieler gefunden war, von dem man hoffen konnte, daß er die immensen sprachlichen Schwierigkeiten des Stücks meistern wird, in dem von mir entworfenen Theater der von mir einst neugegründeten Schaubühne am Lehniner Platz eine Realisierung möglich, da es sich dort um einen multifunktionalen Theaterbau handelt. Um aber Schauspieler zu überzeugen, bei diesem Stück mitzuwirken, tat sich ein anderes Hindernis auf: die zu Beginn erwähnten Leseschwierigkeiten. Ich mußte den betreffenden Schauspielern den Text also erklärend vorlesen, wenn ich sie denn gewinnen wollte. Daraus ergab sich eine Praxis, die ich in vielen Städten Deutschlands, auch in Paris und Italien, vor normalem Publikum jahrelang weitergeführt habe. Dies war meine Hauptbeschäftigung mit dem Stück, nachdem das Projekt an der Berliner Schaubühne am Widerstand der alten und neuen Leitung scheiterte.

Ich bot daraufhin das Projekt anderen Theatern und Festivals an, ohne Ergebnis. Mir wurde klar, daß ich für diese Inszenierung eigens ein Theater würde gründen und letzten Endes auch materiell würde bauen müssen. Dies um so mehr, als ein Chor höhnischer Ablehnung seitens der veröffentlichten Meinung meine Initiativen begleitete. Dazu kam die ständig sich verschlechternde Situation der staatlichen Kulturetats und die damit verbundenen, haßerfüllten Verteilungskämpfe meiner Kollegen.

Das erste positive Signal erreichte mich von der EXPO 2000 in Hannover, deshalb findet die Premiere auch hier statt. Der entscheidende Durchbruch erfolgte jedoch, als es gelang, die Kulturstiftung der Deutschen Bank und ihre damalige Leiterin, Frau Seebacher-Brandt, für das *Faust*-Projekt zu gewinnen, denn das zog weitere Unterstützung aus der Privatwirtschaft (DaimlerChrysler, Mannesmann, Ruhrgas) sowie Finanzzusagen der Bundesregierung und des Berliner Senats nach sich. Schließlich sagte die Stadt Wien eine Kostenbeteiligung und ein Gastspiel zu. Der Eigenbeitrag aus Kartenerlösen und dem Verkauf der Fernsehrechte von ca. 30% der Etatsumme bilden die Grundlage des Budgets, von dem allerdings alle Bau-, Anschaffungs-, Personal-, und Unterhaltskosten für zwei Theaterräume und 80 Beschäftigte bestritten werden müssen. Als weitere Unterstützung bildete sich ein Freundeskreis, der bis zum gegenwärtigen Zeitpunkt etwa 850 Mitglieder zählt.

Wir begannen am 1. September 1999 in einer angemieteten leeren Lagerhalle zu proben, brachten am 8. Dezember eine erste und am 20. April 2000 eine zweite Parallelproduktion heraus, und zogen am 1. April in eine Messehalle, unserem ersten Spielort, um. Dort findet die Premiere der ersten professionellen Gesamtaufführung von Goethes *Faust* am 22./23. Juli 2000 statt.

# Johann Wolfgang von Goethe
# Faust

Eine Tragödie

## Zueignung

Im Wechsel gelesen von dazu eingeladenen Kollegen

## Vorspiel auf dem Theater

| | |
|---|---|
| Direktor | Jürgen-Christoph Kamcke |
| Dichter | Justus Carrière |
| Lustige Person | Robert Hunger-Bühler |

## Prolog im Himmel

| | |
|---|---|
| Der Herr | Johannes Zeiler |
| Raphael | Thorsten Loeb |
| Gabriel | Aom Flury |
| Michael | Michael Rotschopf |
| Mephistopheles | Johann Adam Oest |

## Der Tragödie erster Teil

**Nacht**

| | |
|---|---|
| Faust | Bruno Ganz |
| Erdgeist | Hans Michael Rehberg (als Gast) |
| Wagner | Justus Carrière |
| Chor der Engel | Nicola Schößler |
| Chor der Weiber | Ana Kerezović |
| Chor der Jünger | Stephan von der Decken |

**Vor dem Tor**

| | |
|---|---|
| Handwerksburschen | Patrick O'Beirne, Stephan von der Decken, Lorenz Köhler, Daniel Keberle, Thorsten Loeb, Alexander Peutz |
| Dienstmädchen | Hille Beseler, Gisela Salcher |
| Schüler | Aom Flury, Johannes Zeiler |
| Bürgermädchen | Nicola Schößler, Petra Tauscher |
| Bürger | Jürgen-Christoph Kamcke, Bernd Ludwig, Rainer Philippi |
| Bettler | Johann Adam Oest |
| Alte | Christine Oesterlein |
| Soldaten | Patrick O'Beirne, Stephan von der Decken, Lorenz Köhler, Daniel Keberle, Thorsten Loeb, Alexander Peutz |
| Faust | Bruno Ganz |
| Wagner | Justus Carrière |
| Alte Bauern | Stephan Baumecker, Christian Habicht |
| Bauern und Bauernweiber | Hille Beseler, Melanie Blocksdorf, Brigitte Hobmeier, Ana Kerezović, Tanja Kübler, Elke Petri, Gisela Salcher, Schirin Sanaiha, Nicola Schößler, Petra Tauscher, Patrick O'Beirne, Stephan von der Decken, Aom Flury, Jürgen-Christoph Kamcke, Daniel Keberle, Thorsten Loeb, Bernd Ludwig, Rainer Philippi, Jürgen Sarkiss, Johannes Zeiler, Christian Nickel (Fiedler) |

**Studierzimmer [I]**

Faust — Bruno Ganz
Mephistopheles — Robert Hunger-Bühler
Geister — Melanie Blockdorf, Ana Kerezović, Schirin Sanaiha, Tanja Kübler, Stephan von der Decken, Lorenz Köhler, Alexander Peutz, Jürgen Sarkıss

**Studierzimmer [II]**

Faust — Bruno Ganz
Mephistopheles — Johann Adam Oest
Geisterchor — Melanie Blockdorf, Ana Kerezović, Schirin Sanaiha, Tanja Kübler, Stephan von der Decken, Lorenz Köhler, Alexander Peutz, Jürgen Sarkiss
Schüler — Michael Rotschopf

**Auerbachs Keller in Leipzig**

Frosch — Lorenz Köhler
Brander — Patrick O'Beirne
Siebel — Thorsten Loeb
Altmayer — Bernd Ludwig
Faust — Bruno Ganz
Mephistopheles — Johann Adam Oest

**Hexenküche**

Meerkatze — Gisela Salcher
Meerkater — Daniel Keberle
Junge Meerkatzen — Brigitte Hobmeier, Tanja Kübler
Faust — Bruno Ganz, Christian Nickel
Mephistopheles — Robert Hunger-Bühler
Hexe — Elke Petri
Helena — Corinna Kirchhoff

**Gretchenszenen I**

Faust — Christian Nickel
Margarete — Dorothee Hartinger
Mephistopheles — Robert Hunger-Bühler
Marthe — Elke Petri
Volk — Ensemble

**Wald und Höhle**

Faust — Bruno Ganz
Mephistopheles — Johann Adam Oest

**Gretchenszenen II**

Margarete — Dorothee Hartinger
Faust — Christian Nickel
Mephistopheles — Robert Hunger-Bühler
Lieschen — Brigitte Hobmeier
Valentin — Daniel Keberle
Marthe — Elke Petri
Volk — Ensemble

**Dom**

Böser Geist — Johann Adam Oest
Margarete — Dorothee Hartinger
Volk — Ensemble

**Walpurgisnacht**

Mephistopheles — Johann Adam Oest
Faust — Bruno Ganz, Christian Nickel
Irrlicht — Stephan von der Decken
Hexen — Hille Beseler, Melanie Blocksdorf, Brigitte Hobmeier, Ana Kerezović, Tanja Kübler, Gisela Salcher, Schirin Sanaiha, Nicola Schößler, Petra Tauscher
Frau Baubo — Elke Petri
Lilith — Melanie Blocksdorf
Hexenmeister — Stephan Baumecker, Patrick O'Beirne, Justus Carrière, Lorenz Köhler, Thorsten Loeb, Michael Rotschopf, Johannes Zeiler
General — Rainer Philippi
Minister — Bernd Ludwig
Parvenu — Jürgen-Christoph Kamcke
Autor — Christian Habicht
Trödelhexe — Gisela Salcher
Die Schöne — Brigitte Hobmeier
Die Alte — Christine Oesterlein
Proktophantasmist — Jürgen Sarkiss
Margarete — Dorothee Hartinger
Servibilis — Alexander Peutz

**Walpurgisnachtstraum**

Ensemble

**Trüber Tag · Feld**

| | |
|---|---|
| Faust | Bruno Ganz |
| Mephistopheles | Johann Adam Oest |

**Nacht · Offen Feld**

| | |
|---|---|
| Faust | Christian Nickel |
| Mephistopheles | Robert Hunger-Bühler |

**Kerker**

| | |
|---|---|
| Faust | Christian Nickel |
| Margarete | Dorothee Hartinger |
| Mephistopheles | Robert Hunger-Bühler |

# Der Tragödie zweiter Teil

## I. Akt

**Anmutige Gegend**

| | |
|---|---|
| Faust | Bruno Ganz |
| Ariel | Aom Flury |
| Geisterkreis | Hille Beseler, Brigitte Hobmeier, Dorothee Hartinger, Gisela Salcher, Nicola Schößler, Petra Tauscher |

**Kaiserliche Pfalz · Saal des Thrones**

| | |
|---|---|
| Kaiser | Stephan Baumecker |
| Junker | Stephan von der Decken, Lorenz Köhler |
| Astrolog | Jürgen Sarkiss |
| Mephistopheles | Robert Hunger-Bühler |
| Kanzler | Rainer Philippi |
| Heermeister | Jürgen-Christoph Kamcke |
| Marschalk | Bernd Ludwig |
| Schatzmeister | Christian Habicht |
| Volksgemurmel | Ensemble |

**Weitläufiger Saal**

| | |
|---|---|
| Herold | Thorsten Loeb |

*Karneval: Erste Abteilung*

| | |
|---|---|
| Gärtnerinnen: | |
| Olivenzweig | Schirin Sanaiha |
| Ährenkranz | Gisela Salcher |
| Phantasiekranz | Hille Beseler |
| Phantasiestrauß | Ana Kerezović |
| Rosenknospen | Nicola Schößler, Dorothee Hartinger |
| Gärtner | Patrick O'Beirne, Aom Flury, Daniel Keberle, Michael Rotschopf, Jürgen Sarkiss, Johannes Zeiler |
| Mutter | Elke Petri |
| Tochter | Brigitte Hobmeier |
| Gespielinnen | Melanie Blocksdorf, Tanja Kübler, Petra Tauscher |
| Fischer und Vogelsteller | Christian Habicht, Martin Müller, Johann Adam Oest |

*Karneval: Zweite Abteilung*

| | |
|---|---|
| Holzhauer | Stephan von der Decken, Jürgen-Christoph Kamcke, Alexander Peutz |
| Pulcinelle | Corinna Kirchhoff, Tanja Kübler, Rainer Philippi |
| Parasiten | Justus Carrière, Lorenz Köhler, Bernd Ludwig |
| Trunkener | Jürgen Sarkiss |
| Naturdichter | Daniel Keberle |
| Hofsänger | Patrick O'Beirne |
| Rittersänger | Michael Rotschopf |
| Zärtlicher | Aom Flury |
| Enthusiast | Johannes Zeiler |
| Satiriker | Justus Carrière |

*Karneval: Dritte Abteilung*

| | |
|---|---|
| Grazien: | |
| Aglaia | Nicola Schößler |
| Hegemone | Tanja Kübler |
| Euphrosyne | Dorothee Hartinger |
| Parzen: | |
| Atropos | Christine Oesterlein |
| Klotho | Schirin Sanaiha |
| Lachesis | Elke Petri |
| Furien: | |
| Alekto | Melanie Blocksdorf |
| Megära | Hille Beseler |
| Tisiphone | Petra Tauscher |

*Karneval: Vierte Abteilung*

| | |
|---|---|
| Fortitudo-Wagen: | |
| Furcht | Gisela Salcher |
| Hoffnung | Brigitte Hobmeier |

| | |
|---|---|
| Klugheit | Ana Kerezović |
| Viktoria | Corinna Kirchhoff |
| Zoilo-Thersites | Daniel Keberle, Johannes Zeiler |

*Karneval: Fünfte Abteilung*

| | |
|---|---|
| Plutus-Wagen: | |
| Knabe Lenker | Christian Nickel |
| Plutus | Bruno Ganz |
| Der Abgemagerte/Geiz | Robert Hunger-Bühler |
| Weibergeklatsch | Dorothee Hartinger, Brigitte Hobmeier, Tanja Kübler, Elke Petri, Gisela Salcher, Nicola Schößler, Petra Tauscher |

*Karneval: Sechste Abteilung*

| | |
|---|---|
| Wildgesang: | |
| Faune | Stephan von der Decken, Alexander Peutz |
| Satyr | Christian Habicht |
| Gnome | Patrick O'Beirne, Daniel Keberle, Lorenz Köhler, Johannes Zeiler |
| Riesen | Jürgen-Christoph Kamcke, Bernd Ludwig |
| Nymphen | Hille Beseler, Melanie Blocksdorf, Ana Kerezović, Schirin Sanaiha |
| Pan | Stephan Baumecker |

**Lustgarten**

| | |
|---|---|
| Faust | Bruno Ganz |
| Kaiser | Stephan Baumecker |
| Mephistopheles | Robert Hunger-Bühler |
| Marschalk | Bernd Ludwig |
| Heermeister | Jürgen-Christoph Kamcke |
| Schatzmeister | Christian Habicht |
| Kanzler | Rainer Philippi |
| Pagen | Aom Flury, Alexander Peutz |
| Kämmerer | Stephan von der Decken, Lorenz Köhler |
| Bannerherrn | Justus Carrière, Johannes Zeiler |
| Narr | Daniel Keberle |

**Finstere Galerie**

| | |
|---|---|
| Mephistopheles | Johann Adam Oest |
| Faust | Bruno Ganz |

**Hell erleuchtete Säle**

| | |
|---|---|
| Kaiser | Stephan Baumecker |
| Mephistopheles | Robert Hunger-Bühler, Johann Adam Oest |
| Kämmerer | Christian Habicht |
| Marschalk | Bernd Ludwig |
| Blondine | Brigitte Hobmeier |
| Braune | Ana Kerezović |
| Dame | Hille Beseler |
| Page | Aom Flury |
| Herold | Thorsten Loeb |
| Hofgesellschaft | Ensemble |

**Rittersaal**

| | |
|---|---|
| Kaiser | Stephan Baumecker |
| Herold | Thorsten Loeb |
| Astrolog | Jürgen Sarkiss |
| Mephistopheles | Robert Hunger-Bühler |
| Architekt | Michael Rotschopf |
| Faust | Bruno Ganz |
| Paris | Christian Nickel |
| Helena | Corinna Kirchhoff |
| Hofdamen | Melanie Blocksdorf, Christine Oesterlein, Elke Petri, Gisela Salcher, Schirin Sanaiha, Petra Tauscher |
| Ritter | Lorenz Köhler, Johannes Zeiler |
| Heermeister | Jürgen-Christoph Kamcke |
| Kämmerer | Bernd Ludwig |
| Diplomat | Justus Carrière |
| Poet | Johannes Zeiler |
| 1. Hofmann | Stephan von der Decken |
| 2. Hofmann | Alexander Peutz |
| Gelahrter | Patrick O'Beirne |
| Page | Aom Flury |

## II. Akt

**Hochgewölbtes, enges, gotisches Zimmer**

| | |
|---|---|
| Faust | Bruno Ganz |
| Mephistopheles | Johann Adam Oest |
| Chor der Insekten | Melanie Blockdorf, Ana Kerezović, Schirin Sanaiha, Tanja Kübler, Stephan von der Decken, Aom Flury, Lorenz Köhler, Alexander Peutz |
| Famulus | Jürgen Sarkiss |
| Baccalaureus | Michael Rotschopf |

**Laboratorium**

| | |
|---|---|
| Wagner | Justus Carrière |
| Mephistopheles | Johann Adam Oest |
| Homunculus | Elvel Loginova/Laura Rochell, Tanja Kübler (Stimme) |
| Faust | Bruno Ganz |

**Klassische Walpurgisnacht · Pharsalische Felder**

| | |
|---|---|
| Erichtho | Ana Kerezović |
| Homunculus | Elvel Loginova/Laura Rochell, Tanja Kübler (Stimme) |
| Mephistopheles | Johann Adam Oest |
| Faust | Bruno Ganz |

**Am oberen Peneios**

| | |
|---|---|
| Mephistopheles | Johann Adam Oest |
| Greife | Stephan von der Decken, Alexander Peutz |
| Sphinxe | Hille Beseler, Melanie Blocksdorf |
| Ameisen | Ana Kerezović, Elke Petri, Gisela Salcher |
| Arimaspen | Aom Flury, Lorenz Köhler |
| Sirenen | Dorothee Hartinger, Nicola Schößler |
| Faust | Bruno Ganz |

**Am unteren Peneios**

| | |
|---|---|
| Faust | Bruno Ganz |
| Peneios | Stephan Baumecker |
| Nymphen | Brigitte Hobmeier, Tanja Kübler, Petra Tauscher |
| Chiron | Jürgen-Christoph Kamcke |
| Manto | Schirin Sanaiha |

**Am oberen Peneios wie zuvor**

| | |
|---|---|
| Sirenen | Dorothee Hartinger, Nicola Schößler |
| Seismos | Johannes Zeiler |
| Sphinxe | Hille Beseler, Melanie Blocksdorf |
| Greife | Stephan von der Decken, Alexander Peutz |
| Ameisen | Elke Petri, Aom Flury, Lorenz Köhler |
| Pygmäen | Christine Oesterlein, Jürgen Sarkiss |
| Daktylen | Corinna Kirchhoff, Daniel Keberle |
| Pygmäen-Älteste | Justus Carrière, Christian Nickel |
| Generalissimus | Thorsten Loeb |
| Die Kraniche des Ibykus | Patrick O'Beirne, Michael Rotschopf |
| Mephistopheles | Johann Adam Oest |
| Lamien | Brigitte Hobmeier, Ana Kerezović, Tanja Kübler, Gisela Salcher, Petra Tauscher |
| Empuse | Schirin Sanaiha |
| Oreas | Christine Oesterlein |
| Homunculus | Elvel Loginova/Laura Rochell, Tanja Kübler (Stimme) |
| Anaxagoras | Rainer Philippi |
| Thales | Bernd Ludwig |
| Dryas | Brigitte Hobmeier |
| Phorkyaden | Ana Kerezović, Christine Oesterlein, Elke Petri |

**Felsbuchten des Ägäischen Meers**

| | |
|---|---|
| Sirenen | Dorothee Hartinger, Ana Kerezović, Nicola Schößler |
| Nereiden und Tritonen | Hille Beseler, Brigitte Hobmeier, Gisela Salcher, Stephan von der Decken, Lorenz Köhler, Alexander Peutz |
| Thales | Bernd Ludwig |
| Homunculus | Elvel Loginova/Laura Rochell, Tanja Kübler (Stimme) |
| Nereus | Christian Habicht |
| Proteus | Jürgen Sarkiss |
| Telchinen | Patrick O'Beirne, Daniel Keberle, Johannes Zeiler |
| Psyllen und Marsen | Stephan Baumecker, Thorsten Loeb, Rainer Philippi |
| Doriden | Melanie Blocksdorf, Schirin Sanaiha, Petra Tauscher |
| Jünglinge | Aom Flury, Christian Nickel, Michael Rotschopf |
| Galatee | Tanja Kübler |

## III. Akt

**Vor dem Palaste des Menelas zu Sparta**

| | |
|---|---|
| Helena | Corinna Kirchhoff |
| Panthalis | Elke Petri |
| Phorkyas | Christine Oesterlein, Robert Hunger-Bühler |
| Chor der Trojanerinnen | Hille Beseler, Melanie Blocksdorf, Dorothee Hartinger, Brigitte Hobmeier, Ana Kerezović, Tanja Kübler, Gisela Salcher, Schirin Sanaiha, Nicola Schößler, Petra Tauscher |
| Zwerge | Patrick O'Beirne, Daniel Keberle, Lorenz Köhler, Johannes Zeiler |

**Innerer Burghof**

| | |
|---|---|
| Helena | Corinna Kirchhoff |
| Panthalis | Elke Petri |
| Faust | Bruno Ganz |
| Phorkyas | Robert Hunger-Bühler |
| Lynkeus | Michael Rotschopf |
| Chor der Trojanerinnen | Hille Beseler, Melanie Blocksdorf, Dorothee Hartinger, Brigitte Hobmeier, Ana Kerezović, Tanja Kübler, Gisela Salcher, Schirin Sanaiha, Nicola Schößler, Petra Tauscher |
| Jünglinge | Stephan von der Decken, Aom Flury, Daniel Keberle, Lorenz Köhler, Thorsten Loeb, Alexander Peutz, Jürgen Sarkiss, Johannes Zeiler |
| Heerführer | Justus Carrière, Christian Habicht, Jürgen Christoph Kamcke, Bernd Ludwig, Rainer Philippi |

**Schattiger Hain**

| | |
|---|---|
| Helena | Corinna Kirchhoff |
| Faust | Bruno Ganz |
| Euphorion | Christian Nickel |
| Junges Mädchen | Nicola Schößler |
| Panthalis | Elke Petri |
| Phorkyas | Robert Hunger-Bühler |
| Chor der Trojanerinnen | Hille Beseler, Melanie Blocksdorf, Dorothee Hartinger, Brigitte Hobmeier, Ana Kerezović, Tanja Kübler, Gisela Salcher, Schirin Sanaiha, Nicola Schößler, Petra Tauscher |

## IV. Akt

**Hochgebirg**

| | |
|---|---|
| Faust | Bruno Ganz |
| Mephistopheles | Robert Hunger-Bühler |
| Die drei Gewaltigen: | |
| Raufebold | Alexander Peutz |
| Habebald | Stephan von der Decken |
| Haltefest | Jürgen Sarkiss |

**Auf dem Vorgebirg**

| | |
|---|---|
| Kaiser | Stephan Baumecker |
| Obergeneral | Jürgen-Christoph Kamcke |
| Trabanten | Patrick O'Beirne, Daniel Keberle, Thorsten Loeb, Johannes Zeiler |
| Mephistopheles | Robert Hunger-Bühler |
| Kundschafter, Herolde | Aom Flury, Lorenz Köhler |
| Faust | Bruno Ganz |
| Raufebold | Alexander Peutz |
| Habebald | Stephan von der Decken |
| Haltefest | Jürgen Sarkiss |
| Eilebeute | Gisela Salcher |
| Raben | Ana Kerezović, Nicola Schößler |

**Des Gegenkaisers Zelt**

| | |
|---|---|
| Habebald | Stephan von der Decken |
| Eilebeute | Gisela Salcher |
| Trabanten | Patrick O'Beirne, Daniel Keberle, Thorsten Loeb, Johannes Zeiler |
| Kaiser | Stephan Baumecker |
| Erzmarschall | Jürgen-Christoph Kamcke |
| Erzkämmerer | Christian Habicht |
| Erztruchseß | Bernd Ludwig |
| Erzschenk | Aom Flury |
| Erzkanzler/Erzbischof | Rainer Philippi |

## V. Akt

**Offene Gegend**

| | |
|---|---|
| Wandrer | Johannes Zeiler |
| Baucis | Tanja Kübler |
| Philemon | Justus Carrière |

**Palast**

| | |
|---|---|
| Lynkeus | Michael Rotschopf |
| Faust | Bruno Ganz |
| Raufebold | Alexander Peutz |
| Habebald | Stephan von der Decken |
| Haltefest | Jürgen Sarkiss |
| Mephistopheles | Johann Adam Oest |

**Tiefe Nacht**

| | |
|---|---|
| Lynkeus | Michael Rotschopf |
| Faust | Bruno Ganz |
| Mephistopheles | Johann Adam Oest |
| Raufebold | Alexander Peutz |
| Habebald | Stephan von der Decken |
| Haltefest | Jürgen Sarkiss |

**Mitternacht**

| | |
|---|---|
| Mangel | Nicola Schößler |
| Schuld | Melanie Blocksdorf |
| Not | Tanja Kübler |
| Sorge | Schirin Sanaiha |
| Faust | Bruno Ganz |

**Großer Vorhof des Palasts**

| | |
|---|---|
| Mephistopheles | Johann Adam Oest |
| Lemuren | Justus Carrière, Thorsten Loeb, Rainer Philippi |
| Faust | Bruno Ganz |

**Grablegung**

| | |
|---|---|
| Lemuren | Justus Carrière, Thorsten Loeb, Rainer Philippi |
| Mephistopheles | Johann Adam Oest |
| Dickteufel | Patrick O'Beirne, Robert Hunger-Bühler, Daniel Keberle |
| Dürrteufel | Jürgen-Christoph Kamcke, Bernd Ludwig, Martin Müller |
| Chor der Engel | Stephan von der Decken, Aom Flury, Lorenz Köhler, Thorsten Loeb, Alexander Peutz, Michael Rotschopf, Jürgen Sarkiss, Johannes Zeiler |

**Bergschluchten**

| | |
|---|---|
| Pater Ecstaticus | Stephan Baumecker |
| Pater Profundus | Rainer Philippi |
| Pater Seraphicus | Christian Habicht |
| Doctor Marianus | Justus Carrière |
| Mater Gloriosa | Brigitte Hobmeier |
| Chor der Büßerinnen: | |
| Magna Peccatrix | Hille Beseler |
| Mulier Samaritana | Ana Kerezović |
| Maria Aegyptiaca | Petra Tauscher |
| Una Poenitentium/ Gretchen | Dorothee Hartinger |
| Chor seliger Knaben | Nicola Schößler |
| Die jüngeren Engel | Stephan von der Decken, Aom Flury, Alexander Peutz, Michael Rotschopf |
| Die vollendeteren Engel | Lorenz Köhler, Thorsten Loeb, Jürgen Sarkiss, Johannes Zeiler |
| Chorus Mysticus | Ensemble |

| | |
|---|---|
| Regie | Peter Stein |
| Bühnenbild Faust I | Ferdinand Wögerbauer |
| Bühnenbild Faust II | Stefan Mayer |
| Kostüme | Moidele Bickel |
| Musik | Arturo Annecchino |
| Lichtdesign | Heinrich Brunke |
| Tänze | Paula Lansley |
| Tonstudio und Geräusche | Ferdinando Nicci |
| Videoinstallation (Felsbuchten) | Verena Vargas, Dirk Schulz |
| | |
| Regieassistenz | Constanze Albert, Sonja Seidel |
| Bühnenbildassistenz Faust I | Angelika Höckner, Daniela DiScerni |
| Bühnenbildassistenz Faust II | Jan Steigert |
| Kostümassistenz | Ursula Patzak, Julia Wernhard, Petra Schlüter-Wilke |
| Musikassistenz | Emanuele Floris |
| | |
| Musikalische Einstudierung | Alexander Goretzki |
| Stimmbildung | Mirka Yemendzakis |
| | |
| Inspizienz | Martin Müller |
| Souffleuse | Barbara Matte |
| Requisite und Pyroeffekte | Steffi Sonnenberg, Wolf Scheel |
| | |
| Produktionsleitung und Betriebsbüro | Vera Neuroth |
| mit | Silvia Bechtel, Martina Wilmsmann, Sabine Hasselbring |
| | |
| Technische Leitung Produktion | R.-Joachim Barth |
| Technische Leitung im Bühnenbetrieb | Thomas Schimmelpfennig |
| mit Bühnenhandwerkern | Eckart Büttner, Sami Daza, Lothar Gunkel, George Gvelesiani, Simon Gvelesiani, Angelika Hilbig, Andreas Homeyer, Uwe Koch, Georg Köhler, Igor Krywen, Roland Rauhut, Peter Schmidt, Levan Silogava, Daniel Smith, George Sukhishvili, Thorsten Weinhold, Frank Woywod |
| Beleuchtungsmeister | Björn Gerum |
| mit | Markus Brunn, Heike Kujus, Thomas von Speulda, Susanne Bischoff |
| | |
| Elektrotechnik | Frank Eggers |

| | |
|---|---|
| Tonmeister | David Müllner, Andreas Hurler |
| Tonassistenz | Thomas Meitz |
| Werkstattleitung | Hermann Heinemann |
| mit | Corinna Gassauer |
| Schlosserei | Alfred Küsel-Finck |
| mit | Jens Bornemann, Mustafa Bulut, Thomas Noack, Markus Otto, Heiko Peters |
| Bildhauerei | Sergej Longinov, Ciamak Bazzazi, Gunnar Zimmer |
| Tapeziererei | Sabine Bauer |
| Bühnenmalerei | Patrick Funke, Silke Haacks |
| | |
| Herren-Gewandmeister und Leiter der Kostümwerkstätten | Matthias Becker |
| Damen-Gewandmeisterin | Regina Maria Erl |
| Schneiderei | Carmela Ammendola, Emili Frontzek-Palaszewska, Anja-Katharina Lütgens, Karla Mußmann, Lolita Steinmüller, Svetlana Weigandt, Bettina Wolf, Marina Zurek |
| Leitung und Koordination der Garderobe | Petra Schlüter-Wilke |
| Garderobe | Carmela Ammendola, Magdalena Tooren-Wolff, Bettina Wolf |
| Kostümspezialanfertigung | Birgitt Kilian, Cécile Feilchenfeldt |
| Leitung der Maske | Enrique Pohlhammer Clarke |
| mit | Birgit Johannes, Sabine Neumann |
| sowie | Sandra Bade, Antonia Becht, Anne Grabow, Diana Hellwig, Ulrike Mitulla, Katja Raap, Michaela Rinker, Melanie Rolfes, Dorothee von Rosenberg, Heidrun Schwantge |
| Regiehospitanz | Philipp Aeberhard, Marguerite Borie, Emanuele Floris, Anna Haas, Gustav Rueb, Christopher Werth |
| Pyrotechnische Beratung | Helmut Menz |
| Hundetraining | Edelgard Mechsner |

Redaktionsschluß: 14. Juli 2000

EXPO2000 HANNOVER
Die Weltausstellung in Deutschland

KulturStiftung der Deutschen Bank

## Das Faust-Ensemble dankt dem Freundeskreis Faust e.V.

Der *Freundeskreis Faust e.V.* wurde 1999 gegründet, um das *Faust*-Projekt ideell und materiell abzusichern. Dem Vorstand gehören an: Hilmar Kopper (Vorsitzender), Birgit Breuel, Manfred Gentz, Achim Middelschulte, Joachim Funk, Peter Marboe, Michael Münch.
Der Freundeskreis wird betreut durch Gabriele Hartmann, Katrin Müller-Elschner, Daniela Riegel, Marita Schmidt und Martina Reißig.

Abée, Hannelore (Hannover)
Achinger, Gertrud (Hannover)
Ackermann, Josef (Frankfurt/M.)
Ahle, Gerd (Gummersbach)
Albrecht, Hans-Peter (Hannover)
Allmenröder, Helga (Hamburg)
ALTANA AG (Bad Homburg)
Alten, Heike von (Barsinghausen)
Ambros, Dieter (Krailling)
Ambrosi, Marlene (Trier)
Ammann, Egon (Zürich)
Arnold, Rolf (Friedrichsdorf)
Axe, Katja (Stuttgart)
Babcock Borsig AG (Oberhausen)
Babel, Edwin (Offenbach)
Backe, Arnd (Hannover)
Bader, Susanne (Berlin)
Bader, Thomas (Freiburg)
Baethe, Birgit (Berlin)
Bank, Rosemarie (Hannover)
Bankmann, Jörg (Düsseldorf)
Bardi, Anna (Hamburg)
Bartels, Wolfgang und Christa (Kreuzau)
Batliner, Herbert (Vaduz)
Batschelet, Hans-Dieter (Neuenhof)
Bauer, Klaus F. (Ottobrunn-Riemerling)
Bauernfeind, Wolfgang (Berlin)
Baumann, Karl-Hermann (München)
Baumann, Wolf-Rüdiger (Kronberg)
Beck, Herbert (Frankfurt/M.)
Becker, Christine (Berlin)
Becker, David (Berlin)
Beckmann, Günter und Linde (Haan)
Berben-Golisch, Renate (Hannover)
Berger, Claudia (Hannover)
Berger, Eleonore (München)
Roland Berger & Partner (München)
Berghöfer, Ariane (Bremen)
Bergmann, Rainer (Hamburg)
Berlepsch-Valendàs, Sigrid von (Burgwedel)
Berndsen, Gabriele (Freiburg)
Berneburg, Heinz (Hannover)
Berrien, Barbara (Berlin)
Bertelsmann Stiftung (Gütersloh)
Bertram, Lore (Berlin)
Besserer, Sabine (Hemmingen)
Bette, Hanne (Delbrück)
Beyer, Arno (Hannover)
Biedrzynski, Effi (Stuttgart)
Bierich, Marcus (Stuttgart)
Biermann, Christoph (Tübingen-Hagelloch)
Biesdorf, Klaus (Bingen)
Biesecker, Adelheid (Bremen)
Birkemeier, Günter (Berlin)
Bischofberger-Aebi, Verena (Männedorf)
Bittermann, Gisela (Berlin)
Bittner, Günther (Stuttgart)
Blamberger, Günter (Köln)
Blank-Knaut, Beate (Berlin)
Blasch, Günther (Berlin)
Bleibtreu, Renate (Hamburg)
Bless, Thomas (Delligsen)
Blomberg, Angela von (Isernhagen)
Blondiau, Marlo (Wien)
Bludau, Heinz (Nottuln)
Blum, Michael (Bielefeld)
Bochmann, Rolf P. (Dresden)
Böcker, Andreas (Hannover)
Boddenberg, Dittmar (Stuttgart)
Bode, Christa (Isernhagen)
Bode, Ralf (Hannover)
Bohl, Inge (Bad Soden)
Böhler-Uddeholm AG (Wien)
Böhlmann, Ingrid (Hannover)
Bohnen, Ilse (Bremen)
Boller, Christoph (Zürich)
Bonin, Wibke von (Köln)
Borsi, Gabriele (Lüneburg)
Robert Bosch GmbH (Stuttgart)
Bothmer, Hubertus von (Hermannsburg)
Bradtke, Renate (Berlin)
Brambring, Günter (Köln)
Brandt, Horst (Bremen)
Brandt-Hebert, Heike (Berlin)
Braun, Jutta (Berlin)
Breitfeld, Ingeborg (Hannover)
Brems, Gerda (Oldenburg)
Breuel, Birgit (Hannover)
Breuer, Rolf-E. (Frankfurt/M.)
Brink, Peter (Garbsen)
Brockmann, Johannes (Hannover)
Brokmeier, Peter (Hannover)
Brosi-Reichel, Eva (München)
Brüggemann, Ludwig (Heilbronn)
Brüning, Barbara (Springe)
Brunner, Manfred und Julia (München)
Buchholz, Gerhard (Vallendar)
Büchner, Kristin (Stuttgart)
Buchrucker, Doris (Unterreif)
Büchting, Carl-Ernst und Johanne (Einbeck)
Buggisch, Jörg (Hamburg)
Bühler AG (Uzwil)
Burlein, Anneliese (Seibersbach)
Burmester, Inge (Hemmingen)
Busch, Werner (Frankfurt/M.)
Buttgereit, Dieter (Plettenberg)
Campe, Burchard von (Hemmingen)
Carmincke, Ulrike (Hannover)
Cartellieri, Ulrich (Frankfurt/M.)
Christians, F. Wilhelm (Düsseldorf)
Claussen, Irma (Berlin)
Complan Medien GmbH (Hamburg)
Conrad, Bastian C. und Birgit C. (München)
Conring, Patricia (Weener)
Conze, Peter (Eschborn)
Costabel, Ulrich (Essen)
Czermak, Jan Michael und Karin (Bonn)
DaimlerChrysler Services (debis) AG (Stuttgart)
Daugs, Hans-Christian (Berlin-Zehlendorf)
Dauster, Christel (Musberg)
Debeka Bausparkasse AG (Koblenz)
Decker, Ina (Mainz)
Dederer, Rudolf (Frankfurt/M.)
Dedy, Joachim (Bergisch Gladbach)
Deininger, Ulrich (Zell)
Deutsche Bank AG (Frankfurt/M.)
Deutscher Herold (Bonn)
Deutschmann, Jürgen (Oberursel)
Deutschmann, Ursula (Oberursel)
Deutzmann, Gerd (Villingen-Schwenningen)
Dewitz, Ulrike von (Berlin)
Dicke, Frederike (Nürnberg)
Die Presse (Wien)
Diekmann, Renate (Hannover)
Disselhoff, Monika (Berlin)
Dohms, Ursula (Berlin)
Domsalla, Detlef (Ronnenberg)
Domzalski, Leo (Berlin)
Dorndorf, Inge (Hemmingen)
Dorsch-Wagner, Elke (Baden-Baden)
Dreising, Helmut von (Hemmingen)
Dresdner Bank AG (Frankfurt/M.)
Dreßel, Horst (Hannover)
Dressen, Christa (München)
Dressen, Reinhard C. (München)
Drews-Stiftung (Schrozberg)
Drigalski, Irene von (Hannover)
Dubbers-Albrecht, Rita (Bremen)
Dubbers-Albrecht, Yvonne (Bremen)
Düker, Almut (Hannover)
Düren, Michael (Bonn - Bad Godesberg)
Ebeling, Jürgen (Burgwedel)
Eberbach, Wolfram (Bad Münster)
Eberlein, H.J. und Lore (Berlin)
Edzard, Carlotta (Bremen)
Egger, Urs (Zürich)
Eggert, Ulrich (Hannover)
Ehrhardt, Marie Luise (Hannover)
Eichhorn, Wolfgang (Karlsruhe)
Eiermann, Lothar (Friedrichsruhe)
Eigen, Peter und Jutta (Berlin)
Einert, Hans-Jörg (Hannover)
Einsiedel, Helga von (München)
Eis, Rüdiger (Westerland)
Eisler, Peter (Wien)
Emrich, Hinderk (Hannover)
Energie Baden-Württemberg AG (Karlsruhe)
Engesser, Hans (Gerlingen)
Erdmenger, Jürgen (Brüssel)
Eriksson, Matts (Söderköping)
Ertmann, Enno und Celia (Bonn)
Eschenbacher, Walter (Memmingen)
Euskirchen, Sonja (Zweibrücken)
Fabarius-Clauß, Christiane (Wennigsen)
Faerber, Katharina (Vandoeuvres)
Falkenhausen, Lieselotte von (Nidda)
Fehle, Armin (Wien)
Feilchenfeldt, Walter (Zürich)
Feilhauer, Karl-Heinz (Hamburg)
Feise-Meyer, Sylvia (Hannover)
Feltz-Süßenbach, Johannes (Hannover)
Ferber, Stephanie (Mühlheim)
Fett, Othmar F. (Hannover)
Feuchtinger, Tilman (Salem)
Fiedler, Horst (Remseck)
Fircks, Alexander von (Hannover)
Fischer, Thomas R. (Frankfurt/M.)
Fischer, Ulrich (Schortens)
Fischer, Wolfgang M. (Essen)
Fittschen, Hermann und Inka (Bremen)
Flacht, Birgit (Algermissen)
Flamme, Doris (Hamburg)
Flehmig, Viola (Hannover)
Agentur Sibylle Flöter, (München)
Follmann-Schulz, Anna-Barbara (Bonn)
Förster, Hans-Joachim (Viersen)
Franke, Rainer (Hannover)
Freese, Hans-L. (Berlin)
Frege, Jo-Wendy (Berlin)
Freudenberg, Eva (Hannover)
Friedewald, Boris (Bochum)
Friedrich, Ursula (Hannover)
Friedrich, Wolfhard (Hannover)
Frisinger, Evelyn (Bremen)
Frisius, Hildegard (Berlin)
Frisius, Joachim (Berlin)
Fritz, Otto (Bremen)
Frommknecht, Heinrich (Dortmund)
Früh, Walo (Kloten)
Fuchs, Helga (Haiger)
Fuchs, Otto Rudolf (Meinerzhagen)
Fuchs, Peter (Göttingen)
Funk, Günter W. (Ettlingen-Oberweier)
Funk, Herbert (Zürich)
Funk, Joachim (Düsseldorf)
Funke, Friedrich (Burgwedel)
Furch, Eberhard und Erika (Hannover)
GCI Hering Schuppener (Frankfurt/M.)
Geffers, Sheila (Hannover)
Gehlsen, Jan (Hannover)
Gehrig, Helga (Hannover)
Geiger, Eberhard (Bad Kreuznach)
Geiseler, Klaus F. (Hannover)
Geissler, Hans (Gaienhofen)
Gelsenwasser AG (Gelsenkirchen)
Generali Holding Vienna AG (Wien)
Gentz, Günther (Düsseldorf)
Gentz, Manfred (Stuttgart)
Georg, Sabine (Hannover)
Gerhardt, Wolfgang (Berlin)
Gerling Versicherungs-Beteiligungs-AG (Köln)
Geuting, Erhard (Bocholt)

Gevaert N.V. (Mortsel)
Geyer, Hans-Peter (Hildesheim)
Gieselmann, Ruth (Hannover)
Giesen, Annette (Rheine)
Girardet, Annette (München)
Glage, Liselotte (Hannover)
Gnädig, Christian (Springe)
Godehart, Erika (Hannover)
Goes, Ingrid (Hannover)
Göing, Thomas (München)
Golder, Margarete (Hannover)
Goldschmidt, Hans Jochen (Essen)
Gösche, Marianne (Ronnenberg)
Götze, Joachim (Berlin)
Gramlich, Helga (Freiburg)
Grefe, Ilse (Hannover)
Greiber, Clara (Wuppertal)
Greinert, Karin (Berlin)
Grimmelmann, Wolfgang (Hannover)
Grobe, Peter (Isernhagen)
Grobien, Barbara und Michael (Bremen)
Grob-Menges, Karl und Ulla (Zürich)
Groh, Manfred (Burgdorf)
Groos, Signe (München)
Grosse, Claus (Paris)
Gruber, Jürgen (Stuttgart)
Gruson, Karsten (München)
Gumbel, Gerhard (Düsseldorf)
Güntsche, Bernd R. (Berlin)
Guse, Dieter (Frankfurt/M.)
Guth, Wilfried (Frankfurt/M.)
Haas, Frithjof (Karlsruhe)
Habermayer, Wolfgang (Maria Enzersdorf)
Hage, Rosine (Hannover)
Hagedorn, Hanneliese (Hannover)
Hagedorn, Klaus (Hannover)
Hagemann, Dorthe (Hamm)
Hahn, Gerlinde (Hannover)
Haid, Gabriele C. (Frankfurt/M.)
Haidenthaler, Werner (Linz)
Hain, Franz (Wien)
Hamacher, A. Ralf (Bad Münstereifel)
Hammel, Dietmar (Essen)
Hankammer, Barbara (Köln)
Hansen, Karin (Hannover)
Hansen, Volkmar (Düsseldorf)
Hardenberg, Karin Gräfin (Hannover)
Hardung, Tassilo (Gütersloh)
Harms, Klaus und Gertraude (Hannover)
Hartmann, Dietrich (Bad Homburg)
Hartmann, Helmut (Hannover)
Hartmann, Jürgen (Düsseldorf)
Hartmann, Marcus Bernard (Zusamaltheim)
Haslob, Helga (Bremen)
Hauck, Hartmut (Landau)
Hausmann, Sybilla (Bonn)
Häussler, Dieter (Michelbach)
Hayes, Sandra (München)
Hedenström, Peter (Berlin)
Heeren, Hans-Jürgen (Hannover)
Hegenbarth, Franz (Krailling)
Heidelberg, Hartmut (Göttingen)
Heidersberger-Weber, Renate (Braunschweig)
Heimlich, Friedrich (Braunschweig)
Heinl, Rolf (Euskirchen)
Heinle (Hannover)
Heintzmann, Peter (Bochum)
Heinze, Hans-Jochen (Hemmingen)
Heisterkamp, Ernst (Isernhagen)
Heithecker, Jörn (Laatzen)
Helmke, Huberta (Hannover)
Helmsing, Mariann (Hamburg)
Henkel, Günter (Augsburg)
Hennicke, Uschi (Gehrden/Lemmie)
Henning, Wolfram (Fellbach)
Henningsen, Hannelore (Burgdorf)
Hentschel, Dieter (Berlin)
Herbert, Georg (Berlin)
Herbst, Andreas (Braunschweig)
Hermanek, Paul (Erlangen)
Herting, Sabine (München)
Hessberg, Klaus (Essen)
Hesse, Christoph (Berlin)
Hesse, Wolfgang (Braunschweig)
Hesse-Buggisch, Dorothea (Hamburg)
Heucke-Alexander, Peter (Mannheim)
Heutling, Frauke (Wennigsen)
Hexelschneider, Annette (Stuttgart)
Heydebreck, Tessen von (Frankfurt/M.)
Heyer, Jutta (Essen)
Hildt, Margareta (Bonn)
Hingst, Katja (Kiel)
Hinrichs, Gabriele (Stuttgart)
Hoffmann, Hilmar (München)
Hoffmann, Klaus (Isernhagen)
Hoffmann, Ladislaus von (Washington)
Karin und Uwe Hollweg Stiftung (Bremen)
Holst, Gertrud (Hannover)
Holst, Klaus-Ewald (Leipzig)
Holzmann, Kurt (Augsburg)
Philipp Holzmann AG (Frankfurt/M.)
Homolka, Walter (Frankfurt/M.)
Höpken, Walter (Hannover)
Hose-Kupka, Anna (Sehnde-Ilten)
Hoßmann, Gisela (Bergisch Gladbach)
Höweler, Kurt (Braunschweig)
Hubrich, Klaus (Hamm)
Hultzsch, Hagen (Erfurt)
Hunzinger-Schmidt, Sophie-Charlotte (Hamburg)
ICM Peter Düpmann KG (Uhingen)
Imani-Jung, Elke (Hamburg)
Irler, Klaus (Hildesheim)
Ischinger, Barbara (Berlin)
Ischler, Burkhard (München)
Isfort, Günter (Heiligenhaus)
Jacob, Renate (Köln-Brück)
Jacobs, Marc (Hannover)
Jacobs, Tina (Wunstorf-Lathe)
Jägers, Wolfgang (Köln)
Jagow, Bärbel von (Frankfurt/M.)
Jahn, Dietrich (Hannover)
Jahn-Meyersiek, Nora (Hannover)
Janott, Jürgen (Berlin)
Janz, Norbert (Potsdam)
Jaskulla, Gabriela (Hannover)
Jenisch, Jakob (Essen)
Jentzsch, Klaus (Tübingen)
Jockusch, Ilse (Hannover)
Johann, Dietmar (Wedemark)
Jörgens, Peter-Michael (Hannover)
Jungen, Peter (Köln)
Junior, Alfred (Langenhagen)
Junior, Gerold (Kraainem)
Jürgens, Sigrid (Limburgerhof)
Jurk, Viktor (Kiedrich)
K + S Aktiengesellschaft (Kassel)
Kadlec, Sylvia (Hannover)
Kahre, Friedrich W. (Hannover)
Kaiser, Hans-Christian (Tabarz)
Kalow, Gisela (Oberursel)
Kalow, Tjark (Offenbach)
Kalow, Volker (Oberursel)
Kaltenbach, Martin und Dorothea (Dreieich)
Kamensky, Helga (Mannheim)
Kaminski, Michael (Witten)
Kamm, Peter (Schwanden)
Kampmann-Carossa, Eva (Passau)
Kantorski, Wolfgang (Münster)
Alfred Kärcher GmbH & Co. (Winnenden)
Wilhelm Karmann GmbH (Osnabrück)
Karnowski, Rainer (Stuttgart)
KARSTADT AG (Essen)
Keicher, Fred (Tübingen)
Keiser, Karl-Hermann von (Hannover)
Kellenbenz, Paul (Köln)
Keller, Sigrid (Berlin)
Kemmler, Peter und Renate (Tübingen)
Kettner-Drake, Sabine (Hannover)
Kienzle, Gudrun (Hildesheim)
Kindt, Reinhard (Hannover)
Kindt-Hoffmann, Ruth (Hannover)
Kirchhoff, Jochen F. (Iserlohn)
Kirchhoff, Reimar (Eschenlohe)
Kisker, Henrich (Zürich)
Klaffke-Lobsien, Gesa (Hannover)
Klees, Karl-Josef (Pirmasens)
Ernst Klett AG (Stuttgart)
Klett, Joachim (Wertheim-Hofgarten)
Klose, Wolfgang (Hamburg)
Klostermeier, Karl-H. (Bremen)
Kluge, Alfred (Frankenthal)
Knoke, Heidi (Hannover)
Knyphausen, Huberta Gräfin (Lütetsburg)
Koch, Edda (Köln)
Koch, Ingrid-Elsa (Berlin)
Koch, Michaela (Kiel)
Koch, Othmar (Mering)
Kohlhage, Monika (Hamburg)
Kohlhase, Norbert (Chernex/Montreux)
Kollhosser, Helmut (Münster)
Köllmann, Jochem (Hamburg)
Konn, Inge (Hannover)
Kopper, Hilmar (Frankfurt/M.)
Körner, Hans-Joachim (Hannover)
Korz, Katrin (Radolfzell)
Kostenbader, Uli (Stuttgart)
Kothe, Consuela (Nieder-Olm)
Kowalski, Günther (Berlin)
Kraatz, Birgit (Hamburg)
Kracht, Adolf (München)
Krahnen, H. Joachim (Kronberg)
Kramm, Ingeborg (Drage)
Kreck, Anja (Frankfurt/M.)
Krenzler, Horst Günter (München)
Kreutzer, Leo (Köln)
Kreuzkam, Annemarie (Hannover)
Krieger, Erich (Emmendingen)
Kriesel, Angela (Hannover)
Kriesel, Eberhard (Hannover)
Kriesel, Tilman (Hannover)
Krüger, Peter (Hannover)
Krüger, Wolf-Dieter (Ronnenberg/Emplede)
Kruse-Herrmann, Gabriele (Hannover)
Kruttke, Klaus (Hamburg)
Küchler, Ulla (Berlin)
Kuhn, Gudrun (Hannover)
Kuhn, Klaus (Stuttgart)
Kühne, Jörg-Detlef (Hannover)
Kulenkampff, Julie (Bremen)
Kulenkampff-Bödecker, Peter (Hamburg)
Kulturforum der Sozialdemokratie (Hannover)
Kümpel, Siegfried (Bad Homburg v.d.H.)
Kunisch, Marianne (Iffeldorf)
Küpper-Fahrenberg, Wolfgang (Essen)
Küssner, Eckart (Gernsbach)
Labach, Michael (Hannover)
Lamberti, Hermann J. (Frankfurt/M.)
Lambsdorff, Otto Graf (Bonn)
Landes, Dietrich (Bad Homburg)
Landwehr, Uda (Barsinghausen)
Lang, Helmar (Düsseldorf)
Lange, Bert (Sölden)
Lange, Diether G. (London)
Lange, Klaus (Bielefeld)
Langel-Carossa, Gabi (Bremen)
Läser, Sybille (Raumbach)
Latz, Anna (Tübingen)
Lauenstein, Karin (Hannover)
le Claire, Wolfgang (Hemmingen)
Lechleuthner, Gertraud (Anif)
Leder, Elvira (Hannover)
Ledergerber, Otmar (Rheinfelden)
Leffers, Ernst (Werther)
Lehde, Maria (Soest)
Lehmann, Erika-Maria (Hannover)
Lehmann, J.C. Ludwig (Lorch)
Leist, Mirjam (Stuttgart)
Leitner, Bernhard (Wien)
Lemnitzer, Karl-Heinz (Darmstadt)
Lemppenau, Joachim (Korschenbroich)
Lenk, Elisabeth (Hannover)
Lenthe, Friedrich von (Gehrden)
Leonhardt, Thomas (Uetersen)
Liebold, Frauke (Stuttgart)
Lienemann, Wolfgang (Basel)
Lilje, Gisela (Dorstadt)

Lindau, Werner und Alke (Hannover)
Lindenberg, Ursula (Berlin)
List, Bertolt (Bochum)
Lochner, Bernd (Frankfurt/M.)
Loeser, Uta (Hannover)
Lohmann, Cornelius (Gehrden)
Lohmeier, Frank (Hannover)
Löken, Christiane (Hannover)
Looff, Barbara (Koblenz)
Loos, Erich (Berlin)
Ludorf, Werner (Soltau-Friedrichseck)
Lueg, Jo (Wilnsdorf)
Lüneburg, Susanne von (Essenrode)
Lünzner, Peter (Hannover)
Luscher, Renate (Hannover)
Machens, Renate (Hamburg)
Magel, Philipp (Wiesbaden)
Mahl, Bernd (Tübingen)
Maier Roell, Iris (Küsnacht)
Maier, Edgar (Kempten)
Main, Annegret (Winsen)
Marboe, Peter (Wien)
Marin, Heiner (Berlin)
Märkl, Lothar (Uetikon am See)
Marks, Sonja-Maria (Hannover)
Markworth, Karl-Heinz (Berlin)
Marquardt, Eugenie (Berlin)
Marsch-Barner, Reinhard (Bad Homburg)
Marx, Bruni (Frankfurt/M.)
Maschinenfabrik Gehring GmbH & Co. (Ostfildern-Nellingen)
Mast, Heiner (Berlin)
Mattke, Hans-Joachim (Stuttgart)
Matzner, Johanna (Bad Ischl)
Mauch, Hans Peter (München)
May, Bärbel (Langenhagen)
Mayer, Anke (Hannover)
Mayer, Gerhard D. (Ulm)
Mayer, Helmut (Berlin)
Meier, Christian (Hohenschäftlarn)
Meier, Wilhelm F. (Worpswede)
Melzer, Ulrike (München)
Merkel, Friedrich (München)
Mertiens, Manfred (Düsseldorf)
Metzger, Klaus (Tübingen)
Metzger, Sabine (Ronnenberg)
B. Metzler seel. Sohn & Co. KGaA (Frankfurt/M.)
Metzler, Barbara von (Frankfurt/M.)
Metzler, Friedrich von (Frankfurt/M.)
Metzner, Klaudia (Frankfurt/M.)
Meuer, Peter (Hannover)
Meyer, Rita (Baden)
Meyer-Barthel, Werner (Hamburg)
Meyersiek, Jutta (Hannover)
Meyer-Thoss, Gottfried (Berlin)
Meyer-Tjaden, Elke (Hemmingen)
Middelschulte, Achim (Essen)
Milletat, Wolfgang (Düsseldorf)
Mink, Dorothea (Hamburg)
Mittelsten Scheid, Jörg (Wuppertal)
Mock, Johannes (Hannover)
Moll, Christa (Hannover)
Möller, Elke (Hannover)
Möller, Paul (Bremen)
Moorhof-Apotheke (Hamburg)
Morgenstern, Joachim (Pforzheim)
Mosler, Stefan (Usingen)
Mueller, Ulrich (Marburg)
Mühlenhof, Christine (Hannover)
Müller, Carl-Heinz (Hannover)
Müller, Felix (Zürich)
Müller, Norbert (München)
Müller, Peter (Eisingen)
Müller-Warden, Joachim (Hannover)
Münch, Michael (Frankfurt/M.)
Münchmeyer, Johanna (Hamburg)
Munte, Michael (Braunschweig)
Naether, Ernst-Albert (Hamburg)
Nagel, Dorothea (München)
Nass, Klaus Otto (Hannover)
Nauck, Angelika (Sehnde)
Neff, Werner (Zürich)
Nehring, Rudolf (Marl)
Nestler, Johannes (Berlin)
Neumann, Harro (München)
Niederhoff, Reinhard P. (Icking)
Nierhaus, Fedor und Ellen (München)
Nies, Eberhard (Lippstadt)
Nottbrock, Anneliese (Hannover)
Obschlager, Walter (Zürich)
O'Connolly, Monika (Schwabach)
Oetker, Claudia (Frankfurt/M.)
Oppermann, Thomas (Hannover)
Optima Maschinenfabrik (Schwäbisch Hall)
Osborg, Eckart (Hamburg)
Ostertag, Irene (Stuttgart)
Oswald, Raimund (Zürich)
Ott, Ulrich (Marbach)
Otto, Hermann (Hannover)
Otto, Karlheinz (Hannover)
Paepcke, Cordula Edle von (Berlin)
Papatheodorou, Irene (Stuttgart)
Partzsch, Hanna (Hannover)
Patron, Florian (Hamburg)
Patt, Albert H. (Hanau)
Pavel, Elsa (Bad Homburg)
Peeck, Irmgard (Hannover)
Penschuck, Maren (Hannover)
Peschke, Karl (Hamburg)
Peters, Juliane (Burgwedel)
Peters, Jürgen (Hamburg)
Pfeiffer, Hans Walter (Plettenberg-Ohle)
Pfennigs, Daniele (Berlin)
Pfleiderer AG (Neumarkt)
Pfleiderer, Kurt-Georg (Winnenden)
Piegler, Theo (Hamburg)
Pistor, Hans-Henning (Essen)
Plagemann, Hermann (Frankfurt/M.)
Pleister, Klaus-Peter und Hella (Hannover)
Pochert, Ulrich (Hamburg)
Pock, Harald (Landshut)
Pohl, Ilse (Dreieich)
Pohle, Hans-Joachim (Lehrte-Kolshorn)
Pophanken, Annegret und Werner (Oldenburg)
Post, Alfred (Dresden)
Potthast, Jochen (München)
Preuße, Georg (Berlin)
Preusse, Peter J. (Marburg)
Prinzhausen, Johann (Seelze)
Probst, Gudrun (Tübingen)
Progress-Werk Oberkirch AG (Oberkirch)
Prött, Werner (Hannover)
Pruys, Karl Hugo und Christa (Bonn)
Radach, Werner (Bergisch-Gladbach)
Radvila, Regula (Mollens)
Ramm, Hans (Hamburg)
Rathsack, Frank (Berlin)
Rätsch, Birgit (Meerbusch)
Rauch-Linder, Brigitte (Seevetal)
Rauhut, Joachim (Düsseldorf)
Rautenberg, Uwe (Winsen)
Ravens, Kurt Günter (Hannover)
Redenbacher, Otto (Weinheim)
Reederei Bernhard Schulte (Hamburg)
Rehm, Friedrich (Eutin)
Reich, Katharina (Köln)
Reiche, Steffen (Potsdam)
Reichelt, Ottomar (Celle)
Reichling-Sieber, Erdmuthe (Bovenden)
Reihlen, Helmut (Berlin)
Reim, Martin (Aachen)
Reimer, Brigitte (Berlin)
Rein, Ulrike (Pforzheim)
Reinbacher, Gerlinde (Hannover)
Reinhuber-Adorno, Elisabeth (Oberursel)
Reinke, Charlotte (Düsseldorf)
Reisch, Linda (Frankfurt/M.)
Reiss, Evelyn (Berlin)
Reith, Matthias K. (Hamburg)
Renner, Georg (Frankfurt/M.)
Renzenbrink, Wiltrud (Hamburg)
Reschke, Hans Hermann (Frankfurt/M.)
Reum-Mühling, Petra (Hardheim)
Reymond, Gina (Veyrier)
Rhenus AG & Co. KG (Hannover)
Rickmann, Fritz (Münster)
Riedinger, Norbert (Offenbach)
Riegel, Arndt (Bonn)
Riese, Hans-Peter (Frankfurt/M.)
Rimpau, Cornelia (Einbeck)
Roell, Wolfgang (Küsnacht)
Roggemann, Jürgen (Bremen)
Rohe, Claudia (Köln)
Rösch, Reiner (Anhausen)
Röschinger, Helmut (München)
Rosemann, Martin (Hannover)
Rosen, Rüdiger von (Frankfurt/M.)
Roth, Petra (Frankfurt/M.)
Roth, Sylvia (Zürich)
Rothert, Heinrich (Hamburg)
Rotthaus, Elisabeth (Hemmingen)
Rude, Alfred und Ulrike (Hannover)
Rueb, Franz (Zürich)
Rumberg, Bernd (Berlin)
Rürup, Bert (Darmstadt)
Rust, Friedrich (Hannover)
Sachse, Uwe B. (München)
Samland-Bähren, Astrid (Hannover)
Samra, Sabine (Delligsen)
Sandvoss, Jürgen (Hamburg)
Sarx, Hans Georg (Andernach)
Sasse, Michael (Sarstedt)
Schacht, Ulf (Recklinghausen)
Schäfer, Helmut K. (Bad Soden)
Schäferbarthold, Christian (Minden)
Schäferbarthold, Volker (Minden)
Scharnofske, Irene (Hannover)
Schäuble, Wolfgang (Berlin)
Scheele, Reinhard (Hannover)
Scheidle, Helmut (Stadtbergen)
Schellenberg, Renate (Langenhagen)
Schepers, Christel (Hannover)
Schering Aktiengesellschaft (Berlin)
Scheven, Gabriella von (Berlin)
Schibel, Karin (Burgdorf)
Schiedermair, Manfred (Frankfurt/M.)
Schieferdecker, Friedrich-Karl (München)
Schildberger, Hildegard (Berlin)
Schily, Otto (Berlin)
Schirmer, Friedrich (Stuttgart)
Schlage, Heinz (Isernhagen)
Schlagheck, Irma (Hamburg)
Schlange-Schöningen, Dorothee (Königswinter)
Schlegel, Katharina (Bamberg)
Schlegel-Holzmann, Uta (Leinfelden-Echterdingen)
Schleuss, Christian (Berlin)
Schmid, Cornelia (Hannover)
Schmid, Friedrich (Hannover)
Schmid, Wolf-Michael (Helmstedt)
Dr. Schmidt AG & Co. (Berlin)
Schmidt-Koplin, Gisela (Bad Schwartau)
Schmiedeknecht, Heyo (Herdecke)
Schmitz-Wirsig, Christel (Berlin)
Schneede, Marina (Hamburg)
Schneider, Bärbel (Saarbrücken)
Schneider, Irmgard (VS-Villingen)
Schnell, Jürgen (Bonn)
Scholz, Rupert (Berlin)
Schomerus, Hans (Rotenburg)
Schommer, Heinz-Günter (Berlin)
Schopf, Roland (Groß-Gerau)
Schorr, Johannes (Berlin)
Schrader, Irmhild (Hannover)
Schreiber, Karin (München)
Schreiber, Werner und Elisabeth (Hildesheim)
I. Schroeder KG (GmbH & Co.) (Hamburg)
Schröder, Rudolf (Hemmingen)
Schröter, Carsten (Goslar)
Schuhmacher, Peter (Heidelberg)
Schultz, Bernd (Berlin)
Schultze, Fried (Berlin)
Schultze, Hans-Jürgen (Oberursel)
Schultze, Sabine (Berlin)
Schulz, Meike (Königswinter)
Schulze, Hans (Köln)
Schulze, Hans-Jürgen (Hannover)
Schulz-Grastorf, Hilde (Hannover)
Schumacher, Heinz (Remscheid)
Schumacher, Jürgen (Bremen)
Schumacher, Ortrun (Horgen)
Schütze, Rudolf (Ockenheim)

Schwalbe-Riel, Erika (Berlin)
Schwarz, Eduard (Neu-Ulm)
Schwarz, Karin (Hannover)
Schwarz, Rüdiger (Berlin)
Schwarzkopf, Irene (Frankfurt/M.)
Schwendimann, Simon (Bern)
Seebacher-Brandt, Brigitte (Frankfurt/M.)
Seibert, Christa (Hannover)
Seifart, Renate (Hannover)
Seifert, Christa (Hamburg)
Seifert, Katharina (Hannover)
Seiffert, Thomas (Hamburg)
Seipp-Achilles, Barbara (Berlin)
Selbach, Karl H. (Grünwald)
Sellner, Heidi (Berlin)
Sihler, Helmut (Pörtschach)
Silber-Bonz, Gert (Michelstadt)
Simeon, Paul Uwe (Berlin)
Simon-Ern, Gundel (Hannover)
Simons, Barbara (Hannover)
Sixt Aktiengesellschaft (Pullach)
Solf, Sabine (Wolfenbüttel)
Sollinger, Irmgard (Friedrichshafen)
Sommerlatte, Tom (Wiesbaden)
Sondermann, Hansi (Duderstadt)
Sonnenberg, Ruth (Hannover)
Sontheim, Hubert (Konstanz)
Sparmann, Klaus (Leinfelden-Echterdingen)
Späth, Lothar (Gerlingen)
Spiegel, Heinz-Rudi (Essen-Kettwig)
Spiewok, Georg (Essen)
Spilcke-Liss, Karl-Rudolf (Hannover)
Spitze, Peter (Frankfurt/M.)
Spoercken, Christiane Freifrau von (Lüdersburg)
Springer, Margarete (Kassel)
Stahlberg, Gabriele (Ronnenberg)
Stauber, Horstmar (Oberursel)
Steifensand, Ingeborg (Hamburg)
Stein, Barbara (Karlsruhe)
Steinhusen, Reinhold (Flensburg)
Stetter, Rita L. (Stockholm)
Stieber, Marlies (Leonberg)
Stier, Oda (Freiburg)
Stockmann, Carola (Hannover)
Stoffers, Klaus-D. (Hamburg)
Stoffregen-Reichelt, Wiltrud (Celle)
Strassmann, Hans und Ruth (Feldmeilen)
Strauch, Volkmar (Berlin)
Strauch-Sindemann, Elke (Pentling)
Strauß, Oda (Hamburg)
Strödter-Marzoll, Brigitte (Salzgitter)
Strohecker, Rolf (Darmstadt)
Strube, Friedrich (Bremen)
Strube, Jürgen (Ludwigshafen)
Stüber, Peter (Zollikon)
Stuckmann, Gabriele (Hannover)
Stuffmann, Margret (Frankfurt/M.)
Stühler, Klaus (Roth)
Stuhr, Ingrid (Hannover)
Sturm, Elsbeth (Holzminden)
Südzucker AG (Mannheim)
Suermann, Marie-Theres (Frankfurt/M.)
Suppes, Elisabeth (Kleinmachnow)
Telekom Austria AG (Wien)
Teschke, Jutta (Frankfurt/M.)
Thaler, Susanne (Berlin)
Theye, Joachim (Bremen)
Thiele, Hanna (Ronnenberg-Benthe)
Thierse, Wolfgang (Berlin)
Tiedemann, Marianne (Hannover)
Tonscheidt, Annelore (Hannover)
Trillhaas, Elisabeth (Hannover)
Trömel, Frank (Bad Homburg)
Trützschler, Hans (Mönchengladbach)
Tschudi, Peter (Urdorf)
Urzi, Caterina (Hannover)
Vaerst, Elisabeth Charlotte (Hamburg)
van de Loo, Elisabeth (Münster)
Vasel, Marianne (Hannover)
Verband der Automobilindustrie e.V. (Frankfurt/M.)
Vogel, Gisela-Lilly (Oberursel)
Vogel, Maja (Starnberg)
Vogt, Norbert (Stuttgart)
Voigtländer, Marianne (Fulda)
Volhard, Karin (Bad Homburg)
Völker, Bernhard (Stuttgart)
Völker, Renate (Reutlingen)
Volkswagen AG (Wolfsburg)
Vollmer, Beate (Reinheim)
Vollmer, Antje (Berlin)
Volz, Manfred (Leonberg)
vom Hof, Iris Maria (Hannover)
von den Brincken, Anna-Dorothee (Köln)
Vorster, Claus (Hannover)
Vulpius, Marie-Louise (Berg)
Wackenhuth, Michael (Stuttgart)
Wagner Pfeifer, Beatrice (Basel)
Wagner, Corinne (Weiningen)
Wagner, Ilona (Köln)
Wagner, Jutta (Berlin)
Wahlert, Christiane von (Wiesbaden)
Wähner, Michael (Essel)
Walther, Klaus (Hannover)
Walz, Ruth (Berlin)
Warning + Partner GmbH & Co. KG (Hamburg)
Wätjen, Juliane (Liebenburg)
Weber, Walter (Hannover)
Weber-Henschel, Minnie (München)
Wedel, Elard von (Hannover)
Wegener, Hans (Berlin)
Wegener, Kurt (Heidelberg)
Wegner, Olaf und Elke (Kronberg)
Wehr, Peter (Hamburg)
Weide, Arnd (Hannover)
Weidemann, Hartwig (Hamburg)
Weilenmann, Anton (Winterthur)
Weiner, Andreas (Esslingen)
Weinhardt, Irmela (Hannover)
Weiss, Joachim (Hildesheim)
Weiß, Jost-Peter (Siegen)
Weißgerber, Folker (Wolfsburg)
Welsch, Jörg (Lichtenfels)
Welteke, Ernst (Frankfurt/M.)
Wempe, Gerhard D. (Hamburg)
Werhahn, Michael (Neuss)
Werner, Hans (Fredersdorf)
Werner, Helmut (Stuttgart)
Westphal, Hans (Königswinter)
Weule, Hartmut (Karlsruhe)
Wiebel-Doebert, Katharina (Reutlingen)
Wiedemann, Egon (Gablingen)
Wiedemann, Gerhard (München)
Wiemer, Richard (Hamm)
Wilken, Bernd A. (Jersbek)
Wilts, Gerhard (Hannover)
Wispler, Caroline (Stuttgart)
Wisselmann, Heinrich (Hannover)
Woeste, Albrecht (Düsseldorf)
Wolff-Metternich, Brigitta von (Heidelberg)
Wölk, Heidrun (Hannover)
Wörwag, Fritz (Stuttgart)
Wulf, Waltraut (Norderstedt)
Wunder, Klaus (Hannover)
Württemberg, Friedrich Herzog von (Friedrichshafen)
Wussow, Peter von (Pattensen)
Wutte, Elisabeth (Überlingen)
Zahler, Marianne (Bern)
Zähringer, Rolf (Rottweil)
Zander, Uta (Berlin)
Zaugg, Rolf (Ennenda)
Zeppenfeld, Peter (Mülheim)
Zeylmans van Emmichoven, Carlo D. (Hamburg)
Zimmermann, Christel (Hannover)
Zobel, Edith (Hannover)
Zühlsdorff, Helga und Peter (Frankfurt/M.)
Zürn, Günter (Gladbach)

Redaktionsschluß: 31. Mai 2000

## Danksagung geht auch an:

Jacques' Wein-Depot (Düsseldorf)
Hugo Boss AG

# Grundrisse
# der Bühnenräume

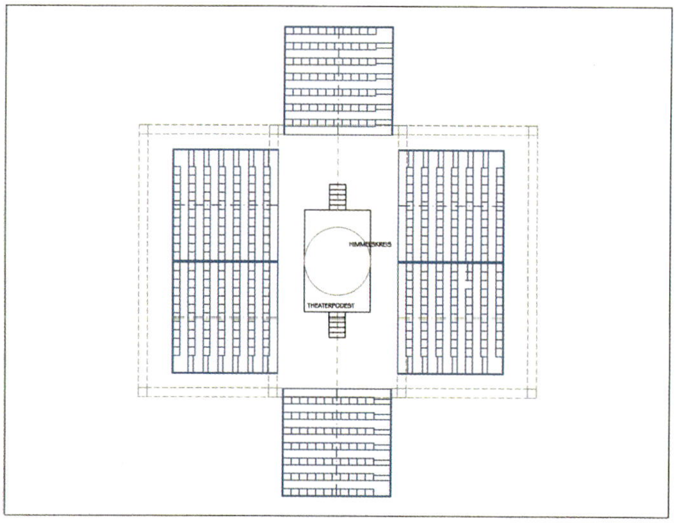

Faust I, Halle 2, Vorspiel/Prolog

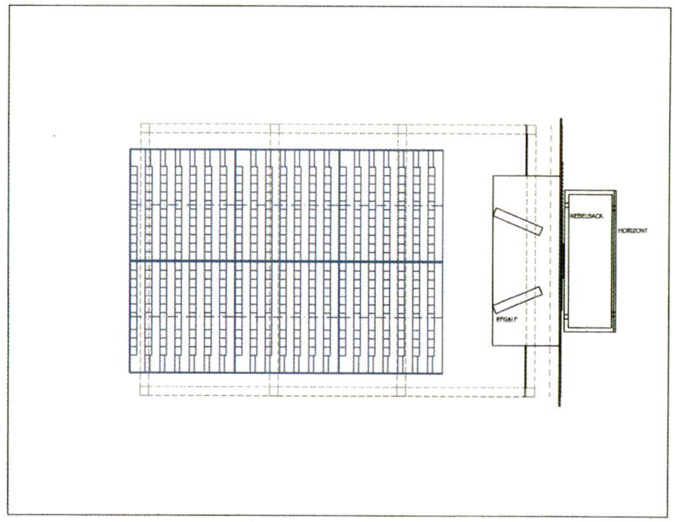

Faust I, Halle 1, Nacht/Studierzimmer

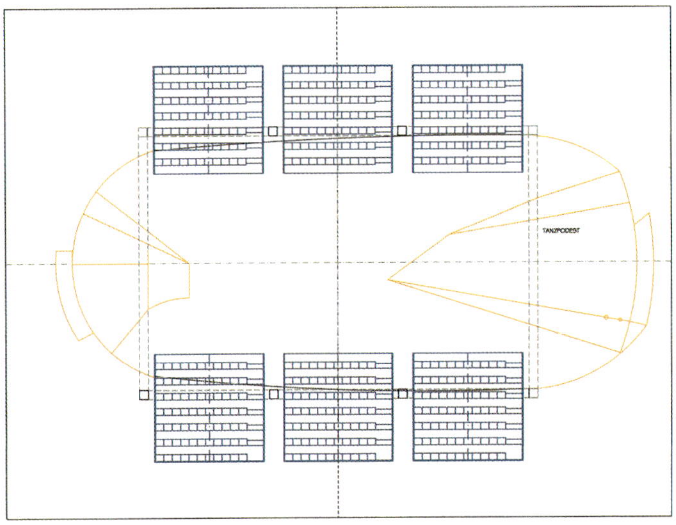

Faust I, Halle 2, Osterspaziergang

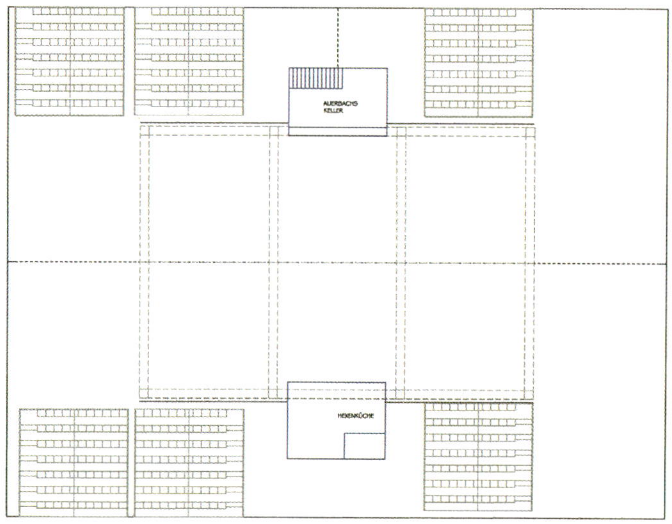

Faust I, Halle 2, Auerbachs Keller/Hexenküche

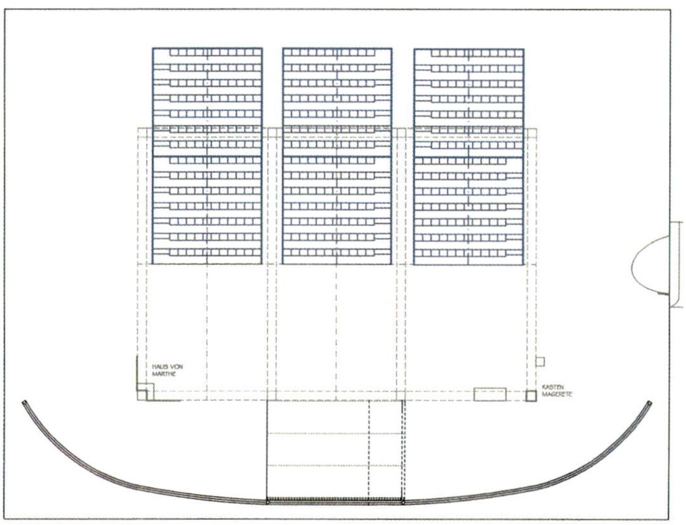

Faust I, Halle 2, Gretchenszenen/Wald und Höhle/Dom

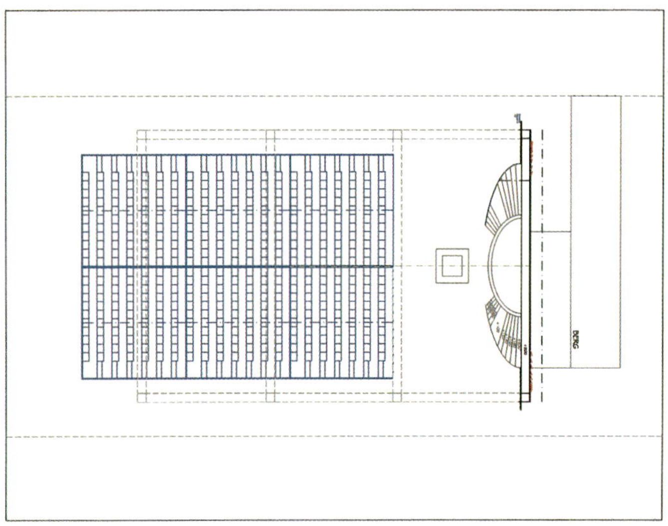

Faust I, Halle 1, Walpurgisnacht/Kerker

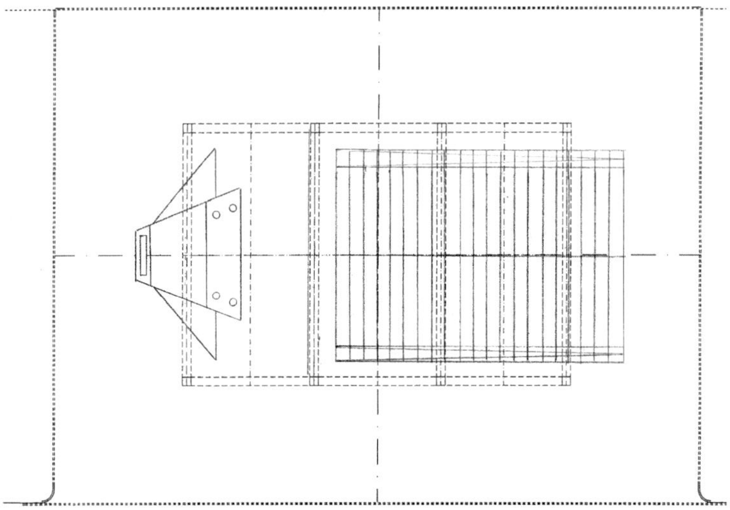

Faust II, 1. Akt, Anmutige Gegend

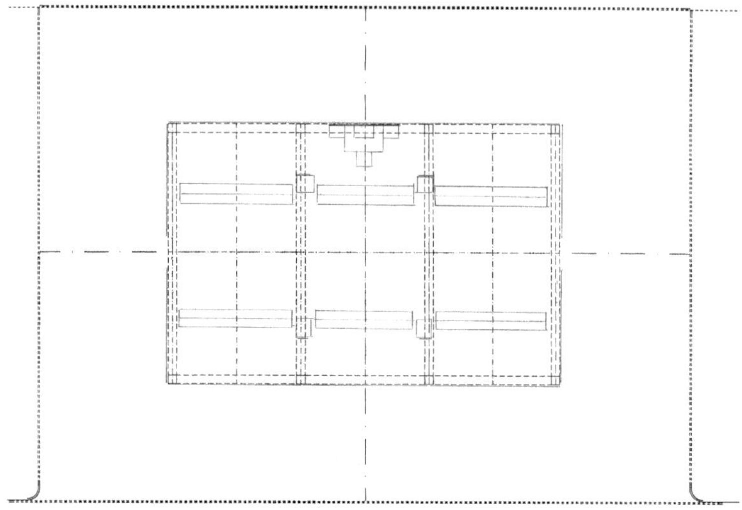

Faust II, 1. Akt, Kaiserliche Pfalz • Saal des Thrones/Weitläufiger Saal

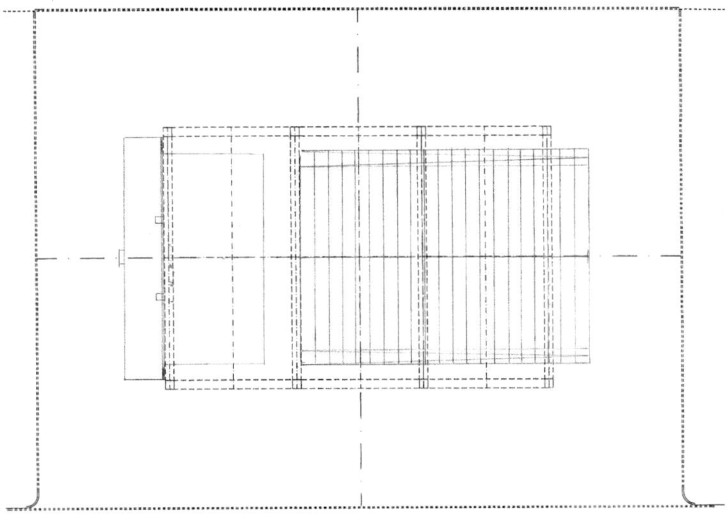

Faust II, 1. Akt, Lustgarten

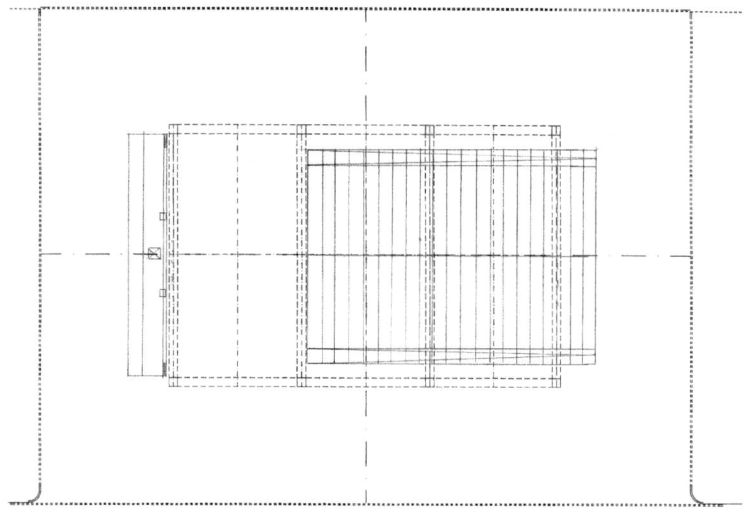

Faust II, 1. Akt, Finstere Galerie

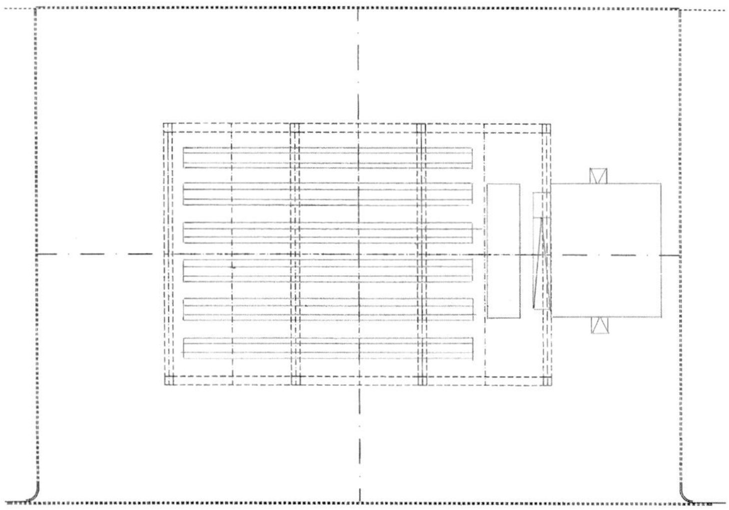

Faust II, 1. Akt, Rittersaal

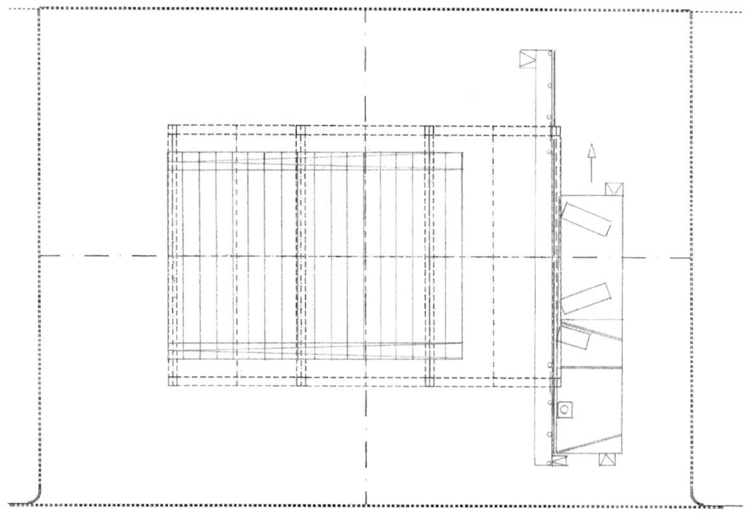

Faust II, 2. Akt, Hochgewölbtes, enges, gotisches Zimmer

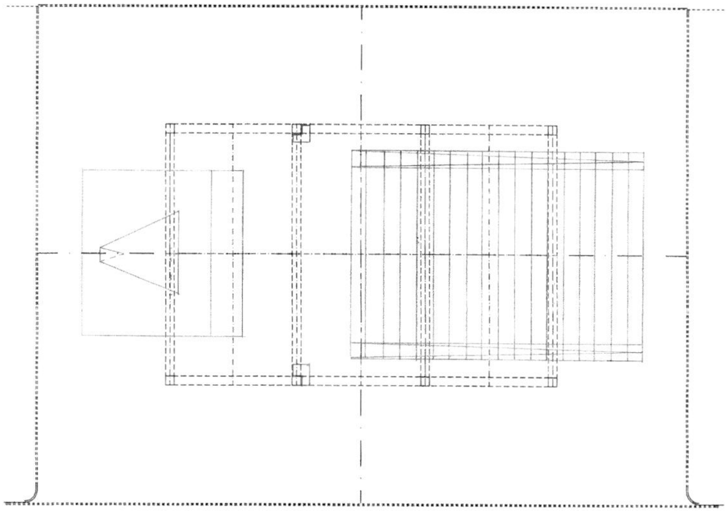

Faust II, 2. Akt, Klassische Walpurgisnacht

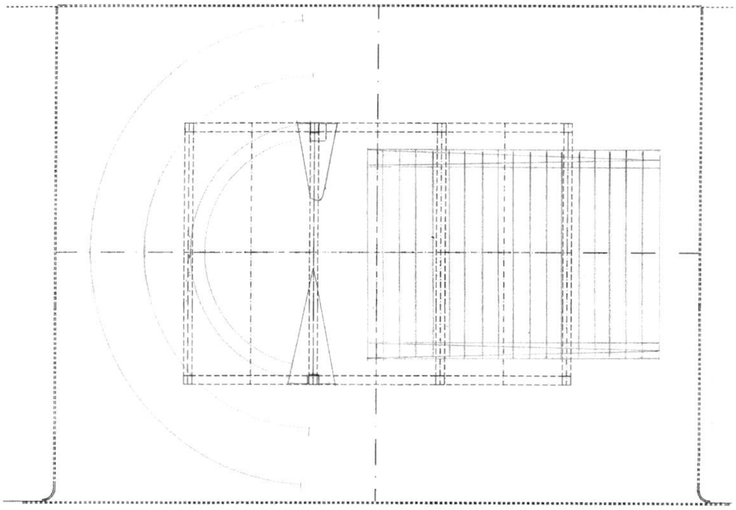

Faust II, 2. Akt, Felsbuchten des Ägäischen Meers

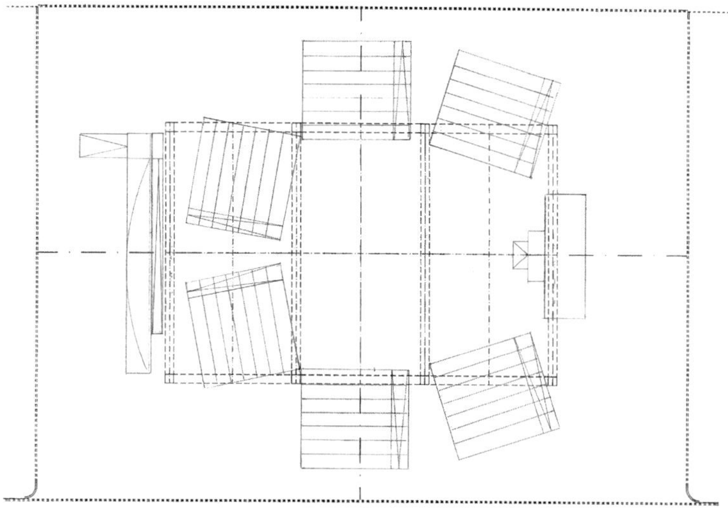

Faust II, 3. Akt, Vor dem Palaste des Menelas zu Sparta

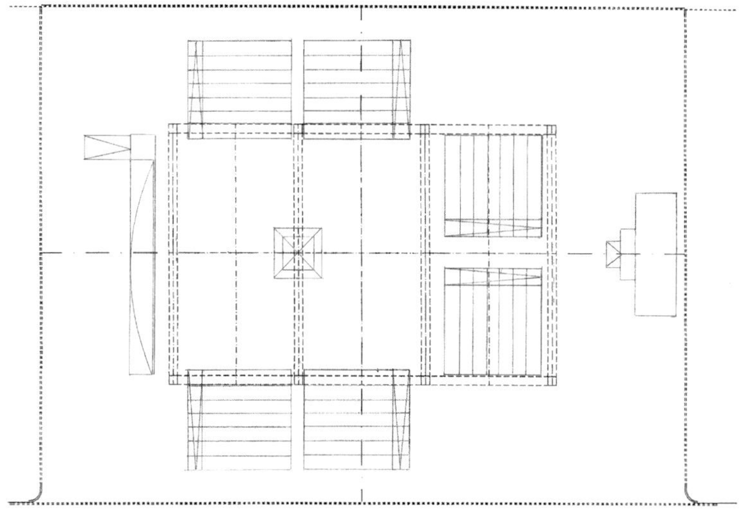

Faust II, 3. Akt, Innerer Burghof/Schattiger Hain

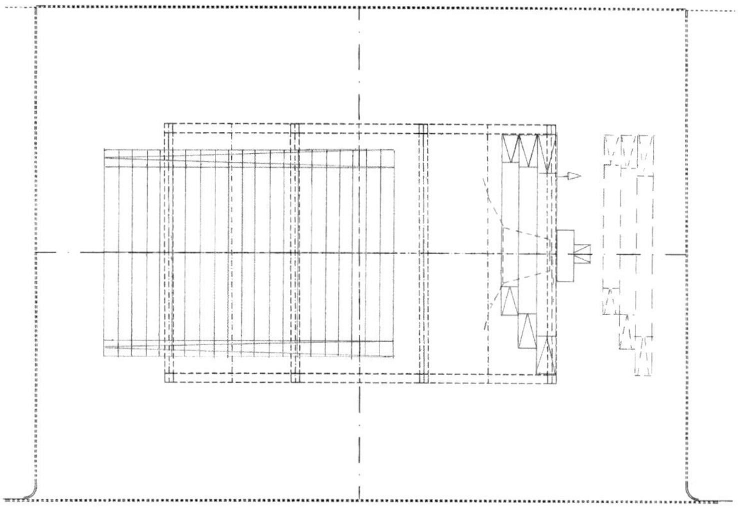

Faust II, 4. Akt, Hochgebirg/Auf dem Vorgebirg/Gegenkaisers Zeit

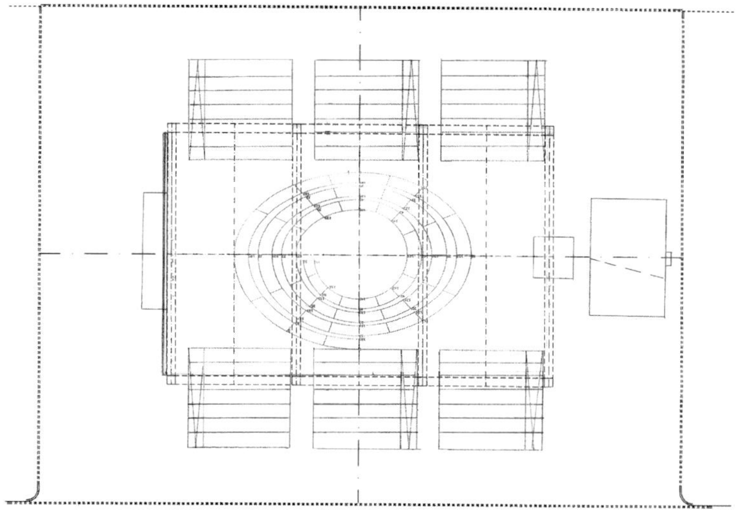

Faust II, 5. Akt

# Bühnenbildentwürfe
## **zu Faust I und II**

Bücher Ecke

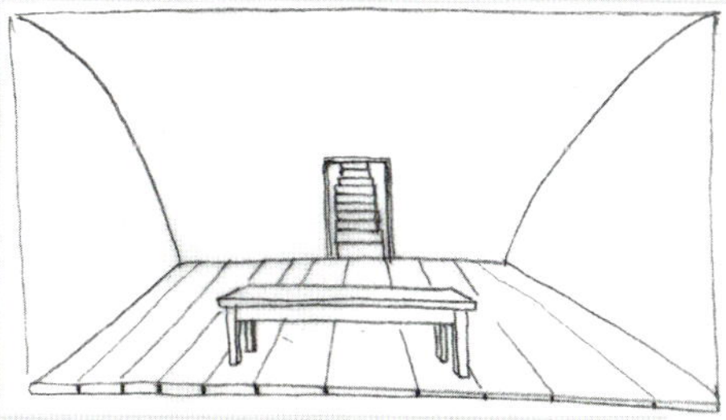

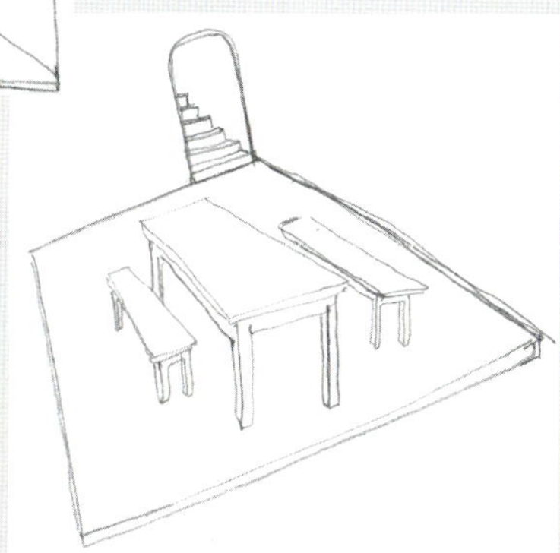

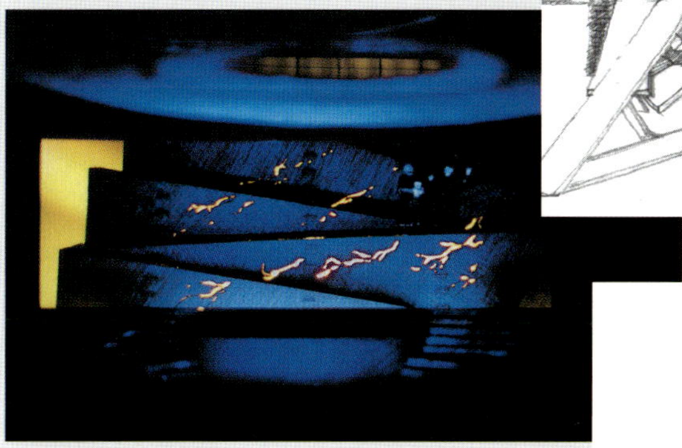

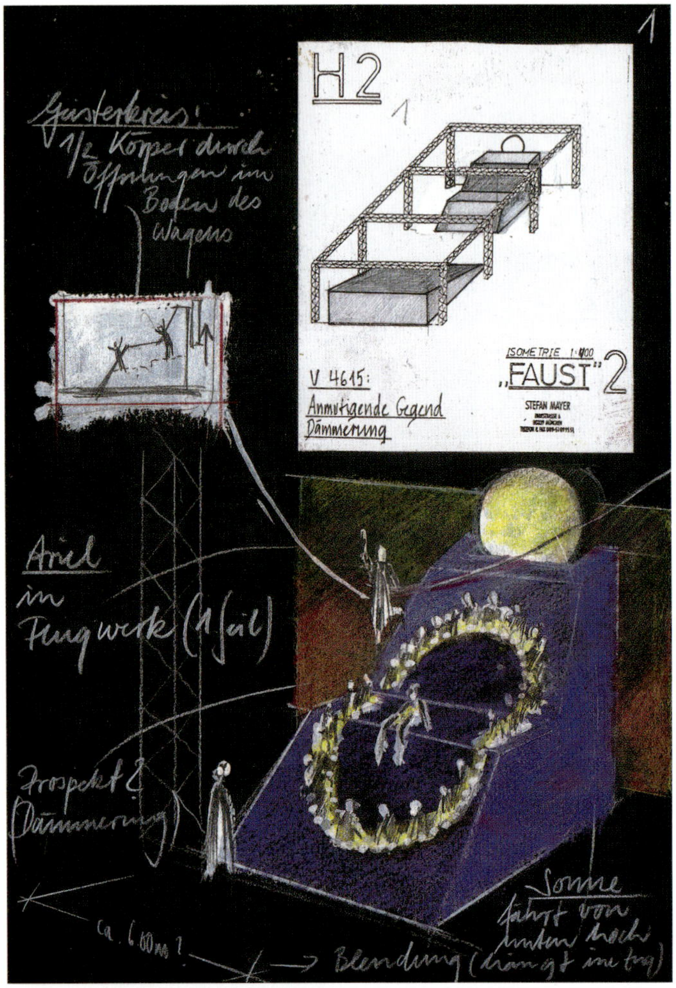
1
H2
Geisterkreis: 1/2 Körper durch Öffnungen im Boden des Wagens
ISOMETRIE 1:400
V 4615:
Anmutigende Gegend
Dämmerung
„FAUST" 2
STEFAN MAYER
Ariel in Flugwerk (1 Seil)
Prospekt? (Dämmerung)
Sonne fährt von unten hoch
ca. 6,00 m?
Blendung

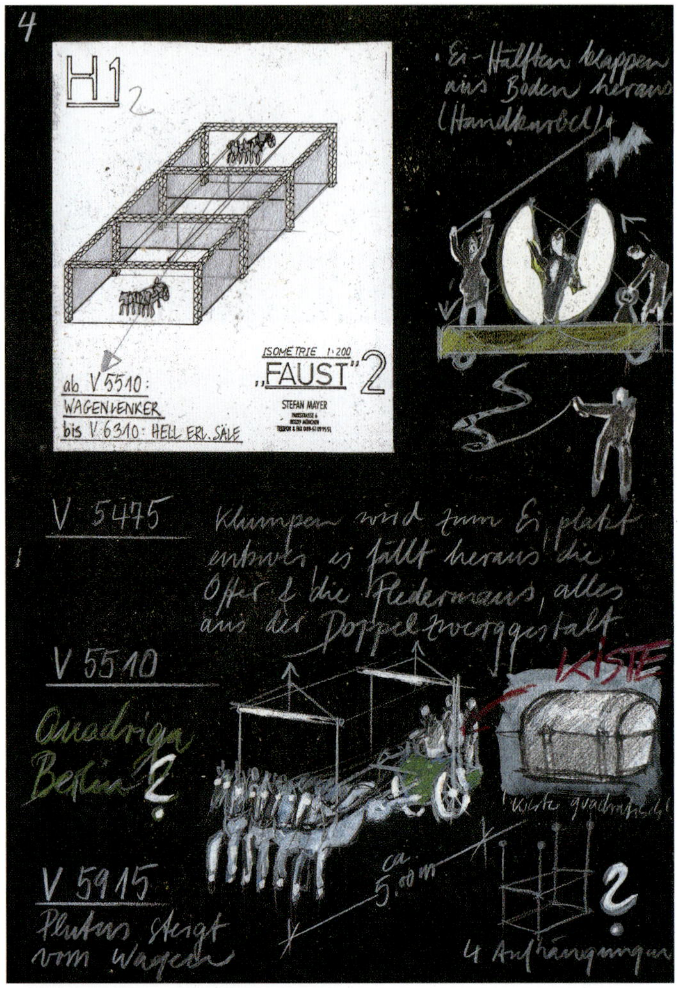
4
H1 2
Ei-Hälften klappen aus Boden heraus (Handkurbel)
ISOMETRIE 1:200
ab V 5510:
WAGENLENKER
bis V 6310: HELL ERL. SÄLE
„FAUST" 2
STEFAN MAYER
V 5475
Klumpen wird zum Ei, platzt entzwei, es fällt heraus die Otter & die Fledermaus, alles aus der Doppelzwerggestalt
V 5510
KISTE
Quadriga Berlin ?
V 5915
Plutus steigt vom Wagen
ca. 5,00 m
4 Aufhängungen

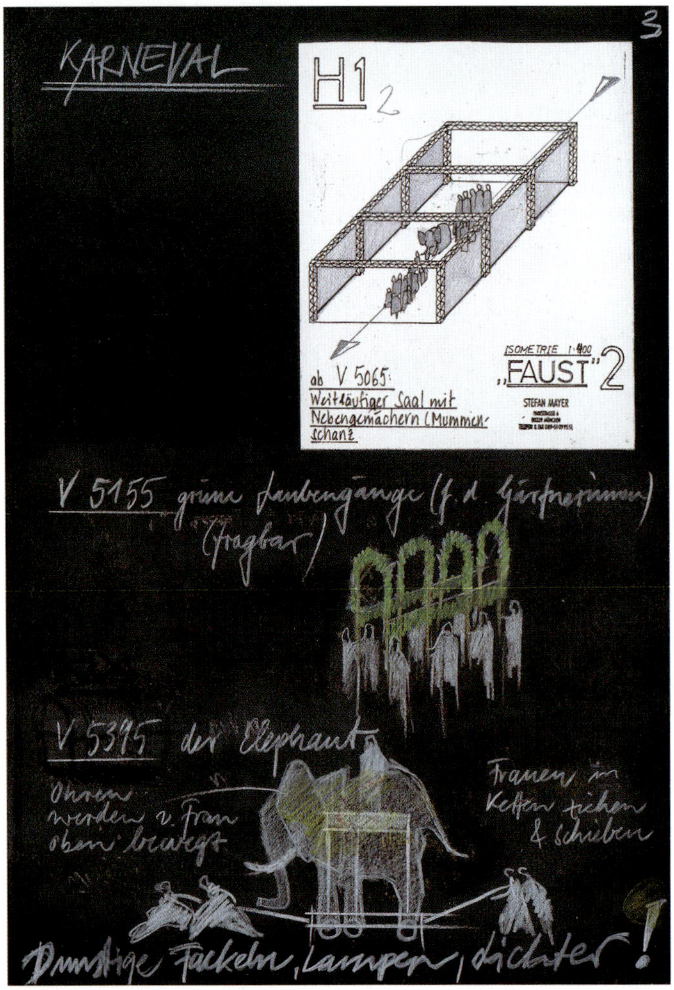
3
KARNEVAL
H1 2
ISOMETRIE 1:400
ab V 5065:
Weitläufiger Saal mit Nebengemächern (Mummenschanz
„FAUST" 2
STEFAN MAYER
V 5155 grüne Laubengänge (f. d. Gärtnerinnen) (tragbar)
V 5395 der Elephant
Ohren werden v. Frau oben bewegt
Frauen in Ketten ziehen & schieben
Dunstige Fackeln, Lampen, dichter!

6
Abdeck-schieber
V 5985: LUSTGARTEN
V 6175: FINSTERE GALERIE
ISOMETRIE 1:400
„FAUST" 2
STEFAN MAYER
Wagen übereinander gebaute Räume
V 6175 FINSTERE GALERIE
V 5985 LUSTGARTEN
Morgensonne

5
V 5710 PLUTUS: Nun ist es Zeit, die Schätze zu entfesseln!
Feuer & über-quellend
Sprungfeder f. automat. Öffnen
Kronen, Ketten, Ringe
Schlösser magnetisch od. Seilzug
Quadratische Kiste mit Topf / Feuereffekte
V 5780 … denn dies Metall läßt sich in alles wandeln
Feuerprojektion auf beiden Seiten
Plutus & Herold
FAUST 2
V 5950 Der Kaiser brennt und seine Schar

V 6380 RITTERSAAL (THEATER & TEMPELERSCHG.) 9
M 1:100
CAMPAGNA
• Hinter dem Schleiernessel richtet sich der Tempel auf.
• Gerüststützen schwarz verhängt, fährt nach unten & gibt die Säulen frei.
• Schluß: großer Scheinwerfer fährt ab blendet kurz & explodiert!!
M 1:200

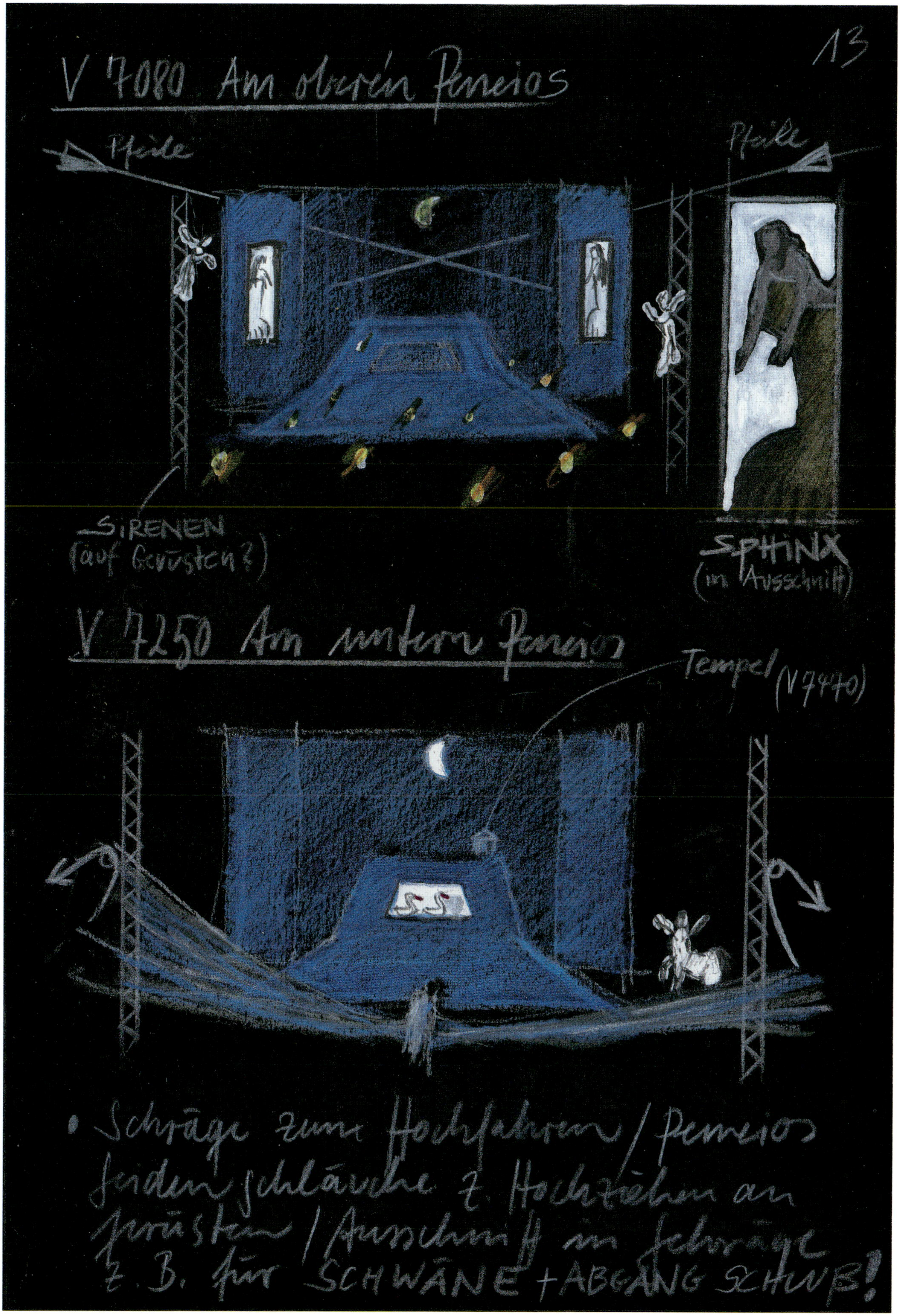

V 7080 Am oberen Peneios
13
Pfeile
Pfeile
SIRENEN
(auf Gerüsten?)
SPHINX
(im Ausschnitt)
V 7250 Am untern Peneios
Tempel (V 7470)
• Schräge zum Hochfahren / Peneios
Seidenschläuche z. Hochziehen an
Gerüsten / Ausschnitt in Schräge
z. B. für SCHWÄNE + ABGANG SCHLUß!

10/3. VARIANTE
Gestell für Mantelflug
V 6570: HOCHGEWÖLBTES, ENGES GOTISCHES ZIMMER
V6820: LABORATORIUM
ISOMETRIE 1:200
„FAUST" 2
Flugwerke f.:
Mantelflug
Phiole
Steg
Regale: beweglich & begehbar
Klapp-Paravent
Steg m. Lampen (KORRIDOR)


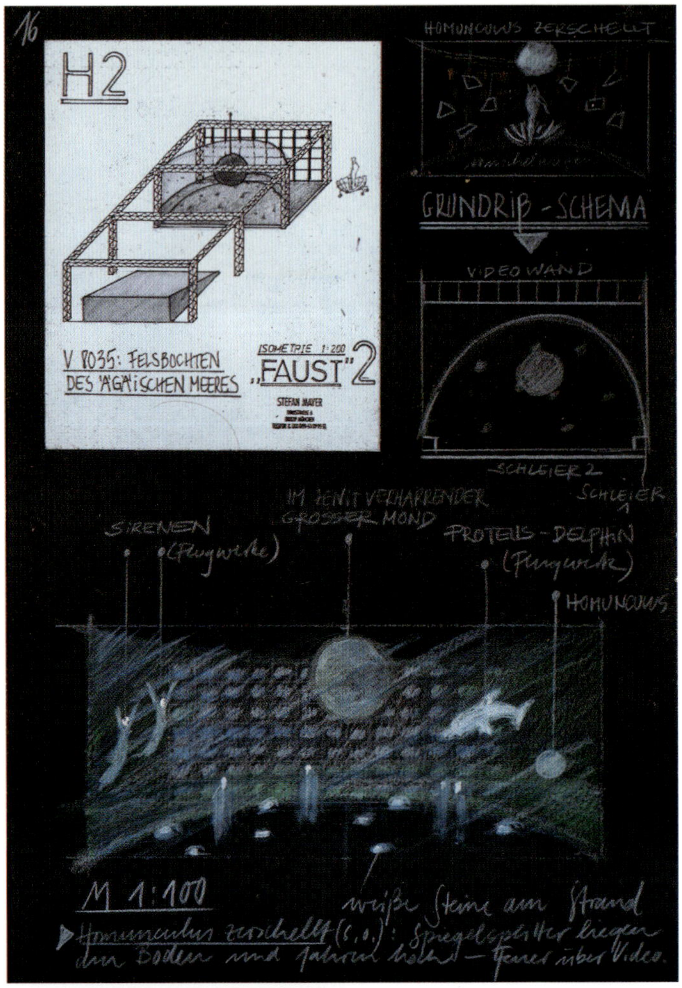

16
H2
V 8035: FELSBUCHTEN DES ÄGÄISCHEN MEERES
ISOMETRIE 1:200
„FAUST" 2
HOMUNCULUS ZERSCHELLT
GRUNDRIß - SCHEMA
VIDEOWAND
SCHLEIER 2
SCHLEIER 1
SIRENEN (Flugwerke)
IM ZENIT VERHARRENDER GROSSER MOND
PROTEUS - DELPHIN (Flugwerke)
HOMUNCULUS
M 1:100
weiße Steine am Strand
Homunculus zerschellt (s.o.): Spiegelsplitter liegen am Boden und fahren hoch — Feuer über Video.


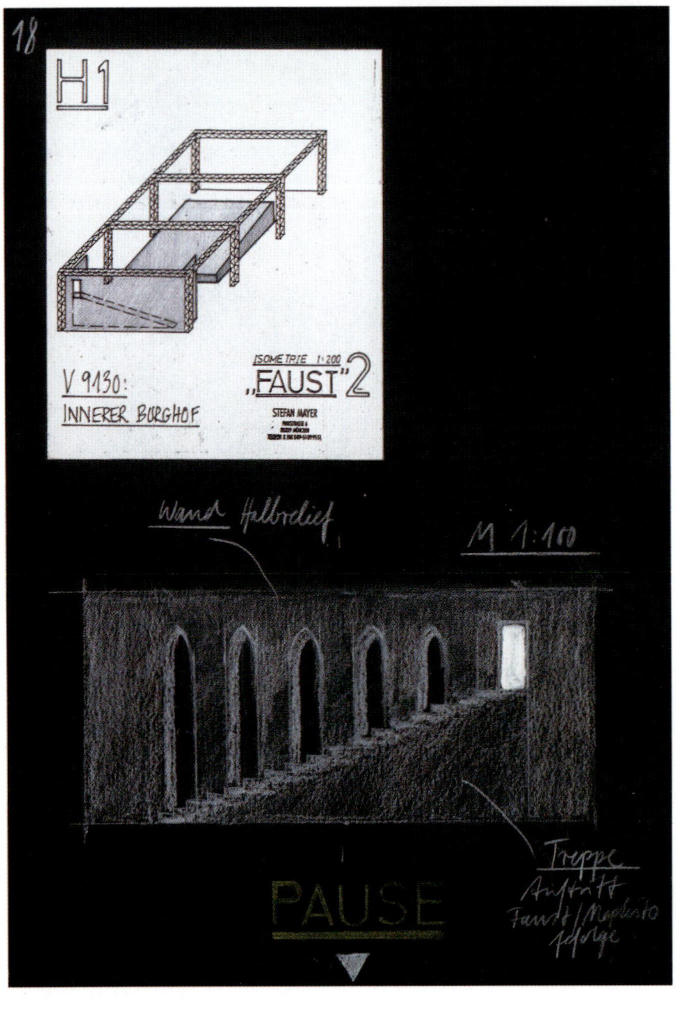

18
H1
V 9130: INNERER BURGHOF
ISOMETRIE 1:200
„FAUST" 2
STEFAN MAYER
Wand Halbrelief
M 1:100
Treppe
Auftritt Faust/Mephisto Gefolge
PAUSE


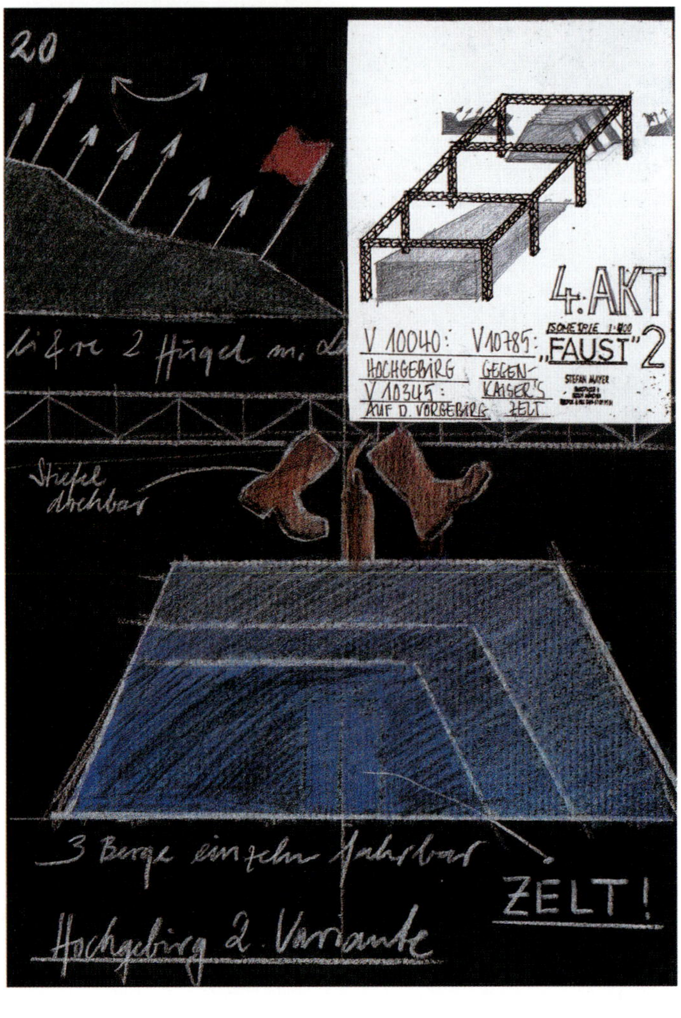

20
li & re 2 Hügel m. …
V 10040: HOCHGEBIRG
V 10345: AUF D. VORGEBIRG
V10785: GEGEN-KAISER'S ZELT
4. AKT
ISOMETRIE 1:200
„FAUST" 2
STEFAN MAYER
Stiefel drehbar
3 Berge einzeln fahrbar
ZELT!
Hochgebirg 2. Variante

PROSPEKT-SPIEGELUNG

22 V 11680 HIMMLISCHE HEERSCHAR
Höllenrachen ? Prospekt Rodin „Höllentor" → Schloß
SPIRALE fährt herab
ENGEL
GLORIE
FAUST
FACKELN
V 11840: BERGSCHLUCHTEN, WALD, FELS, EINÖDE
DAS EWIG WEIBLICHE ZIEHT UNS HINAN ....
FINIS

V 11620 HIMMLISCHE HEERSCHAR
Rosenblätter fallen
FAUST
DAS EWIG WEIBLICHE ZIEHT UNS HINAN
FINIS

# Kostümentwürfe
# zu Faust I und II

F I
VORSPIEL AUF DEM
THEATER

F. I
LUSTIGE PERSON

I in dem Tor
Eine Alte
Osterleim
Bettler
großer Stock
Krallenhände,
(vergrößert)
schlotterich
irgendwas stimmt mit
seinen Beinen nicht.
schwankend.

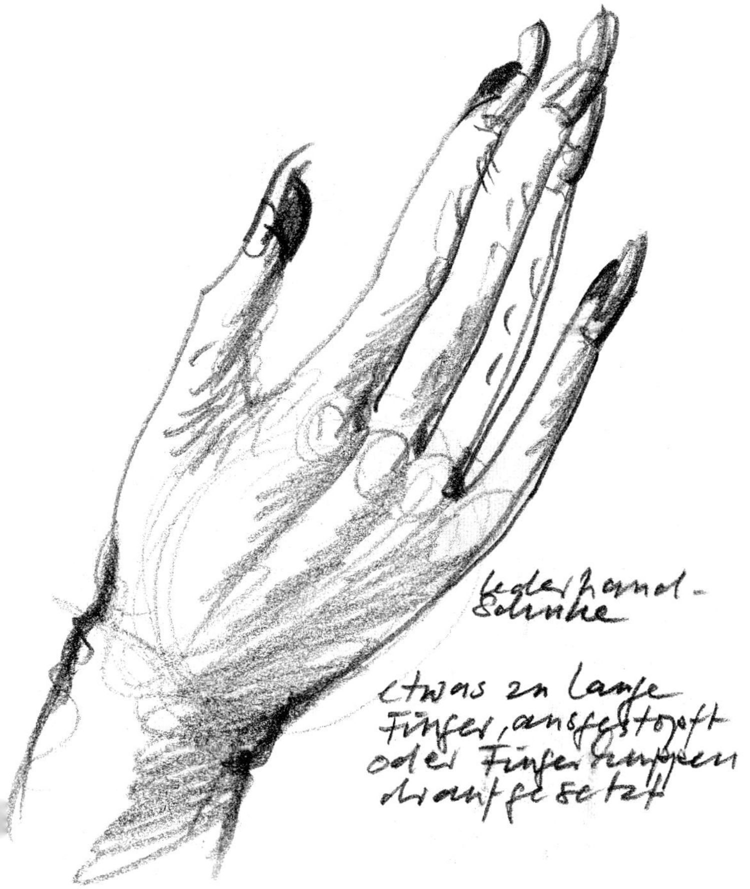
Lederhand-
Schuhe
etwas zu lange
Finger, ausgestopft
oder Fingerkuppen
draufgesetzt

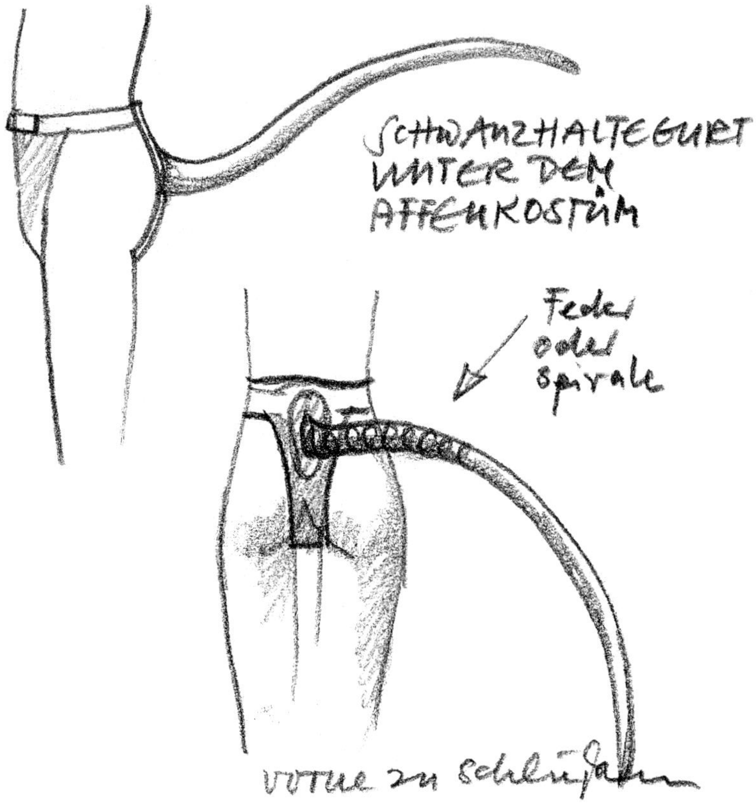
SCHWANZHALTEGURT
UNTER DEM
AFFENKOSTÜM
Feder
oder
Spirale

Nackenfalte

TRÖDELHEXE
FA
WALPURGISNACHT
oder: Alle Gegenstände erscheinen nach + nach aus d. Kiste

F. I
Walpurgisnacht
Trödelhexe

FAUST 2
Karneval
HOFFNUNG
TÜLL-TÜTÜ
ÜBER DEM
GRUNDKOSTÜM
INNEN TÜLLRÜSCHEN

FAUST II. WEITLÄUFIGER SAAL. GNOME, PARZEN

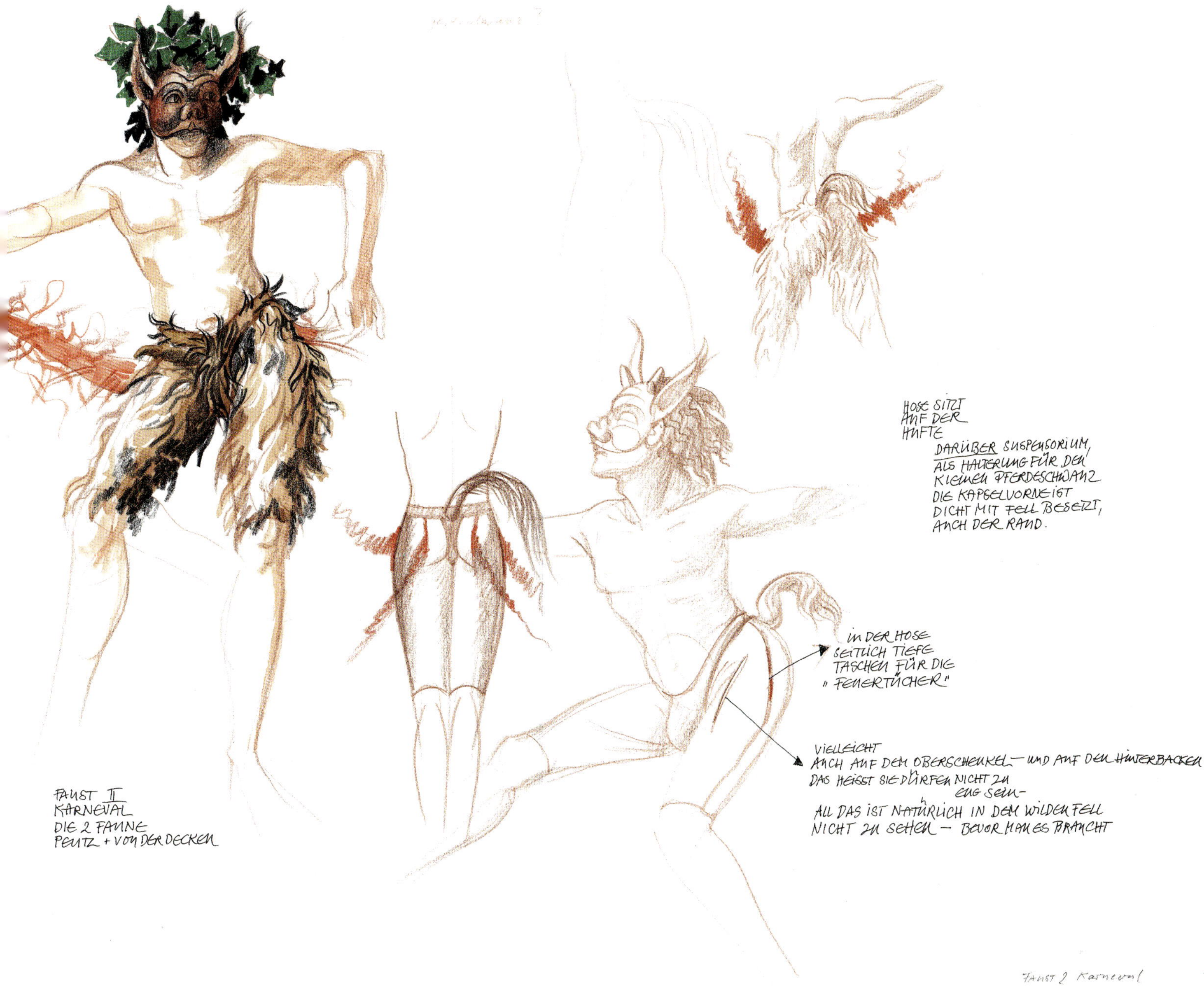
FAUST II
KARNEVAL
DIE 2 FAUNE
PENTZ + VON DER DECKEN
HOSE SITZT AUF DER HÜFTE
DARÜBER SUSPENSORIUM, ALS HALTERUNG FÜR DEN KLEINEN PFERDESCHWANZ
DIE KAPSEL VORNE IST DICHT MIT FELL BESETZT, AUCH DER RAND.
IN DER HOSE SEITLICH TIEFE TASCHEN FÜR DIE „FEUERTÜCHER"
VIELLEICHT AUCH AUF DEM OBERSCHENKEL – UND AUF DEN HINTERBACKEN
DAS HEISST SIE DÜRFEN NICHT ZU ENG SEIN –
ALL DAS IST NATÜRLICH IN DEM WILDEN FELL NICHT ZU SEHEN – BEVOR MAN ES BRAUCHT
Faust 2 Karneval

FAUST II. WEITLÄUFIGER SAAL. PAN, SATYR

FAUST II. WEITLÄUFIGER SAAL. MEPHISTO ALS GEIZ

FAUST II. LUSTGARTEN. KANZLER/BISCHOF UND MEPHISTO

Melanie

ERICHTO
FAUST II
KLASS. WALPURGISNACHT

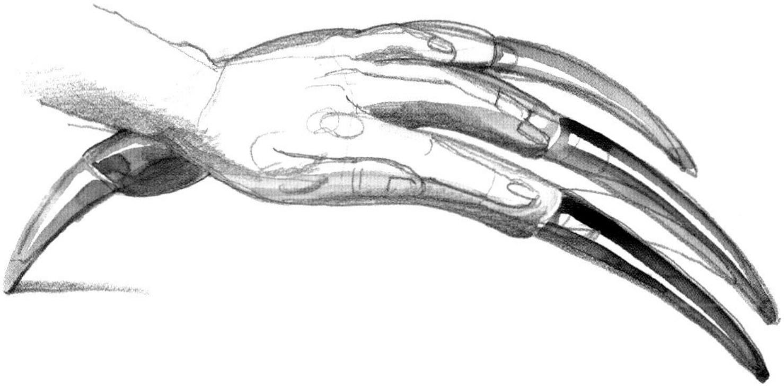

CHIRON
FAUST II
KLASSISCHE
WALPURGISNACHT

Am unteren Peneios
Faust + Chiron

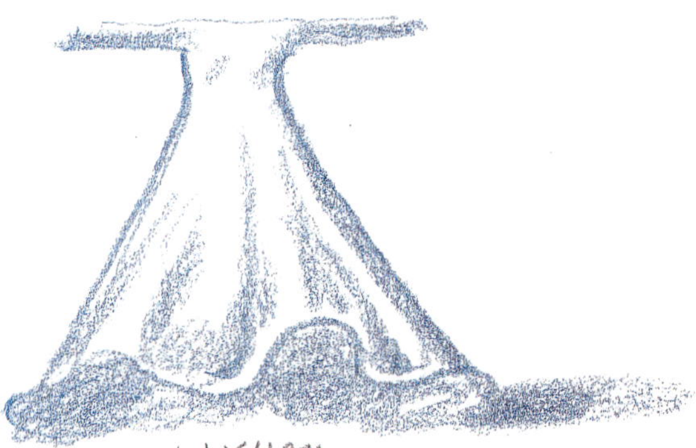
SAUM IN WELLEN

NOCH EINE GROSSE FRAU ?

EMPUSE
SHIRIM SANAIHA
HUF LINKS

FAUST II. FELSBUCHTEN DES ÄGÄISCHEN MEERS. SIRENEN

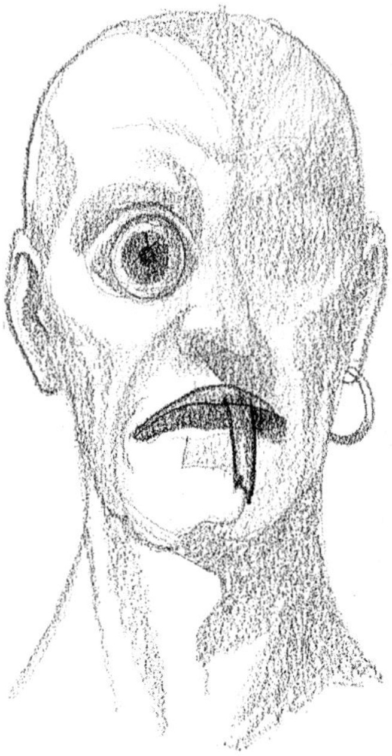

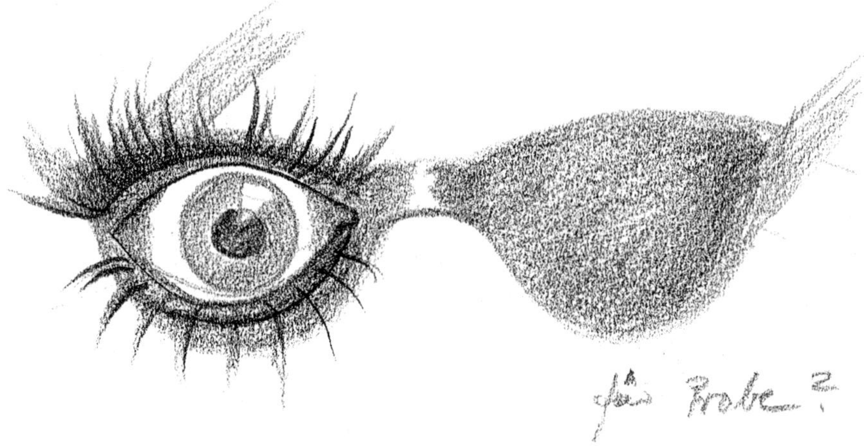
für Probe?

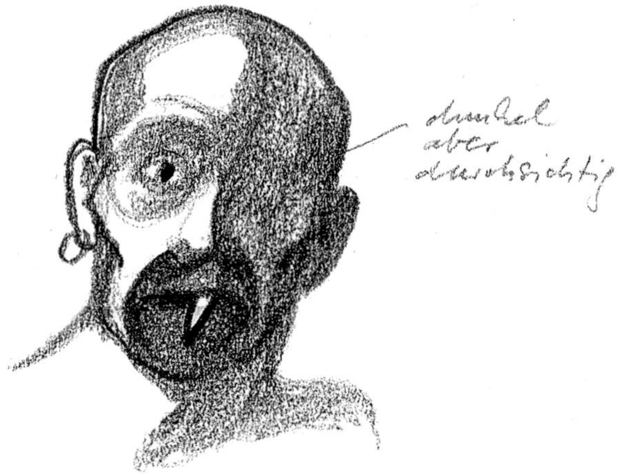
dunkel
aber
durchsichtig

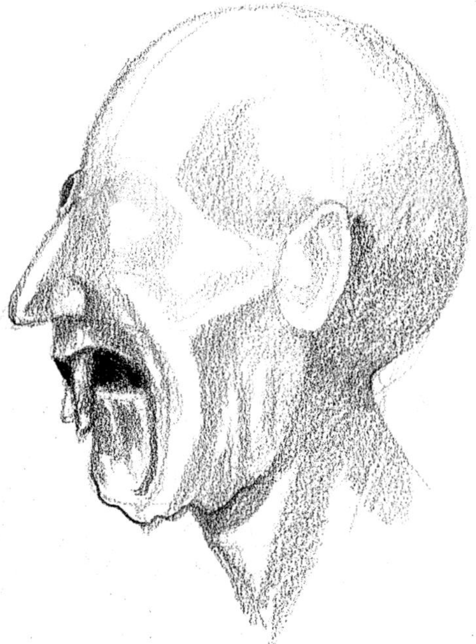

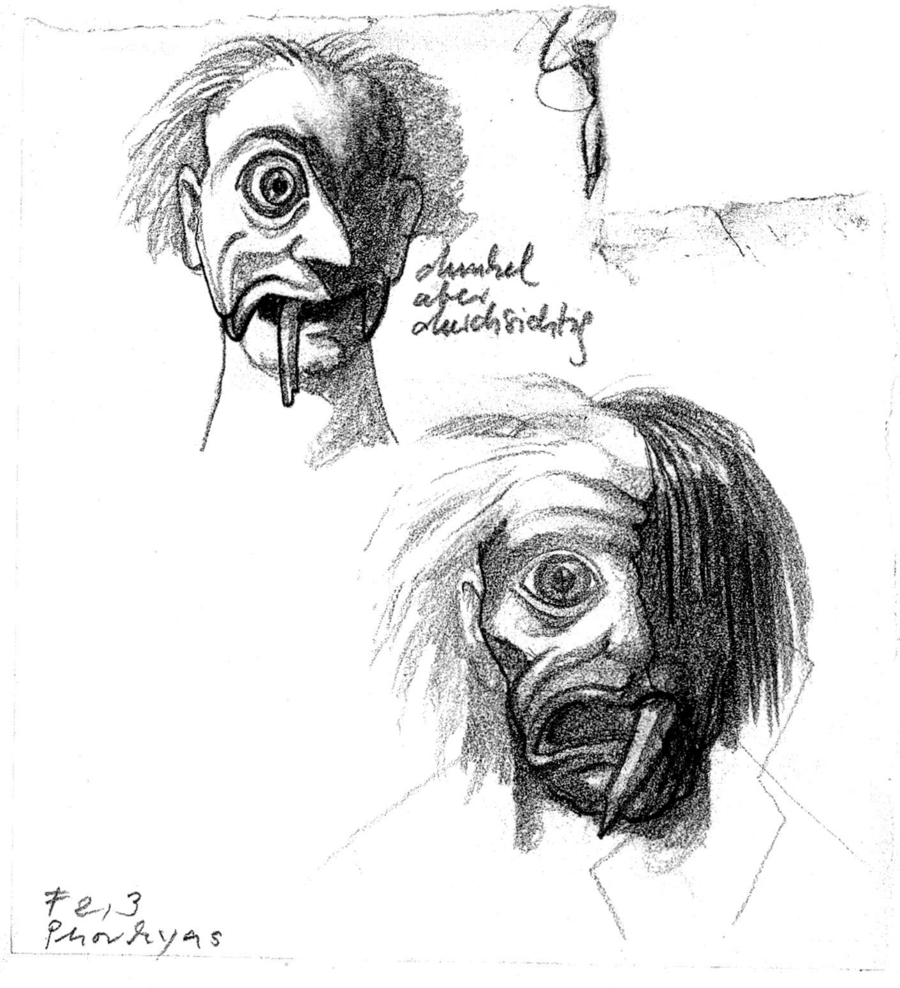
dunkel
aber
durchsichtig
Fe13
Phorkyas

F II.
3. Akt
Phorkyas

FILZSCHUHE

WANDERER
MANTEL MIT PELERINE
BODENTUCH NATUR
WESTE + HOSE GRAUGRÜN, VORHANDEN
HUT / GAMASCHEN LEDER?
STAB
FAUST II

Grablegung

F2,5

F2,5

# Entstehungsgeschichte des Faust-Dramas

Roswitha Schieb

Das *Faust*-Drama begleitete Goethe zeit seines Lebens. Über sechzig Jahre hinweg formte er den Weltstoff, bis der *Faust* zur Summe seines Lebens wurde.

Nachdem Lessing Mitte des 18. Jahrhunderts die Fabel vom Volksbuch und Puppenspiel für die Literatur wiederentdeckt hatte, bemächtigten sich ihrer auch die Stürmer und Dränger. So schleuderte der zwanzigjährige Goethe einen ersten *Faust*-Text aus sich heraus, voller Titanentrotz und Erlebnishunger. Nach einer langen Pause, während derer er bloß einige Schreibversuche in Italien unternahm, veröffentlichte Goethe 1790 einige *Faust*-Fragmente. Erst um 1800 beschloß er, angeregt durch den Austausch mit Schiller, das *Faust*-Drama in zwei Teile zu teilen. So wurde *Faust. Der Tragödie erster Teil* abgetrennt und 1808 veröffentlicht. Den *Faust II* aber verfaßte Goethe vorwiegend in seinen letzten Lebensjahren. Immer wieder ermuntert durch Eckermann, vollendete er kurz vor seinem Tod 1832 den zweiten Teil des Dramas, versiegelte das Manuskript jedoch und enthielt es so der Öffentlichkeit vor.

Johann Wolfgang von Goethe, *Faust I*: »Ich gäb' was drum wenn ich nur wüßt – wer heut der Herr gewesen ist!«
Gretchen in ihrem Zimmer, Lithographie von Meyerheim, Zeichnung des Zimmers nach einer Skizze des Prinzen Ferdinand Radziwill, aus: *Skizzen aus Goethes Faust* (7. Blatt)

Wie viele Zeitgenossen war Goethe mit dem *Faust*-Stoff schon früh durch das auf Marlowes *Faust* basierende Puppentheaterspiel bekannt geworden: »Die bedeutende Puppenspielfabel ... klang und summte gar vieltönig in mir wieder.« (zu 1770/71)

Vermutlich zwischen 1773 und 1775 schrieb er als junger Mann erste Szenen seines *Faust* nieder. Eine erste Fassung reicht mit Lücken von Fausts Monolog bis zu Gretgens Verdammung im Kerker. Davon ist die 1887 entdeckte und dann als *Urfaust* veröffentlichte Göchhausen-Abschrift von 1777 erhalten. Dieses frühe Fragment beinhaltet die durch den *Faust*-Stoff vorgegebene Gelehrtentragödie, die einen Übertritt von der trockenen Aufklärung zur Magie, zu obskuren Quellen des Wissens und der Mystik vorführt und mit einer Abkehr von der Büchergelehrsamkeit endet, indem sie den Helden ins Leben aufbrechen läßt. Die von Goethe angeschlossene Gretchentragödie geht auf Kindsmörderinnen-Prozesse zurück, die er als Rechtsreferendar in Frankfurt verfolgte. Fünfzehn Jahre später konfrontierte sich Goethe während seiner Italienreise erneut mit dem frühen *Faust*-Fragment: »Das alte Manuskript ... ist so gelb von der Zeit, so vergriffen ..., so mürbe und an den Rändern zerstoßen, daß es wirklich wie das Fragment eines alten Kodex aussieht, so daß ich .. mich jetzt in eine selbstgelebte Vorzeit wieder versetzen muß.« (1788) Er verfaßte einige neue Szenen, so *Wald und Höhle* und vermutlich die *Hexenküchen*-Szene. Der Schreibprozeß ging langsam und durchaus quälend vonstatten, führte jedoch nach der Rückkehr aus Italien 1790 zur Veröffentlichung von *Faust. Ein Fragment.* Darin stellt die Szene *Wald und Höhle* bereits eine rückblickende Reflexion auf das titanische Streben der Sturm- und Drangzeit dar. Das Element der Besinnung am Anfang der Szene bringt eine neue Qualität ins Drama ein. Allerdings klafft noch eine große Lücke zwischen Fausts Selbstdarstellung als verzweifelter Wissenschaftler und dem Auftreten des Teufels.

Ab 1796 sorgte der Gedankenaustausch mit Schiller für neue Impulse. Es gelang Goethe, »den alten geronnenen Stoff

Johann Heinrich Wilhelm Tischbein, *Goethe am Fenster der römischen Wohnung am Corso* (1787)

wieder ins Schmelzen zu bringen« (1798). Der Text wuchs heran, aber die dramatische Form stellte Goethe noch nicht zufrieden: »Bei dem unablässigen Tun und Treiben, was zwischen uns (Schiller und Goethe) stattfand, bei der entschiedenen Lust, das Theater kräftig zu beleben, ward ich angeregt, den *Faust* wieder hervorzunehmen: allein was ich auch tat, ich entfernte ihn mehr vom Theater, als daß ich ihn herangebracht hatte.« (1796)

Mit der Paktszene und dem *Prolog im Himmel* fand Goethe endlich eine Lösung sowohl für Fausts Verhältnis zu Mephisto als auch für die Auffassung des Teufelsbundes. Damit transzendierte er das *morality play*, in dem auf die böse Tat die Strafe folgt. Statt dessen wird der Teufel in das dramatische Geschehen miteingebunden, er wird ein Mitspieler auf Erden.

Bei der Bearbeitung einer anderen Vorgabe des traditionellen *Faust*-Stoffs, der Erscheinung Helenas und Fausts Verbindung mit der schönsten Frau der Antike, rang Goethe mit sich, wie und ob die nördlich-mittelalterliche mit der klassisch-mediterranen Thematik zu vereinbaren sei. Er dachte zunächst an ein südliches Intermezzo oder sogar an einen eigenständigen Text. Schiller erschien die Szene jedoch so zentral, daß er Goethe von einer Abtrennung, gar von einem Verzicht abriet. Er regte Goethe an, seinen Faust ins »handelnde Leben« zu führen, ohne sich aber eine ästhetische Form dafür vorstellen zu können: ».. daß mir der Faust seiner Anlage nach auch eine Totalität der Materie nach zu erfordern scheint ..., und für eine so hoch aufquellende Masse finde ich keinen poetischen Reif, der sie zusammenhält.« (1797)

Goethe schrieb daraufhin an Schiller: »Meinen *Faust* habe ich in Absicht auf Schema und Übersicht in der Geschwindigkeit recht vorgeschoben ... Es käme jetzt nur auf einen ruhigen Monat an, so sollte das Werk zu männiglicher Verwunderung und Entsetzen wie eine große Schwammfamilie aus der Erde wachsen.« (1797)

Doch bereitete die Integration der divergierendsten Motive und Stoffmassen Goethe noch große Schwierigkeiten. Erst im Jahre 1800 durchtrennte er den paralysierenden Knoten, indem er den *Faust* in zwei Teile teilte, in *Faust I* und *Faust II*: »Erster Teil: in der Dumpfheit Leidenschaft. Zweiter Teil: Taten. Genuß nach außen und Genuß mit Bewußtsein, Schönheit. Schöpfungsgenuß von innen.« (1800)

Indem Goethe sein *Faust*-Drama eine »barbarische Komposition« nennt, die er in die Nähe des »epischen Gedichtes« rückt, ein »nicht ganz verwerfliches poetisches Ungeheuer«, eine »Amalgation«, aus der »seltsame Erscheinungen« hervortreten, indem er sich also gegen die Einheit von Ort, Zeit und Handlung wendet, bricht er mit der Tradition des aristotelischen Dramas. Bereits im Jahre 1800 stellte Goethe Teile der Helena-Episode fertig, die Schiller als »Synthese des Edlen mit dem Barbarischen« lobte. *Faust I* wurde schließlich 1808 als *Faust. Der Tragödie erster Teil* veröffentlicht. Nach dem konzeptionellen Durchbruch der Zweiteilung wurden die Gelehrten- und die Gretchentragödie dramatisch geschürzt. Die Auflösung der damit gegebenen Faustischen Problematik und die Bearbeitung der Helena-Motive blieben dem zweiten Teil vorbehalten. Sowohl der Ausgang der Wette um Faust zwischen Gott und Mephisto zu Beginn des Dramas als auch jener der Wette zwischen Faust und Mephisto blieben offen und regten das Publikum zu eigenen Mutmaßungen über eine Fortführung an.

Erst 1829 wurde *Faust I* zu Goethes achtzigstem Geburtstag uraufgeführt. Allerdings gab es vorher bereits Darbietungen einzelner Szenen im privaten Kreis von Graf Radziwill, anläßlich derer Goethe Inszenierungsvorschläge zum Kostüm des Gottvaters und zur phantasmagorischen Erscheinung des Erdgeists machte:

Carl Zimmermann, Der Erdgeist, Lithographie aus: *Scenen aus Goethe's Faust in acht lithographierten Blättern nach der Angabe des Fürsten Radziwill zu seinen Compositionen des Faust* (1835)

»Fürst Radziwill, welcher verschiedene Privataufführungen einiger Szenen meines *Faust* begünstigte, ließ sich die Erscheinung des Geistes in der ersten Szene auf eine phantasmagorische Weise vorstellen, daß nämlich bei verdunkeltem Theater, auf eine im Hintergrund aufgespannte Leinwand, von

Wilhelm Hensel, »Er schläft ...«, Lithographie aus: *Scenen aus Goethe's Faust in acht lithographierten Blättern nach der Angabe des Fürsten Radziwill zu seinen Compositionen des Faust* (1835)

hinten her, ein erst kleiner, dann sich immer vergrößernder, lichter Kopf geworfen wurde, welcher daher sich immer zu nähern und immer weiter hervorzutreten schien. Dieses Kunststück ward offenbar durch eine Art Laterna Magica hervorgebracht. Könnten Sie baldigst erfahren: wer jenen Apparat verfertigt, ob man einen gleichen erlangen könnte und was man allenfalls dafür entrichten müßte?« (an den Maler Wilhelm Zahn, 1828)

Das Helena-Fragment ist die Keimzelle des *Faust II*, der »Gipfel«, von dem aus »sich erst die rechte Aussicht über das Ganze zeigen wird.« Aber Goethe behielt es unter dem Titel *Helena im Mittelalter. Episode zu Faust* unveröffentlicht in der Schublade. 1804 stirbt Schiller. Das Heilige Römische Reich Deutscher Nation wird 1806 aufgelöst. Napoleon erobert nahezu ganz Europa. Die Romantik wird zur bestimmenden Kunstrichtung. Da Goethe übernational dachte, nahm er am nationalen Aufschwung zwischen 1800 und 1815 nicht teil. In diesen Jahren verwandelte Goethe seine Resignation in eine harsche Publikumskritik:

»Ich will nichts davon hören, weder von dem Publikum, noch von der Nachwelt ... Ich verwünsche den *Tasso* bloß deshalb, weil man sagt, daß er auf die Nachwelt kommen wird; ich verwünsche die *Iphigenie*, mit einem Wort, ich verwünsche alles, was diesem Publikum irgend an mir gefällt. Ich weiß, daß es dem Tag und daß der Tag ihm angehört; aber ich will nun einmal nicht für den Tag leben ... Ja, wenn ich es nur je dahin noch bringen könnte, daß ich ein Werk verfaßte – aber ich bin zu alt dazu –, daß die Deutschen mich so ein funfzig oder hundert Jahre hintereinander recht gründlich verwünschten und aller Orten und Enden mir nichts als Übles nachsagten; das sollte mich außer Maßen ergötzen. ... Sie mögen mich nicht! Das matte Wort! Ich mag sie auch nicht! Ich habe es ihnen nie recht zu Danke gemacht! Vollends, wenn mein Walpurgissack nach meinem Tode sich einmal eröffnen und alle bis dahin verschlossenen, stygischen Plagegeister, wie sie mich geplagt, so auch zur Plage für andere wieder loslassen sollte; oder wenn sie in der Fortsetzung von *Faust* etwa zufällig an die Stelle kämen, wo der Teufel selbst Gnad' und Erbarmen vor Gott findet, das, denke ich doch, vergeben sie mir sobald nicht! Dreißig Jahre haben sie sich nun fast mit den Besenstielen des Blocksberges und den Katzengesprächen in der Hexenküche, die im *Faust* vorkommen, herumgeplagt, und es hat mit dem Interpretieren und dem Allegorisieren dieses dramatisch-humoristischen Unsinns nie so recht fortgewollt. Wahrlich, man sollte sich in seiner Jugend öfter den Spaß machen und ihnen solche Brocken wie den Brocken hinwerfen.« (1816)

Erst Eckermann, Goethes Sekretär, ermunterte Goethe ab 1823 in zahllosen Gesprächen, den *Faust II* weiterzuführen und zu vollenden. Goethe war zwar bereits ein alter Mann, er ließ sich aber doch ermutigen: es entstanden Entwürfe für den Neueinsatz des Dramas nach dem Ende von *Faust I* und die

Hinleitung zur Helena-Episode. Dabei wurde das Helena-Fragment als erstes zu einem vollständigen Akt, dem 3., überarbeitet und 1826 fertiggestellt:

»Das Teufels- und Hexenwesen machte ich nur einmal; ich war froh, mein nordisches Erbteil verzehrt zu haben, und wandte mich zu den Tischen der Griechen.« (1826)

An Wilhelm von Humboldt schreibt Goethe im selben Jahr:

»Es ist eine meiner ältesten Konzeptionen, sie ruht auf der Puppenspiel-Überlieferung, daß Faust den Mephistopheles genötigt, ihm die Helena zum Beilager heranzuschaffen. Ich habe von Zeit zu Zeit daran fortgearbeitet, aber abgeschlossen konnte das Stück nicht werden als in der Fülle der Zeiten, da es denn jetzt seine vollen 3000 Jahre spielt, von Troias Untergang bis zu der Einnahme von Missolunghi. Dies kann man also auch für eine Zeiteinheit nehmen, im höhern Sinne; die Einheit des Orts und der Handlung sind aber auch im gewöhnlichen Sinne aufs genaueste beobachtet. Es tritt auf unter dem Titel: *Helena. Klassisch-romantische Phantasmagorie. Zwischenspiel zu Faust.*«

In den Helena-Akt ist Goethes Anliegen eingeschrieben, »daß der leidenschaftliche Zwiespalt zwischen Klassikern und Romantikern sich endlich versöhne.« (1827)

Der Entstehungsprozeß von *Faust II* ging kontinuierlich vonstatten: Den 1. Akt vollendete Goethe zwischen 1827 und 1830, den 2. Akt zwischen 1829 und 1830, den 5. Akt vollendete er 1831, teilweise aus älteren Fragmenten, und zuletzt, im selben Jahr, den 4. Akt. Doch trug die Arbeit am »Hauptgeschäfte«, am »Hauptzweck« durchaus quälende Züge:

»Jetzt am 2. Teil meines *Faust* kann ich nur in den frühen Stunden des Tages arbeiten, wo ich mich vom Schlaf erquickt und gestärkt fühle und die Fratzen des täglichen Lebens mich noch nicht verwirrt haben. Und doch, was ist es, das ich ausführe! Im allerglücklichsten Fall eine geschriebene Seite, in der Regel aber nur soviel als man auf den Raum einer Handbreit schreiben könnte, und oft bei unproduktiver Stimmung noch weniger.« (1828)

Dennoch erhält die nahe Vollendung des Werks Goethes Vitalität:

»Es ist unglaublich, sagte Goethe, wieviel der Geist zur Erhaltung des Körpers vermag. Ich leide oft an Beschwerden des Unterleibes, allein der geistige Wille und die Kräfte des oberen Teiles halten mich im Gange. Der Geist muß nur dem Körper nicht nachgeben!« (1830)

Nachdem Goethe den 2. und 5. Akt des *Faust II* abgeschlossen hat, arbeitet er im vollen Bewußtsein seines nahen Todes: »der vierte (Akt) muß noch gemacht werden, doch im Notfall könnte man ihn sich selbst konstruieren, da der Schlußpunkt im fünften Akt gegeben ist.« (1831)

Doch es gelingt Goethe auch noch, den 4. Akt zu verfassen. Im Gespräch mit Eckermann führt er aus:

Wilhelm Hensel, »Sie ist gerichtet! Ist gerettet!« Lithographie aus: *Scenen aus Goethe's Faust in acht lithographierten Blättern nach der Angabe des Fürsten Radziwill zu seinen Compositionen des Faust* (1835)

»Dieser Akt bekommt wieder einen ganz eigenen Charakter, so daß er, wie eine für sich bestehende kleine Welt, das Übrige nicht berührt und nur durch einen leisen Bezug zu dem Vorhergehenden und Folgenden sich dem Ganzen anschließt. – Er wird also, sagte ich (Eckermann), völlig im Charakter des Übrigen sein; denn im Grunde sind doch der Auerbachsche Keller, die Hexenküche, der Blocksberg, der Reichstag, die Maskerade, das Papiergeld, das Laboratorium, die Klassische Walpurgisnacht, die Helena lauter für sich bestehende kleine Weltenkreise, die, in sich abgeschlossen, wohl auf einander wirken, aber doch einander wenig angehen. ... Sie haben vollkommen recht, sagte Goethe; auch kommt es bei einer solchen Komposition bloß darauf an, daß die einzelnen Massen bedeutend und klar seien, während es als ein Ganzes immer inkommensurabel bleibt, aber eben deswegen, gleich einem unaufgelösten Problem, die Menschen zu wiederholter Betrachtung immer wieder anlockt.« (1831)

Eckermann betätigte sich beim Entstehungsprozeß des *Faust II* als Mäeutiker. Goethe bedankt sich bei ihm, ihn zu der Fertigstellung gedrängt zu haben:

»Sie können es sich zurechnen, wenn ich den zweiten Teil des *Faust* zustande bringe.« (1830)

Eckermann gegenüber äußert Goethe zufrieden über den Fortgang seiner Arbeit:

»Da die Konzeption so alt ist ... und ich seit funfzig Jahren darüber nachdenke, so hat sich das innere Material so sehr gehäuft, daß jetzt das Ausscheiden und Ablehnen die schwere Operation ist. Die Erfindung des ganzen zweiten Teiles ist wirklich so alt, wie ich sage. Aber daß ich ihn erst jetzt schreibe, nachdem ich über die weltlichen Dinge so viel klarer geworden, mag der Sache zugute kommen. Es geht mir damit wie einem, der in seiner Jugend sehr viel kleines Silber- und Kupfergeld hat, das er während dem Lauf seines Lebens immer bedeutender einwechselt, so daß er zuletzt seinen Jugendbesitz in reinen Goldstücken vor sich sieht.« (1829)

Kurz vor Abschluß des *Faust II* schreibt Goethe an Zelter:

»Es ist keine Kleinigkeit, das, was man im zwanzigsten Jahre konzipiert hat, im zweiundachtzigsten außer sich darzustellen, und ein solches inneres, lebendiges Knochengeripp mit Sehnen, Fleisch und Oberhaut zu bekleiden, auch wohl dem fertig Hingestellten noch einige Mantelfalten umzuschlagen, damit alles zusammen ein offenbares Rätsel bleibe, die Menschen fort und fort ergötze und ihnen zu schaffen mache.« (1831)

Kurze Zeit darauf bemerkt Goethe:

»das Ganze liegt vor mir, und ich habe nur noch Kleinigkeiten zu berichtigen ... Und so ist nun ein schwerer Stein über den Berggipfel auf die andere Seite hinabgewälzt.« (1831)

Aus derselben Zeit sind folgende resümierende Bemerkungen Goethes zum *Faust* durch F. W. Riemer überliefert:

»Der zweite Teil sollte und konnte nicht so fragmentarisch sein als der erste. Der Verstand hat mehr Forderungen daran als an den ersten, und in diesem Sinne mußte dem vernünftigen Leser entgegengearbeitet werden. – Die Fabel mußte sich dem Ideellen nähern und zuletzt darein entfalten, die Behandlung aber des Dichters eigenen Weg nehmen. – Es gab noch manche andere, herrliche, reale und phantastische Irrtümer, in welche der arme Mensch sich edler, würdiger, höher, als im ersten gemeinen Teil geschieht, verlieren durfte. Die Behandlung mußte aus dem Spezifischen mehr in das Generische gehen, denn Spezifikation und Varietät gehören der Jugend an. Tizian, der große Kolorist, malte im Alter diejenigen Stoffe, die er früher so konkret nachzuahmen gewußt hatte, auch nur in abstracto, z. B. den Sammet nur als Idee davon – eine Anekdote, die Goethe mir mehrmals mit Beziehung auf sich erzählte. – So sind denn freilich einzelne, aber nicht gerade sehr wesentliche Partien nur angelegt und aus dem groben gearbeitet; aber das, worauf es ankam, der Sinn und die Idee des Ganzen wird sich dem vernünftigen Leser entgegenbringen, wenn ihm auch an Übergängen zu supplieren genug übrigbleibt.«

In Goethes Tagebuch findet sich unter dem Datum 21.7.1831: »Abschluß des Hauptgeschäftes – 22.7. Das Hauptgeschäft zustande gebracht. Letztes Mundum. Alles Reingeschriebene eingeheftet.«

Der zweiundachtzigjährige Goethe versiegelte das Manuskript von *Faust II* kurz vor seinem Tod und enthielt es so der Öffentlichkeit vor. An Wilhelm von Humboldt schrieb er am 1. 12. 1831:

»Die Schwierigkeit des Gelingens bestand darin, daß der zweite Teil des *Faust*, dessen gedruckten Partien Sie vielleicht einige Aufmerksamkeit geschenkt haben, seit funfzig Jahren in seinen Zwecken und Motiven durchgedacht und fragmentarisch, wie mir eine oder die andere Situation gefiel, durchgearbeitet war, das Ganze aber lückenhaft blieb. Nun hat der Verstand an dem zweiten Teile mehr Forderung als an dem ersten, und in diesem Sinne mußte dem vernünftigen Leser mehr entgegengearbeitet werden, wenn ihm auch noch an Übergängen zu supplieren genug übrigblieb. Das Ausfüllen gewisser Lücken war sowohl für historische als ästhetische Stetigkeit nötig, welches ich so lange fortsetzte, bis ich endlich für rätlich hielt auszurufen:

Schließet den Wässerungs-Kanal,
Genugsam tranken die Wiesen.

Und nun mußte ich mir ein Herz nehmen, das geheftete Exemplar, worin Gedrucktes und Ungedrucktes ineinander geschoben sind, zu versiegeln, damit ich nicht etwa hie und da weiter auszuführen in Versuchung käme; wobei ich freilich bedaure, daß ich es – was der Dichter doch so gern tut – meinen wertesten Freunden nicht mitteilen kann.«

1827 war in der Ausgabe letzter Hand der vollständige Helena-Akt veröffentlicht worden, in einem späteren Band derselben Ausgabe 1828/29 der Beginn des ersten Aktes bis zu den bezeichnenden Versen: »wenn eure Tageswelt, wie's oft geschieht, mir widerlichst mißfällt.«(6035/6)

Humboldt nimmt Bezug auf die Fortsetzung des *Faust*, wenn er antwortet:

»Der Aristotelische Ausdruck wenigstens, wenn man ihn auch noch so sehr als ein bloßes Extrem ansieht, hat gewiß niemals auf Sie gepaßt und paßt auf keines Ihrer Werke, auch nicht auf den *Werther* und den *Götz*. Ihre Dichtung stammte von jeher aus Ihrer ganzen Natur- und Weltansicht. Daß diese in Ihnen nur eine dichterische sein konnte, und daß Ihre Dichtung durch den ganzen Natur- und Weltzusammenhang bedingt sein mußte, darin liegt Ihre Individualität. ... Was Ihre Werke an Fortsetzungen des *Faust* enthalten, habe ich natürlich oft und mit dem größten Genusse gelesen, auch oft versucht, mir es als ein Ganzes vorzustellen. Es bleiben aber da natürlich noch viele Lücken und man gerät auch wohl auf irrige Ausfüllungen. Schon das steigert das Verlangen, den Knoten von Ihnen selbst gelöst zu sehen, und es ist schon darum Ihre Maßregel des Versiegelns ein wahrhaft grausames Beginnen. Ich weiß auch nicht einmal, ob es dem Zwecke entspricht, den Sie dabei zu haben scheinen, nicht mehr in die Versuchung zu geraten, weiter daran zu arbeiten. Solch ein versiegeltes Manuskript gleicht einem Testamente, das man immer zurücknehmen kann ... Wenn ich Sie recht verstehe, daß Sie es wirklich nicht erleben wollen, den *Faust* zusammen gedruckt zu sehen, so beschwöre ich Sie wirklich, diesen Vorsatz wieder aufzugeben.« (1832)

Aber Goethe wich von seinem Entschluß nicht ab. Im letzten Brief seines Lebens, dem Brief an Humboldt vom 17. 3. 1832, schrieb er kurz vor seinem Tod:

»Es sind über sechzig Jahre, daß die Konzeption des *Faust* bei mir jugendlich von vorneherein klar, die ganze Reihenfolge hin weniger ausführlich vorlag. Nun habe ich die Absicht immer sachte neben mir hergehen lassen, und nur die mir gerade interessantesten Stellen einzeln durchgearbeitet, so daß im zweiten Teil Lücken blieben, durch ein gleichmäßiges Interesse mit dem übrigen zu verbinden. Hier trat nun freilich die große Schwierigkeit ein, dasjenige durch Vorsatz und Charakter zu erreichen was eigentlich der freiwilligen tätigen Natur allein zukommen sollte. Es wäre aber nicht gut, wenn es nicht auch nach einem so lange tätig nachdenkenden Leben möglich geworden wäre, und ich lasse mich keine Furcht angehen man werde das Ältere vom Neueren, das Spätere vom Früheren unterscheiden können, welches wir denn den künftigen Lesern zu geneigter Einsicht übergeben wollen.

Ganz ohne Frage würde es mir unendliche Freude machen, meinen werten, durchaus dankbar anerkannten, weitverteilten Freunden auch bei Lebzeiten diese sehr ernsten Scherze zu widmen, mitzuteilen und ihre Erwiderung zu vernehmen. Der Tag aber ist wirklich so absurd und konfus, daß ich mich überzeuge meine redlichen, lange verfolgten Bemühungen um dieses seltsame Gebäu würden schlecht belohnt und an den Strand getrieben, wie ein Wrack in Trümmern daliegen und von dem Dünenschutt der Stunden zunächst überschüttet werden. Verwirrende Lehre zu verwirrtem Handel waltet über die Welt, und ich habe nichts angelegentlicher zu tun als dasjenige was an mir ist und geblieben ist wo möglich zu steigern und meine Eigentümlichkeit zu kohobieren, wie Sie es, würdiger Freund, auf Ihrer Burg ja auch bewerkstelligen.«

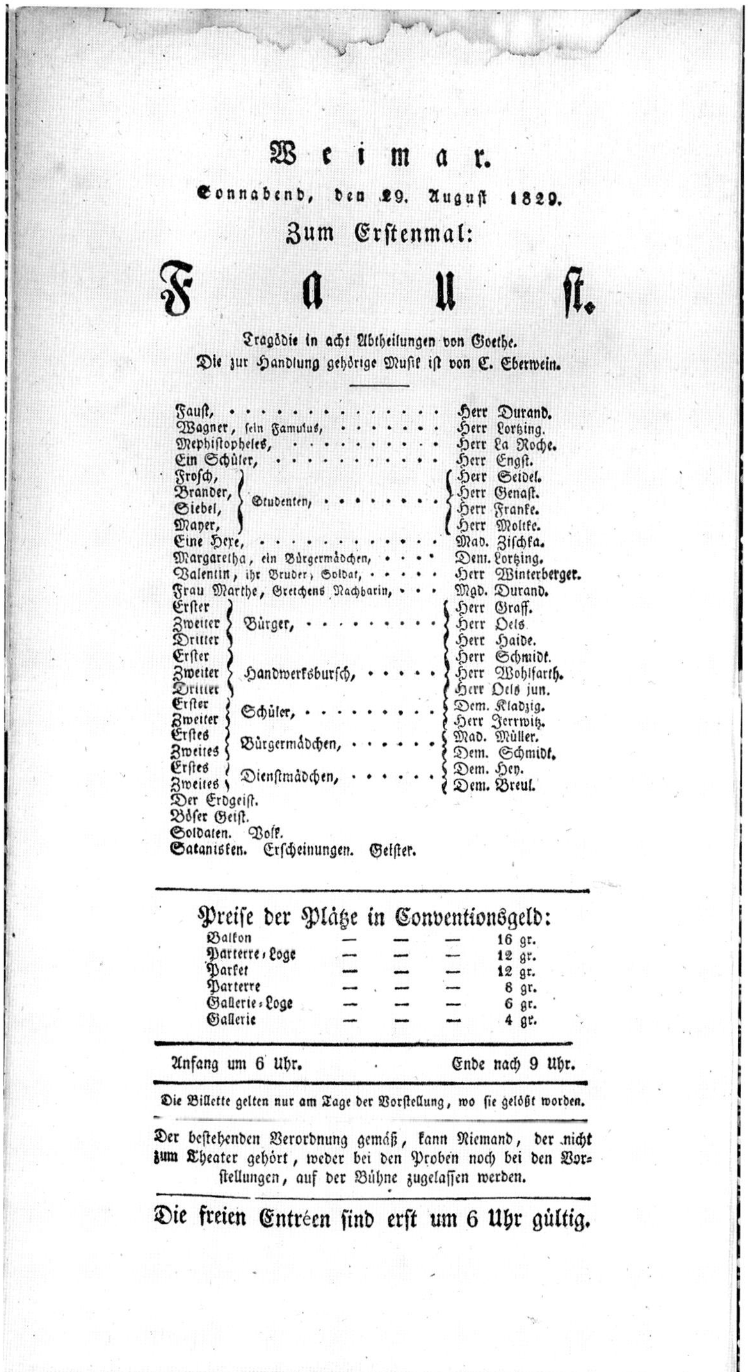

Weimar.

Sonnabend, den 29. August 1829.

Zum Erstenmal:

Faust.

Tragödie in acht Abtheilungen von Goethe.

Die zur Handlung gehörige Musik ist von C. Eberwein.

Faust, . . . . . . . . . . . . . . Herr Durand.
Wagner, sein Famulus, . . . . . . . Herr Lortzing.
Mephistopheles, . . . . . . . . . . Herr La Roche.
Ein Schüler, . . . . . . . . . . . Herr Engst.
Frosch, Brander, Siebel, Mayer, Studenten, . . . . . . . . Herr Seidel. Herr Genast. Herr Franke. Herr Moltke.
Eine Hexe, . . . . . . . . . . . . Mad. Zischka.
Margaretha, ein Bürgermädchen, . . . . Dem. Lortzing.
Valentin, ihr Bruder, Soldat, . . . . . Herr Winterberger.
Frau Marthe, Gretchens Nachbarin, . . . Mad. Durand.
Erster, Zweiter, Dritter Bürger, . . . . . . . . . Herr Graff. Herr Oels Herr Haide.
Erster, Zweiter, Dritter Handwerksbursch, . . . . . . Herr Schmidt. Herr Wohlfarth. Herr Oels jun.
Erster, Zweiter Schüler, . . . . . . . . . Dem. Kladzig. Herr Jerrwitz.
Erstes, Zweites Bürgermädchen, . . . . . . Mad. Müller. Dem. Schmidt.
Erstes, Zweites Dienstmädchen, . . . . . . Dem. Hey. Dem. Breul.
Der Erdgeist.
Böser Geist.
Soldaten. Volk.
Satanisken. Erscheinungen. Geister.

Preise der Plätze in Conventionsgeld:

| | | | | |
|---|---|---|---|---|
| Balkon | — | — | — | 16 gr. |
| Parterre-Loge | — | — | — | 12 gr. |
| Parket | — | — | — | 12 gr. |
| Parterre | — | — | — | 8 gr. |
| Gallerie-Loge | — | — | — | 6 gr. |
| Gallerie | — | — | — | 4 gr. |

Anfang um 6 Uhr. Ende nach 9 Uhr.

Die Billette gelten nur am Tage der Vorstellung, wo sie gelößt worden.

Der bestehenden Verordnung gemäß, kann Niemand, der nicht zum Theater gehört, weder bei den Proben noch bei den Vorstellungen, auf der Bühne zugelassen werden.

Die freien Entréen sind erst um 6 Uhr gültig.

Theaterzettel zur ersten Weimarer Aufführung von *Faust. Der Tragödie erster Teil* zu Goethes 80. Geburtstag

# Äußerungen Goethes zum Faust

Der erste Teil ist fast ganz subjektiv; es ist alles aus einem befangeneren, leidenschaftlicheren Individuum hervorgegangen, welches Halbdunkel den Menschen auch so wohl tun mag. Im zweiten Teile aber ist fast gar nichts Subjektives, es erscheint hier eine höhere, breitere, hellere, leidenschaftslosere Welt, und wer sich nicht etwas umgetan und einiges erlebt hat, wird nichts damit anzufangen wissen.

Es sind darin einige Denkübungen, sagte ich, und es möchte auch mitunter einige Gelehrsamkeit erfordert werden. ...

Ich habe immer gefunden, sagte Goethe lachend, daß es gut sei, etwas zu wissen.

*Gespräch mit Eckermann, 17.2.1831*

Die Deutschen sind übrigens wunderliche Leute! – Sie machen sich durch ihre tiefen Gedanken und Ideen, die sie überall suchen und überall hineinlegen, das Leben schwerer, als billig. – Ei! so habt doch endlich einmal die Courage, euch den Eindrücken hinzugeben, euch ergötzen zu lassen, euch rühren zu lassen, euch erheben zu lassen, ja euch belehren und zu etwas Großem entflammen und ermutigen zu lassen; aber denkt nur nicht immer, es wäre alles eitel, wenn es nicht irgend abstrakter Gedanke und Idee wäre!

Da kommen sie und fragen, welche Idee ich in meinem *Faust* zu verkörpern gesucht? – Als ob ich das selber wüßte und aussprechen könnte! – Vom Himmel durch die Welt zur Hölle, das wäre zur Not etwas; aber das ist keine Idee, sondern Gang der Handlung. Und ferner, daß der Teufel die Wette verliert und daß ein aus schweren Verirrungen immerfort zum Besseren aufstrebender Mensch zu erlösen sei, das ist zwar ein wirksamer, manches erklärender, guter Gedanke, aber es ist keine Idee, die dem Ganzen und jeder einzelnen Szene im besonderen zugrunde liege. Es hätte auch in der Tat ein schönes Ding werden müssen, wenn ich ein so reiches, buntes und so höchst mannigfaltiges Leben, wie ich es im *Faust* zur Anschauung gebracht, auf die magere Schnur einer einzigen durchgehenden Idee hätte reihen wollen!

Es war im ganzen ... nicht meine Art, als Poet nach Verkörperung von etwas Abstraktem zu streben. Ich empfing in meinem Innern Eindrücke, und zwar Eindrücke sinnlicher, lebensvoller, lieblicher, bunter, hundertfältiger Art, wie eine rege Einbildungskraft es mir darbot; und ich hatte als Poet weiter nichts zu tun, als solche Anschauungen und Eindrücke in mir künstlerisch zu runden und auszubilden, und durch eine lebendige Darstellung so zum Vorschein zu bringen, daß andere dieselben Eindrücke erhielten, wenn sie mein Dargestelltes hörten oder lasen. ...

Je inkommensurabler und für den Verstand unfaßlicher eine poetische Produktion, desto besser.

*Gespräch mit Eckermann, 6.5.1827*

Goethe fragte ... Herrn Hutton, was er von deutscher Literatur gelesen habe. ... Jetzt lese ich den *Faust*, ich finde aber, daß er ein wenig schwer ist. Goethe lachte bei den letzten Worten. »Freilich«, sagte er, »würde ich Ihnen zum *Faust* noch nicht geraten haben. Es ist tolles Zeug und geht über alle gewöhnlichen Empfindungen hinaus. Aber da Sie es von selbst getan haben, ohne mich zu fragen, so mögen Sie sehen, wie Sie durchkommen. Faust ist ein so seltsames Individuum, daß nur wenige Menschen seine inneren Zustände nachempfinden können. So der Charakter des Mephistopheles ist durch die Ironie und als lebendiges Resultat einer großen Weltbetrachtung wieder etwas sehr Schweres. Doch sehen Sie zu, was für Lichter sich Ihnen dabei auftun.

*Gespräch mit Eckermann und Hutton, 10.1.1825*

Was sie von *Zueignung* und *Vorspiel* sagen, ist untadelig; rührend aber waren mir Ihre Konjekturen über den zweiten Teil des *Faust* und über die Auflösung. Daß man sich dem Ideellen nähern und zuletzt darin sich entfalten werde, haben Sie ganz richtig gefühlt; allein meine Behandlung mußte ihren eigenen Weg nehmen: und es gibt noch manche herrliche, reale und phantastische Irrtümer auf Erden, in welchen der arme Mensch sich edler, würdiger, höher, als im ersten gemeinen Teile geschieht, verlieren dürfte.

Durch diese sollte unser Freund Faust sich auch durchwürgen. In der Einsamkeit der Jugend hätte ich's aus Ahnung geleistet, am hellen Tage der Welt säh' es wie ein Pasquill aus. Auch den Ausgang haben Sie richtig gefühlt. Mephistopheles darf seine Wette nur halb gewinnen, und wenn die halbe Schuld auf Faust ruhen bleibt, so tritt das Begnadigungsrecht des alten Herrn sogleich herein, zum heitersten Schluß des Ganzen.

*An K.E. Schubarth, 3.11.1820*

... ich (Förster) erinnere mich nur, daß, als ich die Vermutung aussprach, die Schlußszene werde doch wohl in den Himmel verlegt werden, und Mephisto als überwunden vor den Hörern bekennen, daß »ein guter Mensch in seines Herzens (!) Drange sich des rechten Weges wohl bewußt sei«, – Goethe kopfschüttelnd sagte: Das wäre ja Aufklärung. Faust endet als Greis, und im Greisenalter werden wir Mystiker.

*Gespräch mit Förster, Ende (?) März 1828*

Über den *Faust* äußerte er (Ampère) sich nicht weniger geistreich, indem er nicht bloß das düstere, unbefriedigte Streben der Hauptfigur, sondern auch den Hohn und die herbe Ironie des Mephistopheles als Teile meines eigenen Wesens bezeichnet.

*Gespräch mit Eckermann, 3.5.1827*

Heute bei Goethe zu Tisch, kam das Gespräch bald wieder auf das Dämonische, und er fügte zu dessen näherer Bezeichnung noch Folgendes hinzu.

Das Dämonische, sagte er, ist dasjenige, was durch Verstand und Vernunft nicht aufzulösen ist. In meiner Natur liegt es nicht, aber ich bin ihm unterworfen.

... Hat nicht auch, sagte ich (Eckermann), der Mephistopheles dämonische Züge? Nein, sagte Goethe, der Mephistopheles ist ein viel zu negatives Wesen; das Dämonische aber äußert sich in einer durchaus positiven Tatkraft.

*Gespräch mit Eckermann, 2.3.1831*

Hier also der Anfang! Da Sie mich kennen, so werden Sie nicht überrascht sein, ganz in meiner bisherigen milden Art! Es ist, als wäre alles in dem Mantel der Versöhnung eingehüllt. Wenn man bedenkt, welche Greuel beim Schluß des zweiten Akts auf Gretchen einstürmten und rückwirkend Fausts ganze Seele erschüttern mußten, so konnt' ich mir nicht anders helfen, als den Helden, wie ich's getan, völlig zu paralysieren und als vernichtet zu betrachten, und aus solchem scheinbaren Tode ein neues Leben anzuzünden. Ich mußte hierbei eine Zuflucht zu wohltätigen mächtigen Geistern nehmen, wie sie uns in der Gestalt und im Wesen von Elfen überliefert sind. Es ist alles Mitleid und das tiefste Erbarmen. Da wird kein Gericht gehalten und da ist keine Frage, ob er es verdient oder nicht verdient habe, wie es etwa von Menschenrichtern geschehen könnte. Bei den Elfen kommen solche Dinge nicht in Erwägung. Ihnen ist es gleich, ob er ein Heiliger oder ein Böser, in Sünde Versunkener ist, »ob er heilig, ob er böse, jammert sie der Unglücksmann«, und so fahren Sie in versöhnender Weise beschwichtigend fort und haben nichts Höheres im Sinne, als ihn durch einen kräftigen tiefen Schlummer die Greuel der erlebten Vergangenheit vergessen zu machen: »Erst badet ihn im Tau aus Lethes Flut.«

*Gespräch mit Eckermann, 12. (?) März 1826*

Ich (Eckermann) machte bemerklich, daß es mir vorkomme, als ob die in Terzinen geschriebene prächtige Beschreibung des Sonnenaufgangs in der ersten Szene vom zweiten Teile des *Faust* aus der Erinnerung jener Natureindrücke des Vierwaldstättersees entstanden sein möchte.

Ich will es nicht leugnen, sagte Goethe, daß diese Anschauungen dort herrühren; ja ich hätte ohne die frischen Eindrücke jener wundervollen Natur den Inhalt der Terzinen gar nicht denken können. Das ist aber auch alles, was ich aus dem Golde meiner Tell-Lokalitäten mir gemünzt habe. Das übrige ließ ich Schillern, der denn auch davon, wie wir wissen, den schönsten Gebrauch gemacht.

*Gespräch mit Eckermann, 6.5.1827*

Ich (Eckermann) ging ... zu Goethe, der mir die zweite Szene seines neuen *Faust* vorlas.

Ich habe in dem Kaiser, sagte er, einen Fürsten darzustellen gesucht, der alle möglichen Eigenschaften hat, sein Land zu verlieren, welches ihm denn auch später auch wirklich gelingt.

Das Wohl des Reichs und seiner Untertanen macht ihm keine Sorge; er denkt nur an sich und wie er sich von Tag zu Tag mit etwas Neuem amüsiere. Das Land ist ohne Recht und Gerechtigkeit, der Richter selber mitschuldig und auf der Seite der Verbrecher, die unerhörtesten Frevel geschehen ungehindert und ungestraft. Das Heer ist ohne Sold, ohne Disziplin und streift raubend umher, um sich seinen Sold selbst zu verschaffen und sich selber zu helfen, wie es kann. Die Staatskasse ist ohne Geld und ohne Hoffnung weiterer Zuschüsse. Im eigenen Haushalt des Kaisers sieht es nicht besser aus; es fehlt in Küche und Keller. Der Marschall, der von Tag zu Tag nicht mehr Rat zu schaffen weiß, ist bereits in den Händen wuchernder Juden, denen alles verpfändet ist, so daß auf den kaiserlichen Tisch vorweggegessenes Brot kommt.

Der Staatsrat will Sr. Majestät über all diese Gebrechen Vorstellung tun und ihre Abhilfe beraten; allein der gnädige Herr ist sehr ungeneigt, solchen unangenehmen Dingen sein hohes Ohr zu leihen; er möchte sich lieber amüsieren. Hier ist nun das wahre Element für Mephisto, der den bisherigen

Narren schnell beseitigt und als neuer Narr und Ratgeber sogleich an der Seite des Kaisers ist.

Goethe las die Szene und das Zwischen-Gemurmel der Menge ganz vortrefflich.

*Gespräch mit Eckermann, 1.10.1827*

So auch gedachten wir des großen Karnevals, und inwiefern es möglich, es auf der Bühne zur Erscheinung zu bringen. Es wäre doch noch ein wenig mehr, sagte ich, wie der Markt von Neapel. Es würde ein sehr großes Theater erfordern, sagte Goethe, und es ist fast nicht denkbar. Ich hoffe es noch zu erleben, war meine Antwort. Besonders freue ich mich auf den Elefanten, von der Klugheit gelenkt, die Viktoria oben, und Furcht und Hoffnung in Ketten an den Seiten. Es ist doch eine Allegorie, wie sie nicht leicht besser existieren möchte.

Es wäre auf der Bühne nicht der erste Elefant, sagte Goethe. In Paris spielt einer eine völlige Rolle; er ist von einer Volkspartei und nimmt dem einen König die Krone ab und setzt sie dem anderen auf, welches freilich grandios sein muß. Sodann, wenn am Schlusse des Stückes der Elefant herausgerufen wird, erscheint er ganz alleine, macht seine Verbeugung und geht wieder zurück. Sie sehen also, daß bei unserm Karneval auf den Elefanten zu rechnen wäre. Aber das Ganze ist viel zu groß und erfordert einen Regisseur, wie es deren nicht leicht gibt.

Es ist aber so voller Glanz und Wirkung, sagte ich, daß eine Bühne es sich nicht leicht wird entgehen lassen. Und wie es sich aufbaut und immer bedeutender wird! Zuerst schöne Gärtnerinnen und Gärtner, die das Theater dekorieren und zugleich eine Masse bilden, so daß es den immer bedeutender werdenden Erscheinungen nicht an Umgebung und Zuschauern mangelt. Dann, nach dem Elefanten, das Drachengespann aus dem Hintergrunde durch die Lüfte kommend, über den Köpfen hervor. Ferner die Erscheinung des großen Pan, und wie zuletzt alles in scheinbarem Feuer steht und schließlich von herbeiziehenden feuchten Nebelwolken gedämpft und gelöscht wird! Wenn das alles so zur Erscheinung käme, wie Sie es gedacht haben, das Publikum müßte vor Erstaunen dasitzen und gestehen, daß es ihm an Geist und Sinnen fehle, den Reichtum solcher Erscheinungen würdig aufzunehmen.

Geht nur, sagte Goethe, und laßt mir das Publikum, von dem ich nichts hören mag. Die Hauptsache ist, daß es geschrieben steht; mag nun die Welt damit gebaren, so gut sie kann, und es benutzen, soweit sie es fähig ist.

Wir sprachen darauf über den Knaben Lenker.

Daß in der Maske des Plutus der Faust steckt und in der Maske des Geizes der Mephistopheles, werden Sie gemerkt haben. Wer aber ist der Knabe Lenker? – Ich zauderte und wußte nicht zu antworten. Es ist der Euphorion! sagte Goethe. – Wie kann aber dieser, fragte ich, schon hier im Karneval erscheinen, da er doch erst im dritten Akt geboren wird? – Der Euphorion, antwortete Goethe, ist kein menschliches, sondern nur ein allegorisches Wesen. Es ist in ihm die Poesie personifiziert, die an keine Zeit, an keinen Ort und an keine Person gebunden ist. Derselbige Geist, dem es später beliebt, Euphorion zu sein, erscheint jetzt als Knabe Lenker, und er ist darin den Gespenstern ähnlich, die überall gegenwärtig sein und zu jeder Stunde hervortreten können.

*Gespräch mit Eckermann, 20.12.1829*

Heute nach Tisch las Goethe mir (Eckermann) die Szene vom Papiergelde.

Sie erinnern sich, sagte er, daß bei der Reichsversammlung das Ende vom Liede ist, daß es an Geld fehlt, welches Mephistopheles zu verschaffen verspricht. Dieser Gegenstand geht durch die Maskerade fort, wo Mephistopheles es anzustellen weiß, daß der Kaiser in der Maske des großen Pan ein Papier unterschreibt, welches, dadurch zu Geldeswert erhoben, tausendmal vervielfältigt und verbreitet wird.

In dieser Szene nun wird die Angelegenheit vor dem Kaiser zur Sprache gebracht, der noch nicht weiß, was er getan hat. Der Schatzmeister übergibt die Banknoten und macht das Verhältnis deutlich. Der Kaiser, anfänglich erzürnt, dann bei näherer Einsicht in den Gewinn hoch erfreut, macht mit der neuen Papier-Gabe seiner Umgebung reichliche Geschenke und läßt im Abgehen noch einige tausend Kronen fallen, die der dicke Narr zusammenrafft und sogleich geht, um das Papier in Grundbesitz zu verwandeln.

Indem Goethe die herrliche Szene las, freute ich mich über den glücklichen Griff, daß er das Papiergeld von Mephistopheles herleitet und dadurch ein Hauptinteresse des Tages so bedeutend verknüpft und verewigt.

Kaum war die Szene gelesen und manches darüber hin und her gesprochen, als Goethes Sohn herunterkam und sich zu uns an den Tisch setzte. Er erzählte uns von Coopers letztem Roman, den er gelesen und den er in seiner anschaulichen Art auf das beste referierte. Von unserer gelesenen Szene verrieten wir nichts, aber er selbst fing sehr bald an, viel über preußische Tresorscheine zu reden, und daß man sie über den Wert bezahle. Während der junge Goethe so sprach, blickte ich den Vater an mit einigem Lächeln, welches er erwiderte, und wodurch wir uns zu verstehen gaben, wie sehr das Dargestellte an der Zeit sei.

*Gespräch mit Eckermann, 27.12.1829*

So wenig nun die Dampfmaschinen zu dämpfen sind, so wenig ist dies auch im Sittlichen möglich; die Lebhaftigkeit des Handels, das Durchrauschen des Papiergeld's, das Anschwellen der Schulden, um Schulden zu bezahlen, das alles sind die ungeheuren Elemente, auf die gegenwärtig ein junger Mann gesetzt ist. Wohl ihm, wenn er von der Natur mit mäßigem, ruhigem Sinn begabt ist, um weder unverhältnismäßige Forderungen an die Welt zu machen, noch auch von ihr sich bestimmen zu lassen.

*Maximen und Reflexionen Nr. 481*

Nachdem sie nun am kaiserlichen Hofe Geld haben, sagte er, wollen sie amüsiert sein. Der Kaiser wünscht Paris und Helena zu sehen, und zwar sollen sie durch Zauberkünste in Person erscheinen. Da aber Mephistopheles mit dem griechischen Altertum nichts zu tun und über solche Figuren keine Gewalt hat, so bleibt dieses Werk Fausten zugeschoben, dem es auch vollkommen gelingt. Was aber Faust unternehmen muß, um die Erscheinung möglich zu machen, ist noch nicht ganz vollendet, und ich lese es Ihnen das nächste Mal. ...

*Gespräch mit Eckermann, 30.12.1829*

Heute zum Nachtisch bereitete Goethe mir (Eckermann) einen hohen Genuß, indem er mir die Szene vorlas, wo Faust zu den Müttern geht.

Das Neue, Ungeahnte des Gegenstandes, so wie die Art und Weise, wie Goethe mir die Szene vortrug, ergriff mich wundersam, so daß ich mich ganz in die Lage von Faust versetzt fühlte, den bei der Mitteilung des Mephistopheles gleichfalls ein Schauer überläuft.

Ich hatte das Dargestellte wohl gehört und wohl empfunden, aber es blieb mir so vieles rätselhaft, daß ich mich gedrungen fühlte, Goethe um einigen Aufschluß zu bitten. Er aber, in seiner gewöhnlichen Art, hüllte sich in Geheimnisse, indem er mich mit großen Augen anblickte und mir die Worte wiederholte:

Die Mütter! Mütter! 's klingt so wunderlich!

Ich kann Ihnen weiter nichts verraten, sagte er darauf, als daß ich beim Plutarch gefunden, daß im griechischen Altertume von Müttern, als Gottheiten, die Rede gewesen. Dies ist alles, was ich der Überlieferung verdanke, das Übrige ist meine eigene Erfindung.

*Gespräch mit Eckermann, 10.1.1830*

Ich (Eckermann) war glücklich im Vorgefühl des Kommenden und Goethe fing an zu lesen. In dem alten Rittersaale sah ich Kaiser und Hof einziehen, um das Schauspiel zu sehen. Der Vorhang hebt sich und das Theater, ein griechischer Tempel, ist mir vor Augen. Mephistopheles im Souffleurkasten, der Astrolog auf der einen Seite des Proszeniums, Faust auf der anderen mit dem Dreifuß heraufsteigend. Er spricht die nötige Formel aus und es erscheint, aus dem Weihrauchdampf der Schale sich entwickelnd, Paris. Indem der schöne Jüngling bei ätherischer Musik sich bewegt, wird er beschrieben. Er setzt sich, er lehnt sich, den Arm über den Kopf gebogen, wie wir ihn auf alten Bildwerken dargestellt finden. Er ist das Entzücken der Frauen, die die Reize seiner Jugendfülle aussprechen; er ist der Haß der Männer, in denen sich Neid und Eifersucht regt und die ihn herunterziehen, wie sie nur können. Paris entschläft, und es erscheint Helena. Sie naht sich dem Schlafenden, sie drückt einen Kuß auf seine Lippen; sie entfernt sich von ihm und wendet sich, nach ihm zurückzublicken. In dieser Wendung erscheint sie besonders reizend. Sie macht den Eindruck auf die Männer, wie Paris auf die Frauen. Die Männer zu Liebe und Lob entzündet, die Frauen zu Neid, Haß und Tadel. Faust selber ist ganz Entzücken und vergißt im Anblick der Schönheit, die er hervorgerufen, Zeit, Ort und Verhältnis, so daß Mephistopheles jeden Augenblick nötig findet, ihn zu erinnern, daß er ja ganz aus der Rolle falle. Neigung und Einverständnis scheint zwischen Paris und Helena zuzunehmen, der Jüngling umfaßt sie, um sie zu entführen; Faust will sie ihm entreißen, aber, indem er den Schlüssel gegen ihn wendet, erfolgt eine heftige Explosion, die Geister gehen in Dunst auf und Faust liegt paralysiert am Boden.

*Gespräch mit Eckermann, 30.12.1829:*

Wir sprachen über die Figur des Baccalaureus. Ist in ihm, sagte ich, nicht eine gewisse Klasse ideeller Philosophen gemeint? Nein, sagte Goethe, es ist die Anmaßlichkeit in ihm personifiziert, die besonders der Jugend eigen ist, wovon wir in den ersten Jahren nach unserem Befreiungskriege so auffallende Beweise hatten. Auch glaubt jeder in seiner Jugend, daß die Welt eigentlich erst mit ihm angefangen, und daß alles eigentlich um seinetwillen da sei. Sodann hat es im Orient wirklich einen Mann gegeben, der jeden Morgen seine Leute um sich versammelte und sie nicht eher an die Arbeit gehen ließ, als bis er der Sonne geheißen aufzugehen. Aber hierbei war er so klug, diesen Befehl nicht eher auszusprechen, als bis die Sonne wirklich auf dem Punkt stand, von selber zu erscheinen.

*Gespräch mit Eckermann, 6.12.1829*

Heute nach Tisch las Goethe mir (Eckermann) die zweite Szene des zweiten Akts von *Faust*, wo Mephistopheles zu Wagner geht, der durch chemische Künste einen Menschen zu machen im Begriff ist. Das Werk gelingt, der Homunkulus erscheint in der Flasche, ein leuchtendes Wesen, und ist sogleich tätig. Wagners Fragen über unbegreifliche Dinge lehnt er ab, das Räsonnieren ist nicht seine Sache; er will handeln, und da ist ihm das Nächste unser Held Faust, der in seinem paralysierten

Zustande einer höheren Hülfe bedarf. Als ein Wesen, dem die Gegenwart durchaus klar und durchsichtig ist, sieht der Homunkulus das Innere des schlafenden Faust, den ein schöner Traum von der Leda beglückt, wie sie, in anmutiger Gegend badend, von Schwänen besucht wird. Indem der Homunkulus diesen Traum ausspricht, erscheint vor unserer Seele das reizendste Bild. Mephistopheles sieht davon nichts, und der Homunkulus verspottet ihn wegen seiner nordischen Natur.

Überhaupt, sagte Goethe, werden Sie bemerken, daß der Mephistopheles gegen den Homunkulus in Nachteil zu stehen kommt, der ihm an geistiger Klarheit gleicht und durch seine Tendenz zum Schönen und förderlich Tätigen so viel vor ihm voraus hat. Übrigens nennt er ihn Herr Vetter; denn solche geistige Wesen wie der Homunkulus, die durch eine vollkommene Menschwerdung noch nicht verdüstert und beschränkt worden, zählte man zu den Dämonen, wodurch denn unter beiden eine Art von Verwandtschaft existiert.

Gewiß, sagte ich, erscheint der Mephistopheles hier in einer untergeordneten Stellung; allein ich kann mich des Gedankens nicht erwehren, daß er zur Entstehung des Homunkulus heimlich gewirkt hat, so wie wir ihn bisher kennen und wie er auch in der *Helena* immer als heimlich wirkendes Wesen erscheint. Und so hebt er sich denn im Ganzen wieder und kann sich in seiner superioren Ruhe im einzelnen wohl etwas gefallen lassen.

Sie empfinden das Verhältnis sehr richtig, sagte Goethe; es ist so, und ich habe schon gedacht, ob ich nicht dem Mephistopheles, wie er zu Wagner geht und der Homunkulus im Werden ist, einige Verse in den Mund legen soll, wodurch seine Mitwirkung ausgesprochen und dem Leser deutlich würde.

Das könnte nicht schaden, sagte ich. Angedeutet jedoch ist es schon, indem Mephistopheles die Szene mit den Worten schließt:

> Am Ende hängen wird doch ab
> Von Kreaturen, die wir machten.

Fausts Traum von der Leda trat mir wieder vor die Seele, und ich übersah dieses im Geist als einen höchst bedeutenden Zug in der Komposition.

Es ist wunderbar, sagte ich, wie in einem solchen Werke die einzelnen Teile aufeinander sich beziehen, auf einander wirken und einander ergänzen und heben. Durch diesen Traum von der Leda hier im zweiten Akt gewinnt später die *Helena* erst das eigentliche Fundament. Dort ist immer von Schwänen und einer Schwanerzeugten die Rede; aber hier erscheint diese Handlung selbst, und wenn man nun mit dem sinnlichen Eindruck solcher Situationen später zur *Helena* kommt, wie wird dann alles deutlicher und vollständiger erscheinen!

Goethe gab mir recht, und es schien ihm lieb, daß ich dies bemerkte. So auch, sagte er, werden Sie finden, daß schon immer in diesen früheren Akten das Klassische und Romantische anklingt und zur Sprache gebracht wird, damit es, wie auf einem steigenden Terrain, zur *Helena* hinaufgehe, wo beide Dichtungsformen entschieden hervortreten und eine Art von Ausgleichung finden.

Die Franzosen, fuhr Goethe fort, fangen nun auch an über diese Verhältnisse richtig zu denken. Es ist alles gut und gleich, sagen sie, Klassisches wie Romantisches, es kommt nur darauf an, daß man sich dieser Formen mit Verstand zu bedienen und darin vortrefflich zu sein vermöge. So kann man auch in beiden absurd sein, und dann taugt das Eine so wenig wie das Andere. Ich dächte, das wäre vernünftig und ein gutes Wort, womit man sich eine Weile beruhigen könnte.

*Gespräch mit Eckermann, 16.12.1829*

Mir (Eckermann) trat ... der *Faust* wieder vor die Seele, und ich gedachte des Homunkulus, und wie man diese Figur auf der Bühne deutlich machen wolle. Wenn man auch das Persönchen selbst nicht sähe, sagte ich, doch das Leuchtende in der Flasche müßte man sehen, und das Bedeutende, was er zu sagen hat, müßte doch so vorgetragen werden, wie es von einem Kinde nicht geschehen kann.

Wagner, sagte Goethe, darf die Flasche nicht aus den Händen lassen, und die Stimme müßte so kommen, als wenn sie aus der Flasche käme. Es wäre eine Rolle für einen Bauchredner, wie ich deren gehört habe, und der sich gewiß gut aus der Affäre ziehen würde.

*Gespräch mit Eckermann, 20.12.1829*

Goethe war der Mann dazu sich als Vorlesender bewundern zu lassen, besonders in Dingen wie der *Faust* ... Schon der Ton seiner Stimme war im hohen Grade merkwürdig; ... durch alle denkbaren Naturlaute gehend und dann wieder ging sie plötzlich zu ganz anderen Dingen über, wie zum Beispiel bei dem (Schnarren der Greife), welches er genau nachzuahmen versuchte, wobei gewöhnlich lauter garstige Töne zum Vorschein kamen, die gequetscht und mit sichtbarer Anstrengung aus der Kehle sich vernehmen ließen.

*Eckermann über Goethe (Nachlaß Eckermann)*

Schellings *Kabiren* brachten das Gespräch auf die *Klassische Walpurgisnacht*, und wie sich diese von den Brockenszenen des ersten Teiles unterscheide.

Die alte Walpurgisnacht, sagte Goethe, ist monarchisch, indem der Teufel dort überall als entschiedenes Oberhaupt respektiert wird; die klassische aber ist durchaus republikanisch, indem alles in der Breite nebeneinander steht, so daß der eine so viel gilt wie der andere und niemand sich subordiniert und sich um den andern bekümmert.

Auch, sagte ich (Eckermann), sondert sich in der klassischen alles in scharf umrissene Individualitäten, während auf dem deutschen Blocksberg jedes einzelne sich in eine allgemeine Hexenmasse auflöst.

Deshalb, sagte Goethe, weiß auch der Mephistopheles, was es zu bedeuten hat, wenn der Homunkulus ihm von thessalischen Hexen redet. Ein guter Kenner des Altertums wird bei dem Wort thessalische Hexen sich auch einiges zu denken vermögen, während es dem Ungelehrten ein bloßer Name bleibt.

Das Altertum, sagte ich, mußte Ihnen doch sehr lebendig sein, um alle jene Figuren wieder so frisch ins Leben treten zu lassen und sie mit solcher Freiheit zu gebrauchen und zu behandeln, wie Sie es getan haben.

Ohne eine lebenslängliche Beschäftigung mit der bildenden Kunst, sagte Goethe, wäre es mir nicht möglich gewesen. Das Schwierige indessen war, sich bei so großer Fülle mäßig zu halten und alle solche Figuren abzulehnen, die nicht durchaus zu meiner Intention paßten. So habe ich zum Beispiel von dem Minotaurus, den Harpyen und einigen anderen Ungeheuern keinen Gebrauch gemacht.

Aber was Sie in jener Nacht erscheinen lassen, sagte ich, ist alles so zusammengehörig und so gruppiert, daß man es sich in der Einbildungskraft leicht und gern zurückruft und alles willig ein Bild macht. Die Maler werden sich so gute Anlässe auch gewiß nicht entgehen lassen; besonders freue ich mich, den Mephistopheles bei den Phorkyaden zu sehen, wo er im Profil die famöse Maske probiert.

Es stecken darin einige gute Späße, sagte Goethe, welche die Welt über kurz oder lang auf manche Weise benutzen wird.

*Gespräch mit Eckermann, 21.2.1831*

Die *Helena* ist eine meiner ältesten Konzeptionen, gleichzeitig mit *Faust*, immer nach einem Sinne, aber immer um und um gebildet. Was zu Anfang des Jahrhunderts fertig war, ließ ich Schiller sehen, der, wie unsere Korrespondenz ausweist, mich treulich aufmunterte, fortzuarbeiten. Das geschah auch: aber abgerundet konnte das Stück nicht werden, als in der Fülle der Zeiten, da es denn jetzt seine volle dreitausend Jahre spielt, vom Untergang Trojas bis auf die Zerstörung Missolunghis: phantasmagorisch, freilich aber mit reinster Einheit des Orts und der Handlung

*An S. Boisserée, 22.10.1826*

So, sagte ich (Eckermann), stand auch in dem Manuskript Ihrer *Helena*, daß Theseus sie entführet als ein zehenjährig schlankes Reh. Auf Göttlings Einwendungen dagegen haben Sie nun drucken lassen: ein siebenjährig schlankes Reh, welches gar zu jung ist, sowohl für das schöne Mädchen als für die Zwillingsbrüder Kastor und Pollux, die sie befreien. Das Ganze liegt ja so in der Fabelzeit, daß niemand sagen kann, wie alt sie eigentlich war, und zudem ist die ganze Mythologie so versatil, daß man die Dinge brauchen kann, wie es am bequemsten und hübschesten ist.

Sie haben recht, sagte Goethe; ich bin auch dafür, daß sie zehn Jahre alt gewesen sei, als Theseus sie entführet, und ich habe daher auch später geschrieben: Vom zehnten Jahr an hat sie nichts getaugt. In der künftigen Ausgabe mögt Ihr daher aus dem siebenjährigen Reh immer wieder ein zehnjähriges machen.

*Gespräch mit Eckermann, 17.3.1830*

Darauf bei Tisch waren wir sehr heiter. Der junge Goethe hatte die *Helena* seines Vaters gelesen und sprach darüber mit vieler Einsicht eines natürlichen Verstandes. Über den im antiken Sinne gedichteten Teil ließ er eine entschiedene Freude blicken, während ihm die opernartige romantische Hälfte, wie man merken konnte, beim Lesen nicht lebendig geworden. – Du hast im Grunde recht, und es ist ein eigenes Ding, sagte Goethe. Man kann zwar nicht sagen, daß das Vernünftige immer schön sei; allein das Schöne ist doch immer vernünftig oder wenigstens es sollte so sein. Der antike Teil gefällt dir aus dem Grunde, weil er faßlich ist, weil du die einzelnen Teile übersehen und du meiner Vernunft mit der deinigen beikommen kannst. In der zweiten Hälfte ist zwar auch allerlei Verstand und Vernunft gebraucht und verarbeitet worden; allein es ist schwer und erfordert einiges Studium, ehe man den Dingen beikommt und ehe man mit eigener Vernunft die Vernunft des Autors wieder herausfindet.

*Gespräch mit Eckermann, 18. 4. 1827*

Es steckt ein ganzes Altertum darin (in der *Helena*), sagte ich (Eckermann). – Ja, sagte Goethe, die Philologen werden daran zu tun finden. – Für den antiken Teil, sagte ich, fürchte ich nicht, denn es ist da das große Detail, die gründlichste Entfaltung des einzelnen, wo jedes geradezu das sagt, was es sagen soll. Allein der moderne, romantische Teil ist sehr schwer, denn eine halbe Weltgeschichte steckt dahinter; die Behandlung ist bei so großem Stoff nur andeutend und macht sehr große Ansprüche an den Leser. Aber doch, sagte Goethe, ist alles sinnlich und wird, auf dem Theater gedacht, jedem gut in die Augen fallen. Und mehr habe ich nicht gewollt. Wenn es nur so ist, daß die Menge der Zuschauer Freude an der Erscheinung hat; dem Eingeweihten wird zugleich der höhere Sinn nicht entgehen, wie es ja auch bei der *Zauberflöte* und andern Dingen der Fall ist.

Es wird, sagte ich, auf der Bühne einen ungewohnten Eindruck machen, daß ein Stück als Tragödie anfängt und als Oper endigt. Doch es gehört etwas dazu, die Großheit dieser Personen darzustellen und die erhabenen Reden und Verse zu sprechen. – Der erste Teil, sagte Goethe, erfordert die ersten Künstler der Tragödie, sowie nachher im Teile der Oper die Rollen mit den ersten Sängern und Sängerinnen besetzt werden müssen. Die Rolle der Helena kann nicht von einer, sondern sie muß von zwei großen Künstlerinnen gespielt werden; denn es ist ein seltener Fall, daß eine Sängerin zugleich als tragische Künstlerin von hinlänglicher Bedeutung ist.

Das Ganze, sagte ich, wird zu großer Pracht und Mannigfaltigkeit in Dekorationen und Garderobe Anlaß geben, und ich kann nicht leugnen, ich freue mich darauf, es auf der Bühne zu sehen. Wenn nur ein recht großer Komponist sich daran machte! – Es müßte einer sein, sagte Goethe, der wie Meyerbeer lange in Italien gelebt hat, so daß er seine deutsche Natur mit der italienischen Art und Weise verbände. Doch das wird sich schon finden, und ich habe keinen Zweifel; ich freue mich nur, daß ich es los bin. Auf den Gedanken, daß der Chor nicht wieder in die Unterwelt hinab will, sondern auf der heiteren Oberfläche der Erde sich den Elementen zuwirft, tue ich mir wirklich etwas zugute. – Es ist eine neue Art von Unsterblichkeit, sagte ich.

*Gespräch mit Eckermann, 25.1.1827*

Das Schwache ist ein Charakterzug unseres Jahrhunderts ... Maler, Naturforscher, Bildhauer, Musiker, Poeten, es ist, mit wenigen Ausnahmen, alles schwach, und in der Masse steht es nicht besser.

Doch, sagte ich (Eckermann), gebe ich die Hoffnung nicht auf, zum *Faust* eine passende Musik kommen zu sehen.

Es ist ganz unmöglich, sagte Goethe. Das Abstoßende, Widerwärtige, Furchtbare, was sie stellenweise enthalten müßte, ist der Zeit zuwider. Die Musik müßte im Charakter des *Don Juan* sein; Mozart hätte den *Faust* komponieren müssen.

*Gespräch mit Eckermann, 12.2.1829*

Je mehr ich (Eckermann) ihn (Lord Byron) lese, fuhr ich fort, je mehr bewundere ich die Größe seines Talents, und Sie haben ganz recht getan, ihm in der *Helena* das unsterbliche Denkmal der Liebe zu setzen.

Ich konnte als Repräsentanten der neuesten poetischen Zeit, sagte Goethe, niemanden gebrauchen als ihn, der ohne Frage als das größte Talent des Jahrhunderts anzusehen ist. Und dann, Byron ist nicht antik und ist nicht romantisch, sondern er ist wie der gegenwärtige Tag selbst. Einen solchen mußte ich haben. Auch paßte er übrigens ganz wegen seines unbefriedigten Naturells und seiner kriegerischen Tendenz, woran er in Missolunghi zugrunde ging. Eine Abhandlung über Byron zu schreiben, ist nicht bequem und rätlich, aber gelegentlich ihn zu ehren und auf ihn im einzelnen hinzuweisen, werde ich auch in der Folge nicht unterlassen.

Da die *Helena* einmal zur Sprache gebracht war, so redete Goethe darüber weiter. Ich hatte den Schluß, sagte er, früher ganz anders im Sinne, ich hatte ihn mir auf verschiedene Weise ausgebildet, und einmal auch recht gut; aber ich will es euch nicht verraten. Dann brachte mir die Zeit dieses mit Lord Byron und Missolunghi, und ich ließ gern alles übrige fahren. Aber haben Sie bemerkt, der Chor fällt bei dem Trauergesang ganz aus der Rolle; er ist früher und durchgehends antik gehalten oder verleugnet doch nie seine Mädchennatur, hier aber wird er mit einemmal ernst und hoch reflektierend und spricht Dinge aus, woran er nie gedacht hat und auch nie hat denken können.

Allerdings, sagte ich, habe ich dieses bemerkt; allein seitdem ich Rubens' Landschaft mit den doppelten Schatten gesehen und seitdem der Begriff der Fiktionen mir aufgegangen ist, kann mich dergleichen nicht irremachen. Solche kleine Widersprüche können bei einer dadurch erreichten höheren Schönheit nicht in Betracht kommen. Das Lied mußte nun einmal gesungen werden, und da kein anderer Chor gegenwärtig war, so mußten es die Mädchen singen.

Mich soll nur wundern, sagte Goethe lachend, was die deutschen Kritiker dazu sagen werden; ob sie werden Freiheit und Kühnheit genug haben, darüber hinwegzukommen. Den Franzosen wird der Verstand im Wege sein, und sie werden nicht bedenken, daß die Phantasie ihre eigenen Gesetze hat, denen der Verstand nicht beikommen kann und soll. Wenn durch die Phantasie nicht Dinge entständen, die für den Verstand ewig problematisch bleiben, so wäre überhaupt zu der Phantasie nicht viel. Dies ist es, wodurch sich die Poesie von der Prosa unterscheidet, bei welcher der Verstand immer zu Hause ist und sein mag und soll.

*Gespräch mit Eckermann, 5.7.1827*

Goethe zeigte mir (Eckermann) heute den bisher noch fehlenden Anfang des fünften Aktes von *Faust.* Ich las bis zu der Stelle, wo die Hütte von Philemon und Baucis verbrannt ist und Faust in der Nacht, auf dem Balkon seines Palastes stehend, den Rauch riecht, den ein leiser Wind ihm zuweht.

Die Namen Philemon und Baucis, sagte ich, versetzen mich an die phrygische Küste und lassen mich jenes berühmten altertümlichen Paares gedenken; aber doch spielt unsere Szene in der neueren Zeit und in einer christlichen Landschaft.

Mein Philemon und Baucis, sagte Goethe, hat mit jenem berühmten Paare des Altertums und der sich daran knüpfenden Sage nichts zu tun. Ich gab meinem Paare bloß jene Namen, um die Charaktere dadurch zu heben. Es sind ähnliche Personen und ähnliche Verhältnisse, und da wirken denn die ähnlichen Namen durchaus günstig.

Wir redeten sodann über den Faust, den das Erbteil seines Charakters, die Unzufriedenheit, auch im Alter nicht verlassen hat, und den, bei allen Schätzen der Welt und in einem selbstgeschaffenen neuen Reiche, ein paar Linden, eine Hütte und ein Glöckchen genieren, die nicht sein sind. Er ist darin dem israelitischen König Ahab nicht unähnlich, der nichts zu besitzen wähnte, wenn er nicht auch den Weinberg Naboths hätte.

Der Faust, wie er im fünften Akt erscheint, sagte Goethe ferner, soll nach meiner Intention gerade hundert Jahre alt sein, und ich bin nicht gewiß, ob es nicht etwa gut wäre, dieses irgendwo ausdrücklich zu bemerken.

Wir sprachen sodann über den Schluß, und Goethe machte mich auf die Stelle aufmerksam, wo es heißt:

Gerettet ist das edle Glied
Der Geisterwelt vom Bösen:
Wer immer strebend sich bemüht,
Den können wir erlösen:
Und hat an ihm die Liebe gar
Von oben teilgenommen,
Begegnet ihm die selige Schar
Mit herzlichem Willkommen.

In diesen Versen, sagte er, ist der Schlüssel zu Fausts Rettung enthalten: in Faust selber eine immer höhere und reinere Tätigkeit bis ans Ende, und von oben die ihm zu Hilfe kommende ewige Liebe. Es steht dieses mit unserer religiösen Vorstellung durchaus in Harmonie, nach welcher wir nicht bloß durch eigene Kraft selig werden, sondern durch die hinzukommende göttliche Gnade.

Übrigens werden Sie zugeben, daß der Schluß, wo es mit der geretteten Seele nach oben geht, sehr schwer zu machen war, und daß ich, bei so übersinnlichen, kaum zu ahnenden Dingen, mich sehr leicht im Vagen hätte verlieren können, wenn ich nicht meinen poetischen Intentionen durch die scharf umrissenen christlich-kirchlichen Figuren und Vorstellungen eine wohltätig beschränkende Form und Festigkeit gegeben hätte.

*Gespräch mit Eckermann, 6.6.1831*

# Proben **tagebuch**

»Die einzelnen Akte im *Faust II* sind abgeschlossene Einheiten, die auch für sich funktionieren. Es sind fünf Sätze wie in der Musik. Die Dramaturgie ist kompliziert, da nicht einfach die Lebensgeschichte Fausts beschrieben wird. Eher läßt sich der zweite Teil des Dramas so fassen, daß ein Mann versucht, sich mit allen Begabungen und Möglichkeiten, die er hat, zu realisieren. Dazu treiben ihn Unrast, Neugier, das der Neuzeit angehörige Streben, Ungeduld, Lebensgier, Geldgier, Todesgier, mangelndes Beharrungsvermögen und der unabweisbare Drang, sein Genprogramm bis ins letzte auszuleben, was bei einem einzigen Menschen aufgrund seiner körperlichen Begrenztheit normalerweise so gar nicht möglich ist.«

*Peter Stein*

# Proben **arbeit**

Roswitha Schieb

## Seminar

In der ersten Septemberwoche 1999 sitzt Peter Stein mit den dreiunddreißig Schauspielern des *Faust*-Ensembles in einer leerstehenden Büroetage in Hannover zusammen und spricht über *Faust*. Voller Konzentration, aber auch immer wieder abschweifend erzählt Stein die komplizierte Entstehungsgeschichte des Dramas, spricht von Goethes eigener Theaterarbeit und schlägt eine Woche lang große Schneisen durch *Faust I* und *Faust II*. In energischer, mitreißender Weise trägt er etliche Passagen des Dramas vor, um den Schauspielern den Gehalt des Dramas nahezubringen. Er weist auch auf die drei neueren Faustkommentare von Albrecht Schöne, Dorothea Hölscher-Lohmeyer und Ulrich Gaier hin, die ebenso wie der Kommentarklassiker Erich Trunz grundlegend für das Textverständnis dieser Inszenierung sind. Beinhaltet *Faust II* für Stein die Summe der Theaterreflexionen Goethes und die sehr moderne Auseinandersetzung mit revuehafter, schwer zu bändigender Stoffülle, so ist *Faust I* für ihn noch zu entdecken.

## Das Ensemble

Das *Faust*-Ensemble besteht aus dreiunddreißig Schauspielern, dreizehn Frauen und zwanzig Männern. Die Mischung der Darsteller ist einzigartig: viele junge Schauspieler, die zum Teil gerade frisch von den Schauspielschulen gekommen sind und deren erstes Engagement die *Faust*-Inszenierung nun ist, spielen zusammen mit älteren, erfahrenen, prominenten Schauspielern, ja eine Schauspielerin, die während der Probenzeit erst ihr Diplom macht, trifft auf den Ifflandringträger Bruno Ganz. Peter Stein hat die Schauspieler während einer langen Vorsprechphase sorgfältig ausgewählt. Im Gegensatz zum eher statischen Charakter eines Stadttheaterensembles wirkt das Faust-Ensemble wie eine Schauspieltruppe, die sich für zweieinhalb Jahre in äußerst intensiver Weise aufeinander einschwört und dann wieder auseinandergehen wird.

## Die erste Probenhalle

Nach dieser ersten Woche zieht das Ensemble in eine ehemalige Fabrikhalle um, die sich an einer großen Kreuzung in Hannover-Limmer zwischen Kfz-Werkstätten, Dekra-Einrichtungen und einem Industriekanal befindet. Wer die Halle betreten möchte, gelangt zunächst in das Büro der Produktionsleitung, in dem Vera Neuroth und ihre Mitarbeiter unablässig Telefonanrufe entgegennehmen müssen. Um dieses Büro herum lagert sich ein kleiner Kranz von weiteren Räumen: es sind die Büros der technischen Leitung und der beiden Bühnenbildner. Die Werkstätten befinden sich in angrenzenden Räumlichkeiten. Über eine Eisenstiege gelangt man nach oben in ein spartanisch möbliertes Zimmer. Hier verbringt Peter Stein seine kurzen Mittagspausen, hier ist die Garderobe von Bruno Ganz, und wenn das Zimmer nicht zur Rekreation genutzt wird, finden hier auch Einzel- und Gruppenübungen der Schauspieler statt.

Hinter dem Büro der Produktionsleitung öffnet sich nun die große, weite Halle, deren Dachkonstruktion von beunruhigend schlanken Pfeilern gestützt wird. Die linke Hälfte der Halle wird mittels schwarzer Stoffbahnen (Moltonabhängungen) in ein Theater verwandelt, während die rechte Hälfte zunächst leer bleibt. Im Laufe der Monate jedoch füllt sie sich immer mehr mit Requisiten und Bestandteilen des Bühnenbilds. Seismos' Berg wächst neben dem Elefanten des Karnevals auf, auf Gretchens Bett liegen die beiden Hälften der Homunkuluskugel, zwischen den Studierzimmerregalen steht die Hütte von Philemon und Baucis.

In den ersten Septemberwochen werden Klappstühle angeschafft, Rolltische für die Regiereihe gezimmert, und ein angrenzender Lagerraum wiederum durch Moltonabhängungen in eine Garderobe für die Schauspieler umgewandelt. In die ehemalige Kontrollbühne der Fabrikhalle zieht das Atelier der Kostümbildnerin Moidele Bickel ein. Da es über eine sehr steile Eisenleiter und eine schmale Brücke zu erreichen ist, wirkt es ein wenig wie ein Schiffsdeck. Unter dem Atelier befindet sich der Aufenthaltsraum des Ensembles. Er ist mit langen Bänken und Tischen bestückt, ein Schauspieler steuert eine Küchenzeile

Peter Stein mit den Schauspielern während der Einführungswoche, Anfang September 1999 (Foto: Ruth Walz, Berlin)

bei, Geschirr sammelt sich an, eine Spülmaschine findet sich ein. In einem riesigen elektrischen Wasserkessel steht immer heißes Wasser für Tee bereit.

Die Probenhalle ist widrig, und doch wird sie in den folgenden Monaten zum Schauplatz äußerst konzentrierter Arbeit. Die Halle ist kalt. Also muß eine Heizung eingebaut werden. Diese wiederum gibt störende brummende Geräusche von sich, so daß sie nur morgens vor den Proben und während der Mittagspause in Betrieb genommen werden kann. Heizt sie zu stark, reißen durch die Luftströmungen die Moltonvorhänge aus ihren Halterungen. Da die warme Luft, die durch die gelben Rüssel der Heizungsröhren in die Halle gepustet wird, eine extrem trockene Atmosphäre erzeugt, müssen Luftbefeuchter eingesetzt werden. Während der Proben sinkt die Temperatur empfindlich.

Es ist niemals ganz still in der Halle. Von draußen dringt das dumpfe Brummen der Verkehrsströme heran. Jedes aufheulende Motorrad, jeder Krankenwagen sorgt während der konzentrierten Probenarbeit für eine kurze *intermittance du cœur.* Ist es windig oder sogar stürmisch, wie oft in diesem Winter, knistert das Hallendach ab- und anschwellend. Wenn es zu regnen beginnt, prasselt es laut auf das Dach. Zwischendurch ertönen Geräusche von Bohrern und Sägen aus den Werkstätten, dann wieder Schreie und Poltern aus dem ehemaligen Kühlraum, in dem die Parallelproduktion geprobt wird. Plötzlich fallen Gegenstände aufs Dach, es sind Nüsse und andere harte Früchte, die die Krähen auf das Dach werfen, um sie zu öffnen. Jedesmal knallt es wie ein Schuß. Daraufhin erzählt Stein die Legende von Aischylos, der dadurch zu Tode gekommen sei, daß ein Vogel eine Schildkröte auf Aischylos' Kopf habe fallen lassen. Erst jetzt werde ihm, Stein, diese Geschichte plausibel.

Bevor die Probenarbeit morgens beginnt, fühlt sich Stein oft von einem brummenden Geräusch gestört. Es kommt von den gelben Heizungsrüsseln, die in den Raum ragen. Stein springt auf und zieht sie unwillig zur Seite.

## Die Probenarbeit

Die allererste Probe findet im ehemaligen Kühlraum statt. Es wird die Szene *Nacht* gespielt. Ein Großteil des Ensembles ist anwesend, um Bruno Ganz erstmals im »Habe nun, ach!«-Monolog zu erleben. Alle befinden sich in aufgeregter Stimmung. Bruno Ganz tastet sich langsam vor und spricht ruhig und leise, fast unhörbar. Da nicht immer alle Schauspieler zur Verfügung stehen, werden die Szenen und Akte des Dramas nicht in textchronologischer Reihenfolge geprobt. Zu Beginn jeder neuen Szene gibt es eine ausführliche Leseprobe, während der der Sinn und das Unverständliche des Textes besprochen werden. An besonders schwer verständlichen Stellen entspinnen sich sogar längere Diskussionen.

Dann folgen erste tastende, skizzenhafte Versuche auf der Bühne, oft mit ebenso skizzenhaftem Bühnenbild und angedeuteten Probenkostümen. Langsam entwickelt sich Szene nach Szene, ruht dann wieder etliche Wochen, gerät in Vergessenheit, wird erneut besprochen und entwickelt sich weiter. Um die Stimmbildung und die Atemtechnik der Chöre und einzelner Stimmen zu verbessern, wird zwischenzeitlich eine Sprecherzieherin engagiert.

Stein verhält sich den Schauspielern gegenüber oft sehr geduldig, manchmal fast liebevoll. Auf ihre Einfälle reagiert er in den meisten Fällen erfreut. Auftritte, die ihn spontan überzeugen, kommentiert er mit anerkennenden »Ecco«- oder »Bravissimo«-Rufen. Oft nimmt er die Rolle der Schauspieler ein und spielt die Abläufe vor, allerdings in extremer, meist karikierender Übertreibung, um den emotionalen Gehalt einer Szene zu verdeutlichen. Keinesfalls fordert er, daß die Schauspieler ihn kopieren.

Aber nicht nur die Schauspieler tasten sich während der Proben zu optimalen ästhetischen Lösungen vor. Auch der Komponist Arturo Annecchino, die Kostümbildnerin Moidele Bickel, die Bühnenbildner Ferdinand Wögerbauer und Stefan Mayer sowie der Lichtdesigner Heinrich Brunke sind häufig bei den Proben zugegen. Arturo Annecchino

Blick in die erste Probenhalle
(Foto: Ruth Walz, Berlin)

läßt sich zu musikalischen Einfällen anregen, die er als Noten sofort zu Papier bringt, die Bühnenbildner verfertigen ab und zu Skizzen von verbesserungswürdigen Bühnenbilddetails, und der Lichtdesigner entwirft seine Lichtkonzeption mit dem Laptop. Moidele Bickel schöpft aus der Beobachtung der Schauspieler neue Impulse für die jeweiligen Kostüme. Sie trifft ästhetische Entscheidungen, skizziert ihre Einfälle, verwirft sie wieder, orientiert sich neu. Langsam entstehen einige endgültige Kostüme und Masken, die beim erstmaligen Ausprobieren auf der Bühne oft für Verwirrung und Ablenkung der Schauspieler sorgen, die sich bereits an ihre provisorischen Probenkostüme gewöhnt hatten.

Regelmäßig sind Gäste – Bekannte, Interessierte, Schulklassen – bei den Proben zugegen. Trotz dieser relativ offenen Atmosphäre entwickeln sich während der konzentrierten Arbeit immer wieder Momente voller Intimität.

Zwischendurch gibt es auch trübe Probentage, an denen wenig gelingt und die Theaterarbeit ermüdend, zäh und widerspenstig wird. Meistens aber finden die Proben in einer äußerst engagierten und enthusiastischen Atmosphäre statt.

## Zwischensumme

Der erste Durchlauf einiger Gretchenszenen im Dezember 1999 ist ein Fest: die luftigen, kurzen Szenen, die lange bis ins kleinste Detail geprobt wurden, erzeugen in der Abfolge ein spannungsvolles Tempo, ja einen großen Sog.

Am Ende der Arbeit in dieser Halle, Ende Februar 2000, stehen sieben große Durchläufe, *Faust I* an zwei Tagen und je ein Akt von *Faust II* an fünf Tagen, als Zwischensumme der sechsmonatigen Probenarbeit. Anspannung und Nervosität sind allgemein. Es zeigt sich, daß einiges steht, einiges in die richtige Richtung weist und vieles noch zu verbessern ist. Peter Stein verabschiedet sich vom Ensemble für die Zeit des Umzugs mit dem Grollen eines Theaterdonners.

Das Bühnenbild wird abgeräumt. Der Umzug in die EXPO-Halle steht bevor. Zurück bleiben die bunten Szenenmarkierungen, die auf den Betonboden geklebt sind, geometrische, gestrichelte, durchgezogene, gebogene, schräge, rechtwinklige Linien und Kreuzchen in den Ecken, neuere und abgewetztere, ein verwirrender Schnittmusterbogen für ein gigantisches kollektives Gewand.

## Die EXPO-Halle

Mitte April 2000 werden die Proben in einer riesigen Messehalle auf dem EXPO-Gelände in Hannover wieder aufgenommen. Die Probenarbeit beginnt nach dem Umzug in freundlicher und zugewandter Atmosphäre. Die Halle ist so groß, daß sich die Mitarbeiter oft mit Rollern und kleinen Fahrrädern fortbewegen. Ganze Batterien von Scheinwerfern warten auf ihren Einsatz. Die Garderoben der Schauspieler wirken wie eine große, weiße Zeltstadt, wie eine Karawanserei. Mit schwarzen Moltonbahnen werden zwei Theaterräume abgehängt, in denen die Trusspfeiler-Konstruktionen und die Tribünen bereits aufgebaut sind. An der Metallkonstruktion der einen Halle ist bereits die Spirale, das Sinnbild der Lebensbahn Fausts, befestigt. Da noch keine dämpfenden Läufer auf dem Hallenboden ausgelegt sind, ist der Halleffekt sehr groß. Von außen dringt Lärm von Lastwagen, Preßlufthämmern, Hubschraubern und Trommelgruppen herein. Aufkommender Zerstreutheit wird aber mit konzentrierter, detailreicher Arbeit begegnet. Die Schauspieler sind froh, nun endlich am endgültigen Spielort proben zu können.

## Zum Probentagebuch

Ab September 1999 hat die Verfasserin die Probenarbeit des *Faust*-Ensembles in Hannover über ein halbes Jahr hinweg regelmäßig, also ein- bis zweimal in der Woche, beobachtet. Bei der Länge des *Faust*-Dramas, das ja ohne eine einzige Streichung auf die Bühne kommt, war es natürlich nicht möglich, jede Szene mit der gleichen Ausführlichkeit zu verfolgen. Die wichtigen großen Szenen und Szenenfolgen jedoch wurden über viele

Erichtho in der ersten Probenhalle
(Foto: Ruth Walz, Berlin)

Monate hinweg in ihrem Entstehungsprozeß auf der Bühne immer wieder angeschaut, kleinere Szenen dagegen nur ein- bis zweimal.

Spannungsvoll wird die Probenarbeit durch ihren Prozeßcharakter. Obwohl Peter Stein bei jeder neu zu erarbeitenden Szene deutliche Vorstellungen von ihrem Gehalt, von der Auffassung der Figuren und ihrem Sprechduktus mitbringt, ergibt es sich nicht selten, daß nach etlichen Proben die Auffassung einer Szene eine andere Färbung bekommt, ja sogar eine gegenteilige Deutung als zu Beginn. Diese prinzipielle Offenheit macht die Proben zu äußerst lebendigen Vorgängen.

Das Probentagebuch versucht ein wenig von dieser Lebendigkeit einzufangen. Indem es sich textchronologisch durch das gesamte *Faust*-Drama bewegt, wird jede Szene entsprechend ihrem Gewicht länger oder kürzer vorgestellt.

Aufgebaut ist das Probentagebuch folgendermaßen: Zu Beginn wird jede Szene kurz und prägnant zusammengefaßt. Diese Resümees können als eine erste Orientierung, unabhängig von den nachfolgenden Beobachtungen gelesen werden.

Sodann schließt sich eine kurze Beschreibung des Bühnenbildes an, wie es sich skizzenhaft bei den Proben zeigte.

Den Hauptteil einer jeden Szenenbeschreibung stellt eine längere Passage dar, die sich bemüht, möglichst vielfältige Probeneindrücke festzuhalten. Dabei werden die Interpretations- und Regievorgaben Steins mit der prozeßhaften schauspielerischen Arbeit in Beziehung gesetzt und mittels eigener, subjektiver Beobachtungen kommentiert. Im Probentagebuch steht jedoch Peter Stein mit seiner Auffassung des *Faust*, seinen Regieeinfällen, seinen unablässigen ästhetischen Entscheidungen und Kommentaren im Vordergrund.

Es ist das Anliegen dieses Probenbuches, aus dem Blickwinkel der Inszenierung einmal durch den gesamten *Faust* zu führen, und darüber hinaus den Lesern Einblicke in die Komplexität der Probenarbeit, also einen Blick hinter die Kulissen, zu ermöglichen.

# Faust I
# Probentagebuch

## Szene: Vorspiel auf dem Theater

**Die Szene steht vor der eigentlichen Dramenhandlung wie ein doppeltes Rufzeichen: indem sie eine Diskussion zwischen Theaterdirektor, Dichter und Lustiger Person, also Schauspieler, zum Inhalt hat, führt sie – demonstrativ augenzwinkernd – Selbstbezüglichkeit vor. Zum anderen warnt sie durch die diskursive Struktur und die dreifache Perspektive von Beginn an vor vereinfachenden, eindimensionalen Deutungen des nachfolgenden Dramas.**

Das Bühnenbild besteht aus rötlichen Vorhängen. Zwischen zwei Stäben ist eine Schnur gespannt, an der drei zugezogene Vorhangbahnen hängen. Die Konstruktion aus Stäben, Schnur und Stoffbahnen befindet sich auf einem hölzernen Bühnenpodest, um das herum die Zuschauer sitzen. Vorbildfunktion für die Bühnengestaltung hat Goyas Gemälde *Alegoria menandrea.*

Nach der Verlesung der *Zueignung* im Foyer geht das Publikum in die Halle hinein. Der Theaterdirektor läuft, eine große Glocke läutend, einmal um die Bühne, die er dann betritt. Als jovialer Regisseur und pragmatischer Unternehmer in einem vertritt er den Standpunkt, daß alles, was dargeboten wird, frisch, unterhaltsam, aber auch bedeutungsvoll sein muß, da er seinen Bildungsauftrag ernst nimmt. Während er spricht, beschäftigt er sich mit den Vorhängen, er öffnet und befestigt sie, dann bittet er den Dichter und die Lustige Person auf die Bühne. Zunächst bleiben die beiden aber unten stehen.

Der schöngeistige Dichter spricht angewidert über das Publikum, das er wegen plumper Vergnügungssucht und Eindimensionalität ablehnt. Er bleibt unten, da er es nicht sehen will. Erst allmählich zieht er sich selbst widerwillig auf die Bühne und probiert tastend aus, was er mit den Vorhängen machen kann.

Die Lustige Person springt, wenn ihr Text einsetzt, mit kraftvollem Schwung auf die Bühne. Sie vertritt die Schauspielerposition. Mit »Nachwelt« meint sie die bekannte Weisheit, daß die Nachwelt dem Mimen keine Kränze flicht, und mit der »Gegenwart von einem braven Knaben« den Schauspieler, also sich selbst. Der »große Kreis«, den die Lustige Person sich wünscht, ist das große Publikum, denn je größer das Publikum, desto größer ist auch die Wirkung, da sich viele Zuschauer erfahrungsgemäß stärker untereinander ›anstecken‹ als wenige.

Die drei Darsteller skizzieren mit ihren Bewegungsabläufen zunächst vorsichtig, wie sie den kleinen Bühnenraum möglichst überzeugend organisieren können. Überraschend schnell kristallisieren sich einige Linien heraus: es dominieren die Diagonale und der Gang entlang der Bühnenkante. So wird das gesamte, um die Bühne herum sitzende Publikum angesprochen.

Um das Publikum zu unterhalten, bevorzugt der Theaterdirektor das Nummerntheater, die Show, die Revue: »Gebt ihr ein Stück, so gebt es gleich in Stücken! Solch ein Ragout es muß euch glücken«. Peter Stein merkt an, daß auch im *Faust* nicht große Bögen, wie üblicherweise in der Tragödie, gegeben werden, sondern ragouthaft Zerstückeltes, »etwas Leichtes, ein Silvesterstück«. Dieses Darbieten von Häppchen, die gar nicht an zusammenhängende Strukturen denken lassen, ist auch, so Stein, das Bauprinzip von *Faust II.* Die Forderung nach »Ragout« erinnert ihn sowohl an die englischen *Pantomimes*, die von Ende Oktober bis März gegeben werden zur finanziellen Sanierung der englischen Theater, und bei denen eine bunte Mischung aus Einzelszenen, Liedern und Märchen dargeboten wird, als auch an das Potpourri der russischen *Konzertij.*

Der Direktor setzt abschließend zu einer enormen Publikumskritik an. Obwohl er auf die Zuschauer angewiesen ist, distanziert er sich von ihnen und beschreibt sie als Glücksspieler und Bordellbesucher, die die Theateraufführung nur als ein unterhaltsames Intermezzo konsumieren.

Analog zum kreisenden Gang des Direktors entlang der Bühnenkante entwickelt sich der Gang des Dichters unten, um das Bühnenpodest herum. Mit seinem Zögern an den Stufen werden die beiden Treppchen zu Punkten, an denen das verzweifelte Hin- und Hergerissensein des Dichters deutlich wird. Der Dichter breitet nun alle seine Fähigkeiten aus, die ihn vor anderen auszeichnen. Sein »Einklang« mit der Welt besteht darin, daß er die Außenwelt nach innen nimmt und sie dann, sozusagen gefiltert, wieder nach außen abgibt. Die Welt ist hier gleichbedeutend mit der Natur, die aufgefaßt wird als ein fließendes Kontinuum ohne Anfang und

Francisco Goya, *Alegoria menandrea* (1793/94)

schließlich selbst zum Dichten hinreißen.

Nach diesem Aufschwung folgt die Bankrotterklärung des Dichters, der zwar unsterbliche Werke zu hinterlassen in der Lage ist, aber nun schmerzlich feststellen muß, daß er sein eigenes Leben versäumt hat. Verzweifelt ruft er zum Schluß aus: »Gib meine Jugend mir zurück!«

Die Lustige Person sitzt zeitweilig an der Bühnenkante. Wenn sie schließlich aufspringt und sich durch den Raum zu bewegen beginnt, soll sie deutliche Schauspielergesten machen als Ausdruck dafür, daß sie endlich spielen will. Eigentlich ist diese Figur, so Moidele Bickel, als Hanswurst angelegt, sie aber findet das zu plump und derb und möchte die Lustige Person daher kostümlich eher als Harlekin gestalten. Sie schlägt vor, daß die Gesten, die die Lustige Person macht, sich an Riccoboni orientieren könnten, dem »Stanislawskij des 18. Jahrhunderts«. Riccoboni, so Moidele Bickel, strebte weg vom gestischen Kodex der *Commedia dell'arte* und erstellte Regeln, die für jedes Gefühl eine entsprechende Geste vorsahen. Damit gestaltete er Typen zu Cha-

Ende, das nur vom Dichter organisiert und unterteilt werden kann: »Wenn die Natur des Fadens ew'ge Länge, gleichgültig drehend, auf die Spindel zwingt ... wer teilt die fließend immer gleiche Reihe, belebend ab ...?« Dahinter steckt, so Stein, die philosophisch-anthropologische Einsicht, daß der Mensch der Natur sein Maß aufprägen muß. Dazu gehörten in früher Zeit Initiationsriten, deren stark theatralische Züge einen großen Einfluß auf die Entwicklung des Theaters hatten. Also bestehen die Fähigkeiten des Dichters zunächst im Unterteilen des gleichgültigen Naturstroms und der ungegliederten Masse der Ereignisse, die vorbeisausen. Sodann gelingt es dem Dichter, das Einzelne wieder in Verbindung zum Ganzen zu setzen. Diese Neuorganisation stellt auch ein Plädoyer für Dramaturgie dar. Der Satz »Wer läßt den Sturm zu Leidenschaften wüten« bezieht sich auf die Metapherneinsetzung, die nur der Dichter leisten kann, und der Satz »das Abendrot im ernsten Sinne glühn« gibt direkt Unterricht in Metaphernbildung beziehungsweise Unterricht im Dichten. Also läßt sich der Dichter, der in dieser Passage zunächst nur philosophisch argumentieren will,

**»Das Sprachprinzip ist einfach. Das, was im Vers steht, wird in ›Sound‹ umgesetzt, was sollen wir denn sonst machen. Dadurch kommt ausreichend Abwechslung und Bewegung in die verschiedenen Auftritte. Einzelne Satzteile müssen klar bewertet werden, also entweder negativ, positiv, ängstlich oder erfreut usw. klingen. Das ist das sogenannte inszenierte Sprechen. Leben bzw. Spannung kommt nur durch den ständig sich widersprechenden Sound in die Verse. Bei möglichst genauer Spracharbeit zeigt sich auch das Ornamentale des Textes. Die Tonlagen-Wechsel stehen unverbunden nebeneinander. In der Musik ist das genauso: Dur erzeugt eine fröhliche Stimmung, Moll eine traurige. So einfach ist das.«**

**(Peter Stein)**

rakteren um und ging so einen großen Schritt in Richtung des bürgerlichen Trauerspiels.

Der Ton der Lustigen Person schwankt zwischen fürchterlich positiven Anweisungen an den Dichter (»Greift nur hinein in's volle Menschenleben«), die, so Stein, wie Herstellungsanleitungen für Seifenopern klingen, und sehr ernsten Äußerungen: so bezieht sich der Satz »ein jeder sieht was er im Herzen trägt« direkt auf die Schauspielkunst. Denn der Schauspieler stellt auf der Bühne Archetypen menschlicher Gefühle dar, und selbst wenn es den Zuschauern in ihrem eigenen Leben gar nicht bewußt ist, was sie empfinden und erleben, sehen sie es durch den Schauspieler vorgeführt.

Schließlich tröstet die Lustige Person den verzweifelten Dichter auf eine so zugewandte Weise, daß ihr Verhältnis kurzzeitig fast den Charakter einer Liebesbeziehung annimmt.

Der Direktor schreitet zu seinem Schlußmonolog einmal die Mitte aus. Er beginnt mit dem Satz »Ihr wißt, auf unsern deutschen Bühnen probiert ein jeder was er mag«. Das bedeutet einerseits, daß es in Deutschland viele Möglichkeiten zu spielen gibt, und andererseits, daß eine große Konkurrenz herrscht. Also muß nun gespielt werden, auch, um sich zu behaupten.

Der Direktor spricht am Ende voller Stolz vom »ganzen Kreis der Schöpfung«. Damit findet die Szene einen kosmisch aufgeladenen Abschluß. Allerdings kann der Direktor nicht in seiner Mittelposition verharren, weil sich die nächste Szene, der *Prolog im Himmel*, anschließt und eine Leiter von oben auf die Mitte der Bühne fällt.

# Szene: Prolog im Himmel

**Der *Prolog im Himmel*, in dem Mephisto, ein Teufel, und der Herr, also Gott, einen Disput über Gut und Böse führen, zitiert das *morality play* des 17. Jahrhunderts. Jedoch erscheinen die beiden Protagonisten, die um die Verderbung oder Rettung Fausts wetten, nicht als feindlich sich gegenüberstehende, einander ausschließende Mächte. Vielmehr sind sie als komplementäre Kräfte eines Ganzen neuzeitlich verschränkt. Diese erste Wette bildet zusammen mit dem Kampf um die Seele Fausts und ihrer Aufnahme in den Himmel am Ende des 5. Akts eine Art metaphysischen Rahmen um das gesamte *Faust*-Drama. Im Himmel des *Prologs* ist Gott von drei Erzengeln umgeben, die in ernster und leichter Weise die Sphärenharmonie besingen.**

An der Decke einer der beiden Hallen befindet sich in zusammengeschobenem, zweidimensionalen Zustand die elliptische Spirale, die in der *Bergschluchten*-Szene die Lebensbahn Fausts versinnbildlichen wird. Sie wird nur während der beiden Himmelsszenen aktiviert und schlummert ansonsten an der Hallendecke wie eine Art Lebensbahn in nuce.

In der Mitte der Spirale befindet sich eine Kreisfläche, auf der Gott in einem bequemen Chefsessel und darum herum die drei Erzengel auf durchsichtigen Plexiglasstühlen sitzen. Die Lehne eines vierten Stuhls ist nach vorne umgekippt – ein Verweis auf Luzifer. Das Himmelsareal wird durch drei Flügel, die in der Nähe der Stühle befestigt sind, wahrnehmbar gemacht. Da die Gesichter der Darsteller von unten kaum zu erkennen sein werden, müssen sie durch ihre Stimme besonders gut wirken. Sie werden sich bereits während des *Vorspiels auf dem Theater* in ihrer luftigen Position befinden.

Unter der Spirale steht das Holzpodest des *Vorspiels*. Der Vorhang fällt zu Boden, aus der Decke wird eine lange Leiter auf die Bühne sausen, und Mephisto, der sich während des *Vorspiels* in der Bühnenkonstruktion versteckt hielt, öffnet von innen eine Klappe und klettert auf das Holzpodest.

Zunächst sitzen die Engel locker aufgestützt, und der Herr lehnt sich gelassen in seinem bequemen Sessel zurück. Mit einem lauten Knall saust die Leiter auf die Bühne. Schwerer Donner ist zu hören. Dann ertönen Sphärenklänge. Der Erzengel Raphael richtet sich vorsichtig auf, bewegt sich langsam, wie in Zeitlupe, mit ausgestrecktem Arm von seinem Stuhl zum nächsten in der Runde. Er bewundert die Unbegreiflichkeit dessen, was er wahrnimmt und ist von der unergründlichen Schönheit des sphärischen Schauspiels überwältigt.

Der Erzengel Gabriel strebt eher zu ausgeglichener Weisheit. Selbst die rasend schnelle Erddrehung, die er beobachtet, ist nicht katastrophisch zu verstehen, sondern befindet sich innerhalb der Sphärensysteme und -harmonien durchaus an ihrem prästabilierten Platz.

Die Engel dürfen unter keinen Umständen in feierliches Pathos verfallen, oder, so Stein, »innig salbadern«. Der Witz der Goetheschen Poesie, erklärt Stein weiter, bestehe vielmehr darin, daß sie nicht im Assoziativen, im reinen Schönen oder Nebulös-Metaphysischen ihr Ziel finde, sondern daß sie auf den Intellekt gerichtet sei und sich erst in der gedanklichen und emotionalen Arbeit entfalte und erschließe. Das Ziel der Engel muß darin bestehen, einen Ton ernster und durchsichtiger Leichtigkeit anzuschlagen.

Die Bewegungslinien füllen in dieser Szene den Raum ganz aus: in Kreisbögen auf zwei Ebenen bewegen sich oben die Engel um Gott und installieren sich um ihn herum, während unten Mephisto die in den Himmel führende Leiter umkreist.

Die Unterhaltung zwischen Mephisto und dem Herrn ist ein aufgeklärter Disput über Gut und Böse. Während der Herr gelassen, aber nicht zu lässig, und relativ alt wirkend in seinem Stuhl sitzt, umkreist Mephisto auf der selbstbezüglichen Theater-auf-dem-Theater-Bühne unruhig die Himmelsleiter und schaut oft nach oben. Mephisto beginnt gleich mit einer Invektive zum Himmel hin: der Herr, der sich »das Lachen abgewöhnt« habe, verbreite im Himmel eine humorlose, langweilige Atmosphäre. Mephisto spricht anfangs durchaus aggressiv und setzt sich fast volkstribunhaft für die Belange der Menschen auf Erden ein. Er wirft Gott vor, den Menschen den »Schein des Himmelslichts« gegeben zu haben. Bei der sprachlichen Behandlung des Wortes »Schein« soll die doppelte Bedeutung als Licht und als Trug herausgearbeitet werden, die sich durch den gesamten *Faust* zieht. Dann geht Mephisto zu einer Beschimpfung des Menschen über: »wie eine der langbeinigen Zikaden … in jeden Quark begräbt er seine Nase«. Auf die milde Frage des Herrn, ob ihm denn gar nichts recht auf Erden sei, antwortet Mephisto ganz brutal »nein, Herr«. Wenn er dem Herrn Faust beschreibt, klingt Mephistos Ton sehr vorwurfsvoll, da Faust für ihn in seiner verworrenen Vermessenheit das beste Beispiel für den »Schein des Himmelslichts« ist.

Taddeo Gaddi (um 1290-1366), Satans Pakt mit Gott. Szene aus der *Hiobslegende* auf einem Fresko im Campo Santo di Pisa

In der Rivalität zwischen Gott und Mephisto überwiegen die Sympathien. Da das Bühnenarrangement bewußt traditionell verfährt, besteht die Gefahr, daß sich durch eine freundliche Gott-Teufel-Beziehung zu viel Gemütlichkeit in die Szene einschleicht. Das kann vermieden werden, indem das Gedankliche, trotz aller Scherze, stärker in den Vordergrund rückt. Auch der Mephisto-Darsteller Adam Oest bemüht sich durch seinen mimischen Ausdruck noch hinterhältiger, genüßlicher, »vorgenießender auf Gemeinheiten« (Stein), schlangenartiger, gieriger und süchtiger zu spielen, um aufkommende Gemütlichkeit zu brechen.

Die Sprechmelodie von Gott ist so objektiv wie die eines Rekorders, jedoch durchaus variabel. Er ist leutselig, aber immer ernst. Beim Satz »Es irrt der Mensch so lang' er strebt« bekommt die Stimme des Herrn den Klang einer unabweisbaren Gesetzesverkündung: ein Dummkopf irrt niemals, nur ein kluger Mensch ist zu derartiger Kompliziertheit überhaupt in der Lage.

Wenn Mephisto von der Wette spricht, steigt er einige Leitersprossen nach oben und reckt sich gen Himmel. Sobald aber der Herr antwortet, klettert Mephisto schnell nach unten, als wäre er einem feindlichen Element zu nahe gekommen und hätte sich versengt. In einer großen Abwärtslinie klettert er nicht nur die Leiter hinab, sondern verschwindet auch noch in seinem Bühnenloch. Der Herr spricht derweil langsam, bedächtig, gleichmäßig und ruhig, zu Mephisto etwas härter, zu den Engeln weicher. Ganz zum Schluß, nach der schönen Regieanweisung »Der Himmel schließt«, taucht Mephisto noch einmal halb aus seinem Loch auf, spricht, in meckernd belustigter Weise, fast komplizenhaft über Gott und schließt die Luke hinter sich mit einem lauten Knall.

# Szene: Nacht

**Faust wird in das Drama eingeführt als Wissenschaftler voller Lebensekel und Überdruß. Er ist verzweifelt bemüht, die Enge und das Einzwängende seines Professorenlebens, das sich in hohen Bücherwänden und wissenschaftlichen Geräten materialisiert, durch Geisterbeschwörungen aufzubrechen und sich selbst auf magische Weise zu entgrenzen. Doch die kurzzeitige Erscheinung des Erdgeists, mit der sich das Studierzimmer weitet und öffnet, verschwindet sofort wieder und läßt Faust als endgültig Gescheiterten zurück. Sein Selbstmordversuch, der am Ende der Szene steht, wird durch den Auftritt seines Famulus Wagner ein wenig hinausgezögert. Doch Faust verlangt es nach Alleinsein. In einem langen Monolog wendet er sich schließlich an die Giftphiole und ergreift sie. Bevor er aber das Gift zu sich nehmen kann, ertönen die Kirchenglocken und der Chor der Osternacht, die ihn durch ihre altvertrauten Klänge vom Selbstmord abhalten und ihn in eine elegisch-sentimentale Stimmung versetzen.**

**Faust ist ein hochsensibler, beinahe künstlerischer Charakter, der nicht nur intellektuell, sondern auch emotional gewaltige Möglichkeiten hat und gleichzeitig ständig gefährdet ist.**

**Goethe hat Faust als einen Mann des deutschen Spätmittelalters konzipiert und gleichzeitig als einen *uomo universale* der Renaissance. Zusätzlich hat Goethe dieser Zeitschicht um 1500 Anspielungen an seine eigene Zeit unterlegt.**

Johann Wolfgang von Goethe, Astronom (1773/75)

Das Bühnenbild besteht aus zwei sehr hohen, mit Büchern, Schriftrollen und Geräten bestückten Regalen, die schräg angeordnet sind, so daß die Studierstube sich zum Zuschauerraum wie ein Dreieck öffnet. In der Mitte der Studierstube steht ein Rollstuhl, daneben befindet sich ein Haufen aus Papierstapeln und Büchern.

Bruno Ganz spielt den Faust als einen unablässig wechselnden Stimmungen ausgesetzten Wissenschaftler, der zwischen Lebensüberdruß, Melancholie, Sentimentalität, Verzweiflung, Verzükkung, Fluchtimpulsen, Erstaunen, Widerwillen, Enthusiasmus, Selbstekel, Begeisterung und Larmoyanz hin- und hergeworfen wird. Oft sind es nur Nuancen, die den rezitierten Passagen eine andere Klangfarbe verleihen. Das Changieren und die Übergänge zwischen den verschiedenen Tönen, ja selbst abrupte Wechsel haben immer einen organischen Charakter. Bruno Ganz' Deklamation ist geprägt von Kraft und Kraftlosigkeit, von Auf- und Abschwellen, von Aufpumpen und Leerlaufen, was an die systolischen und diastolischen Bewegungen des Herzmuskels erinnert. Es entsteht ein stark konturiertes Sprachrelief.

Bruno Ganz' Gestenspiel mit Händen, die vor dem schwarzen Gewand und der dunklen Studierstube sehr weiß wirken, erinnert an zwei Vögel, die ganz ruhig, ja reglos auf der Stelle schweben, dann plötzlich hin- und herschießen, um wieder ruhig, als führten sie ein Eigenleben, zu verharren.

Bruno Ganz befindet sich bereits auf der Bühne, wenn das Publikum die Halle betritt. Er mißt mit seinem Gang den Raum aus. Die Szene beginnt mit einem niederschmetternden, selbstvernichtenden Rückblick Fausts. »Habe nun, ach!« spricht Bruno Ganz direkt zum Publikum, wobei das »ach« wie ein Seufzen, wie ein »Naturlaut« (Stein) klingt. Die abgedroschenen Sentenzen bekommen in der Rezitation einen neuen Glanz. In extremer Freudlosigkeit geht Faust leidend und jammernd mit sich selbst ins Gericht. Er wendet sich an den Mond, empört sich über sein eingekerkertes Dasein und verfällt in einen Wutausbruch. Sodann wird Faust von Fluchtimpulsen in die Natur hinein ergriffen. Im Sessel sitzend breitet er die Arme nach oben hin weit aus und vollführt eine Öffnungsgeste.

Wenn Faust im großen Nostradamus-Buch das Makrokosmos-Zeichen aufgeschlagen hat, wechselt sein Ton in entrückte Heiterkeit. Er versucht das, was er sieht, die verschiedenen göttlichen Kreissphären, die im Einklang mit dem Zentralkreis der Erde stehen, gestisch herzustellen. Doch dann folgt ein sehr unwilliges Umblättern zum nächsten Zeichen, zum Zeichen des Erdgeists. Faust murmelt Beschwörungssprüche in das Buch. Wenn die Stimme des Erdgeists ertönt und die projizierte Erscheinung eines vergoldeten Gesichts (5 x 5 Meter) sichtbar wird, rücken die schrägen Regale auseinander, der Sessel wird zur Seite gezogen, und der Raum öffnet sich zu einem großen Rechteck. Bruno Ganz versteckt sich überwältigt und auch verängstigt in dem großen Buch, kriecht dann auf dem Bauch zu einem Regal und kauert sich in einem unteren großen Regalfach zusammen. Wenn der Erdgeist verschwindet, schieben sich die Bücherwände wieder zusammen, der altbekannte dreieckige Raum löst Beklemmung aus, Bruno Ganz fällt nach hinten und liegt entsetzt und verzweifelt auf dem Rücken da.

Das Klopfen Wagners stellt einen durchaus ironischen Bruch dar. Wagner tritt mit Kerze in die Studierstube ein und spürt sofort, daß Veränderungen vonstatten gegangen sind. Er beginnt, den Sessel und andere Gegenstände in ihre angestammte Position zu rücken. Wenn Faust, der sich mühsam gesammelt hat, wieder hinzutritt und im Sessel Platz nimmt, hat Wagner die Chance, kurzzeitig eine leicht kritisch-überlegene Position Faust gegenüber einzunehmen (»ihr las't gewiß ein griechisches Trauerspiel«). Faust aber beginnt sofort wieder, seinen Schüler professoral zu belehren, dann wendet sich seine Haltung ins Begütigend-Vertrauliche. Wagners Waffe ist seine Hartnäckigkeit. Zwar stimmt er eckermannartig Faust zunächst immer zu, endet seine Bemerkungen jedoch ständig mit einem »ja, aber« und insistiert auf seinem Gelehrtenleben, auf seiner aufklärerischen Position. Dadurch kommt Wagner durchaus zu tiefsinnigen Äußerungen, die deutlich machen, daß er nicht als bloße Karikatur aufzufassen ist. Wagner ist eine kleine, verschobene Spiegelung von Faust: wenn Wagner in einem Buch zu blättern beginnt, dann bezieht sich das auf Fausts Blättern im Nostradamus-Buch vorher, aber nun eben im Kleinformat. Wagner darf auf keinen Fall in sich versponnen sein, sondern muß immer auf Faust reagieren.

Wenn Faust wieder alleine ist, bleibt er zunächst im Sessel sitzen. Wieder wird er von Lebensüberdruß, ja Selbstekel gepackt, den er zunächst gedämpft und unterdrückt artikuliert. In der nachfolgenden Passage distanziert sich Faust von sich selber und seiner Verzweiflung, wird ganz professoral und abgeklärt und beginnt, Lebensweisheiten zu verkünden. Bruno Ganz sitzt in seinem Sessel wie Goethe als Theaterdirektor. Doch dann erhebt er sich, gibt die distanzierte Haltung auf, nimmt den Totenschädel, sein einziges Gegenüber, zur Hand, führt also, wie bald darauf mit der Phiole und der Kristallschale, ein Gespräch mit den Requisiten, und bekommt angesichts der vielen nutzlosen Instrumente in seinem Zimmer einen Tobsuchtsanfall. Wenn er Geräte und Pergamentrollen durch das Zimmer schleudert, trägt er durchaus rumpelstilzchenhafte Züge. Bruno Ganz probiert mehrere Sprechhaltungen aus und übertreibt seinen Vortrag, während er sich seinen Text verdeutlicht, indem er statt »du alte Rolle« oder »du altes Gerät« »du altes Scheißding« sagt.

Dann wendet Bruno Ganz sich der Phiole zu. Seine Stimme nimmt die

Johann Heinrich Lips, *Der zauberische Lichtkreis*, Titelkupfer nach Rembrandts *Gelehrter* für den Druck von *Faust. Ein Fragment* (1790)

**»Ein Ziel der Rezitation ist die Sangbarkeit. Die Schauspieler müssen wissen, wie der nächste Satz lautet, damit die Richtung der Klangfarbe, des Tons klar ist. Sie müssen sozusagen vorspüren. Gesten, Mimik und Text sollen sich gegenseitig umspielen. Es ist ungünstig, diese Elemente genau zeitgleich parallel zu setzen. Viel spannungsvoller ist es, Gesten früh vorzubereiten und so zu führen, daß sie dem Text vorauseilen oder auch umgekehrt leicht versetzt folgen.«**

**(Peter Stein)**

Der sogenannte *Zeus von Otricoli.* Um 1775 bei Otricoli im südlichen Umbrien gefunden (etwa 4. Jahrhundert v. Chr.), seit 1783 in den Vatikanischen Sammlungen, wo ihn Goethe sah und für die Darstellung des Erdgeistes erwog

Die drei Marien am Grab. Miniatur aus dem *Reichenauer Antiphonar* (11. Jahrhundert)

Klangfarbe höherer Verzweiflung, dann höherer, fast infantiler Sentimentalität an. Er trägt die Phiole wie einen Kompaß, wie eine Wünschelrute, die ihn führt und leitet, vor sich her. Daraufhin drückt er sie hoffnungsvoll an sein Herz. Die Erinnerungen, die von der Kristallschale ausgelöst werden, weisen bereits auf Fausts Rettung hin, sind es doch die Kindheits- und Jugenderinnerungen, die ihn schließlich vor dem Selbstmord bewahren. Bruno Ganz holt die Schale sehr entschlossen, wie in Trance vom Regal herab, gießt langsam das Gift hinein und bewegt sich mit der Schale zum Studierstubenhintergrund wie ein Pilger.

Es ertönen die Glocken und der Chor der katholischen Osternacht. Der lateinische Text der Osterliturgie wird vom Tonträger eingespielt werden. Links und rechts der Studierstube stehen drei Darsteller und tragen den Chor-der-Engel-, den Chor-der-Weiber- und den Chor-der-Jünger-Text vor. Sie sollen möglichst sachlich sprechen und auf keinen Fall, so Stein, »salbadern«, da sie ja nur eine Art Übersetzung dessen vortragen, was gesungen wird. Dieser erste Chor, der Faust ablenkt und rettet, ist selbst ein Theaterstück, nämlich das mittelalterliche liturgische Osterspiel der Frauen am Grabe. Bruno Ganz reagiert darauf kindlich-fasziniert, sentimental und theologisch-kennerhaft zugleich. Stein verdeutlicht diesen Zwiespalt, indem er pointiert das Paradox »Matthäuspassion bedeutet gleichzeitig auch Ostereiersuchen« anführt. In Fausts Monolog ist die Zeile »allein mir fehlt der Glaube« traurig zu verstehen und keineswegs höhnisch. Es ist die Stimme des Verlusts.

Doch wittert Faust durch die Musik auch eine Verschwörung, die ihn von seinem Selbstmordvorhaben abbringen will. Daher gibt er nur sehr zögerlich nach. Diese Zögerlichkeit drückt Bruno Ganz dadurch aus, daß er die Schale mit dem Gift zunächst noch festhält und nicht wegstellt. Dann erst, beim Stichwort »Erinnerung«, setzt er sich hin, stellt die Schale wie geistesabwesend ab, gerät in eine weiche und sentimentale Stimmung und beginnt zu weinen. Diese Trauer schlägt ganz zum Schluß in verhaltenes Lachen um, das aus einer selbstironischen Distanz resultiert.

# Szene: Vor dem Tor

**Nachdem sich Faust durch die Gesänge und das Glockengeläut der Osternacht von seinem Selbstmord hat abhalten lassen, macht er sich am Ostersonntag zusammen mit Wagner zu einem Spaziergang vor das Tor auf. Mit ihm drängen Handwerksburschen, Schüler, Dienst- und Bürgermädchen, Soldaten, Bettler und Alte, Bürger und Bauern in die Natur, das ganze Stadt- und Landvolk ist also »selber auferstanden«. Eine Stimmung sexueller Erregtheit ist überall zu spüren. Nur die Bürger schwadronieren über Politik und Weltgeschehen, und Faust erzählt Wagner von seiner dunklen Vergangenheit. Mit der Betrachtung des Sonnenunterganges entwirft Faust großartige Sehnsuchtsbilder, und schließlich begegnet er erstmalig Mephisto in Gestalt eines schwarzen Pudels.**

Das Bühnenbild ist sparsam: der Raum wird organisiert und zusammengehalten durch das Arrangement der Osterspaziergänger, die sich einzeln, zu zweit und in größeren Gruppen auf der Bühne bewegen. Darüber hinaus stellt Faust mit seinen Beschreibungen der Natur eine Art imaginäres Bühnenbild her.

Das Spannungsvolle dieser Szene entsteht durch den Wechsel der Tonlagen, durch das Changieren zwischen Amüsement und Ernst, zwischen derber Direktheit und poetischer Verhaltenheit.

Die erste Hälfte der Szene besteht aus lauter kleinen Miniaturdramen: selbst wenn diese nur aus wenigen Zeilen bestehen, muß durch die spannungsvolle Art zu sprechen und zu spielen doch eine kleine Geschichte erkennbar werden. So sträubt sich beispielsweise das eine der beiden Dienstmädchen sehr stark, zum Tanz zu gehen aus Angst, keinen Mann abzubekommen. Stein erklärt ihr, daß sie durch ihre trotzige Haltung nicht alle Möglichkeiten abblocken dürfe, vielmehr könne sie durch Zugänglichkeit, durch Zögern und Widersprüchlichkeit die Szene in einer Spannung halten. Erst dadurch werde sie kurzzeitig zu einer traurigen, ja tragischen Figur.

Der Soldatenchor hat sich selbst einen zackigen Gesang mit Antiphonstruktur ausgedacht. Um eine leierhafte Stereotypie zu vermeiden, werden die Zeilen, die sich auf die zu erobernden Mädchen beziehen, besonders laut, hoch und militant gesungen, ja sie werden fast rhythmisch geschrien.

Mit Fausts Auftritt und seinem Monolog ändert sich die Atmosphäre. Bruno Ganz, der in einem langen schwarzen, aufwendig mit Pelz verbrämten Mantel dasteht und ein altdeutsches Barett der Dürerzeit trägt, bleibt zunächst reglos stehen, während er das Bild der Stadt mit den Handwerkern, der Kirche und der »quetschenden Enge« in der Innenschau herstellt. Dann folgt die Außenschau. Zunächst schlägt Bruno Ganz gestische Schneisen der Beschreibung in den Raum hinein, dann beginnt er, indem er sich von einer Seite der Bühne zur anderen bewegt, im Sinne eines Gedankenganges Bilder und Gedanken zu entwickeln. Wagner verhält sich möglichst eckermannartig, also zustimmend, ehrfurchtsvoll, devot, alert, aber auch ein wenig mäeutisch. Er läuft hinter Faust her und macht sich auf pingelige Art und Weise Notizen. Das Verhältnis zwischen Faust und Wagner kann durchaus die leicht erotischen Züge eines Lehrer-Schüler-Verhältnisses tragen.

Der Zusammenhang zwischen der »Auferstehung des Herrn« und »sie (die Leute) sind selber auferstanden« ist keineswegs spöttisch gemeint, sondern kündet, so Stein, von Goethes wie auch von Fausts Humanreligion, die besagt, daß jeder noch so unbedeutende Mensch im Grunde Jesus Christus ist. Wenn Faust auf der anderen Seite der Bühne angelangt ist, dort, wo sich das Dorf befindet, freut er sich richtig, unter den Bauern zu sein, die zum einfachen Bauerntanz ein derbes Lied singen. Zwei Bauern nähern sich Faust mit einem Krug. Durch die dankbare Erinnerung an Fausts Vater und seine angebliche Heilkunst während der Pest verbreiten sie eine schwebende Stimmung.

Langsam spazieren Faust und Wagner wieder zuück. Während Faust

Bauerntanz. Randzeichnung von Albrecht Dürer im *Gebetbuch des Kaisers Maximilian* (um 1515)

sich in den Erinnerungen an seinen Vater verliert, setzt er sich auf einen großen Stein. Wenn dann die Verbitterung über die schlimmen, vielfach tödlichen Folgen der falschen Arzneimittel wach wird, die der Vater während der Pest verabreicht hatte, wechselt Faust das Thema und heißt sich selber und Wagner, den Sonnenuntergang zu betrachten. So entgeht er der Selbstzerfleischung. Er visioniert einen unbegrenzten Flug über die Erde mit einem Zaubermantel, noch nicht ahnend, daß er ihn bereits anhat.

Dem Faustschen Sehnsuchtsbild des Fluges hält Wagner das »würdig Pergamen« imaginativ entgegen, das ihn in vollständige Verzückung geraten läßt. Während Wagner dann ruhig über die vier Winde spricht, setzen langsam die Drehbewegungen Fausts ein, der den Pudel bereits wahrgenommen hat. Daraufhin beginnt Wagner Faust zu umkreisen, und schließlich stellen sich beide Rücken an Rücken und drehen sich gemeinsam umeinander. Am Ende beugt sich Faust zum schwarzen, wolligen Königspudel hinunter, begutachtet ihn aus der Nähe und ist ein wenig enttäuscht, daß er ein ganz normaler Hund zu sein scheint.

# Szene: Studierzimmer

Nachdem Faust in Begleitung des Pudels erquickt vom Osterspaziergang in sein Studierzimmer zurückgekehrt ist, macht er sich, um seine bereits wieder aufkeimende Niedergeschlagenheit zu bekämpfen, tatkräftig an die Übersetzung des Johannesevangeliums »Am Anfang war das Wort«. Doch der Pudel, der Fausts Konzentration durch Knurren stört, beginnt sich zu verwandeln, er schwillt auf, füllt schließlich trotz Fausts abwehrender Beschwörungsversuche den ganzen Raum aus, bis Mephisto als »des Pudels Kern« hervortritt. Um das Studierzimmer verlassen zu können, muß Mephisto einen Trick anwenden. Da Faust ihn nicht gehen lassen will, schläfert Mephisto ihn mittels des balsamischen Gesangs seines Geisterchores ein und entweicht. Als Faust wieder erwacht, betritt Mephisto erneut das Studierzimmer, diesmal reisefertig als »edler Junker« gekleidet. Er unterbreitet Faust das verlockende Angebot, zusammen mit ihm fortzugehen, um das Leben außerhalb des Studierzimmers kennenzulernen. Diese Szene lebt von der Spannung zwischen dem Versprechen des Identitätswechsels und der schmerzhaften Einsicht in die Identitätsunentrinnbarkeit. Der Pakt zwischen Faust und Mephisto resultiert aus Fausts Einsicht in seine Unfähigkeit zum Genuß: während Mephisto bestrebt ist, Faust alle Arten körperlicher Genüsse zuteil werden zu lassen, weiß Faust sehr genau, daß er durch nichts zu befriedigen ist. Er glaubt an keinen Augenblick, von dem er sagen könnte, »verweile doch! du bist so schön!«. So ist das einzige, was er von Mephisto verlangt, die extreme Beschleunigung, in der es kein Verweilen und kein Atemholen mehr gibt. Falls es Mephisto gelingen sollte, Faust einen einzigen erfüllten Augenblick zu verschaffen, wird Faust gemäß den Bedingungen des Pakts sterben. Schließlich wird Faust von Mephisto zur Vorbereitung auf die Reise weggeschickt, dieser hingegen verkleidet sich als Doktor Faust und beginnt einen ratsuchenden Schüler über den Charakter der verschiedenen Fakultäten aufzuklären. Nach dem Abgang des Schülers erscheint Faust wieder, der sich, schüchtern wie er ist, vor dem Aufbruch in die große Welt fürchtet. Mephisto aber breitet tatkräftig den Zaubermantel aus, und schon fliegen beide durch die Lüfte in Richtung Auerbachs Keller.

Das Bühnenbild ist das der Szene *Nacht*. Zunächst spielt Robert Hunger-Bühler den Mephisto, dann, nachdem Faust aus seinem Schlaf erwacht ist, tritt Adam Oest als Mephisto auf. Auf den Gerüsten hinter den Bücherregalen befinden sich die Darsteller des Geisterchores.

Fausts Ton nach der Heimkehr vom Spaziergang ist zunächst heiter. Mit Freude kehrt er nach Hause wie in eine biedermeierliche Idylle zurück. Sein Sessel verwandelt sich in einen molligen Rückzugsort. Doch die geläuterte Atmosphäre wird beständig durch die Unruhe des Pudels gestört. Das Spannungsfeld Geist-Knurren entsteht. Fausts Sprechweise zum Hund ist zunächst tantenhaft-beschwichtigend. Doch Fausts Gelassenheit ist nur dünnes Eis über dem Abgrund seiner Lebenszweifel. Kaum, daß er seine Getriebenheit hinter sich gelassen zu haben scheint, verfällt er wieder in düsteres, unbefriedigtes Sinnieren: »davon hab' ich so viel Erfahrung«. Bevor er in untätige Larmoyanz versinkt, zwingt er sich zur Handlung und versucht, den logos-Begriff am Beginn des Johannesevangeliums zu übersetzen. Statt der üblichen Übersetzung ›Wort‹ steigern sich Fausts abweichende Vorschläge in einem titanischen Vorgang

Schwarzer Hund mit feurigen Augen, wie er dem Kardinal Crescentius 1542 beim Konzil in Trient erschienen sein soll. Holzschnitt von Matthäus Merian in Johann Ludwig Gottfrieds *Historischer Chronica* (1642)

von ›Sinn‹ über ›Kraft‹ hin zu ›Tat‹. Peter Stein weist darauf hin, daß es sich an dieser Stelle um die erste Tat Fausts handelt, nämlich das Original zu verändern. »Mein geliebtes Deutsch« spricht Bruno Ganz voller Pathos. Der Pudel, dessen Part Stein zunächst übernimmt, heult sehr laut auf bei den Stichworten »Kraft« und »Tat« und beginnt dann aufzuschwellen. Dafür wird schwarze Fallschirmseide zu einem unförmigen Plustergebilde aufgeblasen, das den Raum ausfüllt. Der erste Geisterchor setzt ein, der mit Raupen-, Kröten-, Spinnen-, Ratten-, Milben-, Fledermaus- und Maushandpuppen über die Regale hinweg und durch sie hindurch agiert. Beim Entwerfen dieser Hausschädlingshandpuppen wurde streng darauf geachtet, alles Kuscheltierhafte zu vermeiden. Das schwarze Ungetüm schwillt weiter auf, Faust versucht eine Gegenbeschwörung mit einem Kreuz und dem Zauberbuch *Salomonis Schlüssel*, bis Mephisto aus der großen Seidenblase hervorkommt. Danach fällt das aufgebauschte Gebilde abrupt in sich zusammen – ein Materialtrick, der durchschaubar sein soll. Robert Hunger-Bühler spricht Bruno Ganz sehr fest, sehr souverän an, er ist sowohl durchtrieben-abgefeimt, als auch ernst und streng. Er stellt sich vor als »Geist der stets verneint«, als »Teil von jener Kraft, die stets das Böse will und stets das Gute schafft«, als »Teil der Finsternis, die sich das Licht gebar«. Faust macht zunächst keinen Hehl aus seiner Verwunderung über diesen fremden Mann in seinem Haus, ist ein wenig enttäuscht, daß es sich nur um einen fahrenden Scholasten handelt, aber spürt bereits untergründig die Gefahr. Um Fausts Studierzimmer verlassen zu können, muß Mephisto Faust einschläfern. Er bedient sich seines Geisterchores, der, so Stein, einen der schönsten Texte des gesamten *Faust* spricht. Die harmonische und betörende Ranken- und Schaukelbewegung des Geisterchores, der eine girlandenartige Weltperspektive vom Studierzimmer hinauf ins All, hinunter zur Insel der Seligen und wieder hinauf ins Jenseits entwickelt, wird in der sprachlichen Darstellung deutlich: zwischen den Zeilen, sozusagen an den Gelenkstellen, gibt es kein Stocken, sondern die Stimmen folgen so aufeinander, als gäben sich die Darsteller die Hand. Gleichzeitig schieben sich die Regale des Studierzimmers zusammen, und das Zimmer verengt sich. Die Geister befinden sich im Regal, gestikulieren mit ihren Handpuppen durch die Fächer hindurch, machen wehende, lockende Armbewegungen und berühren Faust leicht. Die Rattenhandpuppe nagt ein Stückchen aus dem Pentagramm, und Mephisto kann entfliehen. Wenn Faust erwacht, tritt der zweite Mephisto-Darsteller, Adam Oest, auf. Faust reagiert zunächst erstaunt, da er diesen noch nicht kennt. Mephisto gebärdet sich zunächst sehr lässig, Faust aber ist von Einsamkeit beherrscht und beginnt in sehr lauter, wütender, geifernder Weise seine Fluchorgie. Die Geister beugen sich erschreckt über das Regal, erzeugen einen hohen dissonanten Ton und sprechen ihr Chorlied zunächst voller Trauer, dann aber ermutigend. Bruno Ganz spielt sehr extrem, auffahrend, hochfahrend und dann wieder mit einer großen Sentimentalität, aus der heraus er sich auf den Pakt einläßt. Der Pakt wird aus einer vollständig negativen Haltung Fausts heraus geschlossen. Mephisto hingegen macht Faust viele Angebote, er versucht ihn auch erotisch zu verführen, aber Faust qualifiziert alle Vorschläge Mephistos ab und läßt ihn spüren, daß er selbst, Faust, viel tiefer zu denken imstande ist.

Im Pakt offenbart sich ein sehr moderner Zug des Dramas: Fausts Wunsch nach »Bäumen, die sich täglich neu begrünen« meint den Wunsch nach Zeitbeschleunigung, nach der Vorwegnahme der Zukunft. Der Pakt wird geschlossen, weil Faust vorwärtsstürzen

**»Minimale Eingriffe in den Text im Sinne einer Minimalaktualisierung sind vertretbar. An Stellen, an denen es nicht nötig ist, historische Distanz zu verstärken, können die poetischen Dehnungs-e's wegfallen (Sternelein → Sternlein) oder ergänzt werden (Dritt' → Dritte). Mit diesen Dingen kann gespielt werden, das ist das Salz.«**

**(Peter Stein)**

»Ich bin ein Teil ... der Finsternis, die sich das Licht gebar« (Vers 1349f.)
Asmus Jakob Carstens,
*Die Geburt des Lichts* (1794)
*Die Nacht mit ihren Kindern Schlaf und Tod* (1795)

möchte: zwar begrünen sich die Bäume nicht jeden Tag neu, aber dennoch ist dies Fausts paradoxes Ziel. Der alte Goethe, erzählt Stein, stand dieser Haltung durchaus kritisch gegenüber und nannte sie »veloziferisch«, da »man im nächsten Augenblick den vorhergehenden verspeist« (Goethe, *Wilhelm Meisters Wanderjahre*).

Faust empfindet eine starke Aversion gegen die Schriftlichkeit des Pakts und setzt dagegen vergeblich und wiederum hochfahrend das Manneswort. Wenn er seine Vorstellungen von einem ihm gemäßen Leben ausbreitet und von Rasen, Rausch und Geschwindigkeit spricht, wütet Faust weiter vor sich hin. Dabei kniet er mit dem Rücken zum Publikum in seinem Sessel. Mephisto dagegen gebärdet sich fröhlich, heiter und burlesk, ist aber auch ein wenig gelangweilt von Fausts unablässigen Ausbrüchen. Mephisto kontert mit drängender Genußsucht, vor der Faust wiederum zurückweicht. Schließlich gibt es eine Travestie: Mephisto verkleidet sich als Faust, setzt sich in dessen Sessel und nimmt ein dickes Buch zur Hand. Mephisto mit Fausts pelzverbrämtem Mantel und Barett monologisiert zunächst über Faust. Er vertritt die Auffassung, daß Faust auch ohne ihn, den Teufel, zugrundegehen müßte, da Faust übereilte, ungebändigt vorwärtsstürmende Züge trägt. Das bedeutet, so Stein, daß Faust Mephisto eigentlich gar nicht braucht, womit Mephisto sich bereits zu Beginn verabschiedet. Er ist nur ausführendes Organ, nicht aber essentiell notwendig für Fausts Untergang.

Bei der Belehrung des Schülers über die verschiedenen Fakultäten wechselt Mephistos Ton zwischen Ironie, Sarkasmus, Zynismus, echter Empörung und Ernst. Seine Urteile über die Ärzte, die sowieso allesamt Mörder, und die Advokaten, die allesamt Strauchdiebe sind, wirken fast wie tagespolitische Anmerkungen, in denen Goethe ex negativo seine idealen Vorstellungen dieser Berufsstände erläutert. In der Medizinpassage legt Mephisto sein zynisches Wissenschaftlergebaren ab und wird wieder ehrlicher und teufelshafter. Er verführt den Schüler, der gleichzeitig schüchtern und faul, anstellig und bequem ist, durch, so Stein, »Onkel-Doktor-Spiele im übertragenen Sinne«, wenn er ihm erklärt, wie er sich an Frauen heranmachen soll. Gleichzeitig berührt Mephisto den Schüler deutlich, worauf dieser irritiert reagiert. Den Spruch ins Stammbuch schreibt Mephisto nicht mit der Feder, sondern mit einem anderen Schreibgerät. Die Feder sollte dafür nicht mobilisiert werden, da sie dem Pakt vorbehalten ist. Der Schüler liest den Spruch ›Ihr werdet sein wie Gott und Gutes und Böses wissen‹ auf lateinisch vor und geht rätselnd ab.

Nach diesen ernsten Passagen mit hohem Ton und existentieller Problematik folgt mit den Szenen Auerbachs Keller und Hexenküche eine Spannungslösung durch Komik. Solche Bögen, solche Wechsel zwischen hohem und niedrigem Ton bestimmen als Konstruktionsprinzip das gesamte *Faust*-Drama.

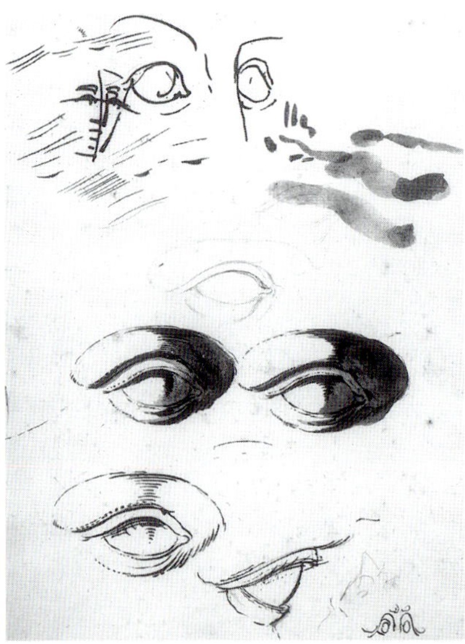

»Werd' ich zum Augenblicke sagen:
Verweile doch! du bist so schön!« (Vers 1699f.)
Johann Wolfgang von Goethe, Augen (1787)

# Szene: Auerbachs Keller in Leipzig

Der Raum von Auerbachs Keller befindet sich in Augenhöhe der stehenden Zuschauer. Die vier Zecher sitzen dem Publikum zugewandt an einem Biergartentisch, auf dem Krüge, Flaschen, Gläser und zwei brennende Kerzen stehen. Hinter ihnen befindet sich verdeckt der Treppenaufgang. Die Rolle des Mephisto spielt Adam Oest.

Am Anfang gießt Altmayer mit der Konzentration des Säufers fast tropfenweise sein Glas ein, Siebel schläft mit dem Hinterkopf auf dem Tisch, Brander döst vor sich hin, finster den Kopf in die Hände gestützt, nur der Jüngste, Frosch, schaut verwundert auf die Schläfrigkeit seiner Kumpane. Dieses Arrangement hat den Charakter eines Stillebens. Endlich schüttet Frosch Wasser auf Brander, woraufhin dieser ihn zweimal von der Bank schubst. Dann versucht Brander mit der Hand den Tisch abzuwischen und streift schließlich die Handkante an der Tischkante ab. Die Lieder über das Heilige Römische Reich und Frau Nachtigall werden zum Publikum hin gesungen. Denn jeder der Zecher ist solipsistisch in seinem eigenen Käfig gefangen und bezieht sich kaum auf die anderen. Trotz der Seitenhiebe, die sie im Suff untereinander austeilen, darf keiner der Vier beleidigt sein. Denn selbst die konfliktreichen Handlungen wirken auf die an ihrem Tisch festgewachsenen vier Zecher gemeinschaftstiftend. »Beleidigt sein«, so Stein, »ist eine besonders widerliche Haltung, die sich vor allem im Deutschen findet, und die absolut nicht bühnenwirksam ist«.

Wenn Siebel über seine Geliebte spricht, schlägt er einen ernsten Ton an und erscheint als das heulende Elend. Daraufhin leitet Brander das Rattenlied mit dem Satz ein: »es sind verliebte Leute hier«. Daß es dann aber von einer vergifteten Ratte handelt, die sich in ihrer Agonie aufführt, als hätte sie »Lieb' im Leibe«, ist der Gipfel an Boshaftigkeit. Nach dem Lied, das Brander mit dem Akkordeon begleitet, applaudiert Siebel nicht, um so kräftiger aber Altmayer und Frosch.

**Mephisto will Faust ins »volle Menschenleben« hineinstoßen, ihn durch das »wilde Leben« schleppen. Zu diesem Zweck führt er ihn in Auerbachs Keller. Diese Szene gehört noch zur Gelehrtentragödie. Daß Faust sein neues Leben in einer besonders abgeschmackten Kneipe beginnen soll, wirkt einerseits sehr deutsch, macht aber andererseits deutlich, wie konsequent Mephisto bei seinem Verführungsprogramm zunächst mit der »flachen Unbedeutenheit« beginnt. Die Szene *Auerbachs Keller* hat den Charakter eines Rüpelspiels. Vier Gäste, junge Füchse und alte Herren, lungern herum, trinken, pöbeln, schubsen sich, singen und trinken weiter. Wenn Faust und Mephisto erscheinen, versuchen die eingeschworenen Kumpane, die Fremden zu provozieren. Faust, der in den Gästen herabgesunkene Zerrbilder seiner Universitätsmitarbeiter erkennt, möchte gleich wieder gehen. Mephisto hingegen zaubert ihnen vier verschiedene Weinsorten aus dem Kneipentisch hervor. Als der Wein zu brennen beginnt und sich die Zecher mit Messern auf Mephisto stürzen wollen, beendet dieser das »Flammengaukelspiel« und verzaubert die vier, die sich plötzlich in Italien, inmitten von Weinbergen wähnen. Als sie wieder zu sich kommen, sind die beiden Fremden längst verschwunden, und die Vier bleiben verwundert und verdattert zurück.**

Doctor Faustus und sein Pudel mit Studenten. Zeichnung nach dem wohl 1625 gemalten Wandbild im Keller von *Auerbachs Hof* zu Leipzig

Doctor Faustus auf einem Weinfaß aus dem Keller reitend. Nachstich des wohl 1625 gemalten Wandbildes im Keller von *Auerbachs Hof* zu Leipzig

Mephisto und Faust kommen die Treppe herunter, während die vier Zecher einen ›Salamander‹ machen; sie reiben ihre Gläser kreisförmig auf dem Tisch und prosten sich in Richtung Publikum zu.

Wenn die beiden Fremden auftauchen, müssen die Vier sofort ihr Verhalten ändern: zunächst schotten sie sich ab und sprechen mit abgewandten Schultern über die Fremden. Dann wagt sich Frosch an Mephisto heran, um ihn zu »kriegen« und zu »schrauben«, spürt aber als erster dessen seltsame Ausstrahlung und weicht angstvoll an die gegenüberliegende Wand zurück. Alle spüren schließlich, daß etwas Seltsames in der Luft liegt, wissen aber nicht, woher es kommt.

Die Vier reagieren auf Mephistos Gruß in abweisendem und pikiertem Ton. Wenn Mephisto zum Akkordeon das Flohlied singt, begeistern sich die Vier und werden, so Stein, plötzlich politisch, indem sie den Refrain mit dem Unterton ›wir machen die Französische Revolution‹ mitbrüllen. Der einzige Sinn des Flohlieds besteht in seiner Aufsässigkeit. Es ist gegen die Hofschranzen gerichtet. Diese Begeisterung der vier Zecher sowie Mephistos Kommentar über die Betrunkenen, »das Volk ist frei, seht an, wie wohl's ihm geht«, stellen eine deutliche Anspielung Goethes auf die Französische Revolution dar. Der Vers »Es lebe die Freiheit! Es lebe der Wein!« zeigt auf ironische Weise den Kontrast zwischen Freiheitsbegehren und biederem Toast.

Während Mephisto dann Wein aus dem Kneipentisch zaubert, rezitiert er seinen Zauberspruch auf komisch-humorvolle, leichte Weise. Die Wirkung des Weines auf die Zecher geht über die von normalem Wein weit hinaus, es ist, so Stein, das »ultimative Viagra«. Doch dann verschüttet Siebel seinen Wein, eine Flamme entsteht, und die weinselige Atmosphäre wandelt sich blitzartig in gefährliche Aggressivität. Die Vier gehen mit Messern auf Mephisto los, woraufhin dieser mit seinem weiten Mantel eine große Beschwörungsgeste vollführt. Der Schluß dieser Burleske ist wunderbar: die Atmosphäre wandelt sich abermals, denn die vier Zecher wähnen sich plötzlich im Wunderland Italien. Sie sehen Trauben und Weinberge, von denen sie in ruhigem verzauberten Ton sprechen. Das Derbe und Plumpe fällt von den Vieren ab, und mit langen schlafwandlerischen Bewegungen greifen sie sich gegenseitig an die Nasen, um sie, als imaginierte Trauben, abzuschneiden. Wenn Mephisto und Faust verschwinden, erwachen die Vier aus ihrem Trancezustand und bleiben in verkaterter Verwunderung zurück.

Der Szene *Auerbachs Keller* begegnete Peter Stein anfangs mit Aversion. Doch nach langsamem Herantasten, vielen Musik- und Detailproben (Sitzen- und Fallenüben) und der Erarbeitung sehr genauer Abläufe gelingt es, diese Szene komisch und spannungsvoll zu gestalten.

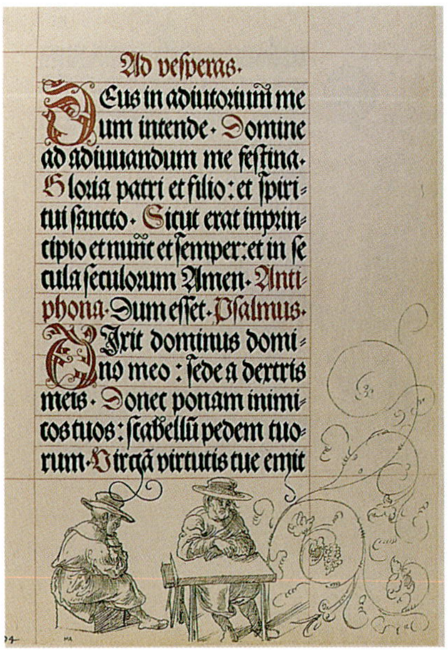

Ad vesperas.
Deus in adiutorium me
um intende. Domine
ad adiuuandum me festina.
Gloria patri et filio: et spiri-
tui sancto. Sicut erat inprin-
cipio et nunc et semper: et in se
cula seculorum Amen. Anti-
phona. Dum esset. Psalmus.
Dixit dominus domi-
no meo: sede a dextris
meis. Donec ponam inimi-
cos tuos: scabellum pedem tuo-
rum. Virgam virtutis tue emit

Weinranke. Randzeichnung im *Gebetbuch des Kaisers Maximilian* (um 1515)

# Szene: Hexenküche

**Mephisto führt Faust in die Hexenküche, um ihn dort durch einen Zaubertrank zu verjüngen. Da die Hexe zunächst unterwegs ist, treffen die beiden Besucher nur vier Meerkatzen zu Hause an. Faust entdeckt plötzlich in einem Zauberspiegel das Idealbild der Helena. Dieses Bild schlägt ihn in Bann und wird ihn auch im Laufe des Dramas nicht mehr loslassen. Schließlich kehrt die Hexe zurück und beschwört den Zaubertrank im magischen Kreis, indem sie das Hexeneinmaleins spricht. Kaum, daß Faust den Saft getrunken hat, fallen die Jahre von ihm ab, und als junger Mann, der sich nach wie vor kaum vom Helena-Bild losreißen kann, wird er von Mephisto aus der Hexenküche gezogen zu neuen Abenteuern.**

Der kleine Raum der Hexenküche befindet sich auf einem Podest in Augenhöhe der stehenden Zuschauer. Der Boden des Raumes ist mit Topf-, Mörser-, Schalen- und Schüsselrequisiten aus Messing, Kupfer, Zinn und Zink übersät. In der Nähe des Herdes, auf dem ein großer Topf kocht, steht ein Sessel, und an der Wand hängen Kräuterbündel und Tiegelchen gemäß der Regieanweisung »seltsamster Hexenhausrat«. Die Hexenküche, so möchte sie Stein verstanden wissen, ist eine kleinbürgerliche Wohnküche, »die unordentliche, muschelige, mit Hausrat vollgestopfte miese kleine Sudelküche einer Engelmacherin«. Die Rolle des Mephisto spielt Robert Hunger-Buhler.

Die Schwierigkeit, aber auch der Reiz dieser Szene besteht darin, die Bewegungsabläufe von sieben Schauspielern in einem engen Raum, der dazu noch mit einer Unmenge von Requisiten angefüllt ist, zu organisieren. Die Szene darf auf keinen Fall in Chaos und Lärm versinken, sondern muß sich durch ein Höchstmaß an Konzentration auch und gerade im Tumult auszeichnen.

Die Meerkatzendarsteller tragen enganliegende, sandgelbe Kostüme und bläuliche Affenmasken (Blaumaulmeerkatzen). Sie ahmen sehr kunstvoll die teils geschmeidigen, teils abrupten Bewegungen von Affen nach, die sie im Zoo und auf einem Meerkatzenvideo studiert haben, sie stoßen schnalzende und fiepende Laute aus, koitieren kurz und lausen sich.

Mephisto gewinnt Spaß an der albernen Unterhaltung mit den Meerkatzen, während Faust eine Abwehrhaltung einnimmt. Die Meerkatzen reagieren prompt und animalisch-kindlich auf die beiden Besucher: je nach Ansprache schnalzen sie zustimmend oder protestierend, bewegen sich durch den Raum, spielen mit einem Würfel, werfen sich den Ball, die Weltkugel, zu und verhalten sich teils anschmiegsam, teils fauchend-aggressiv.

Fausts anfängliche Abscheu schlägt plötzlich in ungläubiges Hingerissensein um, wenn er im Zauberspiegel das Helena-Bild entdeckt. Erstmalig ertönt das musikalische Helena-Motiv. In Anlehnung an das Velázquez-Gemälde *Venus mit dem Spiegel* ist Corinna Kirchhoff nackt ausgestreckt in Rückenposition zu sehen. Faust ist verwirrt und schlägt wie im Nebel einen ganz anderen Ton an. Mephisto dagegen bietet seine Sprüche (»wenn sich ein Gott sechs Tage plagt, und selbst am Ende Bravo sagt, da muß es was gescheites werden«) in volkstümlichem Ton dar. Er amüsiert sich gut, schwelgt in Anstößigkeiten, während Faust die Brüche vorbehalten sind.

In der ganzen Szene, erläutert Peter Stein, gibt es ein Spiel mit der Form: »Mephisto kommt in die Hexenküche wie in ein bürgerliches Haus, in dem die

*Affen mit Weltkugel.* Kupferstich von Coryn Boel nach dem Gemälde von David Teniers d. J. (1610–1690)

Pieter Brueghel d. Ä., *Versuchung des hl. Jacobus* (1565), Ausschnitt. Das Gemälde diente Goethe wahrscheinlich als Vorlage für die Hexenküche

Diego Velázquez, *Venus mit dem Spiegel* (1651)

Meerkatzen, wie höhere Töchter sozusagen, Klavier spielen. Und Mephisto, der ›Herr Baron‹, hat sogar ein ›Wappen‹, eine obszöne Gebärde und einen Schlag zwischen die Beine der Hexe. Dieses Umwidmen der Form zieht sich durch den gesamten *Faust.*«

Die Hexe, die durch den Kamin gesaust kommt, hat eine kräftige, fast brutale Stimme. Wenn sie mit dem langen Rührlöffel auf die beiden Fremden deutet, wird der Raum durch die Löffelbewegungen ausgelotet. Während des nachfolgenden Tumults, den Mephisto aus Wut veranstaltet, weil die Hexe ihn nicht erkannt hat, ziehen sich die Meerkatzen Töpfe und Schüsseln zum Schutz vor Schlägen auf den Kopf und springen angstvoll hin und her. Sie wirken so unerlöst wie die phantastischen Kopffüßler auf Gemälden von Bosch. Während Mephisto und die Hexe schließlich doch verschwörerisch und einvernehmlich über den Zaubertrank sprechen, versenkt sich Faust weiter in das Helena-Bild. Instinktiv versucht er, die Meerkatzen von sich fernzuhalten, denn auf der einen Seite sieht er das Idealbild aller Frauen, auf der anderen tummeln sich die Meerkatzen als fratzenhafte Karikaturen.

Die Hexe schlägt einen Zauberkreis, das Meerkatzenpaar schleppt Zapfen und Federn, also noch weitere Requisiten heran, während die beiden jungen Affen zusammengekauert ihre Hintern gegeneinanderstemmen und dadurch ein Pult bilden. Auf diesen »Jugendstilschreibtisch«, wie Stein ihn scherzhaft nennt, wird das Zauberbuch der Hexe gelegt. Zur Beschwörung streut sie Daunenfedern über das gesamte Arrangement.

Beim Hexeneinmaleins wird Faust mit in den Zauberkreis gezogen. Mephisto muß aufpassen, daß Faust nicht davonläuft. Das Einmaleins darf nicht zu breit gesprochen werden, sondern sollte sehr suggestiv klingen. Während die Hexe ihre unverständlichen Zaubersprüche weitermurmelt und die Affen dazu ihre monotonen Laute ausstoßen, spricht Mephisto ruhig über Sinn und Unsinn von Textauslegungen.

Die Meerkatzen sind nicht nur Spiegelinstanzen, die die emotionale Führung der Szene durch die Direktheit ihrer Reaktionen verstärken, sondern sie dienen auch als kleine Bühnenarbeiter. Ständig sind sie in sehr emsiger Weise damit beschäftigt, kleine Gassen in die Requisitenmassen, die den Boden bedecken, zu räumen, um die Bewegungen der Protagonisten im Raum überhaupt zu ermöglichen.

Faust wird von den beiden jungen Meerkatzen an die Wand gezogen und trinkt den Zaubertrank. Sogleich wird der provisorische Drehmechanismus ausprobiert. Der alte Faust, Bruno Ganz, stellt sich an die Wand, diese dreht sich, und der junge Faust, Christian Nickel, erscheint auf der anderen Seite. Die spätere Verjüngungsmaschinerie sieht eine so schnelle Drehung vor, daß der Eindruck entsteht, die zwei Personen lösten sich in eine einzige auf.

Johann Wolfgang von Goethe, Beschwörungsszene der Hexen bei Vollmond (1776/79)

# Szenenfolge: Straße I, Abend, Spaziergang, Der Nachbarin Haus, Straße II, Garten, Ein Gartenhäuschen

Die Gretchentragödie, der Prozesse von Kindsmörderinnen zugrundeliegen, stammt von 1770/75, also aus der frühen Zeit des *Faust*-Dramas. Bei späteren Überarbeitungen hat Goethe nur wenig ergänzt. Die einzelnen kurzen Szenen der Gretchentragödie greifen zunächst girlandenartig ineinander und entwickeln dann, in einer spannenden Aufwärtslinie der Verführung, ein sogartiges Tempo.

Faust spricht Gretchen auf der Straße unumwunden an und versucht zweimal mit Erfolg, sie durch anonyme Schmuckgeschenke in Erregung zu versetzen, bis es ihm schließlich mit Mephistos lügnerischer Hilfe gelingt, im Garten des Nachbarhauses, bei Frau Marthe, Gretchens erste Küsse zu erringen.

An dieser Stelle aber stoppt der Gang der Verführung, da Faust sich grübelnd in den Wald und die Höhle außerhalb der Stadt zurückzieht. Dies ist das erste retardierende Intermezzo der Gretchentragödie, in dem Faust Gretchens Untergang beschließt.

Dieser entwickelt sich in einer ebenso rasch beschleunigten Szenenfolge nun als Abwärtsbewegung, als sogartige Ausrottung von Gretchens ganzer Familie. Sie bricht schließlich unter dem Anspruch, dem Idealbild Helenas genügen zu sollen, zusammen.

Gretchen, die unruhevoll auf die Rückkehr ihres Geliebten wartet, verwickelt ihn in ein Gespräch über Religion, dem Faust eine fatale Wendung gibt: um endlich eine Nacht mit Gretchen verbringen zu können, gibt er ihr ein Fläschchen, angeblich mit Schlafmittel für ihre Mutter, diese stirbt am Gift, Gretchen wird schwanger, und der Bruder Valentin wird von Faust und Mephisto erstochen. Nach dem zweiten großen Intermezzo, der Walpurgisnacht, während derer Faust eine Vision des enthaupteten Gretchens erscheint, befindet sich Gretchen wegen Kindstötung im Kerker und wartet auf ihre Hinrichtung.

In der Hexenküche ist Faust äußerlich zu einem jungen Mann geworden. Kurzzeitig gibt es eine Zusammenschau der beiden Faust-Darsteller, die die gleiche Kleidung tragen. Ist der junge Faust unter der Oberfläche eigentlich schon alt, haften dem alten Faust durchaus jugendliche Züge an. In dieser Inszenierung sollten Faust und Gretchen ein ideales, physisch genau zueinander passendes Paar abgeben. Es ist Steins Anliegen, nicht den Topos ›alter Mann macht junges Mädchen kaputt‹ zu perpetuieren, sondern Gretchens Leben von einem jungen Mann zerstören zu lassen. Der junge Faust, Christian Nickel, taucht nur in der Gretchentragödie auf. Er spricht wie der alte Faust. Den Mephisto an der Seite des jungen Faust spielt Robert Hunger-Bühler. Wenn Faust allein ist, wie zu Beginn der Szene *Wald und Höhle*, tritt der alte Faust, Bruno Ganz, auf. Auch für Mephisto, der den Verjüngungszauber ja selbst veranstaltet hat, ist Faust der alte geblieben. Daher tritt in der Szene *Wald und Höhle* Adam Oest auf. Nur für die Außenwelt ist Faust verjüngt.

In der Gretchentragödie breitet Goethe eine männliche Sexualproblematik aus, die als Ringen, als Kampf erscheint. Dennoch verbreiten die Szenen in der Abfolge eine ungemein schwebende Atmosphäre.

Das Bühnenbild zeigt rechts und links Häuser der kleinen Stadt, in der Faust und Gretchen leben. Die Häuser haben keine Türen und Fenster, sie sind also bloße Dekoration, was im Bühnenbild dieser Inszenierung sonst unüblich ist. Die beiden Häuseransammlungen rechts und links der Bühne werden von der Straße verbunden.

Die Kostüme der Gretchentragödie zitieren die Zeit des jungen Goethe um 1770.

## Straße I

Das Volk, ein Tutti-Einsatz des gesamten Ensembles, kommt ehepaarweise und in Gruppen aus der Kirche. Faust spricht Gretchen (Dorothee Hartinger), die als letzte aus der Kirche tritt, an, indem er sich ihr einfach in den Weg stellt und

Domine labia mea ape
ries. Et os meum an
nunciabit laudem tuã. De
us in adiutorium meum intẽ
de. Domine ad adiuuãdum
me festina. Gloria patri et fi
lio: et spiritui sancto. Sicut erat

Verkündigung. Randzeichnung von Albrecht Dürer im *Gebetbuch des Kaisers Maximilian* (um 1515)

ziemlich direkt und leicht ruppig ihren Arm ergreift. Erstmalig wird Faust, der sich bislang von Mephisto hatte bedienen lassen, aktiv. Doch sofort fordert er Mephisto auf, ihm das Mädchen zu beschaffen und deklariert damit ihr Verhältnis als eines zwischen Herrn und Knecht. Also trottet Mephisto in der ersten Straßenszene hinter Faust her wie Sancho Pansa hinter Don Quixote. Faust wechselt ständig seinen Ton: zum Teil spricht er wie ein Schwerenöter mit viel Erfahrung, zum Teil entdeckt er erst alle möglichen Freuden neu. Der Ton changiert zwischen Abgefeimtheit des Erfahrenen und jugendlichem ›ersten Mal‹. Beim Stichwort »Liebeslust« wird Faust von einer solchen Lüsternheit ergriffen, daß er sich, die Hände zwischen die Beine geklemmt, krümmen muß, während Mephisto versucht, mäßigend auf ihn einzuwirken. Da der Bühnenraum frei ist und nicht begrenzt, sind die genauen Bewegungsabläufe des Umeinanderherumgehens besonders wichtig, damit sie nicht, so Stein, »undeutlich-quallig« werden.

## Abend

Beim Übergang zur Szene *Abend* zieht Gretchen selber wie ein Bühnenarbeiter das Bett herbei und trägt den Sessel heran. Sie geht mit der Kerze ab. Mephisto kommt fröhlich ins Zimmer gesprungen, so, als freute er sich auf eine baldige Entjungferung. In parodistischer Absicht nimmt er den Bettvorhang und riecht daran, während er sagt: »nicht jedes Mädchen hält so rein«, woraufhin Faust ihn aus dem Zimmer weist. Im Kontrast zu Mephisto spricht Faust in Gretchens Zimmer innig und ernst. Er verhält sich beinahe so ehrfürchtig wie ein Museumsbesucher und verfällt in eine andächtige Stimmung. Alles Lüstern-Gierige ist verflogen. Faust setzt sich in den Sessel und imaginiert Ahnen und Urahnen Gretchens. Beim Stichwort »Was faßt mich für ein Wonnegraus« berührt er sehr langsam und zart den Vorhang an Gretchens Bett, hebt ihn mit dem Mittelfinger zur Seite wie einen Theatervorhang und läßt ihn wieder fallen.

Nun spricht er wie ein Schizophrener, der in zwei unterschiedlichen Tönen eine Selbstbefragung durchführt: er erinnert sich seiner Lüsternheit, die ihn herführte, die sich aber nun in einen sehr poetischen »Zauberduft« und »Liebestraum« aufgelöst hat.

Mephisto kommt hereingestürzt, um Faust vor dem zurückkehrenden Gretchen zu warnen. Spöttisch reagiert er auf Fausts Ernst und spielt mit dem »Hörsaal«, der »Physik und Metaphysika« auf den Professor, also auf das Alter Fausts an.

Gretchen tritt mit der Kerze auf und wittert instinktiv, daß sich die Atmosphäre ihres Zimmers verändert hat. Die Szene ist von Gretchens Empfindung geprägt, daß sich heute alles, ihr ganzer Körper anders anfühlt. Sie wirkt hilflos, weil sie einer unbestimmten Irritierung ausgeliefert ist. Der Schauer, der über ihren Körper läuft, darf nicht zu theatralisch wirken, sondern muß sich organisch aus der Wirbelsäule entwickeln.

Sie schlägt den Bettvorhang zurück, beginnt sich langsam auszuziehen und singt dazu das Lied vom König in Thule. Dabei muß Dorothee Hartinger drei Ebenen berücksichtigen: das Ausziehen ist ein eingefahrenes Ritual und verläuft so automatenhaft wie jeden Abend. Auch das Lied läuft wie unbeabsichtigt nebenher. Nur auf einer dritten Ebene zittert, hervorgerufen durch die »sexualgeschwängerte Atmosphäre« (Stein), eine Unruhe mit, die sich synchron zum Lied entwickelt. Ihre Verwirrung, das Vibrieren ihrer Adrenalinstöße wird spürbar.

Gretchen zieht sich langsam aus, läßt ihr Untergewand herabgleiten, steht einen Moment nackt da und zieht sich gleich ihr frühviktorianisches Nachthemd über. Da Peter Stein Nacktheit auf der Bühne nicht sehr schätzt, wird diese Stelle in Unterwäsche geprobt.

Das Thulelied wird in seiner gleichförmigen Glätte dadurch aufgebrochen, daß der Gesang an einigen Stellen fast ins Sprechen übergeht. Das Publikum gewinnt den Eindruck, als hätte Gretchen das Lied schon hundert Mal gesungen, daß aber erst heute, an diesem besonderen Tag, ihr an einigen Stellen der Sinn der Verse aufgeht. So bezieht sie die letzte Zeile »trank nie einen Tropfen mehr« irritiert auf sich selbst.

Wenn sie die zusammengelegte Kleidung in ihren Schrank legt, findet sie das Kästchen, das Mephisto zuvor dort hineingestellt hat. Nach kurzem Zögern ergreift sie es gierig, öffnet es und holt überwältigt den Schmuck hervor. Dabei sollte, so Stein, ihr Ton möglichst sachlich und handfest sein, wie der eines Juweliers, der weiß, was die Stücke kosten. Denn auch Gretchen, die auf keinen Fall ans Niedlich-Mädchenhafte verraten werden darf, weiß über die Realien des Lebens Bescheid. Sie schmückt sich mit Kette und Ohrringen. Während sie sich vor dem Spiegel bewundert, schimmert auch die Gier nach Besitz durch, auf die jedoch Gretchens Enttäuschung über ihre Eingeschränktheit folgt. Resigniert geht sie ab, nicht ohne vorher den Bettvorhang wieder geschlossen zu haben, um sich hinter dem Schrank umzuziehen.

**»Eine Szene soll zu Beginn entrhythmisiert werden, und zwar mit der Technik, die Reime zunächst zu zerhacken, um sie zu einem späteren Zeitpunkt wieder zum Klingen zu bringen.«**

**(Peter Stein)**

## Spaziergang

Währenddessen geht Faust schon auf der Straße versunken hin und her. Diese Szene wirkt fast wie eine reine Solonummer Mephistos. Sie hat einen anderen Charakter als die sonstigen Szenen, sie ist burlesker, fast Don-Giovanni-artig. Entscheidend ist, daß Faust Mephisto wie an einem unsichtbaren Gummiband mit sich zieht. In der Weise, in der Faust geht, sich unterbricht und weitergeht, folgt Mephisto ihm im Grunde nur nach. Dabei wirkt Faust sehr zergrübelt. Wichtig ist, daß Mephisto zwar den angedeuteten Gang von Faust ausführt, weiterführt, aber Faust unmerklich die ganze Zeit die Richtung angibt.

Mephisto ist verärgert, weil Gretchens Mutter das Schmuckkästchen zum Pfarrer gebracht hat. In stark überspielter Weise macht er seinem Ärger Luft. Aber Faust bietet ihm keinen Widerpart, da er nur über Gretchen nachgrübelt. Schließlich schlägt Faust Mephisto gegenüber einen vorwurfsvollen Ton an, da er ihm, Faust, nicht mitteilt, wie die Geschichte mit Gretchen nun weitergeht. Faust legt also eine Anspruchshaltung an den Tag, woraufhin Mephisto ihn von hinten umfaßt und in sein Ohr züngelt.

Auch bei Faust gibt es schließlich einen Umschlag zum Burlesken, dann nämlich, wenn er Mephisto schubst. Er möchte erreichen, daß Mephisto ein zweites Schmuckkästchen besorgt und den Kontakt zu Gretchen über die Nachbarin herstellt.

Wenn Mephisto zum Schluß zu Faust ironisch »Ja, gnädger Herr« sagt, dann geht er gleichzeitig spöttisch-devot zu Boden und breitet mit einem schönen Fledermausschwung den weiten Mantel über sich aus. In dieser Position verharrt er so lange, bis Faust von der Bühne abgegangen ist. Dann steht er wieder auf, spricht zum Publikum und pustet beim letzten Wort »Luft« sehr elegant-wegwerfend einen Luftkuß nach oben in den Zuschauerraum.

Der Ablauf der Szenen ist bewundernswert konstruiert, da die Wechsel von Ruhe und Bewegung, von piano und forte eine große Spannung erzeugen.

## Der Nachbarin Haus

Das Haus der Nachbarin Frau Marthe ist durch zwei im Eck angeordnete, paneelierte Holzwände angedeutet, an denen innen eine Sitzbank entlangläuft.

Frau Marthe, die wie eine Kuppelmutter wirkt, öffnet die Szene mit einem Klagelied über ihren verschollenen Mann. Kurz nachdem Gretchen mit einem neuen Schmuckkästchen aufgeregt in ihr Haus gekommen ist, und sie Gretchen verzückt, beflissen und verschwörerisch den Schmuck angelegt hat, klopft schon Mephisto an. Dieser erzählt, indem er sich in Scherzen und Pointen selbst überbietet, Lügengeschichten über das angebliche Ende des verschollenen Mannes. Mephisto führt die Emotionen der beiden Frauen sehr geschickt und spielerisch: noch während Frau Marthe in Klagelieder ausbricht, wendet er sich unvermittelt an Gretchen und fragt nach ihrem Liebsten, und provoziert damit Frau Marthes Empörung und Gretchens zitternde Verlegenheit. Mephisto behält den Überblick über die Szenerie und vollführt ein »geschicktes Stellungsspiel« (Stein).

Das Interessante an der Szene sind Frau Marthes Brüche, das Gemisch aus wirklichem Gefühl, also echtem Schmerz und tatsächlicher Einsamkeit, und Berechnung, den gesellschaftlichen Konventionen Genüge zu tun und einen neuen Mann zu bekommen. Stein warnt vor einem ausgeprägten Realismus und fordert statt dessen einen ständigen Wechsel einzelner klarer großer Gefühle.

## Straße II

In dieser kurzen Szene redet Mephisto Faust zu, falsches Zeugnis zu geben. Um Gretchen bei Frau Marthe treffen zu können, soll er neben Mephisto als zweiter den Tod von Frau Marthes Mann bezeugen. So sehr Faust sich zunächst dagegen sträubt, gibt er schließlich doch nach, weil er keine andere Möglichkeit sieht, sich an Gretchen heranzumachen und sie zu verführen.

## Garten und Gartenhäuschen

Die Szene *Garten* ist geprägt durch Rokoko-Anklänge, Frivolität und idyllenhafte Verspieltheit des 18. Jahrhunderts. Die beiden Paare ziehen eingehakt im Garten ihre Kreise, das Idealpaar Faust und Gretchen und seine Zerrspiegelung Mephisto und Frau Marthe. Goethe arbeitet in dieser Szene mit einer Art Schnittechnik, die kurzzeitig die Unterhaltung eines Paares fokussiert, es dann vorübergehen läßt, um sofort und übergangslos in die Unterhaltung des nächsten zu springen.

Die *Gartenhäuschen*-Szene, in der es zum ersten Kuß kommt, ist vertrackt und sensibel und wegen der federleichten Kurzsätze sehr interessant. Die Szene darf überhaupt nicht süßlich wirken. Gretchen wird, wenn sie Fausts Kuß erwidert, so ernst, als ginge es zum Schafott, wohingegen Faust in spielerischer Weise hin- und herrennt. Mephisto und Frau Marthe, die hinzutreten, wirken wie zwei Voyeure.

# Szene:
# Wald und Höhle

**Faust zieht sich eremitenartig in die Natur außerhalb der Stadt zurück, um seinen Gedanken nachhängen zu können. Diese Szene stellt eine Mischung aus retardierendem Moment und Wendepunkt in der Gretchentragödie dar, von dem ab sich die Zerstörung Gretchens und ihrer ganzen Familie beschleunigt. Zunächst wendet sich Faust in euphorischer, dankbarer Stimmung an den Erdgeist, der es ihm ermöglicht, die »Reihe der Lebendigen«, die große Kette aller Wesen in der Natur zu schauen. Dann jedoch schlägt Fausts Haltung wieder in Destruktivität um, da er sich seiner Unfähigkeit zum Genuß, seines unablässigen Unbefriedigtseins bewußt wird. Mit dem Auftreten Mephistos, der Fausts Naturversunkenheit persifliert, beginnt ein Streit zwischen den beiden Protagonisten. Mephisto macht Faust Vorwürfe, daß dieser Gretchen, die sich vor Liebe verzehrt, im Stich gelassen habe, Faust hingegen schwankt zwischen Rückzug und leidenschaftlicher Destruktivität. Schließlich gewinnt sein Zerstörungswille die Oberhand, und er weiht Gretchen absichtsvoll und begierdenhaft dem Untergang.**

Jacob Philipp Hackert, *Höhle* (1784)

Das Bühnenbild zeigt die Höhle als ein dunkles Halboval, ein Negativ, dessen ausgesägtes Positiv nach vorne herausgeklappt ist. Auf dieser Fläche, auf der sich der alte Faust befindet, steht ein Bäumchen als Naturzitat. Die Höhle ist in mittlerer Höhe angebracht. Eine Leiter führt auf die Bühne hinab. Der Bühnenraum ist leer, die Gretchenstadt ausgeblendet, alles ist Natur.

In dieser Szene tritt der alte Faust auf. Das faustische Verbrechen besteht darin, daß er in die Natur flieht, sich also »edel« (Stein) entzieht. Zunächst befindet sich Faust allein vor der Höhle. Bevor er zu sprechen beginnt, setzt Musik ein, ein einzelner Ton, dann beginnt er mit seinem Monolog, der in Schlegel-Tieck-Pentametern verfaßt ist. Wenn Mephisto auftaucht, steigt Faust über die Leiter nach unten in den leeren Bühnenraum, in die Totalität von Natur. In diesem Raum nun entfaltet sich eine ungeheure Dynamik zwischen Faust und Mephisto. Mephisto parodiert die romantische Lyrik, Faust reagiert aggressiv. Sie laufen sehr schnell durch den ganzen Raum, Mephisto bringt Gretchen ins Spiel, sie rempeln sich an, rangeln miteinander, Faust prügelt Mephisto, bekommt beim Stichwort »Schlange! Schlange!« einen richtiggehenden Wutausbruch und brüllt sehr laut.

Die größte Spannung resultiert aber in dieser Szene aus den Haltungsänderungen, die Fausts Monologe am Anfang und am Schluß transportieren: beginnen die Monologe aus der Haltung der Dankbarkeit dem Erdgeist gegenüber bzw. des warmen Mitleids für Gretchen heraus, so enden sie in schroffer, kalter Destruktivität.

# Szenenfolge: Gretchens Stube, Marthens Garten, Am Brunnen, Zwinger, Nacht, Dom

## Gretchens Stube

Mit Gretchens einsamem Klagelied setzt in unheilvoller Weise die Zerstörungsgeschichte ein.

Gretchens Zimmer ist sparsam mit Bett, Schrank und Sessel möbliert. Ein Spinnrad fehlt bewußt, um eine kitschige Wirkung zu vermeiden. Gretchen sitzt auf dem Bett und wiegt ihren Oberkörper, bevor sie zu sprechen beginnt, hin und her. Sie hat lange nichts von Faust gehört und beginnt zu verstehen, daß sie verloren ist. Totale Hoffnungslosigkeit wechselt mit Sehnsucht nach physischer Erfüllung ab. Indem sie spricht, erinnert sie sich an die freudige Zeit mit Faust, dann wieder hält sie sich selbst für verrückt vor Verzweiflung. Während sie von Fausts Gestalt, seinem Gesicht, seiner Rede, seinem Händedruck und seinem Kuß spricht, führt sie ihre Rede haarscharf am Weinen vorbei, dann aber wirft sie sich verzweifelt aufs Bett.

## Marthens Garten

Der Übergang zu dieser Szene ist fließend: wenn Faust auf der Straße sichtbar wird, springt Gretchen vom Bett auf und rennt voller Wiedersehensfreude auf ihn zu. Beide treffen sich in der Mitte der Straße und begeben sich zum Gartenhäuschen. Gretchen freut sich durch und durch, zieht Faust zur Bank, er aber weicht ihr aus, steht von der Bank auf, versucht dann jedoch wieder, sie zu beschwichtigen, da er sie schließlich verführen möchte. Das Reizvolle an Gretchens Part besteht im Wechsel zwischen übergroßer Freude und dem Ernst, mit dem sie Faust zu religiösen Bekenntnissen drängt. Das für Gretchen unbefriedigende Gespräch über Religion endet damit, daß Faust ihr ein Fläschchen mit Schlafmittel für ihre Mutter gibt. Gretchen ist aber keineswegs nur ein Opfer von Faust Verführungskünsten, sondern sie lädt ihn hier selbst in ihre Kammer ein.

## Am Brunnen

Lieschens und Gretchens Unterhaltung am Brunnen über das ›gefallene Mädchen‹ Bärbelchen wirkt wie eine Szene aus dem Volkstheater. Daher kann die schnippische Lieschen-Darstellerin ruhig mit einem Hauch von bayrischem Dialekt sprechen. Lieschen schlägt zunächst einen sehr trockenen Ton an und spricht in vollkommener Selbstverständlichkeit. Dann wendet sich ihr Ton ins Zickige, moralisch Überhebliche. Sie schilt real und metaphorisch mit erhobenem Zeigefinger. Ihr Ton muß heraushören lassen: ›Wenn ich nicht darf, dann darf die andere auch nicht‹. Wenn sie von Bärbelchens Geliebtem, dem »flinken Jungen«, spricht, der woanders noch »Luft genung« hat, will sie damit andeuten, daß er zum Heiraten eine Jungfrau bekommen wird. Dadurch bietet sie sich selber als Braut an.

Gretchen, die möglicherweise schon schwanger ist, erkennt plötzlich, wie ihre Umwelt reagieren wird, und macht eine Art Erkenntnis-, ja Reifungsprozeß durch. Daher ist sie hier noch nicht vollständig der Verzweiflung anheimgegeben, wie in der nächsten Szene. Sie darf noch nicht zu stark klagen und zu gequält klingen. Jedoch wechselt dieser Erkenntnisprozeß auch mit Angst ab, der dann aber wieder die Erinnerung an die schöne Zeit mit Faust folgt. Ganz zum Schluß steht unabweislich die Angst. Dieser ständige Wechsel, diese Widersprüchlichkeiten in Gretchens Stimmung haben den Charakter einer Wellenbewegung.

Frau am Spinnrocken. Randzeichnung von Albrecht Dürer im *Gebetbuch des Kaisers Maximilian* (um 1515)

Johann Wolfgang von Goethe, Fechtende Studenten (1765/68)

## Zwinger

Der Übergang zur Szene *Zwinger* geht sehr schnell vonstatten: zunächst ganz lebhaft geht Gretchen mit ihrem Wasserkrug ab und erscheint sofort darauf mit einem Krug voller Blumen wieder, allerdings in einer vollkommen anderen Körperhaltung. Sie ist mit nach vorn gezogenen Schultern völlig eingesunken, verängstigt und verzweifelt. Dieser schnelle Wechsel ähnelt dem eines Maskenspiels. Sie strebt zur Muttergottesstatue, vor der ein ewiges Licht und vertrocknete Blumen stehen. Erst steht Gretchen in Bethaltung da, dann ergreift sie die Blumen auf der Stellage, kniet nieder, betet verzweifelt weiter, hockt sich hin, wird betend von Schluchzen geschüttelt und wechselt derweil das Wasser und die Blumen im Krug aus. Dieses Arrangement ähnelt ein wenig der Szene *Abend*, wo Gretchen die alltäglichen Verrichtungen, wie Ausziehen und Zusammenlegen der Kleidung, gegen ihre neuartige Erregung stellte. Hier allerdings versucht Gretchen mit dem Versorgen der Blumen vergeblich, einen eingefahrenen Ablauf gegen die übermächtige Verzweiflung zu setzen. Während sie erschüttert weinend die Blumen vor der Muttergottes abstellt, dann wieder zu Boden sinkt und dort murmelnd und flüsternd weiterbetet, tritt bereits ihr Bruder Valentin auf.

## Nacht. Straße vor Gretchens Türe

Valentin, mit langem Säbel an der Seite, ruft sich zunächst Erinnerungen an die Zeit wach, als er Gretchen seinen Kumpanen gegenüber als leuchtendes Beispiel von Tugend vor Augen führen konnte. Dabei zeichnen sich in seinem Gesicht eine Mischung aus Verzückung bei der Erinnerung und jetziger Verzweiflung ab. Beim Gedanken an die moralische Schande ihrer Schwangerschaft steigt geifernde Wut in ihm hoch. Dieser Vorgang muß nicht laut sein, sollte aber, so Stein, Energie und Intensität haben.

Der junge Faust und Mephisto kommen heran. Faust wirkt ausgelaugt, aber weiterhin frivol und von kalter Gier getrieben. Mephisto schleicht herum und macht anzügliche Bewegungen und Gesten, züngelt und greift sich beim Gedanken an die Walpurgisnacht zwischen die Beine. Sein Gesang »zur Zither« klingt absichtlich schwächlich und schräg und damit sehr ironisch. Keine einzige Geste, obwohl obszön, wirkt plump und direkt, sondern zauberisch-beiläufig, magierartig verwischt und so schnell, daß sie jegliches Feste und Eindeutige unterläuft.

Während der Fechtszene steckt Valentin zunächst voll siegesgewisser Wut und Kraft, dann aber erlahmt er. Mephisto ist der Überlegene. Ungerührt pariert er zwei Hiebe Valentins wie eine kleine lästige Nebensächlichkeit. Faust, der verwirrt ist und Angst hat, wird von Mephisto gleichzeitig vorgeschoben und schützend gehalten. Schließlich versetzt Faust Valentin den tödlichen Stoß – Mephisto zieht, lässig und spöttisch, mit einem kurzen Ruck Fausts Hand mit dem Degen aus Valentins Brust, und fliehend zieht Mephisto Faust hinter sich her.

Währenddessen hat sich, angeführt von Frau Marthe, ein Volksgemurmel erhoben. Die Bewohner, der zweite Tutti-Einsatz des gesamten Ensembles, kommen ehepaarweise oder einzeln von zwei Seiten aus ihren Häusern. Zunächst erhebt das Volk ein Gebrüll und Lärm, der an- und abschwellend ist, aber nicht zu laut sein darf. Dann stehen alle in einem großen Halboval um Valentin und Gretchen herum, die Frauen, die sich in der vorderen Reihe und damit in größerer Nähe zum Sterbenden befinden, klagen und weinen. Bei Valentins Invektiven Gretchen gegenüber (»Hur«, »Metze«) weicht das Volk zurück. Gretchen versucht sich vergeblich im Volk zu verstecken, die Leute meiden sie, bleiben unablässig ein wenig in Bewegung und weichen immer weiter zurück.

## Dom

Nach Valentins Schlußsatz (»als Soldat und brav«) und seinem Tod gibt es einen Blackout, und sofort ertönt ein Orgelklang. Die schwarzen Filzbänder, die die Domsäulen nachbilden, fallen herab, das Volk, der dritte Tutti-Einsatz des gesamten Ensembles während der Gretchentragödie, strömt eilig in die Kirche und kniet sich zwischen die Säulen, während Valentin vorne liegen bleibt. Das Volk in der Kirche besteht nicht aus einzelnen Menschen, sondern es sind Haufen, bloße Umrisse, die schwarze Tücher über sich gebreitet haben. Der lateinische Chor, der vom Jüngsten Gericht handelt, wird vom Tonträger eingespielt, aber auch das Volk, links die Frauen, rechts die Männer, singt mit.

Der Böse Geist (Adam Oest) trägt einen schwarzen Samtumhang mit großer Kapuze, ein Gewand, das an Mönchsfiguren bei E.T.A. Hoffmann erinnern soll. Gretchen, die wie das Volk mit dem Rücken zum Publikum kniet, ist im verworfenen Profil zu sehen, sie wendet also den Kopf leicht in Richtung der Schulter. Der Böse Geist spricht, während er Gretchen umkreist, zunächst möglichst einflüsternd und insinuierend, fast wie ein guter hilfsbereiter Freund. Dann aber wird er in hämischer, unheilvoller Weise zum Verlängerer des Chortextes, der vom Jüngsten Gericht kündet: auch Gretchen wird, wenn sie am Tag des Jüngsten Gerichts wiederaufersteht, in ewiger Unerlöstheit verharren müssen. Diese zukünftigen Qualen kommentiert Gretchen physisch: Zuckungen schütteln ihren Körper, als widerführe ihr ein Albtraum, dann wieder löst sich die Beklemmung kurzzeitig, doch plötzlich ringt sie nach Atem, wird durch die Enge der Pfeiler erstickt und fällt um. Sie reagiert so deutlich auf den Bösen Geist, daß der Zuschauer die Andeutungen, die er zu sehen bekommt, zu klaren Reaktionen ergänzen kann. Wenn der Böse Geist sagt, »unter deinem Herzen regt sichs«, faßt sie sich unwillkürlich an ihren Bauch oder noch besser an ihre Scham.

Am Schluß, wenn Gretchen sich an ihre Nachbarin, die Frau, die vor ihr kniet, wendet, reagiert diese überhaupt nicht. Das Volk wirkt, unterstützt durch die perfekten maschinenartigen Gesänge, wie ein schwarzer Block der Abwehr, der Feindlichkeit und absoluten Unzugänglichkeit. Gretchen wird verdammt. Die Szene löst am Ende das beklemmende Gefühl absoluter Unentrinnbarkeit aus.

## Szene: Walpurgisnacht

**Die *Walpurgisnacht*-Szene ist von schnellen Wechseln der Atmosphäre geprägt. Auf halber Höhe des Brockens geraten Faust und Mephisto zunächst in einen turbulenten Reigen von Hexen und Hexenmeistern, dann ziehen sie sich auf Mephistos Geheiß zu einigen älteren Herren, Vertretern des Ancien régime, zurück, werden jedoch vom lärmenden Hexenstrudel bald wieder mitgerissen. Die Protagonisten gelangen aber nicht zum Höhepunkt des Festes, dem Arsch des Satans, der unsichtbar bleibt. Der Satan ist in absichtsvolle Beziehung zum Gott der *Bergschluchten*-Szene gesetzt, zu dem alle hinschweben und der doch nicht zu sehen ist. Fausts Visionen, die Phantasmagorien von Lilith und von Gretchen, verändern die Atmosphäre schlagartig: durch die plötzliche Stille und die schlafwandlerischen Bewegungen der Visionierten entsteht eine atemstockend-unheimliche, zerbrechliche Stimmung von großer Kraft, die in die burlesken Tanzszenen mit derbem Gesang und den Auftritt des Proktophantasmisten hineinstrahlt und diese atmosphärisch unterminiert.**

Während der Proben ist vom Bühnenbild nur eine schräge Ebene mit Portalmarkierungen rechts und links zu sehen. Der Blocksberg soll aus mehreren, von oben nach unten verlaufenden Zickzackebenen bestehen. Das Portal wird die oberste Schräge verdecken. Wenn also die Hexen erstmalig mit dem Chorlied auftreten und von oben herabgelaufen kommen, dann sieht man sie nicht, sondern hört sie nur. Durch Blechtonnen, Autoreifenhaufen und Kochstellen auf der Bühne soll eine Camping- und Schrottplatzatmosphäre erzeugt werden, ein »höllisches Wohnwagenidyll« (Stein).

In dieser Szene spielen der alte und der junge Faust gleichzeitig. Adam Oest übernimmt die Rolle des Mephisto.

Die spannungsvolle und verständliche Rezitation der Chorpartien steht im Mittelpunkt der Proben. Die Hexen-

Johann Wolfgang von Goethe, Der Brocken im Mondlicht (1777)

Titelkupfer aus: Prätorius, *Blockes Berges Verrichtung* (1668)

chöre dürfen weder infantilisiert klingen, denn da es sich, so Stein, um »höheren Blödsinn« handelt, schwingt auch ein Gran Ernst mit, noch dürfen sie einen glatten Charakter haben. Klanglich muß der Eindruck entstehen, es handle sich um widerliche alte Weiber, die in klirrend-verzerrter und abstoßender Weise sprechen. Oberstes Gebot ist dabei die Verständlichkeit, die Verbindung von Gesang und Artikulation in der Bewegung.

Auch die Organisation des Raumes ist entscheidend, die sich durch die Bewegung der Schauspieler als Polonaise, durch die Gruppierung als Pulk und die Orchestrierung kleinerer Gruppen langsam entwickelt.

Der anschwellende Chorgesang der Hexen und Hexenmeister erzeugt eine burleske Atmosphäre. Mit den Schlangenlinien der Polonaise, in der sich alle um verdrehte, beinahe verrenkte Bewegungen bemühen, wird der Bühnenraum einmal umfassend ausgelotet. Schließlich klumpen alle Mitspieler, bis auf Faust (Bruno Ganz), in der Mitte torkelnd zusammen, Mephisto geht direkt auf die sich knäuelnde Menge los, um zu seinem Schützling Faust zu gelangen. Er drängt sie kraftvoll auseinander, verschafft sich Platz, und alle weichen davon, stieben auseinander, ja einige fallen sogar in hohem Bogen hin.

Die Vertreter des Ancien régime sinken keuchend, nach Atem ringend und sich das Herz haltend in die Campingstühle auf der Mitte der Bühne. Mit ihren verzerrten Gesichtern wirken sie alle so, als stünden sie kurz vor dem Herzinfarkt.

Währenddessen verteilen sich die Hexen und Hexenmeister auf beide Bühnenseiten. Zunächst sollen sie harmlose Dinge tun wie schlafen oder essen, sich also häuslich einrichten. Dann setzt eine langsame Steigerung durch obszöne Aktivitäten ein: die Darsteller onanieren, koitieren, reiben sich an Blechtonnen und gebären Monster. Dabei dürfen die guten und lustigen Einfälle nicht gleichzeitig, sondern hintereinander vorgeführt werden, da sie ansonsten nicht gleichermaßen wahrgenommen und gewürdigt werden können. Sie müssen regelrecht orchestriert werden.

Derweil sprechen die Vertreter des Ancien régime in ein von Mephisto gehaltenes Mikrophon. Der Parvenu nimmt den Ton eines konservativ gewordenen Alt-Achtundsechzigers an, während der Autor die Stimme Reich-Ranickis nachahmt. Wenn einer der Alten spricht, verfallen die anderen drei in die zustimmende Mimik alter Männer, sie machen Jaja-recht-so-genau-so-ists-Gesten und klatschen. Peter Stein warnt davor, diese Szene in eine bloße Karikatur abgleiten zu lassen. Da der Text Jux genug ist, soll er mittels der Intonation durchaus ernstgenommen werden, damit der atmosphärische Boden bereitet wird für Mephistos Satz »weil mein Fäßchen trübe läuft, so ist die Welt auch auf der Neige.« Denn damit wird tatsächlich kurzzeitig eine Weltendstimmung verbreitet. Die gleichzeitig auftretende Trödelhexe, die auf der ›Ladentheke‹ ihres Reifrocks Dolche, Kelche und Ketten feilbietet, hat die Funktion, durch ihre schlängelnden Bewegungen im Raum die verschiedenen Gruppen zu verbinden.

Unterschwellig setzt rhythmische Musik ein, deren Lautstärke sich langsam steigert, alle tanzen in strudelnden Schlangenreihen, in einer Polonaise nach draußen. Das wellenförmige An- und Abschwellen von Geschrei und der plötzliche Wechsel hin zur Stille sind äußerst effektvoll. Schlagartig ändert sich nämlich die Atmosphäre, wenn Lilith – reale Figur und Traumbild zugleich – erscheint. Die Musikbegleitung wechselt hin zu Windtönen mit einzelnen Klavierklängen. Bruno Ganz gelingt es, durch seinen körperlichen und stimmlichen Gestus eine Mischung aus konzentriertem Staunen, Unheimlichkeit und Gebanntsein zu erzeugen.

Obwohl diese Unterbrechung sehr kurz ist, strahlt die veränderte Stimmung doch auf die weiteren Geschehnisse aus: wenn erneut Tanzmusik ertönt und die Hexen und Hexenmeister wieder erscheinen, dann tanzen sie zunächst so müde, als sei es vier Uhr morgens. Erst dann, wenn der alte und der junge Faust

Der Brocken von oben, aus: Johann Elias Silberschlag, *Physikalisch-mathematische Beschreibung des Brockenbergs* (1779)

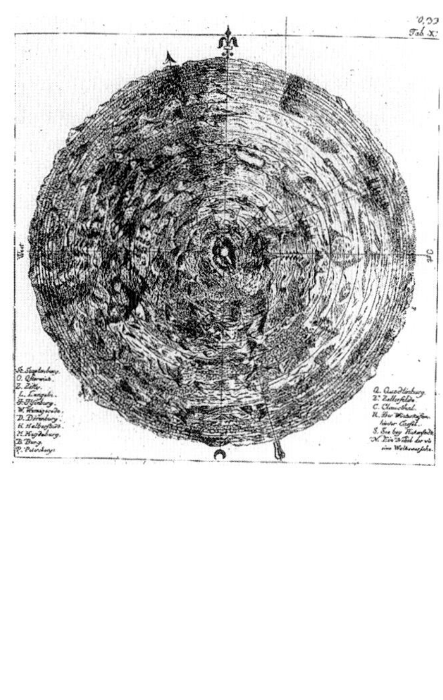

Matthäus Merian d. Ä., *Der Hexensabbath* (*Zauberey*) (1626), Radierung nach Michael Herr (1620). Szenenbild zu *Walpurgisnacht* (linke Bildhälfte) und *Walpurgisnachtstraum* (rechte Bildhälfte)

sowie Mephisto mit den beiden Hexen zu tanzen beginnen, beleben sich auch die anderen, werden frischer und tanzen animierter und kraftvoller weiter.

Der störend dazwischentretende Proktophantasmist ist ein hochintellektueller Kritiker-Typ, der gleichzeitig anal fixiert ist. Diese Szene wurde bislang fast immer gestrichen. Daß sich hinter dieser Figur der Aufklärer Nicolai verbirgt, ist für die Inszenierung zunächst einmal ohne Belang. Wichtig dagegen ist es, daß Bruno Ganz den Proktophantasmisten, der unablässig seine Hand an den Hintern hält, in einem ähnlich dezidierten Ton ablehnt, als kritisiere er einen besserwisserischen Theaterkritiker. Damit die historische Distanz an einigen Stellen nicht übermächtig wird, schlägt Stein den Schauspielern vor, sich Figuren und Szenen aus ihrer eigenen Anschauung und Erfahrung vorzustellen, um auf der Bühne direkter, unmittelbarer verständlich, »heutiger« sprechen zu können.

Doch sofort nach dieser komisch-burlesken, derben Passage schwenkt die Stimmung wieder um. Gretchen tritt stumm und ernst auf, sie schaut starr nach vorne und bewegt sich unmerklich zur Seite. Unterlegt mit Sinustönen und Klavierklängen ist die Atmosphäre angstbeladen. Bruno Ganz verdreht seinen Körper in einer Mischung aus Angezogen- und Abgestoßensein der Gretchenvision gegenüber. Seine Stimme bebt vor

Angst. Zwar versucht Mephisto auf täppische Weise, Faust zu beruhigen und abzulenken, aber diese merkwürdig unwirkliche Stimmung hält noch vor. Erst die Saxophonklänge, die schon zum Walpurgisnachtstraum überleiten, durchbrechen diese Atmosphäre und wirken wie das erleichterte Erwachen aus einem Albtraum.

Das rein Burleske der Hexenauftritte, das während der ersten Proben dominant war, wird durch die beiden zauberischen Visionen stark überwuchert. Die abrupten Wechsel zwischen anschwellendem Hexengesang und gebannter Stille, zwischen den in Schlangenlinien wüst durch den Raum tanzenden Hexenmassen und der Fokussierung auf stumme und starre Frauenerscheinungen, zwischen derbem Unsinn und Ernst erzeugen im Betrachter eine ebenso irritierende wie spannungsvolle Schaukelbewegung.

Hans Baldung Grien, *Die Hexen* (1510)

Der nachfolgende *Walpurgisnachtstraum*, eine Szene, die so gut wie nie aufgeführt wird, hat vor allem eine anspielungsreiche Literaturfehde der Goethezeit zum Inhalt, die heute kaum noch zu verstehen ist. Aber der Reiz, auch für den heutigen Zuschauer, besteht darin, daß es sich hier um ein Theater im Theater handelt, um ein Dilettantentheater mit Dilettantenorchester. So ist es nur konsequent, daß sich das Orchester aus den Schauspielern selber zusammensetzt, die folgende Instrumente spielen: Saxophon, Ziehharmonika, Querflöte, Waschbrett, Trompete, Posaune, Trommel, Pauke, Mundharmonika, Holzrhythmusinstrumente und Glocke.

Das Orchester sitzt in einem Orchestergraben und wird vom Dirigenten durch Viervierteltakt in Schach gehalten. Auf der Bühne darüber steht ein Mikrophon. Servibilis eröffnet das Theaterstück und geht stolpernd und fallend ab. Auf der Bühne befinden sich zunächst nur der Theatermeister, Puck und Ariel, alle identifizierbar durch große Namenschilder, die sie an einem biegbaren Stiel vor sich hertragen. Titania und Oberon, gleichzeitig Jubelpaar und sich körperlich attackierendes altes Ehepaar, halten ein Transparent mit bekränzter 50 darauf. Derjenige, dessen Part an der Reihe ist, tritt zum Mikrophon, das später besonders beleuchtet sein wird, und spricht seinen Text möglichst prosaartig. Puck und Ariel sind die beiden Rahmenfiguren, die das Nummernstück eröffnen und beschließen. Zu Ariels Passage ertönen zuerst Windgeräusche, dann aber, wenn er scharf und verzerrt zu sprechen beginnt, tritt das gesamte Ensemble auf die Bühne. Alle tragen Namenschilder, gruppieren sich in der hinteren Mitte der Bühne und beginnen als ein amorpher Haufen zu hüpfen, den Stein mit der »Muppetshow« vergleicht. Später dann werden sie alle nackt sein. Sie sollen möglichst zu einem großen Haufen zusammenklumpen, um wie eine »geballte Ladung« (Stein) zu wirken. Nach jedem Vierzeiler interveniert das Ensemble mit Zwischenrufen, die sich zustimmend, ergänzend, ablehnend oder veralbernd auf die einzelnen Passagen beziehen und sehr komisch wirken (Blocksberg! Teufel! Italia! Kranich! Ding Dong! Ahjaaa! Bäh! 5 x 7 = 35! iiiibum! Platz!). An zwei Stellen wird der Grundrhythmus gebrochen, wenn nämlich das Orchester kunstvoll im lärmenden Chaos versinkt: alles fängt an zu wackeln, erzeugt schiefe und schräge Töne und fällt unter mächtigem Gebrüll auseinander. Nur mühsam kann das Orchester vom Dirigenten durch Schimpfkanonaden wieder zur Räson gebracht werden. Nach einer sehr kurzen Generalpause setzt der Viervierteltakt schließlich wieder ein, und die Nummern laufen weiter ab. Nur ganz zum Schluß, wenn Ariel auftritt, verwandelt sich die Szene, die von mühsam zusammengehaltener und immer wieder entfesselter Kraft, von drängender und derber Stimmung geprägt war: das Ensemble beginnt zu gähnen, wird verhaltener und sinkt schließlich langsam und schläfrig um, das Orchester spielt so leise, daß die Töne sich beinahe auflösen, und der Dirigent erzeugt dazu stimmlich eine leichte und heitere Atmosphäre, die wie der Schwebezustand eines Traumschleiers wirkt.

# Szene:
# Trüber Tag. Feld

**Diese Szene, die auf den Wirbel des *Walpurgisnachtstraums* folgt, ist geprägt von der Verzweiflung des ernüchterten Faust. Durch seine Gretchenvision während der Walpurgisnacht ist ihm langsam ihr bedauernswertes Schicksal zu Bewußtsein gekommen, für das er nun Mephisto verantwortlich machen will. Daraufhin überbieten die beiden Protagonisten sich in gegenseitigen Vorwürfen. Faust verlangt von Mephisto die Rettung Gretchens aus dem Kerker, was dieser ablehnt. Schließlich aber stellt er Faust doch ein Mittel zur Befreiung Gretchens in Aussicht.**

Das Bühnenarrangement besteht in den Proben aus drei langen, schmalen Bänken, die in einem flachen Halbkreis angeordnet sind, mit Scheitelpunkt in Richtung der Zuschauer. Auf diese Weise wird der Orchestergraben angedeutet.

In dieser einzigen Prosaszene, die aus der Frühzeit des Dramas stammt und mit »hoher Schillersprache« (Stein) aufwartet, werden die Emotionen stark ausgespielt: Faust (Bruno Ganz) ist verzweifelt, wälzt sich auf dem Boden, während Mephisto (Adam Oest) ihn hinkend und spöttisch-zischelnd umkreist, bis auch er sich auf den Boden wirft. Nachdem die Kontrahenten wieder aufgesprungen sind, umkreist Mephisto Faust erneut, faßt ihn von hinten, dabei hämisch lachend und halb debil seine Zähne fletschend, und umklammert Faust, bis dieser sich loszumachen versucht. Mephisto humpelt besonders stark, weil er einen Schuh mit einer sehr dicken Sohle trägt, und umtänzelt Faust weiterhin. Faust möchte seinen Kontrahenten zwar am liebsten umbringen, auf der anderen Seite aber benötigt er ihn als Vertrauten. Nach Mephistos trockener, lapidarer Bemerkung über Gretchens trauriges Schicksal »sie ist die erste nicht« verstummt Faust empört, woraufhin Mephisto in ein meckerndes, hechelndes Gelächter verfällt, züngelt und ein imbezilles Grinsen zeigt. Nach und nach beginnt er sogar Fausts Gesten zu parodieren. Die Handgreiflichkeiten, in die beide daraufhin geraten, zeigen auch die Macht, die Faust Mephisto gegenüber besitzt. Dies ist die einzige Szene, in der das Ineinanderverhaktsein der beiden Protagonisten derart deutlich wird. Faust und Mephisto wirken, als seien sie physisch zusammengewachsen. Faust versucht sich von Mephisto zu befreien wie von einem widersprüchlichen Teil seiner selbst. Dadurch, daß der Zuschauer sich nicht entscheiden kann, wer der Schlimmere von beiden ist, bekommt die kraftvolle Szene einen höchst irritierenden, wunderbar unentschiedenen Charakter

Die Vorstellung, daß »Blutschuld« über der Stadt liegt, wirkt, so Stein, wie eine antike Rachevorstellung: erst dann, wenn ein Mord blutig gerächt wird, ist eine Stadt wieder von der Tat entlastet und frei.

Mephisto keucht, humpelt und grimassiert fast ununterbrochen. Erst wenn Faust von ihm fordert, ihn zu Gretchen in den Kerker zu bringen, und dabei Mephistos Kopf faßt, um ihn mit sich zu ziehen, wird Mephisto während des Abgangs langsam gebändigt.

# Szene:
# Nacht. Offen Feld

Auf dem Weg zum Kerker reiten Faust und Mephisto atemlos am Rabenstein, einem unheimlichen Hexenort, vorbei.

Diese kurze, fetzenartige Szene ist nur angedeutet worden. Sie ist so konzipiert, daß sich in vollständiger Dunkelheit ein länglicher, bläulich-grünlicher Lichtstreifen im schwarzen Aufbau des Blocksberges öffnen wird. Als scharze Schattenrisse werden Faust (Christian Nickel) und Mephisto (Robert Hunger-Bühler) auf Pferden zu sehen sein. Peter Stein legt Wert auf Reduktion und verzichtet auf traditionelle Unheimlichkeitszitate wie Galgen und Räder.

gnouerunt vias meas: qui-
b9 iuraui in ira mea: si introi-
bunt in requiem meam Aue.
Gloria patri et filio: et spiritui
sancto. Sicut erat in principio
et nunc et semper: et in secula
seculorum amen. Dominus
tecum. Aue maria gratia ple
na dominus tecũ. Hymnus.
Quem terra pontus ethe
ra: colunt adorant pre
dicant: trinã regentem machi
nam: claustrũ Marie baiulat
Cui luna sol et omnia deserui

Ritter und Tod. Randzeichnung von Albrecht Dürer im *Gebetbuch des Kaisers Maximilian* (um 1515)

# Szene: Kerker

**Die *Kerker*-Szene stellt als Abschluß von *Faust I* einen Höhepunkt dynamischer Dramatik dar. Gretchen hat das gemeinsame Kind umgebracht und wartet als Kindsmörderin im Kerker auf ihre Hinrichtung. Faust öffnet das Gefängnis, um sie zu befreien und mit ihr zu fliehen. Gretchen erkennt ihren Geliebten zunächst nicht wieder, dann weicht sie, nachdem sie seine Stimme erkannt hat, vor seiner Distanziertheit zurück und weigert sich mitzukommen. Gretchen spricht verwirrt, gibt Faust Anweisungen, wo sie zu bestatten sei, wie er das Kind noch retten könne, sie visioniert ihre Mutter und ihre kurz bevorstehende Hinrichtung. Da ihr ein Leben außerhalb des Gefängnisses nicht mehr vorstellbar ist, verkriecht sie sich regelrecht im Kerker. Mephisto muß Faust am Ende gewaltsam aus dem Gefängnis ziehen, während eine Stimme »von oben« mit dem Vers »Ist gerettet!« bereits auf die metaphysische Ebene der *Bergschluchten*-Szene verweist.**

Das Bühnenbild besteht aus einem Käfig von zirka einem mal einem Meter, in dem Gretchen zusammengekrümmt liegt und angekettet ist. Dieser Käfig taucht aus dem Orchestergraben des *Walpurgisnachtstraums* auf.

Gretchen ist kaum wiederzuerkennen, sie wirkt wie eine Fremde. Sie singt versunken vor sich hin, wobei ihr Lied nicht zu niedlich klingen darf. Der junge Faust geht um den Käfig herum. In der Szene sollen beide Fausts anwesend sein, der junge hat direkten Kontakt mit Gretchen, während der alte sich im Hintergrund hält und durch diesen simultanen Alterungsprozeß eine Verbindung, einen Übergang zu *Faust II* herstellt. Die Unbeschwertheit ist lange vorbei. Schon in der Valentin-Szene hatte Faust kein wirkliches Interesse mehr an Gretchen, seine Liebe zu ihr hatte sich bereits dort erschöpft und war nicht mehr echt. Nun aber packt ihn doch »ein längst entwohnter Schauer«, der an seine Vergangenheit anknüpft, als es noch aus seinem Munde hieß: »das Schaudern ist der Menschheit bester Teil«.

Der Text Gretchens transportiert nicht wirklichen Wahnsinn, sondern er besteht aus von Goethe ganz genau kalkulierten und konstruierten Assoziationsketten. Die Verrücktheit Gretchens zeigen ihre Bewegungen, die sie nicht mehr klar zu koordinieren in der Lage ist. Der Körper Gretchens reagiert anders als ihre Augen und als ihre Hände. Die Disparatheit ihrer Körperteile wird deutlich. Ihr Vers »Wer hat dir Henker diese Macht über mich gegeben« bezieht sich nicht nur auf den Henker, sondern auch auf Faust, wodurch Gretchens Abhängigkeitsverhältnis sinnfällig wird. Gretchens Zögern mitzugehen gründet sich auf Fausts Zurückhaltung und Distanz.

Der Zuschauer weiß in der *Kerker-Szene* nie, wo die jeweiligen Textpassagen emotional enden werden. Es gibt einen ständigen Wechsel der Sprechhaltungen, sehr schnelle und klare Brüche.

Der Teufel holt am Ende Faust und nicht Gretchen, die sich in den Kerker zurückzieht. Fausts Unentschiedenheit zwischen Gretchen und Mephisto (Robert Hunger-Bühler) deutet ein Moment der Reue und der Erkenntnis an, bis Mephisto ihn schließlich doch gewaltsam aus dem Kerker herauszieht. Ihr letzter Ausruf »Heinrich! mir graut's vor dir« ist geprägt von Verzweiflung und Angst.

Johann Wolfgang von Goethe, Kerkerraum (1768/70)

# Faust II
# Probentagebuch

## 1. Akt
## Szene:
## Anmutige Gegend

**Die erste Szene von *Faust II* beginnt mit Fausts Heilschlaf, der ihn das katastrophische Ende Gretchens vergessen machen soll. Die Elfen, unter Anleitung von Ariel, bemühen sich während der Nachtstunden fürsorglich um den zerrütteten Faust. Kurz vor Sonnenaufgang verschwinden die Elfen, und mit Fausts erquicktem Erwachen setzt sein Leben neu ein. Sein Monolog stellt eine beeindruckende Mischung aus philosophischen Betrachtungen und poetischer Schönheit dar. Er bestaunt die Natur in der Morgendämmerung und wendet sich, nachdem er von der aufgehenden Sonne geblendet worden ist, einem Wasserfall zu, in dessen Gischt sich das Licht in allen Regenbogenfarben bricht.**

Das Bühnenbild stellt in sehr abstrahierter Weise einen Berg dar. An Gerüstleitern können die Elfen zu einer mittleren Ebene hinaufklettern, auf der Faust schlafend liegt. Ganz oben, hinter den angedeuteten Bergspitzen, befindet sich Ariel.

Im gesamten zweiten Teil des Dramas wird Faust von Bruno Ganz gespielt. Im ersten Akt übernimmt Robert Hunger-Bühler die Rolle des Mephisto, mit Ausnahme der Szene *Finstere Galerie.*

Weißgekleidet und entrückt beginnt Ariel zu rezitieren, während die sechs Elfen Sphärenklänge summen, was eine äußerst zauberische Wirkung auf den Betrachter ausübt. Bei den Aufführungen wird sich der Ariel-Darsteller auf einem Flugwerk in verschiedenste Richtungen bewegen können, was er jetzt schon einmal ausprobiert, indem er sich auf den Rücken legt, den Kopf vom Gerüst herunterhängen läßt und dabei rezitiert.

Bruno Ganz dreht sich, wie in einem unruhigen Schlaf befangen, langsam hin und her. Die Elfen nähern sich ihm in anmutiger Verhaltenheit, stoßen Kichergeräusche aus, bewegen sich besänftigend um ihn herum und beginnen, ihre Bewegungen zum Publikum hin zu öffnen.

Die Geister befinden sich jenseits der Moral, also spielt die Frage, »ob er (Faust) heilig? ob er böse?« für sie und ihr Heilungsprogramm nicht die geringste Rolle. Wenn Ariel sich direkt an die Elfen wendet, soll er möglichst handfest und konkret sprechen, in einem »Arzt-Ton« (Stein). Den Elfen gibt er Anweisung, wie Krankenschwestern mit Faust zu verfahren. Ariel muß zu schnellen Tonwechseln in der Lage sein, zum Umschalten von Verspieltheit zu männlicher Härte und umgekehrt, denn genau dieses Changieren zeugt von darstellerischer Freiheit. Die Sprachmusik wird klanglich von Äolsharfen begleitet, die eine Art Luft- oder Windmusik erzeugen und darin der menschlichen Stimme, bei der die Luft über die Stimmbänder streicht, gar nicht unähnlich sind.

Im Chor der sechs Elfen singen immer zwei, und vier sprechen, von Strophe zu Strophe wechselnd. Von den beiden Elfen, die singen, summt die eine ohne Text, die andere wiederholt nur die erste Zeile, während die übrigen vier sich in verschränkter Weise die Verse teilen.

Die Elfen-Darstellerinnen sollen, so Stein, in schöner Unregelmäßigkeit einzelne Stimmen absenken, um dann wieder mit anderen Stimmen als eine Art Antwort darauf reagieren zu können. Die gesprochenen Verse der Elfen müssen entschieden mehr Volumen haben als der Gesang. Auf keinen Fall dürfen ihre Stimmen fiepsig oder zu weich klingen. Während der vier Nachtzeiten-Gesänge bemühen sich die Elfen um Faust in einer Weise, als bestünde der Chor aus lauter Krankenpflegerinnen. Das Wort »lau« sollte die Assoziation eines lauen, wohltemperierten Bades ermöglichen. Hier ermuntert Stein die Schauspieler, die beiden Welten der Sprache, die lautmalende und die konkrete, beim Sprechen zu berücksichtigen, um den Text zum Flirren (Stein) zu bringen.

Das »Getöse« der herannahenden Sonne wird durch eine hohe elektroni-

»Der Wassersturz, das Felsenriff durchbrausend, ihn schau ich an mit wachsendem Entzücken ...« (Vers 4716ff.)
Angeregt zu diesem großen Natursinnbild wurde Goethe durch seine Beobachtungen am Rheinfall bei Schaffhausen (1797).

*Der Rheinfall bei Schaffhausen*, Radierung von François Denis Née nach Claude Louis Châtelet (um 1775)

sche Frequenz hörbar gemacht. Wenn Ariel mit seinem Ausruf »Horchet!« auf den Sonnenaufgang verweist, unterbrechen die Elfen ihr Singen und Summen. Sodann stoßen sie kleine Schreie aus, eine Mischung aus Wimmern, Winseln, Kreischen und Quieken, halten sich die Ohren zu und steigen ängstlich fiepend schnell die Gerüstleitern herunter. Der Satz »Phöbus' Räder rollen prasselnd« ist so melodiös, daß er, so Stein, auf keinen Fall verwischt werden darf, sondern von Ariel breit und deutlich gesprochen werden muß.

Nachdem die Elfen verschwunden sind, richtet sich Bruno Ganz langsam auf. Einzelne verstreute Töne fungieren als Übergang zu seinem Part. Zuerst liegt er noch auf dem Boden. Gleichzeitig zum Wort »Zitterperle« gelingt ihm ein perlendes Zitterspiel mit den Fingern, dann steht er langsam auf. Bruno Ganz spricht wechselweise zum Berg-Bühnenbild und zum Publikum. Wenn die Sonne erscheint, macht er eine große Bogengeste, die er aber durch den Sonnenglanz zurückzunehmen gezwungen ist: als Schutz vor der Sonne hält er sich mit der Hand die Augen zu und wendet sich dann geblendet ab. Um sich den Sinn und die Emphase einiger Sätze zu vergegenwärtigen, spricht Bruno Ganz für sich beim Rezitieren eigene Sätze dazwischen: »Was ist es denn? Ist es Liebe? Ist es Haß?«

Mit der Beschreibung des Wasserfalls verwandelt sich Faust in einen Kunstbetrachter, der mit einer gewissen Sachlichkeit ein Bild beschreibt. Bruno Ganz konzentriert sich gänzlich aufs Schauen und vermeidet daher jegliche Gestik. Nur wenn er den Gischtregenbogen erblickt, vollzieht Bruno Ganz eine zweite, große, mit den Augen verfolgte Bogengeste.

Der Satz »Am farbigen Abglanz haben wir das Leben« hat unterschiedliche Deutungen erfahren. Stein selbst plädiert für die Lesart, daß hier die Vergeblichkeit des faustischen Tuns gespiegelt wird, Faust aber trotzdem immer wieder nach Taten strebt. »Ich sehe nur diese Deutung, aber ich bin ja auch Tragiker«.

Durch das Zusammenschießen von Text, Musik, Gesang und langsamen, zeitlupenhaften Bewegungen auf dem Berg entsteht eine dichte Atmosphäre, die mit Fausts Neuanfang korrespondiert und dieser Szene einen strahlend-zauberischen, schwebenden Charakter verleiht.

# Szene: Kaiserliche Pfalz. Saal des Thrones

Im *Saal des Thrones* geht es um die Mißwirtschaft im Kaiserreich, um die schlechte, da schwache Herrschaft. Die Figur des Kaisers ist in sehr stilisierter Weise an den römisch-deutschen Kaiser Maximilian I. angelehnt, der zwar die Kultur, die Künste in Deutschland um 1500 förderte, ohne jedoch für eine stabile ökonomische Basis Sorge zu tragen.
Zunächst vermißt der auf dem Thron sitzende Kaiser, vom Astrologen flankiert zu seiner Rechten, seinen Narren zur Linken. Nachdem Mephisto in geschickter Weise den leeren Platz des Hofnarren eingenommen hat, beginnen die vier Minister, der Kanzler, der Heermeister, der Schatzmeister und der Marschalk, vom moralischen Verfall, von Verbrechen, Revolten, Geld- und Weinmangel in klagender Weise Rechenschaft abzulegen. Nach diesen Mahnreden vom drohenden Untergang des Reichs beginnt Mephisto, von den ungehobenen Schätzen des Kaiserreichs, seien es Bodenschätze, seien es in früheren Zeiten vergrabene Reichtümer, zu erzählen. Diese, so Mephisto, könnten zur Sanierung des maroden Reichs dienen. In der Rolle des Narren versucht Mephisto, dem Kaiser eine gigantische Wirtschaftsreform zu unterbreiten. Obwohl der Kanzler Mephistos schöne Reden durchschaut und den Kaiser vor zu einfachen Lösungen warnt, packt diesen die Gier nach den vermeintlichen Reichtümern. Vorsorglich befragt er seinen Astrologen, dem von Mephisto souffliert wird. Bevor der Kaiser aber mit der Schatzgräberei beginnen kann, gilt es zunächst, »das wilde Karneval« gebührend zu feiern.

Die Zuschauer wechseln die Halle und gelangen zur Kaiserpfalz. Die mittelalterlichen Pfalzen, so Stein, stellen durchaus fortschrittliche Architekturen dar, die schon auf die Renaissance vorausweisen.

Das Bühnenbild besteht aus einem hohen Thronpodest, zu dem Stufen emporführen, auf denen der Astrologe und Mephisto als Narr stehen bzw. knien. Vor dem Thron befinden sich vier hohe Holzpodeste, eingezäunte Rednerkanzeln, auf denen die vier Minister stehen.

Gemäß der höfischen Etikette sind die Bewegungsabläufe in dieser Szene recht statisch. Allein Mephisto bewegt sich auf den Stufen des Thronpodests und kontrastiert damit die Statik ebenso wie das murmelnde Volk, dessen Kommentare eine auflockernd-anarchische Wirkung haben. Das Volk befindet sich inmitten der Zuschauer, die während der Szene stehen müssen, um den Ansprachen der Minister ihren Respekt zu zollen.

Zunächst ertönen in Anlehnung an Shakespeare Trompeten-Fanfaren. Der Kaiser, der oben auf dem Throngerüst sitzt, ist ein junger, leicht degenerierter Herrscher mit einer jammernden »Schwulenstimme«. Peter Stein empfiehlt dem Darsteller, seine Körperhaltung zu verändern, um so organischer eine verwöhnte Stimme erzeugen zu können.

Mephisto springt sehr dynamisch die Stufen des Thronpodests hoch und drapiert, wenn er sich hinkniet, seinen weiten Mantel theatralisch um sich. Der Kaiser, mit seinen Gedanken bereits beim Karnevalsfest, muß die lästige

»Fragt den Astrologen ... wie sieht's am Himmel aus?« (Vers 4948ff.) Hans Baldung Grien, Planetenbild Sonne (1522), Planetenbild Saturn (1522)

Pflicht hinter sich bringen, seine Minister anzuhören.

Der Kanzler klagt über die mangelnde Gerechtigkeit im Reich, das wie in »schwerem Traum« daliege. Er zeichnet erbittert und mit großer Verve ein Schreckenspanorama, am Ende der Rede jedoch bemüht er sich ein wenig didaktischer um Verständnis beim Kaiser und dem Volk.

Der Heermeister bedient sich eines harten militärischen Tons. Der Verfall geht ihn selber sehr stark an, da seine Kommandos ungehört verhallen. Er beklagt, daß die Autorität des Befehlshabers unterminiert ist.

Der Schatzmeister ist als Pfennigfuchser angelegt, der die ausbleibenden Steuereinnahmen und die leeren öffentlichen Kassen beklagt.

Der Marschalk schließlich schlägt einen anderen Ton an als seine drei Vorredner. Er will gar nicht klagen, sondern wundert sich selbst über die Mißstände und die nicht funktionierenden Sparprogramme: »Wir wollen alle Tage sparen und brauchen alle Tage mehr.« In der Küche des Hofes, so der Marschalk, sei alles vorhanden, es mangele nur an Wein – eine Klage, die ihn als Trinker entlarvt.

Mephisto beginnt, von den Schätzen im Boden des Kaiserreichs zu erzählen. Wie eine »Oberredemaschine« (Stein) seift er die Zuhörer ein. Auf die Standpauke des Kanzlers, der Mephistos windige Argumentationen durchschaut, antwortet er mit einer Litanei, die durch Betonungsvarianten vor Monotonie bewahrt wird.

Der Astrologe steht auf der anderen Seite des Thrones. Mephisto »bläst ihm ein«, das heißt, er spielt den Souffleur. An dieser Stelle legt Goethe bewußt Theatertechniken offen. Während der Astrologe mit großen Gesten und Blicken zum Himmel das Horoskop erstellt, gerät er ständig in Textnot.

Wenn Mephisto die Vorstellung der unterirdischen Reichtümer mit konkreten Bildern anreichert, ist dies ein Meisterstück an Demagogie. Mephisto wirkt wie ein Wanderprediger, der sich der Menge arrogant gegenüberstellt. Er appelliert an die kindlichen Schatzsuchephantasien seiner Zuschauer. Der Kaiser, zunächst verwöhntes Kind, entwickelt sich zum drängenden Habgierigen.

In der zweiten Souffleurszene, in der Mephisto dem Astrologen ›einbläst‹, wird der Rücken des Kaisers anfangs als eine Art Souffleurkasten genutzt: Mephisto kniet auf der oberen Stufe des Thronpodests und beugt sich hinter dem Kaiser dem Astrologen zu. Während der Kaiser nicht bemerkt, daß Mephisto hinter seinem Rücken vernehmlich flüstert, ist der Astrologe wiederum ein Meister des Textabnehmens. Schließlich kündigt der vergnügungssüchtige Kaiser an, sich nun ins Karnevalstreiben zu stürzen. Nicht einmal der Gedanke an den Aschermittwoch schreckt ihn mehr, da er nach dem Karneval endlich beginnen kann, die Schätze aus dem Boden seines Reiches zu heben. Sein Abgang wird von Trompeten-Fanfaren begleitet.

# Szene: Weitläufiger Saal (Karneval)

Der Karnevalszug, die Mummenschanz, veranstaltet zur Belustigung der kaiserlichen Hofgesellschaft, besteht aus einer Fülle hintereinander ablaufender Kurzszenen. Den hauptsächlich erotisch-begehrlichen Auftritten zu Beginn folgen Figuren aus der griechischen Mythologie. Sodann fliegt der zentrale Wagen mit dem Knaben Lenker, Plutus (Faust) und dem Geiz (Mephisto) ein. Der Karnevalszug endet mit dem Auftritt des großen Pan (Kaiser), der von Wilden Männern, Gnomen, Faunen und einem Satyr umgeben ist. Durch einen fingierten Brand gelangt die Karnevalsszene zu einem dramatischen Abschluß. Der Herold begleitet und kommentiert, ja parodiert jede Nummer, um ein Auseinanderfallen der Teile zu verhindern. Stein faßt ihn als Regisseur, Lehrer, Bilderklärer und vor allem als gebildeten Conférencier auf. Er hat die Aufgabe, das Publikum emotional zu führen. Selbst in dramatischen Momenten sollte er durchblicken lassen, daß es sich bloß um eine Inszenierung, um einen »Maskenspaß« handelt.
Goethe, so erläutert Peter Stein, hat in die Karnevalsszene seine Erfahrungen des Römischen Karnevals eingearbeitet, die vom unangenehmen Gefühl extremer Enge, von Menschenmassen, durch die sich noch Kutschen hindurchzwängen, geprägt waren. Dieses Unbehagen findet sich auch mehrfach in der Mummenschanz wieder, wenn einige Nummern plötzlich ins Niveaulose, ins Anstößige und ins Häßliche abgleiten.

*Il Carnevale di Roma*, Kupferstich von Friedrich Nerly (um 1830). Als Goethe im Februar 1787 zum ersten Mal den Römischen Karneval miterlebte, schrieb er erleichtert am Aschermittwoch: »Nun ist der Narrheit ein Ende.« Er konnte dem Treiben nicht viel abgewinnen. Er fand zwar »unglaublichen Lärm, aber keine Herzensfreude. Das Karneval in Rom muß man gesehen haben, um den Wunsch völlig loszuwerden, es je wieder zu sehen.« (*Italienische Reise*, Rom, 20. Februar 1787)

Es gibt in dieser Szene kein statisches Bühnenbild, sondern, wie es einem Karnevalszug angemessen ist, nur bewegliche Elemente: die Stellagen der Gärtnerinnen, auf denen sie ihre Körbe abstellen, der Elefant, an den sich eine allegorische Gruppe anlagert, der Wagen des Knaben Lenker und die Goldkiste am Szenenende bilden die einzigen, dazu noch transportablen, architektonischen Elemente der gesamten langen Szene.

Daher sind die exakten Bewegungen der Darsteller im Raum ungemein wichtig. Da der Bühnenraum recht groß ist, besteht immer die Gefahr des Auseinanderfallens der Figurengruppen. Nur durch genaue Bewegungslinien, die zu Kraftgefügen zusammenschießen, kann der Raum verdichtet werden.

Der Herold erweitert seinen Part um die Regieanweisungen Goethes.

Der erste Heroldsauftritt zu Beginn ist untermalt von Trommelmusik. Der Herold (Thorsten Loeb) versetzt das Publikum, während er seinen schräggestellten Heroldsstab umkreist und sich dadurch Raum verschafft, ins heitere Italien. Mit dem Satz »es bleibt ... die Welt ein einzig großer Tor« spricht der Herold, der selbst eine schwarze Narrenkappe trägt, ungewöhnlich direkt eine solche Weisheit aus.

In frischer und anmutiger Weise schreiten die sechs Gärtnerinnen mit

»Wenn die Musikbegleitung einsetzt, muß immer gegen die Musik gesprochen werden. Die Musik orientiert sich genau an dem, was im Text steht, es handelt sich sozusagen um eine Übersetzung der Sprache in Musik. Die gesprochene Sprache wiederum soll die Aussage der Musik entweder unterstützen oder, an anderer Stelle, kontrastieren, sich aber nie von der Musik überwältigen lassen.« (Peter Stein)

Masken aus dem Römischen Karneval, aus: Francesco Valentini, *Abhandlung über die Comödie aus dem Stegreif und die italienischen Masken; nebst einigen Scenen des Römischen Carnevals*, Berlin 1826

von oben nach unten: Gärtnerin und Gärtner

Pulcinelle

Fischer und Trunkener

ihren Körben und einer Stellage über die Bühne. Zur menuettartigen Musik eines Saiteninstruments machen sie zwischendurch kleine Tanzschrittchen, drehen sich um die Stellage und bieten ihre Körbe feil. Dann bewegen sich die Gärtnerinnen frei durch den Raum und werben für ihre Kränze, Zweige und Sträuße unter heiter-fließenden Flötenmelodien.

Nachdem die sechs Gärtner sich mit Geschrei angekündigt haben, gehen sie unter Gitarrenklängen kraftvollen Schrittes durch den Raum und werfen Obst ins Publikum. Sie stellen ihre Körbe auch auf die Stellage und beginnen zu einer Tarantella-Einlage, sich den Frauen ungestüm zu nähern.

Die heiter-erotische Atmosphäre verwandelt sich mit der nächsten Nummer in niveaulose Plumpheit: zu Klaviermusik treten Mutter und Tochter auf. Die Mutter zieht die angstvolle Tochter hinter sich her, diese weigert sich mitzukommen, läuft zurück und kauert sich zusammen. Ihr Körper ist starr und ihre Mimik fast blöde vor Angst. Während die Mutter ihrer Tochter zu einem Mann zuredet mit dem Satz »Mädchen, öffne deinen Schoß«, rafft sie den Rock der vor Angst wie gelähmt wirkenden Tochter in Richtung der Gärtner hoch.

Doch nach diesem Abgleiten hebt sich das Niveau wieder. Erneut erklingt eine Tarantella, zu der sich die Gärtner mit den Gärtnerinnen um die Fruchtstellage herum im Tanze drehen.

Die drei Vogelsteller und Fischer, ausgerüstet mit Netzen, Leimruten und Angeln, laufen durch den Raum und jagen drei Gespielinnen. Dieses mit Schreien untermalte Vorbeijagen ohne Text ähnelt einem fröhlichen Fangenspiel.

Es folgen, unter wuchtigen Klavierklängen, die drei Holzhauer mit großen Äxten. Sie sprechen drohend wie Vertreter einer unterdrückten Klasse. Das Hauen mit den Äxten muß, so Stein, sowohl untereinander als auch mit dem Klavierrhythmus absolut synchron sein, sonst kann die Wirkung der Holzhauer, ihre extrem kraftvolle, verdrängende, behäbige, grobschlächtige Ausstrahlung, nicht erreicht werden.

Zu Trommelwirbeln und aufgeregter Geigenmusik kommen als leichtfüßige Kontrastfiguren die drei Pulcinelle herbeigesprungen. Der Herold kündigt sie mit der Regieanweisung »täppisch, fast läppisch« an. Die Musik gebärdet sich ebenso sprunghaft-eilig wie die Pulcinelle. Sie tragen über roten Hemden weiße Kittel, zum Teil mit ausgestopftem Bauch, schwarze Larven und weiße Mützen. Ihre Bewegungen sind leicht gummiartig, trippelnd schütteln sie sich permanent und schlenkern Arme und Beine. In sehr dynamischer Weise hüpfen sie durch den Raum, loten ihn aus und binden ihn in langen Bewegungslinien zusammen.

Mit dem Auftritt der Parasiten ändert sich die Atmosphäre schlagartig. Angekündigt mit der Regieanweisung »schmeichelnd-lüstern« bewegen sich die drei Parasiten unter den schmalzigen Geigenklängen einer verzerrten Kaffeehausmusik lasziv gewunden und hin und wieder züngelnd langsam durch den Raum. Sie haben große weiße Servietten umgebunden, womit sie sich die scheinbar fettigen Lippen abwischen, was den Eindruck allgemeiner Schmierigkeit unterstützt. Die Holzhauer bewegen sich von rechts nach links aufrecht und markig durch den Raum, vollständig unangefochten von den schleimigen Parasiten, die jene hämisch und verrucht umgarnen.

Wieder ist der Karnevalszug an einem Tiefpunkt angelangt: der Trinker singt torkelnd sein Trinkerlied, fällt um und singt, auf dem Boden liegend, weiter, umgeben vom sich zuprostenden Chor der Holzhauer und Parasiten, die den Trinker schließlich wegziehen.

Doch mit dem Einzug der fünf Poeten unter begeistertem Stadionlärm, der nahelegt, daß gerade ein literarischer Wettkampf ausgetragen wird, wandelt sich die Atmosphäre augenzwinkernd ins Heroische. Während der Herold die lange Regieanweisung vorträgt, füllen die Poeten die Leerstelle im Text durch eigene Improvisationen und sprechen oder singen ihre Dichtungen und Lieder in vollkommen egomaner Weise gleichzeitig vor sich hin. Der Rittersänger stimmt einen traurigen mittelalterähnlichen Phantasiegesang an, der zärtliche Dichter deklamiert mit großen Augen ein entsprechendes Gedicht, der Hofdichter singt zu seiner Gitarre ein Lied von Walther von der Vogelweide, der Naturdichter rezitiert ein innig-schwärmerisches, selbstverfaßtes Gedicht, und der Enthusiast deklamiert mit feurigen Augen und geballter Faust eine Passage aus *Medea.* Schließlich schwillt der verhaltene Vortrag der Dichter begeistert an, sie beginnen sich zusammenzudrängen, um sich mit erhobenen Stimmen singend und schreiend zu übertönen, bis der Herold die Poeten auseinandertreibt

Grazien, aus: *Antichità di Ercolano* (1757)

und diese sofort in ihren ursprünglichen egomanen Vortrag zurückfallen und abgehen.

Ein Gong klingt aus, und die drei Grazien erscheinen. Mit ihnen beginnt die zweite Abteilung des Karnevals, in der mythologische Figuren der Antike auftreten. Die Darstellerinnen der Grazien haben sich eine Kreisfigur ausgedacht: sie strecken ihre Arme leicht angewinkelt nach oben, halten sich an den Händen und drehen sich kunstvoll und anmutig umeinander. Leichte musikalische Windtöne, untermischt mit den Klängen eines zarten Örgelchens, wehen heran.

Zum Auftritt der Parzen setzt sich diese Musik fort. Goethe kehrt die festgelegten Rollen der Parzen um. Auch in der Inszenierung ist es die Alte, die spinnt, und die Junge, die den Faden abschneidet. Die Alte, Atropos, dreht eine Spindel mit Flachs zwischen den Fingern. Wenn sie vorgibt, den Faden zu zerreißen, hält der Herold sie gespielt erschreckt davon ab. Die Junge, Klotho, deren Requisit eine altertümliche Schere in einem Futteral ist, verbreitet eine existentiell-düstere Stimmung, was sicherlich auch durch die dunklen Kleider und die schwarzen Schleier über den Gesichtern verstärkt wird. Stein weist darauf hin, daß die Parzen mit dem Oberkörper alte gebeugte Frauen spielen sollen, die sich im Gegensatz dazu mit schnellem Gang über die Bühne bewegen.

Nach dem Auftritt der Parzen hört die Windmusik auf, und leises Glockengeläut erklingt. Es folgt der Gong zusammen mit Donnergeräuschen, und die Furien, die bereits am Bühnenrand herumlungerten, treten auf. Sie tragen schwarze Larven und sind auf verschiedene Weise in Schwarz gekleidet: Alekto mit engem Abendkleid, hochhackigen Stilettos und offenen Haaren wirkt am verführerischsten. Selbstbewußt sich wiegend und schmeichelnd, aber auch schon ein wenig unheilvoll schreitet sie einmal den Bühnenraum aus. Dazu

Elefant mit Turm. Wagen des Nürnberger Schembartlaufs (undatiert)

erklingt eine Saxophon-Nachtbarmusik, die zunächst verführerisch-einlullend ist, dann zwischendurch bedrohlicher wird, was durch die Gongs, die untermischt sind, verstärkt wird.

Megära verhält sich ausnahmslos hämisch. Schließlich zeigt Tisiphone das wahre Gesicht der Furien: in einem hochgeschlossenen, schwarzen, langen Kleid spricht sie hart, verdammend und gnadenlos. Die beiden anderen hocken sich zu ihren Seiten, grimassieren wie böse zischende Tiere und gestikulieren mit ihren Fingern, als seien es scharfe Krallen. Als Dreiergespann, das einer fauchenden Pyramide ähnelt, bewegen sie sich durch den Raum, drehen sich einmal und weichen dann rückwärts davon. Moidele Bickel merkt an, daß der Herold bei den Furien zum Raubtierdompteur wird.

Schließlich kommt der Elefant herein. Dieser Auftritt ist untermalt mit einem lauten trampelnden Trommelrhythmus. Sobald der Elefant steht, hört die Musik auf. Den Elefanten schmückt eine bunte Schärpe, ganz oben auf seinem Rücken steht Viktoria in einer kleinen Kanzel mit einem goldenen Siegeskranz, auf dem Nacken des Elefanten sitzt die Klugheit, die ihn mit einem Stöckchen lenkt, und an seinen Vorderbeinen sind die Allegorien der Furcht und der Hoffnung, »zwei der größten Menschenfeinde« (Goethe), angekettet. Der Herold beschreibt den Elefanten so, als gebe er ein großes Rätsel auf.

Die Allegorie der Hoffnung, die ihren Text karikiert, verwickelt sich beim Sprechen langsam in ihre Kette, so daß sie bei ihren Stichworten »frei« oder »sorgenfrei« nicht ihrer großen Geste nach vorne folgen kann.

Viktoria wird hier nicht vorgestellt als Göttin des Sieges, sondern als »Göttin aller Tätigkeiten« – das ist von Goethe sicherlich als Polemik gegen die übliche Auffassung als Siegesgöttin gemeint, gegen die »Erfolgsgeilheit« (Stein), da ja »alle« Tätigkeiten auch alle Banalitäten mit einschließt.

Die darauffolgende Nummer mit dem siamesischen Zwilling Zoilo-Thersites, der sich in ein Ei verwandelt, aus dem dann eine Otter und eine Fledermaus schlüpfen, läßt das Niveau des Karnevals wieder abgleiten, diesmal ins Groteske.

Doch mit dem Einfliegen des Wagens mit Plutus und dem Knaben Lenker klärt sich nach anfänglicher Irritation die dumpfige Atmosphäre und wird hell und strahlend.

Der Knabe Lenker (Christian Nickel) ist weiß gekleidet, trägt eine schwarze Larve und steht vorne im Wagen mit den Zügeln in der Hand. Faust als Plutus trägt eine bunte Schärpe sowie eine flammende, sonnenartige Goldmaske und sitzt auf dem Thron des Wagens. Mephisto als Geiz hat eine grüne, schnabelartige Maske mit langer Nase und kauert sich auf die Kiste hinten am Wagen. Das »Weiber-Geklatsch« (Goethe) trägt weiße Kleider, Larven mit roten Nasen und spitze Mützchen.

Während der Knabe Lenker und der Herold anfangs einen langen Dialog führen, reagieren die Weiber gestisch und mimisch. Sie umkreisen das Gefährt und kommentieren stumm, indem sie sich auch zum Publikum hinwenden. Mit dem »Weiber-Geklatsch« kann sich der Zuschauer identifizieren. Da das Publikum gar nicht weiß, wo genau es hinschauen soll, kann es vom »Weiber-Geklatsch« geleitet und geführt werden.

Mit dem Auftreten des Knaben Lenker und Plutus entsteht eine richtiggehende Rätselsituation wie in der Barock-Emblematik. Unter den allegorischen Bildern gibt es immer eine Unterschrift in Gedichtform. Also macht der Herold zunächst ein Gedicht für die Poesie, die der Knabe Lenker ja verkörpert: »der Augen schwarzer Blitz, die Nacht der Locken erheitert von juwelnem Band« ist, so Stein, eine hervorragende und schwerlich zu überbietende Beschreibungstechnik (Ekphrase). Der Knabe Lenker ist ein eitles und durchaus arrogantes Wesen. Daher changiert die Reaktion des Herolds auf den Knaben zwischen Faszination und leichter Kritik. Wenn der Herold den Knaben beschreibt, sollte er damit einerseits dessen Eitelkeit schmeicheln. Andererseits könnte er den Knaben durchaus provozieren, und zwar mit dem Unterton »du hast wohl zu tief in die Requisitenkiste gegriffen? du bist wohl ein Mädchen?« (Stein) Während der halb spöttischen Rede des Herolds an den Knaben Lenker blicken die Weiber diesen an und kommentieren zustimmend.

Wenn der Herold über Plutus, den Gott des Reichtums, spricht, wechselt er den Tonfall, er spricht nun mit großem Respekt, was die Weiber durch Gestik und Mimik sofort übernehmen und nachmachen, denn sie wissen, daß der einzige Sinn des Reichtums die Freigebigkeit ist.

Der Knabe Lenker spricht sehr leicht und bewegt sich flüssig und elegant. Dann wieder steht er wie ein Denkmal, das sich bewundern läßt. Wenn er mit den Fingern schnippt, fallen goldene Kostbarkeiten, Ketten, Ringe, Krönchen, Münzen zu Boden, die die Frauen unmerklich fallen gelassen haben (Theatertrick). Nun klauben sie die goldenen Schätze gierig vom Boden auf, laufen wieder zum Knaben und bitten um mehr, er schnippt und schnippt, sie werfen ihre Requisiten in eine andere

*Triumph-Einzug Alexanders des Großen in Babylon,* Kupferstich nach Charles Le Bruns (1619-1690) Karton; ein Exemplar befand sich in Goethes Kunstsammlung

Richtung, schnappen sie auf, haschen, klauben auf und laufen dadurch gierig sich bückend den gesamten Raum aus. Wenn der ›gezauberte‹ Goldschmuck sich plötzlich in Insekten und Schmetterlinge verwandelt, kommen Luftschlangen zum Einsatz, mit denen – als richtige kleine Nummer – die Frauen erschreckt, enttäuscht und angewidert kämpfen, bis sie im Publikum verschwinden. Die ausgedienten Requisiten der Goldschätze bleiben am Boden liegen.

Die nun folgende Wagenlenker-Plutus-Szene, der Dialog zwischen Vater und Sohn, schafft eine neuartige, fast weihevolle Atmosphäre, die die sonstige Ausgelassenheit des Karnevalstreibens transzendiert. Plutus hält dem Knaben die Hand leicht über den Kopf, dann nimmt er das Haupt des Sohnes in beide Hände und küßt es. Der Vater, der Reichtum, legitimiert auf diese Weise den Sohn, die Poesie, die ja – wie die Kunst überhaupt – schon seit mindestens zweitausend Jahren von sich selbst sagt, daß sie im Niedergang begriffen sei. Bruno Ganz spricht in dieser Passage wie ein Priester.

Wenn der Geiz zu sprechen beginnt, und zwar im Ton einer Mainzer Fastnachts-Büttenrede, richtet er sich auf, so daß sein Hinterkopf mit Plutus' Hinterkopf zusammen eine Art Januskopf des Reichtums ergibt. Zu Beginn, wenn die Frauen ihn erstmalig zwicken, merken sie bereits, daß der Geiz eine seltsame Ausstrahlung hat. Beim zweiten Angriff der Weiber kauert der Geiz sich embryonal auf seiner Kiste zusammen. Die Vermutung der Frauen, daß die Drachen von »Holz und Pappe« sind, ist ein Hinweis darauf, daß es sich mit dem Auftritt dieses Wagens und auch im folgenden um geplante Nummern handelt.

Plutus steigt vom Wagen herab und begibt sich, während die Kiste abgeladen wird, auf der der Geiz sitzenbleibt, hinter den Wagen. Der Knabe wendet sich, halb im Wagen kniend, nach hinten zu Plutus. Zum Schluß reichen sich die beiden die Hand. Das ist eine energetische Verbindung, durch die der Raum verdichtet wird. Diese kurze Abschiedspassage wirkt sehr ernst und leicht zugleich, sie ist innig, liebevoll, atemleicht, schmerzlich-schön. Plutus' Bewegungen sind sehr ruhig, leicht kreisend, fast magierartig.

Überraschend ist der Umschlag der Atmosphäre zu den burleskeren Passagen vorher und nachher. Ähnlich wie bei der *Walpurgisnacht* werden hier typische Karnevalsszenerien atmosphärisch von den ernsten Passagen überstrahlt und dadurch fast umgepolt.

Und fast verwirrend ist der Umschlag von der Würde und Ernsthaftigkeit, die Bruno Ganz in einigen Passagen verkörpert, zur Blödelei, die entspannungshalber unmittelbar darauf folgt: Bruno Ganz tritt zum Spaß wie ein randalierender Jugendlicher gegen die Schlösser der Kiste, als diese sich nicht öffnen lassen und bricht in ansteckendes Gelächter aus.

Der Wagen ist mit dem Knaben Lenker davongefahren. Der Geiz sitzt zunächst in Scheißhaltung (Gold ≙ Kot) auf der Goldkiste. Sodann öffnet Plutus die Kiste. Aus Gründen der Sinnfälligkeit soll der Geiz Plutus immer gegenüberstehen.

Durch das Gold werden die Frauen magisch angezogen und geraten in einen vollkommenen Rausch. Den Chortext versteht man zwar nicht, aber die gierigen, zusammenklumpenden Bewegungen der Frauen, ihre Erregung und Geschäftigkeit wirken sehr überzeugend. Der Herold drischt auf die Aufdringlichen ein, allerdings ohne Erfolg, denn aus Gier und Neid schlagen die Frauen sich sogar gegenseitig.

Plutus geht dann ruhig mit dem Stab in der Runde herum. Er wirkt zauberpriesterartig. Zunächst führt er den Stab von hinten rücksichtslos gegen eine Darstellerin, die sofort umfällt. Schreie ertönen. Die Schreie dürfen allerdings nicht zu laut sein, da sonst kein Crescendo mehr möglich ist.

Bruno Ganz, mit dem Stab in der Hand, spricht ruhig, aber – auf höherer Ebene – unheimlich, unterdrückt-gewalttätig, drohend, fast wie ein Psychopath kurz vor seinem Verbrechen. Der Kreisbogen, den Bruno Ganz mit dem Stab vollzieht, spiegelt die perfekte Konzentration auf das Requisit in Bewegung.

Dann folgt mit der Passage, in der Mephisto einen Phallus aus Knete formt, wieder ein Abgleiten vom hohen Niveau in den Schmutz, ins Anstößige und Obszöne. Der Herold, der selber prüde ist, muß diese Aktion lenkend beschreiben. Die Frauen stehen im Kreis und schreien wie am Spieß, wenn der Geiz ihnen den Phallus zuwirft und sind gleichzeitig angetan. Er wirft ihnen daraufhin noch mehrere Phalli aus Schaum-

Phallus, aus: *Antichità di Ercolano* (1757)

Masken des Nürnberger Schembartlaufs (undatiert)

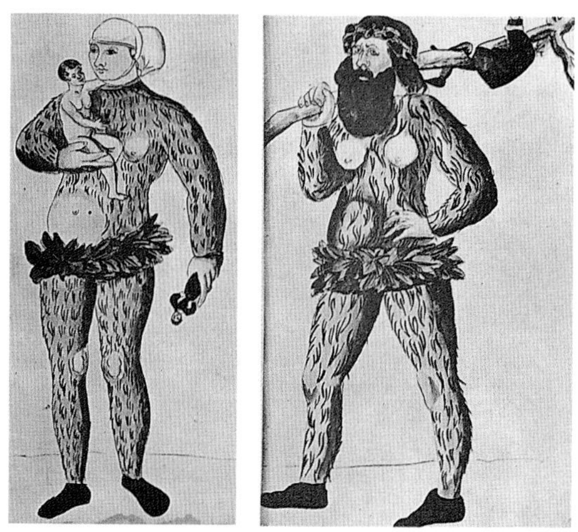

Der brennende König Karl VI., Unfall bei einem Maskenfest 1394. Holzschnitt von Matthäus Merian in Johann Ludwig Gottfrieds *Historischer Chronica* (1642)

stoff zu, die er aus seiner Jacke holt. Die Frauen schreien, quieken, gebärden sich wie toll und werfen die Phalli ins Publikum. Die Kiste muß derweil präzis im rechten Winkel stehen, denn, so Stein, »das ist mein einziges architektonisches Element«.

Die letzte große Nummer des Karnevals vor dem »Flammengaukelspiel« ist der »Wildgesang«. Zunächst soll die ganze Anordnung, bestehend aus einem Satyr, zwei Faunen, vier Gnomen, zwei Riesen, vier Nymphen und Pan, wie ein Bild gruppiert sein. Zu ihrem Auftritt bewegen sich die einzelnen Darsteller heraus, treten dann aber wieder ins Bild zurück. Ganz langsam, kaum merklich bewegt das Arrangement sich vorwärts. Alle tragen Oberbekleidungen in verschiedensten Grünschattierungen, bis hin zu Blaugrün. Vorne kniet der Satyr halb, die Gnome knien dahinter, die Faune stehen rechts und links, hinter den Gnomen befindet sich Pan, umgeben und mit den Armen umschlängelt von den Nymphen, hinten stehen die beiden Riesen. Zum ersten Mal beim Karneval gibt es hier einen richtig großen Pulk, eine Masse von vierzehn Personen im Klump.

Plutus öffnet den imaginären Kreis, der um die Kiste gezogen ist. Um ihn noch einmal in der Bewegung herzustellen, schreitet er ihn von außen einmal ab. Dann erscheint der »Wildgesang«. Auch die Faune treten noch nicht in den Kreis zur Kiste hin, sondern tanzen leichtfüßig zu höfischer Renaissancemusik von außen um den Kreis herum.

Der Satyr meckert blöde wie eine Ziege. Stein weist ihn darauf hin, daß er beim Sprechen den Kontrast deutlich machen soll zwischen dem Rhythmus der hüpfenden Ziegenbewegungen und seinem Text, der durchaus nicht blöde ist.

Zum Auftritt der Gnome ertönt helle, hektische, trippelnde Klaviermusik. Die Gnome schieben sich auf den Knien heran, bilden dann einen Kreis und beginnen, mit kleinen unruhigen Bewegungen, in ameisenhaft-wimmelnder Weise Gold zu suchen, indem sie mit kleinen Hämmerchen auf den Boden schlagen und das vermeintlich Geschürfte auf dem Schäufelchen untersuchen und verwerfen.

Die beiden Riesen tragen Holzstämme über ihren Köpfen und bewegen sich schwerfällig durch den Raum. Es folgt Pan, von Nymphen umgeben. Zu seinem Auftritt erklingt mittelalterliche Orgelmusik. Die Nymphen singen, Pan schläft ein, eingewiegt durch den Gesang der Nymphen und ihre in die Höhe geschlängelten, umschmeichelnden Armbewegungen. Auch die Nymphen schlafen kurzzeitig ein, so daß das gesamte Bild erstarrt. Dadurch wirkt die Partie sehr sakral, fast anthroposophisch-raunend. Allerdings wird dieser Charakter wieder dadurch gebrochen, daß die Gnome gleichzeitig weiter hämmern, hacken, schaufeln und unablässig kleine Gnomenlaute ausstoßen.

Die Gnome führen Pan zur Goldtruhe hin, während Plutus bereits unheilvoll spricht. Leichte Trommelmusik wird vernehmbar. Wenn der Bart des Pan abfällt, ertönen Knistergeräusche zu den Trommeln, und der Kaiser gerät durch die Flammen, die aus der Kiste emporlodern, in Brand. Brennend steht er zuerst allein, dann drängt sich der »Wildgesang« um ihn, um ihn zu löschen, woraufhin die Flammen auf alle überspringen, also drehen sie sich im gesamten Raum schreiend um sich selbst, sie versuchen, sich und andere zu löschen, bis schließlich alle wieder in der Mitte zusammenkommen und sich dort zu einem Klumpen zusammenballen. Die knienden Gnome stehen beim Brand auf. Da sie das Feuer für Wirklichkeit halten, steigen sie und auch die anderen Mitspieler aus ihren Karnevalsrollen aus. Auch der Herold hält das Feuer und die brennenden Menschen für echt. Er ist verzweifelt. Mit seinem Satz »der Kaiser leidet solche Pein« setzt ein Gesang ein, der sich durch Pathos und große Emotionen auszeichnet. Stein weist darauf hin, daß dieser letzte Heroldmonolog einen ähnlich katastrophischen Charakter hat wie der Monolog des Türmers Lynkeus im 5. Akt, der von seinem Ausguck aus das Verbrennen der Hütte von Philemon und Baucis und ihren Tod verkündet. Die Verse werden vom Herold mit großem energetischen Nachdruck und akzelerierendem Tempo gesprochen. Erst ab dem Wort »Aschenhaufen« am Schluß sinkt der Herold stimmlich selbst zu einem Aschenhaufen zusammen, während alle Darsteller bereits übereinandergesunken sind und leise stöhnend daliegen. Dazu wird es später zwei Projektionen mit Weltenbrand-Bildern geben.

Ganz zum Schluß spricht Plutus leise und besänftigend. Er bildet stimmlich den von oben herabrieselnden Regen nach. Dieses Säuseln kann im Betrachter zwar den Schrecken bannen, dennoch wirkt der Schock dieses – wenn auch fiktiven – Theaterbrandes eine Weile nach.

## Szene: Lustgarten

**Die Geldreform fand bereits während des Karnevals statt, aber der Zuschauer erfährt erst während dieser Szene davon. Offenbar hatte der Kaiser die Reform, die Einführung des Papiergelds nämlich, dessen Gegenwert in den ungehobenen Schätzen im Boden des Kaiserreichs besteht, in der Verkleidung des großen Pan unterschrieben. Mephisto preist dem Kaiser die praktischen Vorzüge des Papiergeldes an. Die Sanierung des Reiches scheint gesichert, die Hofleute erhalten vom Kaiser die Wechsel geschenkt und malen sich aus, was sie mit dem Geld anfangen werden. Selbst der totgeglaubte Narr taucht auf, nimmt seine Zuwendung in Empfang und wird, da er Haus- und Landbesitz erwerben möchte, zum Neureichen.**

Der Lustgarten befindet sich als weißausgekleideter länglicher Raum unter der schwarz ausgeschlagenen Finsteren Galerie.

Der Kaiser sitzt, umgeben von Hofleuten, auf einem Thron, vor dem Faust und Mephisto knien. Der Kaiser ist ein junger Mann, der vom Feuerzauber des Karnevals begeistert ist. Als ein verwöhnter junger Mensch hatte er königlichen Spaß beim »Flammengaukelspiel«. Die Getreuen des Kaisers müssen ihm zunächst das Geld schmackhaft machen, indem sie von der blitzartigen Sanierung des gesamten Reiches schwärmen, da der Kaiser anfänglich mißtrauisch auf das neue, ihm unbekannte, verdächtig abstrakte Geldmittel reagiert. Dann aber lobt er die Wirkung des Geldes, erhofft sich vom Kapitalismus neuen Schwung und verschenkt die Wechsel an seine Getreuen. Mephisto preist das Papiergeld, das viel bequemer zu tragen sei als die altertümlichen schweren Goldmünzen. Er befindet sich in der Rolle des Alleinunterhalters, allerdings ohne ein Narrenkostüm zu tragen. Faust dagegen mimt den weisen Zauberer. Die Geldreform scheint zu gelingen.

Die Hofleute sind ähnlich statisch um den Kaiser herum gruppiert wie später in der Szene *Gegenkaisers Zelt,* was hier einen spannungsvollen Kontrast zum extrem beweglichen, ungreifbar-mobilen Papiergeld herstellt.

# Szene: Finstere Galerie

**Faust hatte dem Kaiser leichtfertig versprochen, zu dessen Unterhaltung »Musterbilder« von Paris als dem schönsten Mann und von Helena als der schönsten Frau entstehen zu lassen. In dieser Szene nun geht es um den komplizierten Weg, diese Phantasmagorie zu ermöglichen. Mephisto, der zunächst seinen Unwillen über Fausts leichtfertige Versprechungen äußert und sich weigert, ihm zu helfen, läßt sich schließlich doch umstimmen und beschreibt – im Sinne eines umgekehrten Höhlengleichnisses – den Weg ins Reich der Mütter, den Speicher der Urbilder.**

Das Bühnenbild zeigt einen schwarz ausgekleideten Gang mit drei rechteckigen Öffnungen, an dessen Innenseite sich ein Bord entlangzieht, auf dem in regelmäßigen Abständen Kerzen aufgereiht sind.

Der besondere Reiz dieser Szene besteht in einer Art Rollenwechsel zwischen Faust und Mephisto (Adam Oest): Mephisto ist für die Dauer der Szene nicht mehr der altgewohnte, zappelige Spötter, sondern er verwandelt sich in einen freundlichen Lehrer, in einen Ruhe ausstrahlenden Mystagogen, der in einem zwischen Rudolf Steiner und einem Jesuiten anzusiedelnden Ton spricht. Faust gegenüber, der hier stellenweise den Part des Spötters übernimmt, verhält sich Mephisto sehr zugewandt. Er ist in dieser Szene der Meister.

Diese Interpretation der vertauschten Rollen stand nicht von Anfang an fest, sondern entwickelte sich erst im Laufe der Probenarbeit.

Die Szene beginnt schwungvoll und dynamisch, wenn nämlich Faust Mephisto, während er ihn in die Finstere Galerie zieht, zur Erzeugung der Bilder von Helena und Paris drängt. Faust besteht darauf, daß die wirtschaftliche Sanierung des Kaiserhofes nun mittels der Kunstreform zu einem krönenden Abschluß gebracht werden müsse.

Mephisto reagiert zunächst übertrieben-ironisch auf Fausts Anliegen und gefällt sich in Skepsis. Zögerlich nur gibt er zu, daß zwar ein Mittel zur Erzeugung von Phantasmagorien existiert, er es aber nicht verraten möchte, da er dazu seinen spöttischen Ton ändern müßte. Nachdem Faust ihn jedoch provoziert hat (»da haben wir den alten Leierton!«), ändert sich Mephistos Duktus schlagartig: Gemessen im Gang hin und her wandelnd spricht er ernsthaft, ohne Pathos und ruhig wie ein Lehrer, wie Platon, Sokrates oder später Chiron. Er erklärt Faust, daß er ihm zwar ein Hilfsmittel, einen Schlüssel, geben könne, aber die Phantasmagorie herstellen, also kreativ sein, müsse Faust selbst.

Dieses Muster erinnert strukturell an die Gretchentragödie: hatte Mephisto anfangs ausgeschlossen, Gretchen verführen und – später dann – aus dem Kerker befreien zu können, so ermöglichte er schließlich doch die Bedingungen für Verführung und Flucht mittels Kästchen und Schlüssel bzw. Schlüssel des Wächters. Sich aber des Schlüssels bedienen, also handeln, muß Faust alleine.

Wenn Mephisto dann vom Reich der Mütter erzählt, in dem die »Musterbilder« Helenas und Paris' gehütet werden, spricht er ergriffen wie ein Mystagoge, der eine philosophisch-imaginäre Welt aufbaut. Mephisto versucht, Vages zu beschreiben und das Unbeschreibliche, das Nichts in Paradoxien zu fassen. Er möchte ein Programm entwickeln, das das christliche Gut und Böse transzendiert und das vom philosophischen Begriff des Urbilds, des Inbilds geprägt ist.

Faust hingegen versucht, Mephistos hohen Ton zu durchbrechen, weil er ihn für sehr aufgeschwollen hält. An dieser Stelle der Szene wechseln die üblichen Rollenfestlegungen der beiden Protagonisten.

Schließlich reicht Mephisto, den Fausts Spottlust nicht tangiert, ihm einen kleinen Schlüssel. Sobald Faust den Schlüssel berührt, spürt er, daß diesem eine große Kraft entströmt. Bruno Ganz reibt den kleinen Schlüssel ein wenig mit den Händen und geht auf den Mittelpfeiler zu, wo – unsichtbar für die Zuschauer – der große Schlüssel bereitliegt, den Ganz im Wechsel mit dem kleinen unmerklich nimmt und kurzzeitig weiterreibt. Dann aber hält er ihn sehr fest mit gestreckten Armen, als Verlängerung derselben, leicht schräg nach unten. Die Energie, die Kraft der Imagination soll sozusagen bis in die Schlüsselspitze hinein spürbar sein, so daß der Schlüssel den Charakter einer phallischen Wünschelrute bekommt. Die Gründlichkeit, mit der Bruno Ganz den Schlüssel befühlt, berührt, ergreift, umklammert, wirkt wie eine besondere Erforschung, wie eine haptische Reflexion auf das Requisit als solches. Die »entschieden gebietende Attitüde«, die Faust schließlich als Probegeste für die Unterwelt vollführen soll, ähnelt der eines Priesters: der Schlüssel wird ganz langsam von oben nach unten bewegt, wobei Mephisto Faust ein wenig führt. Damit mutiert dieser kurzzeitig zum Schauspielschüler.

Während Mephisto das Reich der Mütter beschreibt, spricht er ganz leicht, hell, fröhlich, begeistert, sozusagen in Dur. Die Aufforderung an Faust, »entfliehe dem Entstandnen, in der Gebilde losgebundne Räume, ergötze dich am längst nicht mehr Vorhandnen«, meint nicht nur das Reich der Mütter, sondern, so Stein, auch den Bereich des Theaters und der Kreativität.

Goethe versucht immer wieder im Verlauf dieser Szene, das, was für ihn im Zentrum steht, das Höhlengleichnis mit einer Aura, einem Hof von teilweise widersprüchlichen Deutungen zu umgeben. Das ist, so Stein, beste mythologische Tradition.

# Szene: Hell erleuchtete Säle/Rittersaal

Nachdem Faust im Reich der Mütter verschwunden ist, bleibt Adam Oest in der Finsteren Galerie. Der Mephistowechsel ist verbunden mit einem Raumwechsel des Publikums. Robert Hunger-Bühler führt das Publikum zusammen mit der Hofgesellschaft in den Rittersaal, in die zweite Halle. Im Durchgang zwischen den beiden Hallen findet das Zwischenspiel *Hell erleuchtete Säle* statt. Es wird für die meisten Zuschauer vermutlich nur über Lautsprecher zu hören sein, da sich die Szene inmitten des Publikums abspielt. Diese kurze Szene wird als Durchgangsszene inszeniert und das Publikum selber zum Akteur. Schließlich nehmen die Zuschauer an langen Tafeln im Rittersaal Platz, die Hofgesellschaft gruppiert sich als Theaterpublikum mit dem Rücken zu den Zuschauern vor Wandteppichen an der Stirnseite der Halle. Eine Guckkastenbühne öffnet sich. Sie besteht aus Proszenium mit Souffleurkasten, einer mittleren und einer hinteren Ebene. Ihr Bühnenbild zeigt einen mächtigen dorischen Tempel.

Mephisto (Adam Oest) wird vom Kämmerer und vom Marschalk gedrängt, die »Geisterszene« zu geben. Der Marschalk spricht halb beleidigt und halb ungeduldig. Mephisto hingegen dehnt, in der Finsteren Galerie hin und her gehend, seinen Part so sehr er kann, da er für Fausts Rückkehr von den Müttern Zeit gewinnen will, woraufhin der Marschalk vor Ungeduld unten fast wahnsinnig wird.

Beim Wechsel in den Rittersaal übernimmt Robert Hunger-Bühler die Führung des Publikums. Im Durchgang zwischen den beiden Hallen stürzt die Blondine heran, die Mephisto für einen Arzt hält. Sie ist sehr eitel, hält sich für wunderschön und bittet Mephisto um ein Heilmittel gegen Sommersprossen. Sie streichelt ihren Teint im Vollgefühl ihrer Schönheit mit dem ›Luftkissen‹ zwischen Wange und Finger. Nach Mephistos ekelerzeugenden Heilungsvorschlägen versteinert sie und geht gebrochen hustend ab. Als nächstes sucht die Braune ein Mittel für ihren erfrorenen Fuß. Diese Kurzszene wird als verrutschter Liebesdialog aufgefaßt.

**Nachdem Mephisto von den Damen der Hofgesellschaft als wundertätiger Arzt um Rat gefragt wurde, schreitet er an der Spitze des Hofstaates von den Hell erleuchteten Sälen in den Rittersaal. Zum neuerlichen Amüsement des Kaisers findet hier eine Theatervorführung im Theater statt. Es handelt sich um ein Kulissentheater mit Seitengassen, Proszenium und Souffleurkasten, in den hinein Mephisto verschwindet. Faust, der gerade mit Schlüssel und Dreifuß aus dem Reich der Mütter zurückgekehrt ist, beginnt Paris, den schönsten Mann, und Helena, die schönste Frau, zu evozieren, um sie in einer Pantomime agieren zu lassen. Die Hofgesellschaft begutachtet als Theaterpublikum die beiden Idealphantasmagorien kritisch und entzückt zugleich. Inmitten dieser Theaterpersiflage spricht Faust, der Helena augenblicklich verfallen ist, in einem hohen und ernsten Ton. Wenn Paris pantomimisch den Raub der Helena darzustellen beginnt, durchbricht Faust die ästhetische Distanz und mischt sich eifersüchtig ins Geschehen ein, woraufhin die Phantasmagorien sich auflösen und Faust nach einer Explosion zu Boden stürzt.**
**Diese Szene ist sowohl aufgrund ihrer Selbstbezüglichkeit (Theater auf dem Theater), als auch aufgrund des Gemischs aus Persiflage, Ernst und kunstphilosophischen Gedanken eine Schlüsselszene für den gesamten *Faust II*.**

Theater in Lauchstädt, Blick von den Logen auf die Bühne

Johann Wolfgang von Goethe, Bühnenbild zu *Ion* von August Wilhelm von Schlegel, Seitenfront eines dorischen Tempels (um 1802)

In einer Art Parallelaktion hinkt die Braune zusammen mit Mephisto, dann haken sie sich ein, fassen sich an den Händen, und schon tritt der Kur-Fuß Mephistos gegen den kranken Fuß der Braunen, die sich jammernd krümmt und nach einer Ehrenrunde von Mephisto, der sie von hinten gepackt hält, weggestoßen wird. Die Dame, die Liebeskummer hat, weint sich ein paar Sekunden vor ihrem Auftritt schon ein. Sie spielt »schönes sentimentales Stadttheater« (Stein), tragisch, ernsthaft und gebrochen, und weint sich bei Mephisto aus. Tröstend nimmt er sie unter seinen Mantel, dann aber drängt er sich wie immer lüstern an die Verzweifelte heran. Nachdem er einem unglücklich verliebten Pagen einen Rat gegeben hat (»die Angejahrten wissen euch zu schätzen«), fühlt sich Mephisto von weiteren Ratsuchenden bedrängt und wünscht sich inbrünstig Faust zurück. Wie dieses Zwischenspiel inmitten des Publikums tatsächlich funktioniert, wird sich erst ab Anfang Juli 2000 bei den Hauptproben beurteilen lassen.

**»Die Reime lassen keinen Ausweg in die Innerlichkeit zu. Zwar muß die Sache von i n n e n klar sein, die Schauspieler sollen sich kurz vor ihrem Auftritt einstimmen, aber sie dürfen niemals in die Innerlichkeit versinken, da alles Präsentation, alles gemacht und inszeniert ist.« (Peter Stein)**

Im Rittersaal ändert sich die Atmosphäre: die Helligkeit wandelt sich in geheimnisvolles Dämmerlicht. Mephisto verschwindet unter der Bühne und kriecht unbemerkt in sein Souffleurloch. Wenn die Hofgesellschaft vor den Wandteppichen Platz nimmt, hinter denen die Bühne verborgen ist, beschreibt der Herold diesen Vorgang in großer Verwunderung. Sodann übernimmt der Astrologe die Funktion des Herolds: durch seine Beschwörungsgesten und seine beschreibende Rede stellt der Astrologe das sich öffnende, gerade entstehende Theater her. Er betritt das Proszenium, dann wird das Bühnenbild, das einen dorischen Tempel zeigt, aufgerichtet und vom Astrologen wohlwollend beschrieben und geprüft. Der kritisierende Architekt, ein Anhänger der neogotischen Bauweise, der gestisch gotische Bögen in der Luft formt, erhält murmelnde und verhalten klatschende Zustimmung vom Publikum, woraufhin der Astrologe wieder für Ehrfurcht vor dem dorisch-antiken Baustil werben muß. Seinen Satz »unmöglich ist's, drum eben glaubenswert« deutet Stein als eine Art »Theaterunterricht«, in dem der Astrologe ein Grundprinzip des Theaters pointiert.

Mephistos Soufflieren kommt in dieser Szene nicht die gleiche Bedeutung zu wie im *Saal des Thrones*. Er zischt lediglich einige Worte aus seinem Souffleurloch hervor. Da ein Souffleur bei einer Pantomime ohnehin recht unbeschäftigt ist, besteht Mephistos Aufgabe vor allem darin, Faust unter Kontrolle zu halten.

Wenn Faust mit weißgepudertem Gesicht und hellem Priestermantel aus dem Reich der Mütter aufsteigt, verfällt der Astrologe in einen raunenden Ton. Faust zieht mit dem Schlüssel in der Hand einen ferngesteuerten Dreifuß hinter sich her. Peter Stein möchte Faust in dieser Szene das Äußere eines Nationaldichters verleihen, eine Mischung aus Goethe und Gerhart Hauptmann. (»Und wen haben wir heute? Günter Grass!«). Während der Astrologe links auf der Bühne steht, nimmt Faust mit dem Dreifuß am rechten Proszeniumsrand seinen Platz ein. Auch an dieser Stelle wird Theatergeschichte zitiert, wenn der Dichter und Theatererfinder Faust und sein Interpret, der Astrologe, die Bühnenhandlung flankieren.

Obwohl die ganze Szene eine scherzhafte Travestie ist, haben die Texte Fausts einen ernsten, grundsätzlichen Charakter. Mit großem Pathos erklärt er die Bedingungen der eindrucksvollen künstlerischen Veranstaltung, wie nämlich die Phantasmagorien erzeugt werden: die Bilder werden von unten, vom Reich der Mütter, schattenhaft nach oben projiziert und vom Magier Faust als »das Wunderwürdige« auf dem Theater gezeigt. Mit dem Schlüssel berührt Faust den Dreifuß, aus dem, mit Hilfe von Nebeltabletten, Dampf aufsteigt. Unter musikalischen Klängen beginnt die Pantomime. Paris, gespielt von Christian Nickel, tritt auf. Stein freut sich, daß er als »halbnackt« beschrieben wird, »dann braucht er wenigstens kein Penisfutteral«.

Die nun folgenden, entzückten wie mißbilligenden Reaktionen des Publikums stellen eine Theaterpersiflage dar. Während die Damen Paris äußerst wohlwollend und Helena mißbilligend beurteilen, verhält es sich mit den Kommentaren der Herren genau umgekehrt. Mit ihren geschmäcklerisch-lüsternen Kommentaren wird der ganze Abschaum des Theaters gezeigt, das Theater abgefeiert.

Mit dem Auftritt Helenas schlägt Faust, der sie seit dem Bild im Zauberspiegel der Hexenküche erstmalig wiedersieht, erneut einen hohen, von Ergriffenheit geprägten Ton an, der die Kabarettexte des Publikums weit hinter sich läßt. Hier handelt es sich um ein »Lehrstück« Goethes darüber, wie Theater funktionieren sollte. Faust ist, nach der Selbstdesavouierung der Kritiker, der eigentliche Zuschauer, der sich in das Geschehen versenkt und der dann, als neuer Paris, selbst mitspielen will. Gerade, wenn das Publikum auf den hohen Ton der Steigerung »dir Neigung, Lieb, Anbetung, Wahnsinn zolle« eingegangen ist und sich hat ergreifen lassen, folgt Mephistos schnöde Desillusionierung: »so faßt euch doch, und fallt nicht aus der Rolle«. Damit wird die grundsätzliche Spannung der Kunst zwischen Realität und Fiktion, aber auch die Künstlerproblematik angesprochen, daß nämlich zu starke Identifizierung zum Wahnsinn führt.

Wenn Faust sieht, daß Helena den schlafenden Paris sehr aktiv küßt, beginnt er erst, sein eigenes Stück langsam zu verstehen. Paris erwacht und wendet sich Helena zu. Die Pantomime bekommt für Faust daraufhin eine derartige Realität, daß er sich einmischen muß, um Helena aus den Händen des Paris zu retten und um sie selbst zu besitzen. Faust möchte das »Doppelreich«, die Mütterwelt als Speicher der Urbilder und die abbildhafte Realität, zu einer Einheit verschmelzen. Doch das Durchbrechen der ästhetischen Distanz endet im Desaster. Nach einer Explosion fällt Faust zu Boden, die Phantasmagorien lösen sich auf, und die Szene endet in tumultuarischer Finsternis. Das erste große Projekt Fausts, die Wirtschafts- und Kunstreform, droht zu scheitern, die erste Kreisbewegung ist vollzogen.

**»Im *Faust II* ist alles Form, jeder Seufzer ist Form. Nichts ist einfach so zu spielen. Das Ziel des Schauspielers muß darin bestehen, durch die Arbeit an der Form zu größerer spielerischer Freiheit zu gelangen. Der Sinn, der im Text steckt, kann ihm als Partiturzeichen dienen.« (Peter Stein)**

Jacques-Louis David, *Paris und Helena* (1788)

Luna und Endymion, aus: *Antichità di Ercolano* (1757)

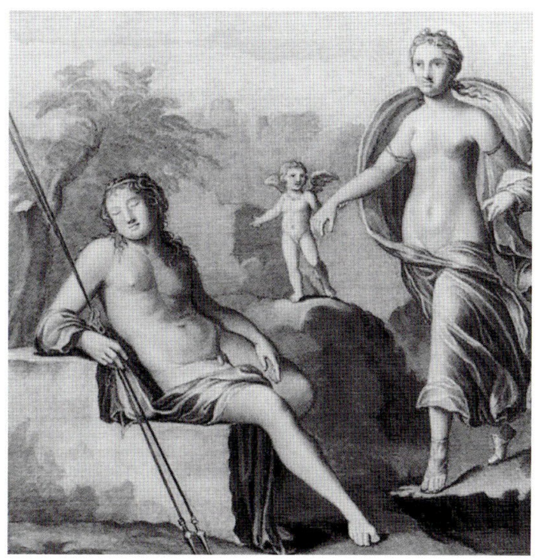

# 2. Akt Szene: Hochgewölbtes, enges, gotisches Zimmer

**Der 2. Akt beginnt mit der Rückkehr in Fausts altes Studierzimmer. Fausts Studierstube wurde seit seinem Weggang nicht mehr benutzt, kein Gegenstand verändert, und so ist die Atmosphäre von Verstaubtheit, ja Verkrustetheit geprägt. Das Studierzimmer wirkt nach allen vorangegangenen Ereignissen wie eine leere Muschelschale, wie ein verlassenes Schneckenhaus.**

**Die Verschiebung dieser Szene von *Faust I* zu *Faust II* wird auch durch die Figuren unterstützt: der Famulus übernimmt jetzt die Rolle Wagners aus der Szene *Nacht*, und Wagner, von dem der Famulus ehrfürchtig erzählt, die Rolle Fausts. Mephisto selber ist älter geworden. Er reagiert freundlicher und nachsichtiger, sogar dem ehemaligen Schüler, dem jetzigen Baccalaureus, gegenüber, dessen Jugendvergötterung, Selbstherrlichkeit, Anmaßung gegen das Alter und Idolatrie des freien Willens einen Seitenhieb Goethes gegen den deutschen Idealismus darstellen sollen.**

**Die Spannung dieser Szene besteht darin, daß trotz aller Verkrustetheit der altbekannten Studierstube, deren Atmosphäre von einem Zeitstillstand, von einem Zeitvakuum geprägt ist, Veränderungen, wie die Entwicklung hin zu neuen Generationen, nicht aufgehalten werden können. Diese Gedankenfigur wird ironisch gespiegelt vom Chor der Insekten, die in Fausts altem Pelz herangewachsen sind.**

Das Bühnenbild ist mit demjenigen der Studierstubenszenen aus *Faust I* identisch: es besteht aus zwei hohen, schrägangeordneten Bücherregalen und dem Rollstuhl in der Mitte. Im gesamten 2. Akt spielt Adam Oest die Rolle des Mephisto.

Wenn Mephisto, nachdem er den schlafenden Faust im Nebenzimmer abgelegt hat, das alte Studierzimmer betritt, verfällt er in Verwunderung und Erstaunen über diesen seltsamen Totenraum und über die Konfrontation mit der eigenen Vergangenheit. Es könnte eine ähnliche Atmosphäre erzeugt werden, so Stein, wie im Tolstoi-Haus in Moskau, das den Besucher in eine andere Zeit katapultiert, aber trotzdem so wirkt, als käme Tolstoi gleich zur Tür hinein, weil er gerade einkaufen war.

Spinnweben und Vergilbungen sind nicht sichtbar, daher stellt Adam Oest sie gestisch her. Es entsteht ein Museumseindruck: Mephisto behandelt die Stükke wie Exponate, Sammlerstücke, wie bei einer Versteigerung, die von großer Kostbarkeit sind, so auch die Feder, mit der der Pakt zwischen Faust und Mephisto unterzeichnet wurde, und in deren Kiel noch ein Blutstropfen Fausts zu sehen ist.

Johann Wolfgang von Goethe, Schlafender (1776)

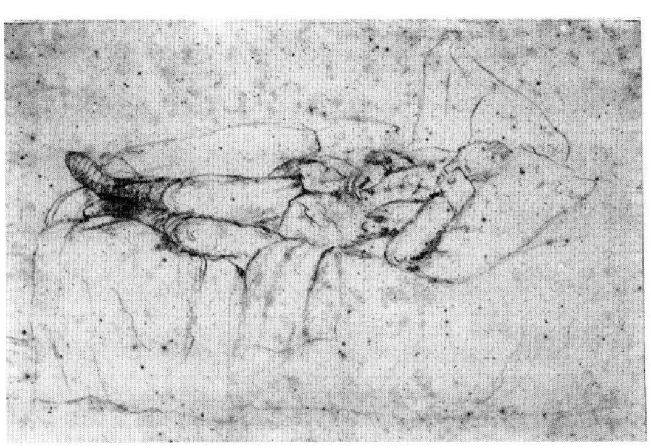

Langsam beginnt das Summen und Sirren des Insektenchors. Je vier Darsteller hocken hinter den beiden Regalwänden auf dem Gerüst, summen und halten Angeln in der Hand mit kleinen Papierinsekten am Ende. Diese sind in Fausts altem Pelz befestigt. Sobald Mephisto den Pelz schüttelt, werden die Insekten nach oben gezogen, tanzen um Mephistos Kopf herum, der Chor summt laut auf und spricht den Text dazu möglichst klar und durchsichtig. Mephisto hascht belustigt nach ihnen, zieht dann den Pelz an und läutet dröhnend die Glocke. Der Insektenchor zieht sich zurück.

Der Famulus, in grauem Kittel und Baskenmütze, tritt auf. Durch das Dröhnen der Glocke ist er erschreckt und verängstigt. Schüchtern und zurückgenommen nähert er sich Mephisto. Allerdings darf er nicht zu schülerartig wirken, sondern muß, so Stein, ernsthafter, älter und bereits mit ersten Gebrechen behaftet sein. Der Famulus, der keineswegs eine bloße Karikatur ist, beginnt langsam und ehrfürchtig, mit einem Lappen den Staub von den Gegenständen in den Regalen zu wischen. Während er sich über das dröhnende, ja apokalyptische Glockengeläut verbreitet, ordnet er zwanghaft die Feder wieder richtig an, die Mephisto unbedacht abgelegt hat.

Der heranstürmende Baccalaureus trägt ein Kostüm, das die deutsche Romantik zitiert, einen Frack, einen weiten offenen Schillerkragen mit Halstuch und Kniehosen. Mephisto sitzt derweil zusammengesunken und weggewandt auf seinem Sessel.

Der Baccalaureus, der nicht zu ironisch und spöttisch sein darf, wundert sich zunächst, als er Mephisto erblickt, daß der Alte dort immer noch sitzt und überhaupt noch lebt. Obwohl er hochmütig und respektlos ist, muß er sich einen Ruck geben, auf Mephisto zuzugehen, er muß also doch noch, so Stein, »die Vatermordschwelle überschreiten«. Mephisto spielt ihm den alten Professor vor, der schon ein bißchen tüddelig ist, während der Baccalaureus das Alter angreift und eine grundlegende Universitäts- und Wissenschaftskritik übt.

Die Schlußpassage des Baccalaureus ist ein Aufschwung, ein großes Bogenspannen, ein letztes Aufschäumen voller Emphase, Pathos und Begeisterung. In jugendlicher Vermessenheit verkündet er, daß nur durch seinen Willen die Welt überhaupt erst entsteht. Sehr schön wirkt es, wenn er dazu weit und frei mit langen Schritten sich bewegt und mit einem ebensolchen Gang auch abgeht.

Mephisto teilt seine Schlußgedanken über sein Alter dem Publikum, vor allem der Jugend, im Zuschauerraum mit. Durch seine Betonung wird klar, daß er diese Gedanken (»Bedenkt: der Teufel, der ist alt, so werdet alt, ihn zu verstehen!«) nicht erst gerade gefaßt hat, sondern daß das sein altes Reden ist.

# Szene: Laboratorium

**Wagner steht am Herd des Laboratoriums und begleitet den heiklen, sensiblen Entstehungsprozeß eines künstlichen Menschen. Mephisto gesellt sich zu ihm. Aus chemischen Substanzen und Reaktionen bildet sich der Homunkulus, dessen fehlende Körperlichkeit durch die Phiole, in der er wie ein Embryo steckt, ersetzt wird. Der Homunkulus ist die Verkörperung der Intelligenz des Menschen, er ist vorurteilsfrei, offen, unabhängig und aufmerksam, hat eine dichterische und philosophische Potenz, Geschichtsbewußtsein und einen kosmopolitischen Horizont. Mephisto, der vom Homunkulus sofort als »Vetter« begrüßt wird, wirkt dagegen begrenzter, deutscher, »harzgebundener« (Stein). Wagner erkennt Homunkulus augenblicklich als Instanz an. Dieser kann leuchten, was seine Erkenntnismöglichkeit versinnbildlicht, und sein Leuchten ist musikalisch, was auf die musikalische Ordnung verweist, die er erzeugen kann. Er ist sogar in der Lage, den Menschen in die Köpfe zu schauen und ihre Träume zu sehen. So schwebt er ins Nebenzimmer zum schlafenden Faust und erzählt dessen Traum von Leda, der Mutter Helenas, und dem Schwan. Um Faust zu heilen, der sich offenbar aus der engen deutschen Gotik ins antike Griechenland fortsehnt, schlägt Homunkulus vor, zur Klassischen Walpurgisnacht zu fliegen, die gerade heute stattfindet. Obwohl Mephisto der Antike gegenüber zunächst skeptisch eingestellt ist, erhebt er sich mit dem schlafenden Faust schließlich doch in die Lüfte, da er sich in Griechenland einige wollüstige Abenteuer verspricht. Homunkulus fliegt leuchtend voran, während Wagner traurig im Laboratorium zurückbleiben muß.**

Das Bühnenbild zeigt zwei Räume, das Laboratorium und links davon Fausts Schlafgemach, in dem er träumend ausgestreckt liegt. In der Mitte des Laboratoriums steht ein Herd, auf dem sich eine große Glaskugel befindet. Die Glaswand, die zum Publikum zeigt, besteht aus einer doppelten Schicht, zwischen der sich Dampf verteilt. Wenn der Homunkulus entsteht, verschwindet der Nebel, und ein ungefähr achtjähriges nacktes Mädchen wird in der Kugel sichtbar. Dieses Kind wird nicht sprechen. Vielmehr spricht Tanja Kübler, deren Stimme einen klaren, jugendlichen, leicht androgynen Klang hat, den Part des Homunkulus, der dann vom Tonträger eingespielt wird.

Wagner umkreist langsam die opake Kugel auf dem Herd und starrt in vollständiger Entzückung hinein. Mephisto betritt das Laboratorium, woraufhin sich Wagner verärgert und enttäuscht über diese Störung abwendet und zu flüstern beginnt. Er ist in völliger Konzentration auf den Homunkulus-Entstehungsprozeß begriffen. Mephisto reagiert zunächst kumpelhaft-schmierig auf Wagners Erklärung »es wird ein Mensch gemacht«. Wenn jedoch Wagner vom »zarten Punkt aus dem das Leben sprang« und vom Nehmen und Geben des Liebesaktes spricht, wird die Atmosphäre kurzzeitig sehr poetisch. Die Schwärmerei vom künftigen »höheren Ursprung« des Menschen soll bewußt anthroposophisch aufgeschwollen klingen. Wagner umkreist gebannt den Herd, während Mephisto einen größeren, entgegengesetzten Kreis um Wagner herum zieht. Wagners Absicht ist es, alle Geheimnisse der Natur zu entschleiern und damit der organischen Entwicklung den Verstand,

*Leda mit dem Schwan.* Der Kupferstich von Etienne Derochers nach Correggio (1715) befand sich in Goethes Kunstsammlung

das Ausprobieren und die Kristallisation entgegenzusetzen.

Wenn die Glaskugel mit Homunkulus erklingt, wird gläserne Musik einsetzen, »musica di vetro« (Stein), ein Laut, der wie in Glasharmonien gebrochen wird. Zu dem Vers »er wird zur Stimme, wird zur Sprache« gehen die musikalischen Klänge aus unverständlichen Lauten langsam in Sprache über.

Für Stein ist Homunkulus die Verkörperung der rein geistigen Seite des faustischen Prinzips, die durch kein Alter verknöchert ist. Er ist der klare Geist im Sinne von Witz und Beweglichkeit, der ohne ahnungsvolles, »heideggerisches« Grübeln auskommt, ein lebendiges, freies Gehirn, das keine Hierarchie anerkennt. Sobald Homunkulus zum Leben erweckt ist, beginnt er zu sprechen und möchte sofort anfangen zu arbeiten. Daß Homunkulus Mephisto gleich als »Vetter« begrüßt, deutet darauf hin, daß die wunderbare Fähigkeit des Intellekts durchaus als ein Instrument der Hölle angesehen wird.

Wenn Homunkulus entstanden ist, umarmt Wagner die Phiole. Homunkulus schwebt zu Fausts »altväterischem« Bett, das während der Proben durch ein schräges kleines Eisenbett nur angedeutet wird (Stein: »Dagegen ist ein Prokrustesbett ein Fünf-Sterne-Requisit!«). Währenddessen blickt Wagner nach oben und verehrt in Liebe sein eigenes Produkt. Homunkulus erzählt sogleich Fausts Traum. Wagner, der Faust seit sehr langer Zeit zum ersten Mal wiedersieht, reagiert nun pantomimisch, ohne daß er Text zu sprechen hätte, in zugewandtem Erstaunen auf den schlafenden Kranken. Mepisto sieht nichts von Fausts Traum. Diese mangelnde Erkenntnisfähigkeit, Einsicht und Sensibilität Mephistos erklärt Homunkulus mit dem mehrdeutigen, schwer zu fassenden Satz »du aus Norden, im Nebelalter jung geworden«.

Homunkulus erzählt sodann von der Klassischen Walpurgisnacht, vom Peneios und anderen antiken Orten und Gestalten, die für den Zuschauer unverständlich bleiben. Auch Mephisto reagiert sehr abwehrend und verleiht, zum Publikum gewandt, seiner Stimme einen gelangweilten Klang. Wagner verliebt sich in Homunkulus und wird schließlich zur rührenden Figur, weil er zurückbleiben muß. Das ist, so Stein, eine traurige Stelle.

Zum Schluß hievt Mephisto Faust vom Bett auf ein Flugwerk, das am Boden liegt und über das Mephisto seinen Mantel gebreitet hat. Dann setzt er sich selbst dazu, und das Flugwerk erhebt sich in die Lüfte, in Richtung der Pharsalischen Felder.

# Szene: Klassische Walpurgisnacht

## Pharsalische Felder

Erichtho, die »Düstere«, erscheint auf den Pharsalischen Feldern als Vorbotin der Klassischen Walpurgisnacht. In reimlosen Versen, die der griechischen Tragödiensprache nachgebaut sind, schlägt sie, auf historischen Schlachtfeldern stehend, lange Schneisen in die Historie hinein und verwirrt durch ihre Imaginationen Vergangenheit, Gegenwart und Zukunft. Sie vermischt die vorolympische Zeit, die römische Epoche und den griechischen Befreiungskampf bei Missolunghi, der in der Zeit Goethes stattfand. Wenn die »drei Luftfahrer« Faust, Mephisto und Homunkulus sich am Himmel nähern, ergreift Erichtho die Flucht.

Die Erscheinung Erichthos ist atemberaubend: mit einem weiten schwarzen Gewand bekleidet, wirkt diese Figur unheimlich und strahlt gleichzeitig ein Höchstmaß an ästhetischer Perfektion aus. Auf hölzernen Stelzen stehend ist sie mit ihrer Größe von 2,20 Metern vollkommen überlängt. Bambusstäbe verlängern ihre Arme. Das lange, weite Gewand ermöglicht sehr prägnante Posen: die Arme nach oben gereckt und ihr Gesicht verhüllt, erinnert sie an zwei aneinandergelehnte, herabhängende Fahnen, dann wieder, frontal zum Betrachter gestellt und die Arme ausgebreitet, erscheint sie wie eine dunkle Priestergestalt, von der Seite betrachtet, die Arme nach vorne gestreckt, wie ein riesiger Nachtfalter, etwas Insektoides haftet ihr an, der Charakter einer Sonnenanbeterin. Der klappernde, staksende Gang auf Stelzen verleiht dieser Figur etwas eigentümlich Unerlöstes.

Da Finsternis herrscht, die nur von kleinen Flämmchen aufgehellt wird, muß Erichtho das Bühnenbild, das ganze Theater durch ihr Spiel erstehen lassen.

Die *Klassische Walpurgisnacht* funktioniert nach den unauslotbaren Gesetzen von Träumen. Die drei Protagonisten Faust, Mephisto und Homunkulus gehen eigene Wege, die sich nur flüchtig kreuzen. Faust, der sich auf die Suche nach Helena begibt, bewegt sich zunächst wie ein staunender Bildungsreisender durch die griechische Mythologie und verschwindet als Suchender schließlich in der Unterwelt.
Mephisto dagegen verhält sich wie ein Sextourist, der allerdings von den verschiedenen mythologischen Lustobjekten zum Narren gehalten wird und daher eingeschüchtert bei den häßlichen Phorkyaden Unterschlupf sucht.
Homunkulus, der als Lebewesen entstehen möchte, gerät in die Debatte der beiden Vorsokratiker Thales und Anaxagoras über die evolutionäre bzw. revolutionäre Entstehung der Erde, über Neptunismus und Vulkanismus. Sodann wird Homunkulus vom ratsuchenden Thales zu Nereus und zu Proteus geführt und vereinigt sich, als Höhepunkt des großen erotischen Meeresfestes in den Felsbuchten des Ägäischen Meeres, mit der Meeresgöttin Galatea, eine erotische Vermischung der Elemente Feuer und Wasser. Faust und Mephisto sind bei dieser erfüllten, orgasmischen Feier nicht mehr zugegen.
In der *Klassischen Walpurgisnacht* wimmelt es von mythologischen Figuren und Figürchen. Greife, Sphingen, Ameisen, Arimaspen, Sirenen, Nymphen, der Flußgott Peneios und der Kentaur Chiron, Manto und Seismos, Pygmäen, Daktylen, Kraniche, Lamien, Phorkyaden, Nereiden, Doriden, Tritone, Psyllen, Marsen und Telchine, also Mischwesen, Fluß-, Erd- und Meeresgötter treten in einer Vielzahl hervor und überwuchern in »republikanischer« (Goethe) und schwer zu bändigender Weise die Wege der beiden Zentralfiguren Faust und Mephisto. Damit ist jegliche Linearität gesprengt. Vor allem Mephisto flüchtet geradezu vor dem wie auf einem riesigen Tableau ausgebreiteten Chaos.

Erichtho, die von einer jungen Darstellerin gespielt wird, ist eine alte Frau. Der Klang ihrer Stimme ist alt, schwarz, düster, undeutlich, opak und nicht zu laut, da sie ein Selbstgespräch führt. Sie spricht keinesfalls distanziert-objektiv, sondern als Weise, Wissende seufzt sie leiderprobt über die unentrinnbare Zyklik geschichtlicher Prozesse: »Wie oft schon wiederholt sich's!«. Dem Publikum gegenüber nimmt sie eine leichte Abwehrhaltung ein.

Wenn Erichtho am Schluß hastig abgeht, versucht sie, mit wehendem schwarzen Gewand Riesenschritte zu machen. Dabei blickt sie sich mehrfach angsterfüllt um, was ihrem Abgang eine unheilvoll-dramatische Wirkung verleiht.

Steins Vorstellung von der folgenden Szene entspricht dem Besuch eines Antikenmuseums. Die Luftfahrer Faust, Mephisto und Homunkulus landen mit ihrem Zaubermantel und besichtigen staunend die lebenden Exponate. Ägyptische Sphingen lagern ruhig auf den Pharsalischen Feldern als primordiale, metamorphotische Mischformen von Tier und Mensch. Aus der vorolympischen und olympischen Götterzeit stammend, sind sie Garanten im historischen Wandel und

Stymphaliden, aus: *Antichità di Ercolano* (1757)

springen spielerisch – im Sinne archäologischer Scherze – zwischen verschiedenen Zeitschichten hin und her. Mephisto, der Nordländische, Harzgebundene, dem die Antike mit ihrer Nacktheit fremd und unheimlich ist, faßt Zutrauen zu den Sphingen und bittet sie um ein Rätsel. Die Greife hingegen, mythologische Vögel, die ihre Klauen auf Schätze legen, versuchen, ihn mit ihren knarrenden Stimmen zu verjagen. Nach einer kurzen Zwistigkeit zwischen Ameisen und Arimaspen beginnen die Sirenen verführerisch von den Bäumen herabzuflöten. Faust tritt »staunend wie ein junger Kunstgeschichtsstudent« (Stein) heran, der seine mythologischen Kenntnisse, seine Schwab-Bildung nun an der griechischen Realität direkt überprüfen kann. Von den Sphingen bekommt er den Rat, den Kentaur Chiron nach Helena zu fragen. Er eilt davon, während Mephisto sich in Richtung der Lamien aufmacht.

Auf der Bühne werden die beiden Sphingen schräg links angeordnet, die beiden Greife schräg rechts. Die beiden Sirenen befinden sich am rechten Bühnenrand auf einem Podest. In der Mitte der Bühne wird der Zaubermantel mit dem schlafenden Faust abgeladen. Während er sich langsam erhebt, teilt Mephisto dem Publikum zustimmungsheischend seine Aversion gegen alles Antike mit. Dann stellt er sich den Fabelwesen vor. Die Greife sind knarrend-aggressiv, und kniend schlagen sie ruckhaft und in immer gleicher Weise mit ihren spitzen Metallkrallen auf den Boden. Die Ameisen krabbeln mit ihren Händen, die später mit Leuchtfarbe besonders hervorgehoben werden sollen, hektisch auf dem Boden umher und beladen sich mit unsichtbaren Schätzen. Die Arimaspen, eigentlich ein einäugiger Volksstamm, hier aber als Grillen aufgefaßt, stehlen den Schatz der Ameisen: sie hüpfen parallel heran, raffen gierig, lachen dann meckernd wie Verschwender und vertilgen ihre Beute automatenhaft. Nach dieser kurzen Raubepisode nimmt Mephisto behaglich Platz zwischen den Sphingen, die mit Löwentatze und betonter Brust reglos nebeneinanderlagern. Sie sprechen unisono, vollkommen monoton und gelangweilt.

Stein merkt an, daß Mephisto ein Vertreter des Niedergangs ist, der an Oswald Spenglers *Untergang des Abendlands* erinnert: Da Mephisto weiß, daß Sphingen immer Rätsel aufgeben, bittet er sie darum. Dann aber korrigiert er sich sofort, davon überzeugt, daß die Sphingen dazu gar nicht mehr in der Lage sind. Daher bittet er sie einschränkend nur um »Scharaden«, die kleinbürgerliche Rätselvariante der Goethezeit.

Faust erscheint. Er wirkt sehr jugendlich und durchaus ernst. Sein Kommentar des ›Antikenmuseums‹, »im Widerwärtigen große tüchtige Züge«, transportiert die Ästhetikdebatte der Goethezeit. Denn das »Widerwärtige« bezieht sich auf die Integration der archaischen Kunst in die Ästhetik, als die Neuentdeckung der dorischen Kunst um 1750 das hellenistische Weltbild der harmonischen Proportionen zunächst ins Wanken geraten ließ.

Nachdem Faust auf der Suche nach Helena davongeeilt ist, wird Mephisto weiterhin eingeschüchtert, diesmal von den durch die Luft zischenden Stymphaliden und den Köpfen der Lernäischen Schlange, die hier durch Bälle markiert werden. Verdrossen wendet er sich in Richtung der Lamien, um zumindest bei den vermeintlich schönen Frauen auf seine Kosten zu kommen.

## Peneios

Faust begibt sich zum Fluß Peneios. Von Nymphen umsäuselt, droht er am Ufer fast schon wieder in den Traum abzugleiten. Doch das eilige Hufgetrappel des weisen Kentauren Chiron läßt ihn aufhorchen. Es gelingt Faust nicht nur, auf den Rücken des rastlosen Chiron aufzusitzen und sich durch den Fluß tragen zu lassen, sondern sogar, den wortkargen, resignierten Pädagogen in ein Gespräch über Helena zu verwickeln. Bei den Erinnerungen an Helena, die auch einmal auf seinem Rücken gesessen hat, gerät Chiron ins Schwärmen und bringt Faust zu Manto. In Steins Deutung führt Manto Faust als eine Art zweiter Orpheus in die Unterwelt, wo er für eine längere Zeit verweilt und zum Dichter wird.

Auf der Bühne liegt ein schwarzes Dreieck, das im weiteren Verlauf der *Klassischen Walpurgisnacht* als Berg aufgerichtet wird. Peneios, der Flußgott, der eine langes, schwarzes Gewand trägt, kriecht kraulend und sich windend schräg auf die Bühne und bleibt in der Mitte liegen. Die drei grüngekleideten Nymphen kommen mit einer weiteren Stoffbahn heran, die sie wie fließend bewegen und hinter Peneios ablegen, so daß sich eine lange Stoffbahn als Fluß schräg durch den Raum erstreckt. Zuerst schläft Peneios, dann nimmt er eine typische Flußgottpose ein. Die Nymphen lis-

»Wundersam! auch Schwäne kommen aus den Buchten hergeschwommen« (Vers 7295f.)
Nymphen und Schwäne, aus: Johann Heinrich Tischbein, *Oldenburger Idyllen* (1817/20)

peln und säuseln, Peneios erwacht, spricht, sinkt wieder schlafend zurück und macht leichte Schlafbewegungen. Daraufhin kommt Faust, wie Narziß, auf den Knien an den Fluß heran und lauscht. Er ist, so Stein, an dieser Stelle ein schwerkranker Mann mit mentaler Behinderung und körperlich schwach. Seine eigentliche Krankheit besteht darin, immer wieder in den Traum abzugleiten. Zwar wehrt er sich dagegen (»ich wache ja«), aber dennoch projiziert er seine schon einmal geträumten Träume in diese Szene (»Sind's Träume? Sind's Erinnerungen?«). Fausts durchaus krankhafter Fixierung auf Helena haftet etwas Ewig-Pubertäres an. Der Traumstoff, der Faust seit seinem Schlaf im Studierzimmer beschäftigt, besteht aus einem auf die Antike zurückgehenden, renaissancegemäß aufgearbeiteten Bild, das Helenas Mutter Leda mit dem Schwan vorstellt.

Faust legt sich erschöpft ans Flußufer. Die Nymphen nähern sich ihm verführerisch, säuseln, pusten ihn sacht an, bezirzen ihn und holen ihn aus seinen Träumen heraus. Eine Nymphe windet sich mit fließenden Bewegungen zunächst unter dem Arm des schlafenden Peneios hindurch, um die Zusammengehörigkeit der Flußwesen auszudrücken, dann kriecht sie im Stoff-Flußbett herauf und herunter. Eine andere Nymphe steht vorne am Ufer und bewegt ihre nach oben gestreckten Arme und Hände in der Nachahmung von Schilfgeraschel, dessen Ton sie zusätzlich durch raschelnde Geräusche unterstützt.

Langsam richtet Faust sich aus seiner Liegeposition auf und geht auf die Knie. Vor ihm befindet sich ein imaginärer See, auf dem Schwäne schwimmen. In einem großen Panoramaschwenk beschreibt Faust fast stenogrammstilartig die Geschehnisse auf diesem See, in dessen Schilfgebüsch die »hohe Königin« der Begattung durch den größten und auffälligsten Schwan harrt. Diese Bilder erzeugt Bruno Ganz nicht durch Gesten, sondern allein durch die Sprache und seinen Blick.

Chiron kommt mit seinem Kentaur-Rollengestell leicht stampfend heran. Der Abgang der Flußwesen, die nun nicht mehr benötigt werden, könnte sich folgendermaßen gestalten: die drei Nymphen und der Flußgott winden sich durch die geschlossene, übergeschlagene Stoffbahn, so daß der Zuschauer nur die wellenförmige Bewegung unter dem Stoff sieht. Beim Davonkriechen ziehen sie die Stoffbahn hinter sich her und gehen ab.

Bruno Ganz sitzt auf das Kentaurgestell auf und probiert Damensitz und Herrensitz aus. Aufgrund des intensiven Dialogs zwischen Faust und Chiron während des Rittes wirkt diese Szene wie eine bewegliche Miniaturbühne.

Chiron, der alte und weise Kentaur, ist trotz seiner Eile nicht nervös, sondern eher resigniert. Alt ist er nicht körperlich, da Kentauren niemals altern, sondern aus der Erfahrung, die er als Arzt, Ratgeber und Erzieher gewonnen hat. Erst im Laufe der Unterhaltung mit

Leda und der Schwan (links); Chiron als Lehrer des Achill (rechts), aus: *Antichità di Ercolano* (1757)

Der Kentaur Chiron mit dem jungen Achill, Bandhenkelamphora (um 520 v. Chr.)

Faust, wenn nämlich das Gespräch auf Helena kommt, gerät er in Wallung und spricht fast wie ein Verliebter. Fausts Aufgabe besteht darin, Chiron, der zunächst sehr wortkarg ist, zum Sprechen zu bringen. Anfangs versucht Faust, Chiron bei seiner Arztehre zu packen. Danach beginnt er sich einzuschmeicheln, was Chiron sogleich decouvriert. Von den Argonauten, deren Erzieher und Ratgeber er war, spricht er belehrend. Den Satz »gesellig nur läßt sich Gefahr erproben: wenn einer wirkt, die andern alle loben« deutet Stein als eine seltsame Beschreibung von Gemeinschaft, die ihn fast an ein Ensembletheater erinnert.

Von Herakles, dessen Lehrer er war, spricht Chiron schwärmerisch und schwelgt in sentimentalen Erinnerungen. Bei seinem – von Faust geschickt lancierten – Gedenken an Helena bricht bei ihm der dritte oder ewige Frühling aus. In seiner grenzenlosen Bewunderung für Helena erscheint Chiron nicht ihre ideale Schönheit, sondern ihre Anmut als das Anziehendste.

Chiron schließlich verspricht Faust Heilung durch die Künste Mantos, der Tochter des Äskulap. Da Faust aber in seine Krankheit, eine Frau abgöttisch zu lieben, vernarrt ist, muß er sich gegen Chirons Heilungsbemühungen zur Wehr setzen.

Manto wirkt halbbetäubt. Sie spricht langsam und ruhig und hat eine traumwandlerische, entrückte Ausstrahlung. Nach ihrem Dialog mit dem rastlosen Chiron über den ewigen Zwiespalt zwischen den Seßhaften und den Nomaden führt sie Faust schließlich auf den langen Weg, der zur Unterwelt hinabgeht. Damit ist Fausts Irren über verschiedene Schauplätze der *Klassischen Walpurgisnacht* an ein Ende gelangt.

## Am oberen Peneios wie zuvor

Am oberen Peneios, wo die Sphingen lagern und die Sirenen baden, verursacht Seismos ein Erdbeben, durch das ein neuer Berg entsteht. Mit den terrestrischen Umbrüchen kommen goldklaubende Ameisen und zwergenhafte Figürchen, die Pygmäen, hervor. Im Zeitrafferverfahren wird nun ein Staatswesen gegründet, das sich sofort in kriegerische Auseinandersetzungen verstrickt. Mephisto, der sich in diesem Tohuwabohu auf den vertrauten Blocksberg zurücksehnt, wird von den schönen Lamien angelockt, die sich, sobald Mephisto sie erregt ergreift, in Besenstiele, Eidechsen oder Boviststaub verwandeln. Mephisto ist verzweifelt und irrt in fast mitleiderregender Weise am Fuß des neuen Berges entlang, bis ihn die Nymphe Oreas darauf hinweist, daß dieser Berg künstlich, eine Phantasmagorie, also bloßer Theaterzauber ist. Plötzlich schwebt Homunkulus heran, Mephisto zieht seiner Wege, und mit einem kühnen Sprung werden plötzlich die beiden Vorsokratiker Thales und Anaxagoras eingeführt. Während sie sich über den Ursprung des Lebens und des Kosmos streiten, gesellt sich Homunkulus zu ihnen. Der ruhige, freundliche Thales vertritt die evolutionäre Auffassung der Entstehung allen Lebens aus dem Wasser, der cholerischere Anaxagoras hingegen sieht seine vulkanisch-revolutionäre Weltentstehungstheorie durch den neu entstandenen Berg bestätigt. Ein Fels fällt vom Mond auf den Berg herab und zerquetscht alle hervorgekrabbelten Kleinwesen. Thales nimmt sich des Homunkulus an und begibt sich mit ihm zum krönenden Meeresfest.

Mephisto aber verkriecht sich zuvor im finsteren Loch, in dem die Phorkyaden hausen. Er verwandelt sich ihr abstoßendes Äußeres – ein Auge, ein Zahn – an, bedient sich also einer häß-

*Paulus im Gefängnis von Philippi*, Kupferstich von Pietro S. Bartoli nach Raffaels Bildteppich im Vatikan. Goethes Bildvorstellung zu *Seismos*

»Regie bedeutet ein paar Pausen einbauen. Mehr kann man sowieso nicht machen.« (Peter Stein)

lichen Theatermaske, so daß sich die Szene endgültig in »Maskenspaß« (Goethe) auflöst.

In sehr transparenter Weise bietet diese Szene eine varietéartige Abfolge von Nummern dar.

Das Bühnenbild besteht aus einem großen Dreieck, das den Berg vorstellt, der von Seismos nach oben gedrückt wird. Dieser Berg ist mit einer Metallplatte überzogen, auf die dann mit Magneten die gesamte Szenerie in abstrahierten Kürzeln wie auf eine Schultafel angeheftet wird.

Die Sirenen stürzen sich zunächst fröhlich plantschend ins Wasser. Stein weist darauf hin, daß sie den Satz »Ohne Wasser ist kein Heil«, der ja eigentlich ein Thales-Satz ist, ernst sprechen müssen. Dann setzt das Erdbeben ein. Die Sirenen zeigen pantomimisch, wie sie sich ans sichere Ufer zurückretten, wie im Albtraum stemmen sie sich mühsam gegen die Flußströmung. Auch die Sphingen und die Greife beginnen zu beben, zu schlottern und zu zittern. Während Seismos den dreieckigen Berg aufrichtet, schlägt er den Ton eines Bühnenarbeiters an, der pragmatisch meint, daß ohne ihn gar nichts funktioniere, da schließlich er hier alles gebaut habe »und nicht diese Künstler« (Stein). Um eine aufgesprühte Goldader werden nacheinander See, Hügelchen und Bäume auf den Berg geheftet. Es folgen die Ameisensprecher, die die magnetischen Ameisen befestigen, die Pygmäen, die sich wie Kinder an den Händen halten, ihren Text wie ein Gedicht aufsagen, die Pygmäenfigürchen anheften und knicksend abgehen, die Daktylen, der Pygmäen-Älteste und der Generalissimus, der eine Armee und zwei Reiher anbringt.

Danach ziehen die fünf Lamien eingehakt und verlockend hüftschwenkend vorüber.

Mephisto, der durchaus mißtrauisch ist, erinnert sich in dem Ton ›ach ja, zu Hause, da weiß man, was man hat‹ an die Walpurgisnacht im Harz. Die Lamien strecken ihre Köpfe übereinander hinter dem Berg hervor, so daß sie wie eine Mischung aus Lernäischer Schlange und Kinderprogramm wirken. Wenn Mephisto wieder auf die Lamien zu sprechen kommt, strecken drei schnalzend und animierend ihre Köpfe hervor, und auf der anderen Seite winken zwei verführerische Beine. Schließlich treten die Lamien auf und füllen die Bühne als Gruppe. Sie ziehen Mephisto hinter sich her, flüchten spaßeshalber, tauchen plötzlich überraschend wieder auf, und Mephisto versucht in Erregung, deutlich und direkt zuzupacken. Da tritt die Empuse, halb Esel, halb Frau, unbemerkt dazwischen und verschafft sich Raum. Die Lamien, die sie als extrem aufdringliches Wesen kennen, weichen resigniert zurück und überlassen der Empuse, die eine große »Verdrängerin« (Stein) ist, die gesamte Bühne. Sie springt mit ihren hufartigen Schuhen über die Bühne, stößt röhrende Iah-Schreie aus und klammert sich klettenartig an Mephisto. Sie ist sehr aktiv, kraftvoll, bühnenbeherrschend, bis sie von der Szene weggeschleift wird.

Es folgen in schnellem Wechsel die Verwandlungen der Lamien in Gegenstände, Besen und Maske, sie müssen kurz ins Licht gehalten werden, um sie dem Publikum zu zeigen, bevor sie weggeschleudert werden, ebenso die Gummischlange bzw. -eidechse und die »Thyrsusstange«. Bei der Annäherung an die ›Quammige‹ platzt ein Luftballon und läßt weißen Staub zurück. Später dann werden die einzelnen Nummern besonders angeleuchtet, während die übrigen Lamien im Dunkeln sind. An dieser Stelle wird deutlich, daß es um eine Vorführung von Requisiten, ja um eine Vorführung der Behandlung von Requisiten geht.

Mephisto irrt verzweifelt durch das Geröll des neu entstandenen Berges. Die Bergnymphe Oreas spricht ihn an. Sie muß die Atmosphäre brechen. Im Gegensatz zu dem vorhergehenden Klamauk soll sie einen goethehaft-hohen Ton anschlagen, weihevoll sprechen und dabei wie selbstverständlich die Ruhe einer Bergpriesterin ausstrahlen. Oreas beruhigt Mephisto über den neuen Berg, da sie weiß, daß solche Späße, so Stein, »jeden zweiten Donnerstag« passieren. Mephisto ist verzweifelt, er weint, sucht seine Sphingen und fühlt sich von der ganzen Reise betrogen.

Thales und Anaxagoras treten auf. Anaxagoras spricht sehr engagiert, Thales hingegen möglichst ruhig, freundlich und gelassen. Beide, so will es der Text, reden aneinander vorbei.

Nach der Kranichattacke, bei der die Kraniche gezielt einzelne Magnetfigürchen vom Berg abgelöst haben, fällt

Pygmäen im Kampf mit Kranichen, aus: Zahn, *Die schönsten Ornamente* (1828–1859)

Anaxagoras in Verzweiflung. Die beiden Sprecher der Kraniche des Ibykus üben skizzierend, wie sie mit ihren Pappkranichen an Stöckchen eine Art gaukelnde Kranichwolke herstellen können. Sie vollführen Schlängelbewegungen umeinander, ziehen die Linie einer Acht und probieren, wie sie unter den angehefteten Figürchen mit ihren Kranichen ein Zerstörungswerk anrichten können, das allerdings, so Stein, gezielt und organisiert sein muß und nicht ungerichtet destruktiv. Anaxagoras ist einerseits verzweifelt, weil ihm sein Spielzeug, die Pygmäen, kaputt gemacht wurde; andererseits ist er auf unheimliche Weise ergriffen, weil der Mond herabzufallen scheint.

Wenn dann auch der Berg angeschlagen ist, durch den vom Mond herabgestürzten Fels, werden die übriggebliebenen, angehefteten Figuren und Naturteilchen von zwei Schauspielern wie von Bühnenarbeitern mit dem Besen heruntergefegt und weggekehrt, so daß der Berg wieder frei ist. In seine Spitze ist ein Krater geschlagen.

Mephisto lehnt sich an einen Baum, der, als die Baumnymphe Dryas, plötzlich zu sprechen beginnt. Dryas trägt ein dunkelgrünes Baumgewand, das sie nach oben halten kann, so daß nur der Kopf in der Mitte zu sehen ist und der Rest wie eine Baumkrone wirkt. Sie spricht zunächst in einem ruhigen, weisen Ton; erst, wenn sie Mephisto zu den Phorkyaden schickt, kommt eine Spur Hinterhältigkeit in ihre Stimme.

Die Phorkyaden tragen schwarze, auch über den Kopf gezogene Gewänder. Sie haben einen weißen Zahn und ein großes Auge, die sie während ihrer Partie langsam, aber unablässig austauschen. Zu Zwitscher- und Pfeifgeräuschen macht das »Dreigetüm« (Goethe) ruhige, langsame, schlangenhafte Bewegungen und wirkt wie eine schwarze Laokoongruppe.

Beim Durchlauf bekommt die Szene einen sogartigen, prasselnden, atemlosen und extrem schnellen Charakter, so daß ein Eindruck den vorhergehenden bereits auszulöschen scheint. Das Ganze ist äußerst unterhaltsam und wirkt am letzten Probentag des Jahres 1999, dem 31. Dezember, wie ein richtiges Silvesterstück.

## Felsbuchten des Ägäischen Meers

Das Meeresfest in den Felsbuchten am Mittelmeer findet in lunarer Atmosphäre statt, der Vollmond verharrt »im Zenit«. Im Getümmel der unablässig durch das Wasser ziehenden Meereswesen gibt es zwei Fixpunkte: einmal die Sirenen, die auf einer Klippe sitzen, den Mond beschwören, als Gastgeber zum Fest des freischwebenden Eros einladen und die festlichen Geschehnisse kommentieren, zum anderen die Höhle des Meeresgottes Nereus. Dieser verkörpert die Felsbucht und ist Vater einer großen Töchterschar, der Nereiden und der Doriden, unter denen Galatea die schönste ist.

Die Kugel des Homunkulus fliegt mit einem Flugwerk herein. Homunkulus, einer der drei »Luftfahrer« zu Beginn der *Klassischen Walpurgisnacht,* möchte als Lebewesen entstehen, und wird daher von Thales zu Nereus gebracht wird. Dieser aber, sauertöpfisch, mürrisch und des Ratgebens müde, will sich in seiner Vorfreude auf die Vorbeifahrt seiner Tochter Galatea nicht stören lassen und verweist die beiden an Proteus.

Johann Wolfgang von Goethe, Sirene (1826)

Derweil bringen die Nereiden und Tritonen die Kabiren herbei, drei kleine irdene Töpfe, die als glücksbringende Gottheiten verehrt werden. Ihre Anzahl ist ungewiß, und es heißt von ihnen »doch alle noch nicht fertig«. Mit den Kabiren, merkt Stein an, wird die Offenheit und Beweglichkeit des mythologischen Denkens vorgeführt, ein Denken, das nicht linear ist, sondern der Traumstruktur oder dem Denken von Kindern ähnelt. Die Schriftlichkeit, also auch schon die antike Tragödie, legt das mythologische Denken fest, macht es überprüfbar, läßt es gerinnen und ruiniert es dadurch. Ein wichtiges Thema der *Klassischen Walpurgisnacht* wie des gesamten *Faust* ist die Spannung zwischen dem Diskursiven und der Mythologie.

Dem verwandlungsfähigen, neugierigen Proteus gelingt es schließlich, den Wunsch des Homunkulus, als Lebewesen zu entstehen, zu erfüllen, indem er Homunkulus als Delphin ins Meer transportiert. Die Telchine, mythologische Schmiede, kommen von Rhodos, der Heimat der Sonne, des Helios, heran, um am Meeresfest teilzunehmen, gefolgt von den Psyllen und Marsen, den Kutschern des Liebeswagens der Venus. Die Mythologie besagt, daß Venus sich nach Adonis' Tod nach Paphos zurückgezogen hat, woraufhin es keine Liebe mehr auf der Erde gab. Galatea aber bittet Venus um ihren Muschelwagen, auf dem sie dann von den Meereswesen durch das Mittelmeer gefahren wird, wodurch sie die Liebe wieder in die Welt zurückbringt.

Nackt im Muschelwagen stehend fährt sie an ihrem hingerissenen Vater

Nereus vorbei. Da zerschellt die Glaskugel des Homunkulus an ihrem Wagen in feurig-orgasmischer Weise. Dieser Höhepunkt, der sich wie ein Flächenbrand ausbreitet und alle Meereswesen erfaßt, diese Vermischung der Elemente Feuer und Wasser, steht am Ende der *Klassischen Walpurgisnacht* als großer, ergreifender Triumph des Eros.

Die Grundhaltung, mit der dieser Text gesprochen wird, ist die des hohen Stils. Obwohl es auch ironische Passagen gibt, darf die Ergriffenheit keinesfalls dem Scherz geopfert werden. Zum gesprochenen Wort ertönt eine Musikbegleitung, ›musica lunare‹, die auch Wasser-, Vogel- und Muschelhorngeräusche aufnimmt.

Das Bühnenbild besteht aus einem doppelten, hintereinandergestaffelten Halbkreis, dem Meer der Felsbucht. Der Halbkreis wird links von der spitzzulaufenden Landzunge begrenzt, in der sich die Höhle des Nereus befindet, und rechts von den abfallenden, vorn gekappten Felsklippen, auf denen die Sirenen lagern. An der Decke befindet sich der Vollmond. Im schwarz ausgeschlagenen Halbkreis tummeln sich die Meereswesen, präsentieren die Kabiren und ziehen Galateas Muschelwagen vorbei. Der erotische Höhepunkt, die Verschmelzung von Homunkulus mit dem Meer, soll von einer Videoinstallation begleitet werden: im vorderen, dem Publikum zugewandten Halbkreis zeigt eine Kette von Bildschirmen das bewegte Bild der Vermischung von Feuer und Wasser.

Die drei Sirenen lagern auf dem Felsen, trällern kunstvoll und beginnen ihren Sprechgesang. Sie schlagen einen Sprechbogen zum Mond hinauf, der dann auf alle herabstrahlt. Die Lautfolge »mildblitzend Glanzgewimmel« zelebriert die Darstellerin genüßlich wie ein dadaistisches Gedicht. Da die Sirenen aufgefordert sind, »hohe Lieder« zu singen, schlagen sie in dieser Szene einen anderen Ton an als im ersten Teil der

Johann Wolfgang von Goethe, Italienische Küstenlandschaft bei Vollmond (1787)

*Klassischen Walpurgisnacht,* wo sie säuseln, kreischen und fiepen konnten. Technisch sind sie perfekt, aber Stein rät ihnen, noch mehr Färbungen wie Wärme, Neugierde und Feierlichkeit in ihre Passagen hineinzubringen.

Die Nereiden und Tritonen sind geschmückt mit Ketten, goldenen Gürteln und Krönchen. Von der Halbkreisbrüstung verdeckt, bewegen sie sich schwingend, wellenförmig und schaukelnd auf Rollschuhen (inline skates) in der Meeresrundung, was, zusammen mit den Schwimmgesten, ihrem Meereswesencharakter sehr zugute kommt. Sie kommen hereingefahren, umschlingen sich im Tanz, und die Tritonen blasen Muschelhörner.

Thales ist als Typus weise, mild, ohne jegliche Polemik. Er neigt zu Verwunderung und spricht sehr freundlich zu allen, allerdings in Prosa. Zwischen ihm und Homunkulus entstehen durch Widersprüchlichkeiten – soll Thales bei Nereus anklopfen oder nicht – spannungsvolle Miniaturdramolette.

Auf Thales' Klopfen hin spricht Nereus zuerst aus dem Off, dann taucht er mit gequältem Gesichtsausdruck hinter der Landzunge auf. Während er sich robben- oder walfischartig an Land wälzt, spricht er zunächst miesepetrig, grummelnd, verzweifelt und resignativ, weil er durch den ratsuchenden Thales an die Vergeblichkeit seiner früheren Ratschläge an Paris und Odysseus erinnert wird. Doch seine Haltung verändert sich schlagartig, wenn er von seinen Töchtern, vor allem von Galatea, erwar-

Thessalische Zauberfrauen, aus: Hamilton/Tischbein, *Collection of Engravings* (1795)

Tritonen und Hippokampen, aus: *Antichità di Ercolano* (1757)

tungsvoll zu schwärmen beginnt. Dazu summen die Sirenen erstmalig das sehr eingängige musikalische Galatea-Motiv. Thales aber, der ein guter Mensch ist, verführt Nereus schließlich doch zum Ratgeben: dieser verweist Thales und Homunkulus an Proteus.

Die Sirenen führen das Ritardando des Wahrnehmungsprozesses vor, wenn sie langsam die zurückkehrenden Meereswesen in der Ferne ausmachen. Die Tritonen und Nereiden präsentieren die Kabiren, Tontöpfe auf Schildkrötenpanzern aus Pappmaché. Dabei ist ihr Ton ernst und hoheitsvoll, beharrlich und beruhigt. In diesem Moment vollführen die Nereiden und Tritonen keine schwingenden Wellenbewegungen mit ihren Rollschuhen mehr, sondern es entsteht durch ihre Feierlichkeit und Getragenheit der Eindruck, als sei das Meer, das Mittelmeer, spiegelglatt. Die Ernsthaftigkeit, mit der die Kabiren vorgeführt werden, rührt von der Autorität her, die von ihrer Göttlichkeit ausgeht. Bloße Tontöpfe mit solcher Autorität aufzuladen, ähnelt dem Vorgang der Transsubstantiation, bei der einfaches Brot als Leib des Herrn geheiligt wird. Dennoch wird diese Ernsthaftigkeit durch den Text auch wieder gebrochen (»sind eigentlich ihrer Sieben … dort west't wohl auch der Achte, an den noch niemand dachte«), und die fröhlichen Schwimm- und Ruderbewegungen der Nereiden und Tritonen, die Bewegungen ihres Meerestanzes reagieren unmittelbar darauf.

Proteus versteckt sich zunächst, hält Thales zum Narren und hetzt ihn dreimal durch den Raum. Dann taucht er mit einem Schildkrötenpanzer auf dem Kopf auf, weil er als neugieriges Wesen den Homunkulus betrachten möchte. Thales und Proteus sprechen wie Freunde, denn sie haben die gleichen Auffassungen vom Wasser als Quell allen Lebens und damit die gleiche evolutionäre Weltanschauung. Jeder Zeile in dieser Passage müssen wechselnde Klangfarben unterlegt werden, denn sonst »drückt die Verslast die Sprecher unter Wasser«, entgegen der Absicht Peter Steins, der den Thales-Darsteller gewissermaßen aus dem Wasser auftauchen sehen will. Unterdessen erzeugen die Sirenen heulende Sirenentöne.

Die drei Telchinen werden auf einem Rolltisch bis zum Scheitelpunkt der Meeresrundung gefahren. Mit ihrem Dreizack, einem Meisterstück ihrer mythologischen Schmiedekunst, stehen sie da und beginnen in arrogantem Ton zu sprechen. Ihr Text weist einen gleichmäßigen, viel prosaartigeren, gedehnteren Rhythmus als die sonstigen Chorlieder auf. Die Sirenen, die lässig auf dem Felsen ausgestreckt sitzen und wie beiläufig singen, teilen den Telchinen zwar mit, daß sie, die »Helios Geweihten«, die Sonnenanbeter, hier beim lunaren Fest eigentlich fehl am Platze sind. Die Telchinen aber sind große Angeber, die sich damit brüsten, daß bei ihnen auf Rhodos alles hell und klar und nicht so feucht und dumpf wie hier ist. Mit dieser Prahlerei ziehen sie vorbei und verschwinden wieder.

Der Ton zwischen Proteus und Thales ist sehr warm, wenn es um Homunkulus geht. Proteus beginnt zunächst sehr poetisch zu sprechen, dann aber, wenn er dem Homunkulus abrät, ein Mensch zu werden (»dann ist es völlig aus mit dir«), wird sein Ton spöttisch und abfällig, bis er mit einer Fischpirouette ins Wasserrund springt und sich in einen Delphin verwandelt.

Die drei Psyllen und Marsen bringen den leeren Muschelwagen, lassen ihn einmal in der Rundung kreisen und sprechen sehr ernst. Sie sind die Kutscher des Liebeswagens, sie kümmern sich um die »Lafette der Liebe« (Stein). Mit verhaltener und zügiger Stimme berichten sie davon, daß ihnen die Wechselfälle der Geschichte, Mord und Krieg, gleichgültig sind, durch alle Unbilden des Lebens lenken sie den Wagen. Hinter dem Muschelwagen wer-

Johann Wolfgang von Goethe, Delphinreiter (wahrscheinlich um 1789/90)

den sie kaum zu sehen sein; daher legt Stein Wert darauf, daß ihre Passage ganz aus der Sprache heraus wirkt, aus dem Wechsel zwischen hartem Rhythmus und poetisch-weichen Stellen.

Die Doriden kommen mit ihren Schifferknaben in die Rundung gefahren. Alle sind weiß gekleidet. Die Doriden präsentieren Nereus die in ihren Armen liegenden Schifferknaben als zukünftige Gatten. Nereus, der am Ufer umhertrudelt, umherplanscht, auf einem Rollenstuhl umherrollt, so daß immer nur sein kreisender, schlingernder Oberkörper sichtbar ist, lehnt es väterlich-weise ab, die Schifferknaben in die Götterwelt aufzunehmen, da er weiß, daß es für seine Töchter keine Ewigkeit der Liebe gibt. Daraufhin stoßen die Doriden ihre Gatten ins Meer, also von den Rolltischen hinab. Nach dieser fast burlesken Einlage klammern sich die Schifferknaben an den Doriden fest und verlassen mit ihnen zusammen die Rundung.

Galatea kommt, nackt im Muschelwagen stehend, herangefahren. Ihre Fahrt ist so schnell, daß sie nur einen ganz kurzen Dialog mit Nereus führen kann, der in sehnsüchtige Begeisterung, ja Verzückung gerät.

Der »Chorus der sämtlichen Kreise« besteht aus den Nereiden und Doriden, den Psyllen und Marsen, den Telchinen, Doriden und Schifferknaben, die »in gedehnten Kettenkreisen« alle mit Rollschuhen in und hinter der Meeresrundung entlangfahren, so daß sich vier doppelt gegenläufige Bewegungen ergeben. Dadurch wird eine große, schwingende, beseelte Wellendynamik erzeugt.

Nereus, der durch die sich verdichtende Atmosphäre immer aufgeregter und gespannter wird, spricht sehr schnell, wohingegen Thales zunächst einen wissenschaftlichen Ton anschlägt, sich dann aber zu spannungsvollem Pathos steigert.

Am Ende schwebt Homunkulus in seiner Glaskugel über der Mitte der Rundung. Die langausgreifenden Bewegungen der Meereswesen hören auf. Da Homunkulus eine starke Ausstrahlung hat, kann niemand mehr an ihm vorbeischwimmen bzw. -fahren. Es bilden sich zwei Gruppen rechts und links der Mitte. Galatea befindet sich in ihrem Muschelwagen hinter der Homunkulus-Kugel. Die beiden Gruppen schwanken erst, dümpeln hin und her, kommen sich immer näher, drehen und winden sich wie mit Tentakeln umeinander, wälzen sich langsam übereinander wie in Zeitlupe, so daß rechts und links zwei große, bewegte, schaukelnde, zärtliche Schlangenpulks entstehen, die Fischblubbern und Walgeräusche ausstoßen.

Währenddessen erzeugen das Summen und die Sprechgesänge der Sirenen eine starke und dichte Atmosphäre.

Sie haben beim Finale eine entscheidende Funktion: sie müssen den begeisterten hohen Ton nicht nur halten, sondern ihn noch steigern. Stein liebt es, wenn eine längere Passage in einer hohen, weihevollen Tonlage ohne Wechsel gesprochen wird. Diese lange Spannung aber durchzuhalten ist eine große Kunst. Zunächst ist der Ton der Sirenen erstaunt und ernsthaft, wenn sie noch nicht einordnen können, was vor ihren Augen geschieht, nämlich die Verschmelzung des Homunkulus mit dem Meer. Hatte Thales zuerst beinahe eine wissenschaftliche Beschreibung des Liebesakts abgegeben (»Symptome des herrischen Sehnens«), so endete seine Passage in einem ruhigen Pathos, das durch die Sirenen gesteigert wird. Nach dem Zerschellen des Homunkulus an Galateas Muschelwagen wird das glühende Licht von den Wogen gebrochen, und schließlich fängt das ganze Meer an zu brennen.

Der Satz »So herrsche denn Eros der alles begonnen« wird von den Sirenen ähnlich breit und sicher gesprochen, wie es Thales eigentümlich ist.

Stein weist darauf hin, daß das »Heil« wie Wellen oder Wasser schwingen muß und nicht die geringste Ähnlichkeit mit einem zackigen »Heil Hitler«-Ruf haben darf. Es sind Beschwörungsgesten. Sie klingen so, als könnten die Sirenen etwas heilen, als wollten sie eine Wunde besprechen. »Heil« wird so weich gesprochen, als wünschten die Sirenen dem Meer alles Gute. Der Verschmelzung mit dem Meer liegt keine normale Orgasmus-Struktur zugrunde. Nach Homunkulus' Zerschellen flacht die Kurve nicht etwa ab. Im Gegenteil beschwören die Sirenen nicht nur das Andauern dieses höchsten Zustandes, sondern sogar seine Ausbreitung, die wie ein Flächenbrand, und immer auf Höhepunkt-Niveau, fortschreitet.

*Der Triumph der Galatea.* Kupferstich von Domenico Cunego (1771) nach Raffaels Wandbild in der Villa Farnesina, Rom

# 3. Akt
# Szene: Vor dem Palaste des Menelas zu Sparta

**Helena und der Chor sind gerade nach langer Schiffsreise in Sparta angekommen und vor den Palast des Menelaos gezogen. Helena, verstrickt in die Erinnerungen ihrer verworrenen Vergangenheit, muß vom sehr vitalen Chor gedrängt und ermuntert werden, den Palast zu betreten. Als sie diesen dann nach kurzer Zeit erschrocken wieder verläßt, bemüht sie sich, dem Chor bildhaft vor Augen zu führen, welches Grauen ihr begegnet ist, nämlich Phorkyas, angebliche Hausverwahrerin, tatsächlich aber der maskierte Mephisto. Als Phorkyas sich dann in der Türöffnung zeigt, bringt der Chor seinen Abscheu über so viel Häßlichkeit in einem langen Chorlied zum Ausdruck, woraufhin Phorkyas den Choretiden das Unheil vorwirft, das durch ihre Verführungskünste ensteht. Obwohl Helena mäßigend einzugreifen sucht, lassen sich Phorkyas und der Chor zu einer boshaften Schimpf-Wechselrede (Stichomythie) hinreißen. Schließlich bereitet Helena dem Streit ein Ende. Sie läßt ihre verworrene Vergangenheit Revue passieren, kräftig unterstützt von Phorkyas, die genüßlich darum bemüht ist, Helenas Verwirrung über ihren eigenen Mythos noch zu vergrößern, bis diese erschöpft durch quälende Identitätszweifel in Ohnmacht fällt. Erst nachdem der Chor ein flehentliches Lied gesungen hat, erhebt sie sich wieder. Phorkyas eröffnet Helena, daß die Opferung, die Menelaos ihr aufgetragen hat, sich auf sie selbst (und den Chor) bezieht. Daraufhin verfallen Helena und der Chor in Erstarrung. Erst nachdem gnomenhafte, fast gotisch wirkende Figürchen das Opfer bereits vorbereitet haben, gibt Phorkyas auf Drängen des Chores die einzige Möglichkeit der Rettung preis und beginnt von Fausts Burg zu erzählen. Daraufhin eilen alle in die angezeigte Richtung, geraten jedoch auf dem Weg in Nebel und halten sich für verloren.**

Der 3. Akt ist ein Antiken-Pasticcio. Die erste Szene hebt mit der Strenge einer griechischen Tragödie an. Goethes Anliegen, die Sprache der griechischen Tragödie grammatikalisch und syntaktisch auf das Deutsche zu übertragen, ist hier meisterhaft vorgeführt. Peter Stein erzählt, daß der griechische Satz kurz und sehr komprimiert ist, da er nur wenige Verben enthält. Der Übersetzer ins Deutsche braucht gemeinhin mehrere Sätze. Aristophanes nannte die Syntax des Aischylos »Bronzegebälkumklammerungszauber«. Goethe versuchte, mittels kompliziert ineinander verschachtelter und verklammerter Satzkonstruktionen und verwirrend fremdartiger, klotziger Partizipbildungen etwas der griechischen Syntax Kongeniales in deutscher Sprache zu schaffen. Stein merkt scherzhaft an, daß der Helena-Akt die beste deutsche Übersetzung einer griechischen Tragödie sei, von der nur leider das Original verloren gegangen sei. Goethe besaß nicht nur weitreichende Kenntnisse von der griechischen Tragödie, sondern auch von den griechischen Theatern selbst, die er auf Sizilien gesehen und in denen er gesessen hatte und durch die er zum Helena-Akt angeregt worden war.

Im griechischen Theater, wie es heute noch in Epidaurus erhalten ist, umgab die Zuschauertribüne die kreisrunde Orchestra zu zwei Dritteln. Tangential zur Orchestra bildete die Skeneia eine rechteckige Fläche; zwischen Skeneia und Tribüne öffneten sich zwei Zugänge, Parodos genannt. Das römische Theater hingegen wies nur eine halbkreisförmige Zuschauertribüne auf.

Diesem Aufbau trägt die Inszenierung Rechnung: Das Bühnenbild besteht aus einer Orchestra von fünfzehn Metern Durchmesser (die antike Orchestra maß zwischen sechzehn und zweiundzwanzig Metern), die während der Proben vorläufig mit einer Kordel vom Zuschauerraum abgetrennt ist. An ihrer Kopfseite erhebt sich die abstrahierte Palastfassade, eine weißverkleidete Wand mit Flügeltür und Stufen davor, wie eine Skeneia. Die Zuschauertribünen werden die Orchestra zu zwei Dritteln umgeben. Betrug die antike Chorzahl zwölf, so agieren hier zehn Choretiden sowie die Chorführerin Panthalis (Elke Petri). Selten sprechen alle Choretiden synchron, vielmehr wird der Text meistens von einzelnen oder einigen Stimmen gesprochen. Trotzdem soll der Chor »wie eine Person wirken« (Stein).

Die Phorkyas-Rolle ist auf zwei Schauspieler aufgeteilt. Die häßlichen, scharfen, bösen, ja extrem bedrohlichen

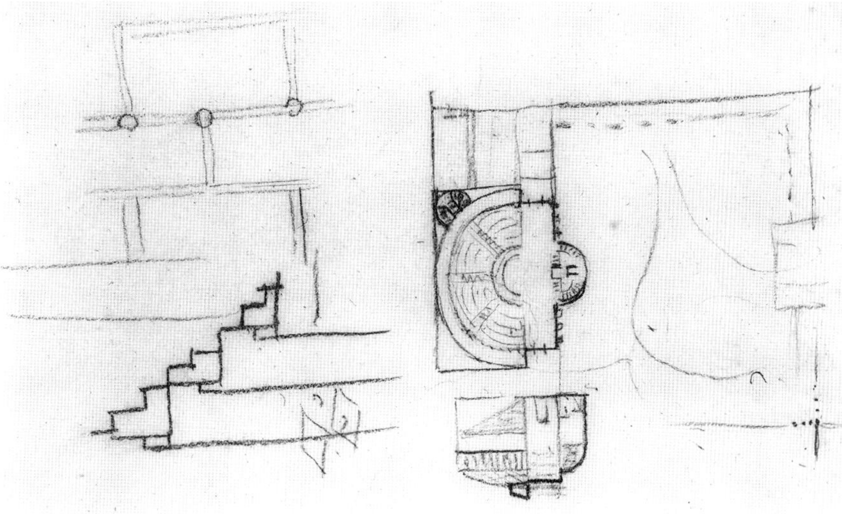

Johann Wolfgang von Goethe, Grundriß und Querschnitt eines antiken Theaters (1825)

Partien wie das Verkünden der Opferung werden von einem Mann (Robert Hunger-Bühler) übernommen, die zugewandteren sowie die zickigen Partien, die »Damenbindengespräche« (Stein) von einer Frau (Christine Oesterlein).

Der Chor zieht im Gänsemarsch, mit Helena an der Spitze, auf die Orchestra ein. Die einzelnen Choretiden befinden sich dabei in einer Distanz von einer Armlänge zueinander. Während in der antiken Tragödie der Chor ein Einzugslied (Parodos) singt, beginnt hier statt dessen Helena mit einem Eingangsmonolog in großartiger, aber auch melancholisch-nachdenklicher Weise, während der Chor sich als Kreis öffnet. In den Helena-Passagen ist das Ziel Sangbarkeit. Daher sollten, so Stein, die Sätze nicht gleichmäßig klingen, sondern von großer Elastizität sein. Erst dann nämlich wird der Text melodiöser Gesang und keine »steinerartige Leier« (Stein). Corinna Kirchhoff soll durch den Ton, die Klangfarbe eine Art Kitt zwischen den einzelnen Sätzen herstellen. Sie probiert verschiedene Möglichkeiten zu sprechen und zu betonen aus und legt drei bis vier davon fest, damit es bei der Aufführung nicht nur eine einzige Möglichkeit der Rezitation gibt, was viel zu starr wäre, sondern improvisiert werden kann.

Helena verkörpert die destruktive Kraft, die von Sexualität ausgehen kann. Sie hat einen zehnjährigen Krieg ausgelöst und will sich nun zurückziehen, ja eigentlich sterben. Gleichzeitig genießt sie es, noch begehrt zu werden. Dieses Changieren zwischen Aktivität und Passivität entwickelt sich zu einem spannungsvollen Zwiespalt. Helena ist das Symbol, das Inbild der Erotik, hat aber bereits den Zenit ihrer Attraktivität überschritten. Vielmehr geht die direkte erotische Anziehungskraft von den Choretiden aus, aktiven Frauen in der Blüte ihrer Jugend. Dem Chor sind die schwermütigen Erinnerungen Helenas zu düster. Daher sind die Choretiden in ihrem ersten Lied bemüht, laut und aufheiternd zu sprechen, indem eine Stimme beginnt und die anderen sich dazuschwingen, während sie sich gleichzeitig dabei drehen, springen und die Arme schwingen. Diese Lebhaftigkeitsgesten werden von den Darstellerinnen mit Leidenschaft und in großer Variationsfülle geprobt.

Helena aber reagiert nicht auf das aufmunternde Chorlied, sondern gibt, davon unbeeindruckt, im gleichen Ton wie zuvor die Anweisungen ihres Gatten Menelaos wieder. Die Helena-Passage ist an dieser Stelle hochkomplex, denn Helena malt aus der Erinnerung ein Bild ihres Heimgangs, zitiert Menelaos und sinniert gleichzeitig über dessen Forderungen. Sobald sie von ihm spricht, muß sie eine »Mehltaustimmung« (Stein) erzeugen. Während ihrer Erzählung von der Reise blickt sie in die Ferne, wenn sie vom Haus spricht, schaut sie zur Palastfassade. Langsam bewegt sie sich zur Mitte, unterstützt von der Chorführerin Panthalis, und der Chor gruppiert sich um sie in Form eines großen Keils.

Wenn Helena dann Menelaos' Anweisungen zitiert, beginnt der Chor sich zu drehen. Er reagiert auf Helenas Monolog durch vermehrte Unruhe, ja Zappeligkeit. Dann, beim zweiten Chorlied, umringt er sie in fröhlicher Weise und spricht glockenhell-sprudelnd. Die Choretiden heißen Helena in den Palast eintreten und laufen auffordernd in Richtung der Fassade. Damit wird, so Stein,

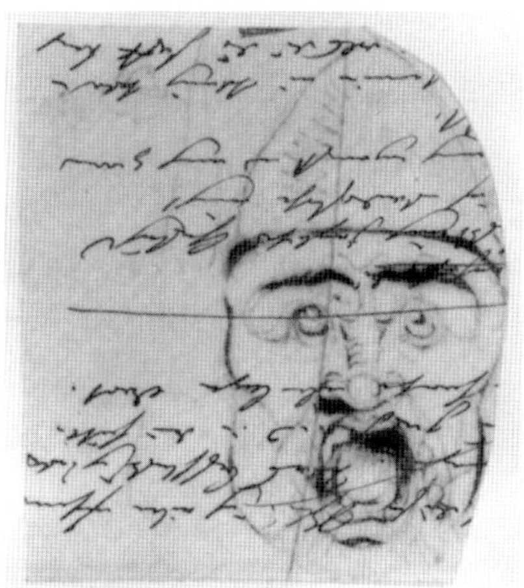

Johann Wolfgang von Goethe, Antike tragische Theatermaske (um 1798)

**»Im ganzen *Faust* gibt es oft grammatische bzw. semantische Undeutlichkeiten, die nur durch die genaue Rekonstruierung der Grammatik geklärt werden können. Der Schauspieler sollte immer von der Grammatik ausgehen, von dem, was im Text steht, und nicht von dem, was sich deuten läßt.« (Peter Stein)**

»Da seht sie (Phorkyas) selbst! sie wagt sogar sich an's Licht hervor!« (Vers 8693)
Johann Wolfgang von Goethe, Bühnenbild (1810)

eine klassisch-griechische Tragödiensituation zitiert: in der Orestie beispielsweise stehen die Protagonisten anfangs vor einem Tor und begehren Einlaß.

Auch beim nächsten Chorlied wird Helena vom Chor umringt (»Königin schreite dahin guten Muts«). Daraufhin steigt sie zuerst zögerlich, dann anmutig-entschlossen die Stufen empor und tritt ins Haus ein. Das dunkelviolette Gewand mit goldener Borte, das Corinna Kirchhoff kunstvoll um sich gelegt hat, verleiht ihr eine schwebende Anmut, aber auch eine große Verletzlichkeit, ja Zerbrechlichkeit.

Das Chorlied, das während Helenas Abwesenheit ertönt, hat einen extrem lebhaften Charakter: der Chor springt und tanzt, dreht sich, rezitiert derweil laut und fällt sich kunstvoll ins Wort. Bei der zweiten Strophe recken alle Choretiden die Arme nach oben, die Handflächen nach oben hin geöffnet, so, als trügen sie etwas auf den Händen. Dabei müssen Gestenveränderungen gleitend-organisch sein und dürfen keine Zäsuren aufweisen. Bei der aufwendigen Chorarbeit geht es einmal darum, so Stein, daß die Choretiden ein Gefühl für den Versrhythmus entwickeln, damit sie ihn mittels *accelerando* und *rallentando* wieder brechen können. Weiterhin geht es um Erzeugung von Spannung durch schnelle Wechsel der Lautstärke und der emotionalen Färbung, die zwischen Angst, Freude, Trauer, Tanzlust oder Verzweiflung changieren kann.

Panthalis nimmt Helena, die vor Phorkyas zurückgeschreckt ist und nun in der Türleibung zittert, als erste wahr und befragt sie, was ihr widerfahren sei. Stein versucht der Panthalis-Darstellerin Elke Petri zu verdeutlichen, auf welche Weise sie den Schwung ihrer langen Sätze durchhalten könne: »Sprich so, als rolltest du einen Teppich aus oder einen Faden von einem Knäuel ab, den du nachher wieder auffängst«.

Helena läuft sehr schnell – wie abwesend – die Treppen hinab, mitten in den Chor hinein, fängt sich wieder und kehrt langsam in den Palast zurück, von wo aus sie dann gemessen erneut nach unten steigt. Auch das entsetzte Verlassen des Palastes zitiert eine klassisch-griechische Tragödiensituation.

Es folgt die lange Erzählung davon, was Helena im Palast begegnet ist. Der Chor kauert sich auf den Boden. Helena wandelt langsam erzählend und sich hin und wieder drehend in einer Schlangenlinie über die Orchestra. Sie hat nun mit ihrer Erzählung die Aufgabe, die Phantasie der Choretiden sowie der Zuschauer anzuregen, so daß diese sich hinter der Pappwand der Fassade das Geschehen vorstellen können.

Mit der Passage »allein das Wunder reißt sich schnell vom Boden auf« verändert sich ihr Gestus, sie muß verwirrt klingen und an Sicherheit verlieren. Dazu steht der Chor langsam auf. Phorkyas (Christine Oesterlein) erscheint in schwarzglänzendem, bauschigen Kapuzengewand und mit ausgebreiteten Armen in der offenen Flügeltür. Der Chor wendet sich, erschreckt durch ihre Häßlichkeit, mit langsamen Abwehrgesten ab und weicht an den Orchestra-Rand zurück.

Das darauf folgende neunstrophige Chorlied »Vieles erlebt ich« muß stimmlich und gestisch sehr exakt geführt werden. Die ganze Passage ist eine mit großem, sich steigerndem Pathos vorgetragene Beschimpfung. Zunächst sind die Mädchen ängstlich und erschrocken und bilden einen weiten Kreis. Die Choretide, die eine Strophe mit Einzelstimme führt, begibt sich in die Mitte des Kreises, der sich dreht. Der Chor schreitet einmal das Rund der Orchestra aus. Langsam wird der Kreis immer enger und ballt sich schließlich in der Mitte zusammen.

Wenn in der 5. Strophe endlich der Bogen zu Phorkyas geschlagen wird, geht der Chor in ungeordneter, bewegter Weise auseinander. Den Choretiden, die die einzelnen Strophen führen, rät Stein, stimmlich nicht zu stark und zu laut anzufangen, da sie sonst zu schnell am Ende ihrer Möglichkeiten sind und sich nicht mehr steigern können.

Während der Beschimpfung steht Phorkyas in der geöffneten Tür und breitet die Arme aus, schließlich reckt sie die Arme einhaltgebietend nach vorne.

Phorkyas' Gegenscheltrede gleicht einem großen antiken Rhetoriktext. Die Mädchen reagieren darauf mit Überheblichkeit und höhnischem Lachen und machen schließlich das nach, was Phorkyas ihnen vorwirft: sie beginnen beim Stichwort »mänadisch wild« zu tanzen, und bei »heulet, wie dem Mond der Hunde Schar« zu heulen. Zum Schluß haken sie sich ein und brüllen, ab dem Versbeginn »Mannlustige«, mehrfach höhnisch zustimmend »Ja!«. Es ent-

**»Bei Chortexten müssen die Schauspieler die gesamten Verse lernen, nicht nur ihre Zeile, damit auch Improvisationen möglich sind. So kann ein Schauspieler dem anderen unter Umständen ins Wort fallen. Für das Textlernen ist es das Beste, den Text ohne Versendigungen hintereinander zu schreiben in Prosa, damit nicht immer das Versendgeklapper ertönt. Erstmal muß der Rhythmus zerschlagen werden. Ganz schlecht ist die Mnemotechnik, sich die Schriftbilder zu merken, gut hingegen ist es, vom Inhalt, vom Sinn ausgehend, sich die literarischen Bilder zu merken.« (Peter Stein)**

wickelt sich eine haßerfüllte Dynamik. Helena, die zugleich mäßigend und zurechtweisend spricht, bleibt damit erfolglos.

Es folgt die Stichomythie. Die schimpfenden Choretiden kommen nach vorne gelaufen, entweder einzeln oder zu zweit, was der Szene eine große Lebhaftigkeit verleiht. Bei den ersten Proben wird so keifend und kreischend gesprochen, daß niemand den Text verstehen kann. Also schlägt Stein vor, die Stimmen nicht zu sehr zu verzerren und vor allem vom Sinn der Passage auszugehen, in der der Chor Phorkyas ihre Herkunft, ihre Blutrünstigkeit und ihr leichenhaftes Alter vorwirft. Zwar beleidigt auch Phorkyas den Chor, aber dieser kann, da er aus vielen besteht, die Anwürfe von sich abprallen lassen und höhnisch reagieren.

Helena hält sich unterdessen zierlich den Kopf bzw. die Schläfe, gepeinigt von dem Hohn und Haß um sie herum. Wenn sie zu sprechen beginnt, ordnet sich der Chor, der immer direktes Reaktionsinstrument ist, kreisförmig um sie herum und rückt enger und enger zusammen, um ihre Vorwürfe zu beschwichtigen. Helena spricht auch aus Angst vor ihrem eigenen negativen Nachruhm. Wenn sie den Orkus erwähnt, in den sie gehen möchte, weicht der Chor erschrocken zurück, da dies auch sein Ende bedeuten würde. Dann, wenn Helena Identitätszweifel bekommt (»War ich das alles? Bin ich's? Werd ich's künftig sein?«), umringt der Chor sie unterstützend. Während der sich anschließenden Wechselrede zwischen Phorkyas und Helena zieht der Chor sich, von Helena abgewandt, an den Rand der Orchestra zurück und hockt sich auf den Boden. Phorkyas, die auf kothurnartigen Schuhen balanciert, steigt die Treppe herab und umkreist einmal Helena, dabei die Orchestra abschreitend. Nachdem sie diese Runde beendet hat, wendet der Chor sich ab.

Es entspinnt sich ein Dialog zwischen Phorkyas und Helena über ihre Biographie. Helena empfindet sich als Spiel zwischen einem Star aus Fleisch und Blut und einem Idol, im Sinne von Phantom. Phorkyas sagt Helena auf den Kopf zu, welchen Konflikt sie in deren Leben sieht, daß nämlich ihre erotische Ausstrahlung (»sahst nur Liebesbrünstige«) durchaus auch aggressive, destruktive Züge (»Städteverwüstende«) hatte. Helena aber, die sich in keiner Weise als verantwortlich für Krieg und Tod empfindet, sondern vielmehr als wehrloses Opfer sieht, dem alles Unheil von außen zugefügt wurde, will nichts davon wahrhaben. Sie findet sich selber schön und redet ihre Vergangenheit schön.

Phorkyas schafft eine mythologische Verwirrung, indem sie immer genau Helenas empfindliche Punkte ihrer widersprüchlichen Biographie trifft. Phorkyas bejaht Helenas Frage nach ihrer changierenden Identität (»bin ich das alles?«) eindeutig, da sie diese für eine mythologische Figur hält. Dazu montiert Phorkyas unterschiedliche Aspekte des tatsächlich sehr widersprüchlichen Helena-Mythos.

Peter Stein vergleicht den Mythos allgemein einem Spiralnebel. Ein Mythos hat ein Zentrum und sich verdünnende bzw. sich auflösende Randbezirke. An dieser Stelle des *Faust,* wenn Phorkyas Helena mit ihrem eigenen Mythos konfrontiert, werden Rand- und Zentralgeschichten vermischt. Spannung kommt dadurch in die Szene, daß Phorkyas Helena zuerst an die Zentralgeschichten ihres Mythos erinnert – so an Paris –, ihr dann kurz darauf vorwirft, ihn verlassen zu haben, um dann wiederum den vorwurfsvollen Ton zurückzunehmen und anzufangen, in haarspalterischer Weise Nebengeschichten des Mythos zu erzählen. Mit diesem Verwirrspiel möchte Phorkyas Helena in Selbstzweifel stürzen. Sie umkreist Helena stichelnd, wogegen diese sich zu verteidigen sucht. Wenn Helena »welche denn ich sei, ich weiß es nicht« sagt, steht der Chor wieder auf, beim Satz »ich schwinde hin« kommt der Chor näher und fängt die in Ohnmacht Fallende auf. Im darauffolgenden, vierstrophigen Chorlied rät Stein dem Chor, nicht mehr zu schimpfen wie zuvor bei den Tiraden, sondern, in einem vollständig anderen Ton, flehend zu sprechen und beinahe zu weinen. Die Sehnsucht nach Freundlichkeit muß spürbar werden. Während Helena sich wieder aufrichtet, findet auch ein Mephistowechsel statt: Sobald Christine Oesterlein abgeht, tritt sofort Robert Hunger-Bühler auf, der zunächst mit hoher, hämischer Stimme spricht. Wenn Phorkyas Helena selbst als Opfer bezeichnet, klingt der Satz »Königin, du bist gemeint« wie ein spöttisches ›Tja, du bists‹. Es folgt die Regieanweisung Goethes »Helena und Chor stehen ... in bedeutender, wohl vorbereiteter Gruppe«. Auf die Nachricht hin, daß alle geopfert werden sollen, verfallen sie, nach kurzen Entsetzenslauten, in einen »Schreckens-Freeze« (Stein) mit erstarrten Gesten, Körperlagen am Boden, verkrümmtem Stehen, abgespreizten Händen und verzerrten Gesichtern.

Im Gestus dieser Passage, in der Phorkyas Helena und dem Chor ihr baldiges Schicksal nennt, findet sich eine Mischung aus Ernsthaftigkeit, Ironie und Weichheit.

Der Chor versucht in Todesangst, sich bei Phorkyas (wieder Christine Oesterlein), die von Fausts Burg zu erzählen beginnt, einzuschmeicheln.

# Szene: Innerer Burghof

»Was sind Wappen?« (Vers 9029)
Dr. Fausts Wappen, aus: Jost Amman, *Wappen und Stammbuch* (1589)

**Helena und der Chor gelangen nach einem verwirrenden Gang durch den Nebel in den Innenhof von Fausts Burg. Dieser Gang hat den Charakter einer Zeitreise: die Griechinnen aus dem zweiten mythischen Jahrtausend v. Chr. finden sich plötzlich in der deutschen Gotik wieder.**

**Sofort buhlen die Choretiden um die Gunst der Jünglinge auf Fausts Burg, die in der Mitte des Hofes einen Thron aufbauen, auf dem Helena schließlich Platz nimmt. Faust führt den Türmer Lynkeus in Ketten heran, der die Ankunft Helenas zu melden versäumt hat. Nachdem Helena ihn begnadigt und Faust den verliebten, Schätze heranschleppenden Lynkeus verscheucht hat, nimmt Faust neben Helena auf dem Thron Platz. Er wirkt so ruhig, ausgeglichen und klassizistisch wie an sonst keiner Stelle des Dramas.**

**Helena, die nur der griechischen Tragödiensprache mächtig ist, wundert sich über den musikalischen Klang der Reimsprache, wie sie Lynkeus und Faust eigen ist, und wünscht sie zu erlernen. So wird unter Reimanleitungen Fausts auf »des Thrones aufgepolsterter Herrlichkeit« ein Kind gezeugt. »Die Reime reichen sich die weibliche und die männliche Hand zum Liebesakt« (Stein). Das ist einer der wenigen erfüllten Augenblicke des Dramas. Phorkyas eilt störend herbei und meldet den kriegerischen Angriff der Truppen des Menelaos, woraufhin Faust mit großer Souveränität seine Heerführer befehligt. Sogleich aber kehrt er zu Helena zurück, breitet vor ihr und dem aufmerksam zuhörenden Chor ein großes Arkadientableau aus, und schon »verwandelt« sich der Schauplatz »durchaus« in einen schattigen arkadischen Hain.**

Das Bühnenbild besteht vorläufig aus einer schrägen Ebene an der Stirnseite der Bühne und einer quadratischen Fläche davor, die mit Kordeln markiert ist. Das ist der *Innere Burghof,* der wieder Theatergeschichte zitiert, fanden doch Theateraufführungen über lange Zeit traditionell in Innenhöfen statt.

War mit der Orchestra zuvor das Raumgefühl weit und unbegrenzt, so ist in dieser Szene die Enge, die Eingeschlossenheit von allen Seiten vorherrschend, die sich erst wieder in der arkadischen Natur auflöst.

Im 3. Akt vollzieht sich eine räumliche Verwandlung innerhalb des Aktes selbst. Die Zuschauer sind am Übergang von der griechischen Orchestra zum mittelalterlichen Innenhof insofern beteiligt, als die Zuschauertribünen umgedreht werden.

Wenn Fausts Burg nach dem labyrinthischen Gang durch den Nebel endlich erscheint, beschreibt die Chorführerin Panthalis den Burghof. Die Galerien, Fenster und Portale sind nicht zu sehen, sondern werden von ihr mit Worten evoziert. Die vorangegangene Wahrnehmungsverwirrung im Nebel bleibt zunächst noch an Panthalis' Stimme als »Schlierigkeit« (Stein) haften.

Der Chor beschreibt durch seine Bewegungen die Begrenztheit des Hofes. Die Choretiden fassen sich an den Händen, verengen ihren Kreis und drehen sich verwirrt um sich selbst, da sie sich für Gefangene halten.

Wenn die »jungholdeste Schar« sich oben auf der Rampe zeigt, seufzen die Choretiden erleichtert auf (»auf geht mir das Herz«). Indem sie in ihrem Chorlied den Ausbuchtungen und Auslotungen des Textganges folgen, wird ein großes Aufatmen spürbar und eine gegenseitige Vergewisserung über ihre Rettung. Auch die Vorfreude auf die Jünglinge lassen die kennerhaften Choretiden in ihrer Rede mitschwingen; so sprechen sie den Vers »gern biß ich hinein« chorisch-schwelgend. Darüber hinaus handelt das Chorlied von der hohen Kultur, Bildung und Zivilisiertheit, die der Chor an den Jünglingen trotz ihrer Jugend feststellt und uneingeschränkt bewundert.

Gemäß der Beschreibungen der Choretiden bewegen sich die Jünglinge mit Bauteilen in den Händen die Rampe hinunter. Aus den Elementen bauen sie in der Mitte des Hofes einen Divanthron zusammen, auf dem Polster (Säcke) angeordnet werden. Zum Schluß wird ein großes Tuch über alles gebreitet, und an den vier Ecken Holzpfosten als Stützen für einen Baldachin aufgestellt.

Die Jünglinge, die nicht sprechen, sondern sich nur elegant bewegen, wirken mit ihren Bauelementen wie Bühnenarbeiter.

Zunächst entsteht beim Zusammenstellen der Thronelemente auf der Büh-

Johann Wolfgang von Goethe, Burgberg mit Tempel, wahrscheinlich Blick auf Sparta und Mistra (nach 1790 ?)

ne so viel Lärm, daß die girlandenhaft sich windenden Verse des begeisterten Chores kaum zu hören sind. Daher wird der Vorgang des Thronaufbaus genauestens organisiert.

Wenn Helena auf dem Thron Platz nimmt, stellt sich der Chor um ihn herum und verdichtet somit den Raum in der Mitte. Angekündigt von Panthalis kommt Faust die schräge Ebene herab und führt Lynkeus in Ketten vor sich her. Er heißt ihn vor Helena niederknien. Faust spricht zu Helena, die sich im Fokus der Bühne befindet, musikalisch gebunden, gemessen und sehr ernst, fast so, als spräche er zu sich selber. Er macht keine Pausen, gestikuliert kaum und schreitet dabei langsam einen Kreis um Helenas Thron aus. Immer stärker wird Faust im Verlauf der Szene Helena einspinnen.

Lynkeus' Verteidigungsrede klingt unterdrückt erregt. Er ballt die angeketteten Fäuste auf dem Rücken, spricht wie ein lebensmüder Verliebter und führt die emotionale Linie seiner Rede schwungvoll, aber nicht hastig durch. Zunächst läßt er seinen Blick unruhig hin- und herschweifen, dann aber fokussiert er Helena direkt. Dieser Wechsel strahlt große Kraft und Offenheit aus.

Faust spricht in dieser Passage sehr unfaustisch, also ausgewogen und gelöst. Bruno Ganz sucht nach Variationen, nach Dehnung, nach Halten, Erhalten dieses Augenblicks.

Nachdem Lynkeus seine von Faust gelösten Ketten wie eine Schlangenhaut abgestreift hat, schleppt er zusammen mit seinen Helfern Schatzkisten heran. Ganz befreit und erlöst springt er wie auf Sprungsteinen über die Kisten, er umkreist den Thron mit großen Gesten und wirkt fast ein wenig angeberisch. Grundsätzlich faßt Peter Stein Lynkeus als »Stimme seines Herrn« auf: Faust schickt Lynkeus vor, um sich dadurch selbst Helena zu nähern, er ist Fausts jugendliche Emphase. Indem er Fausts inneren Text äußert, wird Lynkeus zur Verlängerung seines Herrn. Teilweise sind die Verse der beiden in spiegelbildlicher Weise parallel gebaut. Nachdem Lynkeus seine Schuldigkeit getan hat, bedeutet Faust ihm sich zurückzuziehen, woraufhin dieser sehr selbstbewußt und mit leichtem Vorwurf, fast als zweifelte er an Fausts Fähigkeit zur Huldigung, ihm noch einmal die Schönheit Helenas vor Augen führt: »Vor der herrlichen Gestalt selbst die Sonne matt und kalt«. Die Kisten werden von den Jünglingen wieder fortgeräumt, denen die Choretiden traurig nachschauen.

Faust steigt zu Helena auf den Thron, und schlagartig ändert sich sein Ton: er ist auf leicht distanzierte, höhere Weise begeistert. Wenn Helena zart nach der Reimsprache fragt, ahmt Faust ihre kleinen Gesten ebenso zart nach

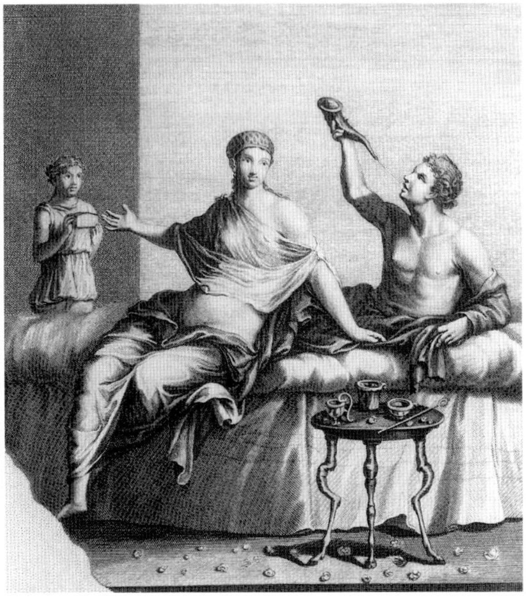

»Hand in Hand wiegen sie sich über des Throns aufgepolsterter Herrlichkeit« (Vers 9404ff.)
Antikes Paar, aus: *Antichità di Ercolano* (1757)

und verwandelt sie sich damit an. Zuerst sitzt Faust auf dem Pfühlrand, rutscht dann aber, während der Reimunterweisung, zu Helena hinab und verharrt dort in halber Liegeposition. Der Reimunterricht ist nicht verspielt, sondern von spielerischem Ernst geprägt. Die beiden Protagonisten üben ihr Liebesspiel, ihre zärtliche Einswerdung auf dem Thron, sie überkreuzen ihre Beine, schauen sich innig an, so daß ihr Profil sichtbar wird, neigen ihre Gesichter sacht aneinander und halten sich gegenseitig an den Schultern.

In diesem Moment, in dem sich »die schönste Frau und der deutscheste Mythos« (Stein) zusammentun, stellt sich der Chor wie eine Art Paravent vor den Thron. Dann öffnet er sich zu einem großen Kreis, wendet sich zum Publikum und beginnt sich langsam zu drehen. Stein erklärt, daß das Thema dieses Chorliedes die Frivolität ist. Auf diese Weise wird das von Goethe durch den Chor evozierte ideale Bild der Vereinigung von Helena und Faust sofort wieder relativiert. Denn die Choretiden, obwohl sie Helena und Faust feiern, sprechen sogleich in provokant-obszöner Weise davon, daß sie sich auch mit »schwarzborstigen Faunen«, die sogar noch besser seien, einlassen würden. Von männlicher Warte wird hier, so Stein, »die erotische Großmacht Frau abgefeiert«: bietet sich ihnen eine Gelegenheit, »nehmen Frauen jeden als Liebhaber«. Der Chor beschreibt den öffentlichen Beischlaf von Helena und Faust, der real auf der Bühne nicht dargestellt wird. Selbst dabei gibt es immer auch einen ironischen Unterton, wird sofort über die entsprechenden Verse »eine formalistische Nebelkerze geworfen« (Stein).

Der Chor wird als Verlängerung des erotischen Spiels aufgefaßt. Helena liegt hingeschmolzen in Fausts Armen wie in einem höheren Rausch. Ihrer beider Bewegungen sind sehr zart, schwebend und luftig-verdünnt.

Phorkyas' (Robert Hunger-Bühler) Auftritt oben von der Rampe beginnt lautmalerisch gedehnt und trocken scheltend. Wenn sie dann den Krieg ankündet, setzt eine Beschleunigung ein, ihre Stimme wird lauter, ja fast brüllend, und sie scheucht die ängstlich um den Thron gescharten Choretiden auseinander. Faust reagiert edel, klassisch und beherrscht, er hat alles im Griff, unterdrückt seine Wut. Erstmalig im Drama legt Faust hier eine große Souveränität Phorkyas gegenüber an den Tag. Diese zieht sich daraufhin fast winselnd zurück.

Die in Fausts Burg ertönenden Trompeten und Explosionen werden mit großer Lautstärke vom Tonträger eingespielt werden. Die »gewaltige Heerkraft« besteht aus fünf Darstellern mit Brustharnischen und Eisenhandschuhen. Langsam läuft Faust die Rampe hoch und spricht beim Hinablaufen die einzelnen Heerführer an, die gleichzeitig Verkörperungen nördlicher Volksstämme sind (Gote, Germane, Franke, Sachse, Normanne). Einzeln treten sie vor und schließen sodann den Kreis eines Kriegsrates um Faust.

Der Chor formiert sich derweil auf der Vorderlinie des Burghofes, läuft in Zweierreihen auf den Thron zu, teilt sich und bewegt sich in zwei Kreisbahnen um den Heerführerkreis. Dieser öffnet

»Vielleicht schwarzborstigen Faunen« (Vers 9397)
Johann Wolfgang von Goethe, Satyrn (um 1790)

sich, je zwei Choretiden haken sich bei einem Heerführer ein und führen ihn unter neckischem, bewundernden Plaudern ab. Einige der Heerführer winken beim Abgehen bezaubert den Choretiden zu.

Sodann beginnt Fausts langes schwärmerisches Gedicht über Arkadien. Bruno Ganz stellt sich hinter den Thron und bleibt die ganze Zeit dort stehen. In dieser unbewegten Position muß es ihm gelingen, die Aufmerksamkeit der Zuschauer allein mit seiner Rezitation zu gewinnen. Der Chor verteilt sich am Boden, setzt oder legt sich entspannt und bequem hin und unterstützt durch Aufmerksamkeitsgesten die Faszination, die vom Arkadiengedicht ausgeht. Gegen Ende hin lassen sich die Choretiden langsam durch das Gedicht über die gedachte Landschaft Arkadien in einen wonnigen Schlaf wiegen.

Helena bleibt unterdessen hoheitsvoll-ernst auf dem Thron sitzen. Wenn sie das Wort »Arkadien« hört, setzen bei ihr Jugenderinnerungen ein. Faust steht hinter ihr und ist von Besitzerstolz erfüllt. Hatte er früher von Leda, der Mutter Helenas, und der Vereinigung mit dem Schwan geträumt, so spricht er nun träumend von der Geburt der Helena (»als, mit Eurotas Schilfgeflüster, sie leuchtend aus der Schale brach«), die er nun sein Eigentum nennen kann. Bruno Ganz bringt Spannung in das lange Gedicht durch den Wechsel zwischen poetischen und (in Zusammenhang mit Landwirtschaftlichem und Geographischem) konkreten Tonfärbungen. Den Satz »Ein jeder ist an seinem Platz unsterblich« spricht er so prosaisch wie möglich, damit der Zuschauer zunächst auf die Fährte von ›Ein jeder ist an seinem Platz ... ersetzbar‹ gelockt wird, dann aber ein kurzes Überraschungsmoment erfährt.

Am Schluß steigt Faust auf den Thron. Goethe hatte sich vermutlich vorgestellt, daß der Thron selbst sich in eine arkadische Laube verwandeln sollte. Da eine solche Veränderung hier nicht möglich ist, zieht Faust Helena hoch, hilft ihr beim Heruntersteigen, und die beiden gehen zärtlich verbunden, ja innig verschlungen ab. Die Zärtlichkeit des Anfangs muß am Ende ganz betont wiederhergestellt werden, um deutlich zu machen, daß durch diesen großen Bogen der Liebe die Störung durch Phorkyas und den Krieg überwunden ist.

**»Das Versmaß entstammt den rituellen Tätigkeiten der Menschheit. Die Vorformen der darstellenden Kunst sind Tanz und Gesang. Die darstellende Kunst gehört zu den präkulturellen Tätigkeiten des Menschen, während die Malerei wahrscheinlich nicht so alt ist. Der gereimte Vers stellt den Versuch dar, die lautliche Naturnachahmung in die Sprache hinüberzuziehen und damit zu retten: Der Vers ist das Tanzen, das vom Boden Abheben, zum Boden Zurückkehren, um Kraft zu bekommen, die Leichtigkeit nämlich, sich wieder zu lösen. Der Reim hingegen kommt aus dem Gesang, dem Klang, der Musik. Teilweise müssen Reime betont, teilweise versteckt werden, damit Textpassagen nicht gleichförmig klingen. Vor allem müssen Vokale beachtet werden, der Vokalreichtum und die Diphthonge ausgenutzt werden, denn die deutsche Hochsprache ist normalerweise viel zu konsonantenreich.«**

**(Peter Stein)**

# Szene: Schattiger Hain (Arkadien)

»Zur Laube wandeln sich die Thronen, arkadisch frei sei unser Glück!« (Vers 9572f.)
G. M. Kraus, Aquarell zu Goethes Weimarer Parkinszenierung seines Singspiels *Die Fischerin* (1782)

**In dieser Szene geht eine große Veränderung mit dem Chor vonstatten: dieser wird zunächst von Phorkyas angehalten, »von Herzen«, also emotional und individuell zu sprechen. In der darauf folgenden opernhaften Passage, in der die Protagonisten Faust, Helena und ihr Sohn Euphorion auftreten, setzt sich die Einführung der Emotion auf dem Theater fort: der sprunghafte Euphorion, eine literarische Adaption Lord Byrons, reißt bei seinen wilden Jugendspielen den Chor auseinander, zieht – vom Chor unheilvoll kommentiert – in den Griechenlandkrieg und stürzt schließlich hinab in die Unterwelt, gefolgt von seiner Mutter Helena. Der große Trauergesang des Chors ist ein Meisterwerk komplexer Emotionen und Reflexionen.**
**Am Ende der Szene weigert sich der Chor, ebenfalls in der Unterwelt zu enden. Statt dessen bricht er in vier verschiedene Naturteile auf, geht also in die Natur ein und verwandelt sich in Bäume, Echos, Bäche und Wein, was in einem bacchanalischen Finale gipfelt. Mit der Auflösung des Chores am Schluß des 3. Akts wird die Adaption der griechischen Tragödie von Goethe an einen Endpunkt geführt.**

Das Bühnenbild setzt sich aus der Szene *Innerer Burghof* weiter fort; bloß die schräge Ebene ist verschwunden. Die Mauern von Fausts Burgfassade öffnen sich zur arkadischen Szenerie.

Gemäß Goethes Regieanweisung liegt der Chor auf der Bühne »schlafend verteilt umher«. Phorkyas (Robert Hunger-Bühler) wandelt in Schlangenlinien an den Choretiden vorbei, weckt sie, und schlaftrunken richten sich diese langsam auf, während Phorkyas von Faust, Helena und Euphorion in der Höhle erzählt. Zunehmend belebter, laufen die Mädchen zu den Öffnungen an der hinteren Bühnenseite, um in die Höhle zu spähen, und beginnen mit einem langen Chorlied, das von Hermes' Kindheit handelt. Der Chor nämlich, der bei der *querelle des anciens et des modernes*, der Ästhetikdebatte des 17. und 18. Jahrhunderts über den Vorbildcharakter der Antike, den Part der Alten übernommen hätte, gibt dem antiken Hermes den Vorzug vor Euphorion: »alles was je geschieht heutiges Tages trauriger Nachklang ist's herrlicher Ahnherrn-Tage«. Dazu drehen sie sich zunächst um Phorkyas herum im Kreise, fassen sich an den Händen, bauen einen Wechselschritt, ja Wechselsprung ein, drehen sich plötzlich in die andere Richtung, und durch all diese langsam erarbeiteten Details fängt die Passage in sehr dynamischer Weise an zu schwingen. Sodann zerreißt der Chor in zwei sich gegenüberstehende Hälften, die sich konfrontativ aufeinander zu und durcheinander hindurchbewegen, wobei die Choretiden kämpferische Tanzschritte und abwehrende Bewegungen mit den Händen machen. Zum Schluß, nachdem eine einzelne Choretide mit entsprechenden Falterbewegungen von der schmetterlingsähnlichen Entwicklung des Hermes gekündet hat, ordnen sich die Choretiden wieder im Kreis an und vollführen, ohne sich an den Händen zu halten und in relativ individueller Weise, einen anmutigen Hüpftanz nach antikem Vorbild. Sie haben eine möglichst stolze Körperhaltung und wirken, wenn sie auf den Zehenspitzen stehen, als flögen sie kurzzeitig. Diese Bewegung, so Stein, entspricht auch dem Ziel von Tanz allgemein, das, abgesehen vom *präludium veneris*, in der Aufhebung der Schwerkraft besteht.

Nach dem langen Chorlied, das von schweren antikischen Rhythmen geprägt war, ertönt romantische Musik, und die Choretiden bewegen sich verzückt auseinander. Phorkyas, die hier eher der Partei der *modernes* zuzurechnen wäre, gibt den Mädchen Hinweise, wie sie sich unmittelbar emotional und frei äußern können (»es muß von Herzen gehen, was auf Herzen wirken soll«). Und tatsächlich beginnt der Chor erstmalig in Reimen und voller Gefühl zu sprechen. Die geschlossene Chorform bricht auf, und jede der Choretiden spricht die Verse in individueller, weicher und freier Weise vor sich hin.

Faust und Helena treten aus der Höhle, der weißgekleidete Euphorion (Christian Nickel) springt hinzu. Zwischen seinen Eltern wird er von deren ausgestreckten Armen festgehalten wie in einem Laufstall, in dem er auf- und abspringt. Der Chor reagiert fasziniert. Schließlich bricht Euphorion aus, hüpft und springt einige Male um seine Eltern herum, kurz läuft er zu seiner Mutter zurück, nimmt hoheitsvoll ihre Hände und beginnt dann, erst langsam, dann immer wilder mit den Choretiden zu tanzen, durch deren Kreis er sich hindurch schlängelt. Es entsteht eine solche Dynamik, daß die Choretiden auch miteinander in einem wilden Reigen zu tanzen beginnen. Helena schaut zuerst mütterlich-erfreut auf Euphorions Treiben, dann aber, als es immer wüster wird, schmerzvoll-alarmiert, während Faust seinem Sohn von Anfang an mißtrauisch und mißmutig hinterherblickt. Ein Jagdmotiv ertönt, als Euphorion dem Chor ein erotisches Fangspiel vorschlägt. Der Chor aber bleibt zunächst stehen, da jedes der Mädchen sich danach sehnt, Euphorion zu umarmen. Also muß dieser sie gewaltsam auseinanderjagen (»das leicht Errungene das widert mir, nur das Erzwungene ergötzt mich schier«), woraufhin alle wegrennen. Mit einer zappelnden Choretide auf der Schulter kehrt er zurück und will ihre Widerspenstigkeit brechen. Sie wehrt sich kraftvoll und bleibt schließlich überlegen, da sie sich ja – mit einem Flugwerk – in die Höhe flüchten kann. Euphorion aber ist in seiner Quecksilbrigkeit schon zur anderen Seite der Bühne gerannt, er beginnt, den Berg (hier ein Gerüst) zu erklettern, der Chor folgt ihm halbkreisförmig und spricht in beruhigendem, umsorgenden Ton, um ihn von noch größeren Gefahren abzuhalten. Doch Euphorion, der zunächst kraftvoll-ruhig und fast umgangssprachlich spricht (»weiß ich nun, wo ich bin! Mitten der Insel drin«), beginnt sich für den Krieg zu begeistern, woraufhin der Chor sich traurig und unheilvoll gestimmt abwendet. Doch trotz aller seiner Verwandlungen – dem Chor erscheint Euphorion plötzlich in einer Rüstung – bleibt die Zuneigung des Chores zu ihm ungebrochen. Der Chor versucht die Identität Euphorions zu erraten und schlußfolgert schließlich, daß es sich um die Poesie handeln muß: Euphorion wird erzeugt durch die heilige Poesie, er ist wie die Poesie. War die Vereinigung Fausts und Helenas durch den Reimunterricht auch als poetische aufzufassen, so stellen der Chor und Euphorion die nächste Generation, also auch die nächste Generation der Poesie dar. Aus der antik-mittelalterlichen Vereinigung entspringt ein klassisch-romantisches Resultat.

Lord Byron, dessen literarische Adaption Euphorion ist, war Poet und kriegerischer Heros in einer Person. Mit ihm beginnt die Tradition, so Stein, daß Dichter direkt in die politische Realität eingreifen, eine Tradition, die sich »wie eine Blutspur durch die bürgerliche Kultur zieht«.

Euphorion wird mit einem Flugwerk in die Luft gehoben, stürzt aber schließlich ab. Der Chor zeichnet Euphorions Absturz (»Ikarus! Ikarus!«) zunächst mit hohen Tönen, einem dissonanten cluster nach, der Vers »Jammer genug« wird dann möglichst tief und tonlos gesprochen.

Zum Trauerlied nach Euphorions Tod ertönt getragene Musik. Der Chor verteilt sich am Außenrand des Bühnenkarrees. Der Trauergesang muß zügig gesprochen werden und durchsichtig sein. Peter Stein spricht lange über dieses Gedicht.

Die erste Strophe wendet sich mit großer Emotionalität dem Toten zu. Es wird sehr weich, sehr ruhig und leicht gesprochen, geradezu zärtlich.

Die zweite Strophe hat die Beschreibung der Qualitäten Byrons zm Inhalt. Es ist die schwierigste Strophe des Trauergesangs. »Jugendblüte weggerafft« bezieht sich nicht auf Byrons frühen Tod, sondern auf seine Depressionen, seinen Selbsthaß in der Jugend. »Mitsinn jedem Herzensdrang« meint das Mitgefühl mit anderen, also jene Position des Dichters, die sich nicht in den Elfenbeinturm zurückzieht. »Und ein eigenster Gesang«, also ein Personalstil, den Goethe Byron attestiert, ist das höchste Lob, das einem Dichter gezollt werden kann. Die ganze Strophe darf nicht laut, sondern muß ruhig, sachlich, präzise, mit einem klaren Gestus und auf keinen Fall schleppend gesprochen werden.

Thomas Phillips, Lord Byron in griechischer Tracht (1813)

Die dritte Strophe widmet sich den Widersprüchlichkeiten Byrons. Der Ton ist objektiv, es ist derjenige Goethes, der leicht von oben herab spricht. Hier wird der entscheidende Punkt des Trauergesangs erreicht: das Problem Byrons war nicht der Konflikt mit »Sitte und Gesetz«, sondern vor allem sein dichterisches Scheitern (»aber es gelang dir nicht«). Einen solchen Satz über einen Toten zu sagen mit Takt, Verständnis und der nötigen Härte, ist eine Leistung des Gedichts.

Nicolas Poussin, *Et in Arcadia ego* (erste Fassung 1584)

Die vierte Strophe enthält die Mahnung, es sich mit der Verurteilung aber auch nicht zu leicht zu machen. Der Anfangssatz »Wem gelingt es?« öffnet das Gedicht zum Publikum hin. Hier muß mahnend gesprochen werden: niemand, so dieser Vers, darf sich in besserwisserischer Weise ein Urteil zu leicht machen. In dem Gedicht kämpft Goethe auch mit sich selbst. Denn es grämte ihn durchaus, daß er nie ein solch intensives Leben kennengelernt hatte wie Lord Byron. Alle Lebensbereiche erschienen in Weimar nur im behüteten Duodezformat. Irritierenderweise wurde, so Stein, während der Griechenkriege die griechische Kultur in Form des Klassizismus (aus München, Weimar und aus Dänemark) wieder nach Griechenland reimportiert.

Der Schlußsatz »Der Boden zeugt sie (die Poesie) wieder« hat nichts mit der Blut- und Bodenideologie zu tun. Hier liegt, so Stein, die Vorstellung zugrunde, daß wirkliche neue Impulse der Kunst nicht aus der Rezeption der Weltkultur kommen, sondern aus der Provinz sowie aus konkreten Lebenszusammenhängen.

Im Verlauf der Besprechung änderte sich Steins Auffassung darüber, wie der Schluß gesprochen werden sollte. Schlug er zunächst einen leichten, Sicherheit und Zuversicht ausstrahlenden Ton vor, so war er am Ende der Besprechung davon überzeugt, daß der Ton zwar an der Oberfläche durchaus hoffnungsvoll klingen könnte, darunter aber eine schwere, trauernde, blutende Unterströmung durchschimmern sollte.

Nach dem Trauergesang umarmt Helena Faust in sehr inniger Weise zum letzten Mal und sinkt dann in sich zusammen. Sie gleitet langsam mit verhülltem Kopf auf ein Rollbrett, auf dem sie herausgezogen wird, während Faust nur das Übergewand in den Händen zurückbleibt. Damit wird er von Phorkyas und Helfern so eingewickelt, daß er einer Mumie oder einer riesigen Schmetterlingspuppe ähnelt.

Wenn Helena stirbt, begeben sich die Choretiden in die Hocke, setzen sich auf den Boden und verhüllen das Gesicht. Damit wird sinnfällig, daß sie – behäbig – auf Erden verweilen und sich nicht in den Hades begeben wollen.

Panthalis will den Chor zum Schluß in den Hades treiben. Doch dieser wehrt sich und steht – in abweisender Haltung – auf der Bühne verteilt umher. Er spielt nicht mehr mit, woraufhin sich Panthalis mit einer Scheltrede verabschiedet.

Der Chor geht schließlich in die Natur ein. Zuerst »wachsen« die Choretiden langsam aus dem Boden heraus, sie richten sich auf und strecken sich. Dann laufen alle durcheinander, sprengen also den Kreis, zwei finden sich zusammen (Bäume), die anderen laufen ziellos weiter, bis sich die nächsten zwei (Echo), und dann wieder die nächsten zwei (Flüsse) zusammenfinden. Die letzte Gruppe besteht aus vier Choretiden, die sich einhaken, den Sonnengott preisen, betrunken torkelnd als Bacchantinnen den gesamten Bühnenraum auslaufen, und schließlich hilflos übereinander zu Boden fallen, um dort verknäult liegen zu bleiben.

# 4. Akt
# Szene: Hochgebirg

Das Bühnenbild besteht aus drei hintereinander gestaffelten Ebenen, die wie drei breite Treppenstufen wirken. Jetzt erheben sich die Stufen direkt vom Boden, später dann werden sie drei bis vier Meter hoch sein. Ein riesiges bewegliches Siebenmeilenstiefelpaar aus Sperrholz befindet sich an der Rückwand hinter den drei Stufen, die eine zackige Gebirgswand andeutet. »Der Wolke Tragwerk« deutet Stein ganz konkret als technischen Bühnenbegriff, nämlich als ein Flugwerk. Im 4. Akt übernimmt Robert Hunger-Bühler die Rolle des Mephisto.

Faust schält sich aus den Tüchern wie ein Schmetterling, der aus seinem Kokon schlüpft. Nach Helenas Verschwinden in die Unterwelt ist Faust allein und muß sich neu orientieren. Bruno Ganz geht auf der obersten Stufe hin und her. Bevor er zu sprechen beginnt, gibt es ein Konzentrationsmoment. Stein kommentiert: »Hervorragend! Dort oben wird ein Schauspieler vorgeführt wie in einer Vitrine!« Bruno Ganz vollführt ein kleines stummes Spiel, eine Pantomime, indem er langsam zum Rand geht und hinabschaut. Dadurch wird er angeregt, sammelt sich, kommt langsam wieder zu sich und läßt seine Erinnerungen schweifen. Während er das Wolkengebilde beschreibt, ertönt das Helena-Motiv, eine insinuierende Geigenlinie, die erstmalig in der Szene *Hexenküche* erklang. Bruno Ganz' Ton changiert zwischen Sachlichkeit und pathetischer Schwärmerei. Ähnlich wie in der Szene *Nacht* nach seinem Selbstmordversuch erinnert sich Faust nun an seine allerer-

**Nach Helenas Eingehen in die Unterwelt wird Faust von einer Wolke wieder nach Norden transportiert. Im wenig anmutigen Hochgebirge, der Trennlinie zum Süden hin, tritt Faust aus der Wolke hervor. Diese schwebt davon und regt durch ihre Gestaltveränderungen Fausts Erinnerung an. So gleitet er assoziativ von den Erinnerungen an Helena bis hin zu seinen allerersten Liebesregungen in seiner Kindheit und Jugend. Mephisto bedient sich für die Reise in den Norden eines Siebenmeilenstiefelpaares. Kaum angelangt, läßt er sich über die Entstehung der gebirgigen Oberfläche aus, die durch teuflische Gase ihre Gestalt erhalten habe. Schließlich macht er Faust zwei Vorschläge, wie dieser sein Leben in Zukunft glückhaft gestalten solle: Faust könne entweder sein Vergnügen darin finden, als Duodezfürst das absolutistische Zentrum einer Hauptstadt zu bilden, oder sich in einem Park mit etlichen Frauen zu verlustieren. Faust aber lehnt diese Angebote als abgeschmackt ab und entfaltet dann sein Lebensziel, das im Wettkampf mit den Naturkräften besteht. Indem er der See mittels Deichen und Dämmen Land abzutrotzen trachtet, möchte er sich den Meereszyklen partiell wiedersetzen. Doch ein Krieg in der Ferne unterbricht seine Ausführungen. Mephisto klärt Faust darüber auf, daß im Kaiserreich anarchische Zustände herrschen und entwirft das Bild der schlechten Herrschaft. Mit »Kriegslist«, der auch die drei Gewaltigen, die Kriegsmaschinen Raufebold, Habebald und Haltefest zuzurechnen sind, möchte Mephisto die Schlacht für den Kaiser günstig enstscheiden, damit Faust für sein Landgewinnungsprojekt schließlich das Lehen des Strandes zugesprochen bekommen kann.**

Johann Wolfgang von Goethe, Böengewölk (1779)

»... ein göttergleiches Fraungebild, ich seh's! Junonen ähnlich, Ledan, Helenen« (Vers 10049f.)
Ein Abguß des Kolossalkopfes der sog. *Juno Ludovisi* (1. Jahrhundert n. Chr.) befand sich in Goethes Weimarer Haus am Frauenplan

sten Liebesregungen in seiner Kindheit und Jugend und stellt diese Zeit verklärend als die beste seines Lebens dar.

Mit Mephistos Auftritt zwischen den Siebenmeilenstiefeln geht ein Stimmungswechsel einher. Zunächst kritisiert er, daß Faust sich im widrigen Gebirge niedergelassen hat. Wenn Mephisto dann in sarkastischer, kabarettartiger Weise von der Entstehung der Welt und der Gebirge durch einen Teufelsfurz spricht, hockt er sich hin, zeigt bei seinem Vers »von oben und von unten aus zu pusten« jeweils mit dem Zeigefinger in diese beiden entgegengesetzten Richtungen, und formt die Verkehrung, die Umwälzung von Erdinnerem und Oberfläche gestisch nach. Dann verfällt Mephisto in große Aggressivität, in ein vitales Wüten, er ist strudelnd-unruhig wie ein Sohn, während Faust in väterlicher Weise klassisch-goethisch überlegen bleibt. Hatte Mephisto am Schluß der Szene *Arkadien*, als er Faust mit Tüchern wie in einen Kokon einwickelte, einen sehr ernsthaften, fast existentiellen Ton angeschlagen, so holt er jetzt, da er wieder im Norden, also zu Hause ist, mit aller Energie die Späße nach, an denen er in der südlich-antiken Fremde lange Zeit gehindert worden war. Die beiden Protagonisten sind wieder allein miteinander. Aber während Mephisto augenblicklich in seine alte Rolle zurückfindet, ist Faust, der sich ernst und tatkräftig verhält, ein anderer geworden. Mephisto gebärdet sich in dieser Szene ebenso verspielt, einfallsreich, heftig, aktiv, ja fast pubertär wie im 1. Akt, Faust dagegen bleibt erhaben. Auf Fausts Humorlosigkeit reagiert Mephisto mit einer antiintellektuellen, wissenschaftskritischen Invektive und macht ironische welthistorische Bemerkungen.

Schließlich möchte Mephisto Fausts weitere Lebenspläne erfahren. Laut Regieanweisung Goethes (»Matth. 4«) bezieht sich diese Szene auf Jesus Christus in der Wüste, den der Teufel dreimal vergeblich mit verlockenden Angeboten zu verführen versuchte. Und tatsächlich entwirft Mephisto in satirischer Weise zwei verschiedene Möglichkeiten des Glücks für Faust: einmal ein Dasein als Duodezfürst, dem die Bewunderung der Bürger einer monströs engen Stadt sicher ist. Analog zu den Versen »am ewigen Hin und Widerlaufen, zerstreuter Ameis-Wimmelhaufen« vollführt Robert Hunger-Bühler sehr viele verschlungene Gesten mit den Armen. Faust bleibt ungerührt, während Mephisto ihn umschlängelt, steht er ehern mit verschränkten Armen da und wehrt gleich Christus in der Wüste die Verführung mimisch ab. Als zweite Möglichkeit, sein Leben glückhaft zu gestalten, entwirft Mephisto für Faust das Bild eines Parks, eines Lustgartens, in dem er sich mit verschiedenen Frauen vergnügen könne. Den absolutistischen Barockgarten mit schnurgeraden Achsen und diversen Wasserspielen, von denen es heißt »da zischt's und pißt's«, stellt Robert Hunger-Bühler in kabarettistisch-strudelnder Weise gestisch her. Faust re-

Johann Wolfgang von Goethe,
*Scheideblick nach Italien vom Gotthard,* 22. Juni 1775

»Indes zerfiel das Reich in Anarchie« (Vers 10261)
Ambrogio Lorenzetti, *Die schlechte Herrschaft* (1337/39), Palazzo Pubblico, Siena

agiert darauf zwar ablehnend (»Schlecht und modern! Sardanapal!«), jedoch mit nachsichtiger Milde, ja er hat sogar minimalen Spaß an Mephistos Verspieltheit.

Faust reizt im Gegensatz zu den Vorschlägen Mephistos der Wettkampf mit den Naturkräften. Er will sich mit den Meereszyklen Ebbe und Flut messen. Geradezu haßerfüllt spricht er von der ewigen Wiederkehr des Immergleichen, in die er mit seinem Eindämmungs- und Landgewinnungsplan endlich eine Zäsur setzen möchte. Sein tatkräftiges Projekt, die Naturkräfte zumindest partiell auszuhebeln, läßt Faust engagiert, groß und mächtig sprechen. Doch das Geräusch von Kriegstrommeln unterbricht Fausts leidenschaftliche Visionen. Faust, der eine Erklärung für den Krieg sucht, fährt Mephisto herrisch an. Als dieser, ihm antwortend, das Bild der schlechten Herrschaft entwirft, hört Faust nicht richtig zu. Statt dessen wandelt er auf der obersten Stufe hin und her und schaut über das imaginäre Land, wodurch er ein wenig Landschaftlichkeit in die Szene eindringen läßt. Langsam steigen die beiden Protagonisten ins Mittelgebirge hinab und verlassen damit die oberste Stufe, auf der sie sich bislang hin- und herbewegt haben. Im Mittelgebirge ändert sich der Ton: Mephisto wird etwas militärischer, die drei Gewaltigen treten in martialischer Weise auf und stellen ihre unterschiedlichen Kriegscharaktere vor. Schließlich verlassen alle die Bühne und überlassen sie zunächst listenreich dem Kaiser und seinem Obergeneral.

**»Die umgangsprachliche Betonung zeichnet sich dadurch aus, daß immer nur eine Sache erfaßt wird. Im Theater aber sind es immer mindestens zwei.« (Peter Stein)**

# Szene: Auf dem Vorgebirg

**Der Kaiser, im 1. Akt ein vergnügungssüchtiger junger Mann, ist alt geworden. Doch nach wie vor gelingt es ihm nicht, sein Reich zu befrieden. Ein Krieg bricht aus, und ein Gegenkaiser polarisiert Volk und Heer. In dieser heiklen Situation, in der der Kaiser allein auf seinen Obergeneral angewiesen ist, tritt Faust mit den drei Gewaltigen hinzu. Er beabsichtigt, den Kaiser zunächst durch trughafte Geschichten einzulullen, damit er, Faust, zusammen mit Mephisto den Oberfehl über die Schlacht übertragen bekommt und diese mit Hilfe von Zaubertricks zu einem günstigen Ausgang führen kann. Dadurch steht der Kaiser in Fausts Schuld. Er belohnt Faust später mit dem Lehen des Strandes, womit Fausts zweckgerichtete Kriegshilfe an ihr Ziel gelangt ist.**

**Der Charakter der gesamten Szene changiert zwischen gewaltförmigem Melodram und Kasperletheater. Entscheidend ist, daß der Kaiser die einzige nicht-allegorische Figur darstellt, alle anderen aber, Faust, Mephisto und die drei Gewaltigen Raufebold, Habebald und Haltefest, bloße Allegorien, scheinhafte, trügerische Wesen sind. Faust und Mephisto bauen im Verlauf der Szene eine imaginäre Landschaft mit Himmel, Vögeln und Naturereignissen auf, eine Art Märchenlandschaft, allerdings vor dem Hintergrund der kriegerischen Ereignisse.**

**»Der Schauspieler muß den Text in sich hineinsintern.«**
**(Peter Stein)**

Das Bühnenbild setzt sich aus der vorhergehenden Szene fort und dient nun der Teichoskopie (Mauerschau). Der Raum für die Schauspieler ist sehr begrenzt, gerade zwei Personen können aneinander vorbeigehen. Auf den Stufen in endgültiger Höhe werden die Schauspieler später aus Angst, die Wand herunterzufallen, vorsichtiger spielen müssen.

Das Bühnenbild ist die Basis für langsame lineare Bewegungen im Raum auf drei Ebenen, auf denen gegenläufige und parallele Bewegungen möglich sind. Es ermöglicht eine fast zweidimensionale Komposition und Ponderierung von einzelnen, Gruppen, Gewichten. Dadurch bekommt die Szene einen höheren Abstraktionsgrad und erscheint fast wie ein bewegliches minimalistisches Kunstwerk.

Die Trabanten des Kaisers betreten die untere Ebene, richten in Windeseile unter Orgelklängen den Feldthron des Kaisers her, einen Teppich mit Kissen, auf dem der Kaiser mit Krone und schwarzem Umhang Platz nimmt. Er ergreift das Schwert, das ein Trabant ihm kniend reicht. Der Obergeneral trägt weiße Kleidung und hält einen Stab mit einem Kreuz in der Hand.

Der Kaiser-Darsteller spielt einen alten Mann, er sitzt etwas zusammengesunken da, während der Obergeneral auf der unteren Ebene hin- und herläuft. Mit Gesten zeichnet er in großartiger Weise die Heeresformation in den Zuschauerraum. Die Trabanten folgen seinen Beschreibungen mit den Blicken, sie drehen den Kopf zuerst nach rechts, schauen wieder geradeaus und blicken dann nach links, bis sie schließlich die verscheuchende Geste des Kaisers sehen und daraufhin abgehen.

Wenn die Trabanten fort sind, steht der Kaiser auf und stützt sich auf sein Schwert. Schon kommt der erste Kundschafter angelaufen und kniet am Rande des Podests nieder. Obwohl er schlechte Nachrichten bringt, wirkt er sehr beflissen, wacker und sonnig. Stein empfiehlt ihm einen Ton »wie Hitlerjunge Quex: Bulgarien eingesackt! Alles klar! Aber leider Krieg verloren!« Der Kaiser nimmt schwerfällig Platz. Sogleich kommt der zweite Kundschafter keuchend und entkräftet angewankt und kniet auf der anderen Seite nieder. Dadurch gibt es ein Gegengewicht auf der linken Seite, und das Arrangement hat seine Ausgewogenheit wiedererlangt.

Der Kaiser winkt die Kundschafter zu sich, sie knien vor ihm, so daß kurzzeitig eine sehr konspirative, fast sakrale Dreiergruppe entsteht. Unterdessen setzt fast schon marschartige Orgelmusik ein, zu der Faust in Helm und Harnisch mit den drei Gewaltigen, seinen Kriegsmaschinen, auftritt. Wegen der allegorischen Grundsituation soll Bruno Ganz unbedingt »vermaskt«, also mit Helm auf die Bühne kommen. Die Frage, ob der Kaiser Faust (vom 1. Akt her) wiedererkennt oder nicht, kann nicht eindeutig entschieden werden, so daß das Verhältnis Faust-Kaiser ungeklärt bleibt.

Wenn der Kaiser Faust begrüßt, sollen der Obergeneral und Faust jeweils rechts und links vom Kaiser im Profil stehen, damit sinnbildlich wird, daß der Kaiser sich zwischen beiden entscheiden muß.

Der Duktus der gesamten Szene besteht rein aus mündlichen Mitteilungen: zunächst schlägt Faust einen zarten, geheimnisvollen, fast guruartigen Märchenton an, wenn er von den Erdkräften spricht, dann erzählt er trughafte Geschichten vom Negromanten von Norcia, und schließlich verbreitet er sich über die sizilianische Fata Morgana, das Truggebilde par excellence.

Durch die Meldung eines Gegenkaisers und durch Fausts Erzählungen aus der Vergangenheit wird der Kaiser wieder etwas kräftiger und belebt sich. Er vollführt einen großen Bogen mit dem Schwert, kippt fast vom Podest, Faust muß ihn stützen und beruhigen. Alle Handlungen und Erzählungen müssen um den Kaiser zentriert werden, denn er will, verführt durch das Kriegsspektakel,

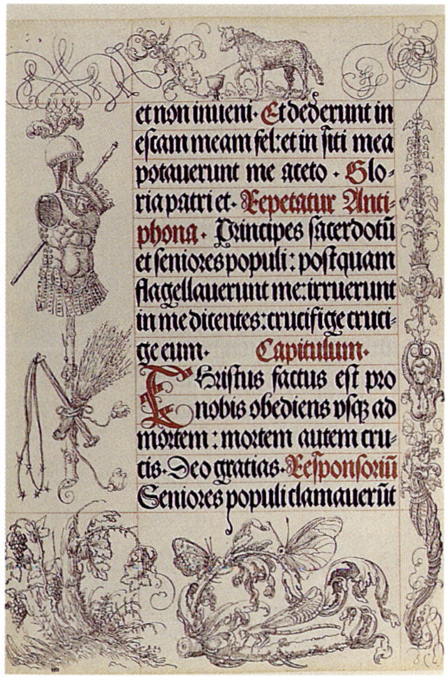

Goliath; Rüstung. Randzeichnungen im *Gebetbuch des Kaisers Maximilian* (um 1515)

dabei mitmachen und versucht, sein eigenes Gewissen zu überlisten.

Wenn Raufebold zu sprechen beginnt, muß er seine Worte so auskosten, daß sie drohend, breit, unheilvoll, ja automatenhaft gewalttätig klingen (»Wer mir den Rücken kehrt, gleich liegt ihm schlapp Hals, Kopf und Schopf hinschlotternd graß im Nacken«). Der Obergeneral hat sich derweil auf die mittlere Ebene begeben und eilt dort hin und her, Faust bewegt sich auf der unteren Stufe. Das minimalistische Kunstwerk beginnt sich zu vervollständigen.

Habebald sollte von seinem eleganten Anfangston abgehen. Schließlich ist jetzt Krieg, es wird ernst, und folglich wird es für ihn auch emotionaler und erregender. Auch in der folgenden Szene wird er diesen gierigen Kampf- und Raubmaschinen-Ton anschlagen. Seine Freundin Eilebeute, die einzige Frau im gesamten 4. Akt, bringt ihre Gier überschwenglich zum Ausdruck, indem sie sich an Habebald schmiegt und mit ihrem Metallhaken deutlich raffende Bewegungen vollführt.

Haltefest, der Alte, spricht im Kontrast dazu sehr klapprig und zittrig, er stützt sich auf sein Schwert und wirkt, so Stein, »wie eine grau gewordene Spardose«.

Mephisto tritt auf unter an- und abschwellenden Brummgeräuschen, er steigt von der Ebene des Zuschauerraums über die mittlere Stufe auf die oberste. Nun gibt es Bewegungsmöglichkeiten auf drei Ebenen. Das minimalistische Kunstwerk ist vollständig.

Die ganze Szene ist in eine Partitur von bedrohlichen, kriegerischen Geräuschen eingebettet.

Hoch über dem Kaiser stehend beginnt Mephisto, mit Armen und Händen das Kreisen und Schweben von Vögeln nachzuahmen sowie den Kampf zwischen dem Adler und dem Fabelwesen Greif auf sehr elegante, spannungsvolle Weise darzustellen. Die beiden Raben der Rabenpost werden als Marionetten von oben herabgesenkt, was der Szene kurzzeitig einen Augsburger Puppenkisten-Charakter verleiht.

Nachdem der Kaiser schließlich Faust den Oberbefehl übertragen hat und zusammen mit dem Obergeneral abgeht, befinden sich nur noch zwei ›Komponenten‹, Faust und Mephisto, auf dem Bild, ein Fixum allerdings bleibt der Teppich-Thron des Kaisers.

Wenn auf Mephistos Geheiß vermeintliche Wasserfälle als Kriegslist hervorschießen und das Kampfgetümmel überschwemmen, weicht Faust unwillkürlich zurück. Zum Schluß der Szene greifen auch noch die leeren Rüstungen wie die Requisiten eines Kasperletheaters in den Kampf ein. Daher sollen im Rücken des Publikums 1,50 Meter große sizilianische Stockpuppen eingesetzt werden, die Goethe aus Sizilien bekannt waren. Mephisto macht dazu Beschwörungsgesten. Es beginnt ein Riesengetöse, eine Art Orchester aus Metallgeräuschen (»nun aber brauchts noch Schreckgetön«). Dann steigt Mephisto langsam von der obersten über die mittlere Stufe nach unten, setzt sich und hört, nachdem sein Text zu Ende ist, mit verschränkten Armen seinem Orchester zu. Da die Metallorchestermusik noch nicht komponiert ist, trommeln Stein und der Komponist Arturo Annecchino auf den Tisch, während Bruno Ganz versucht, seinem Brustpanzer mit den Händen Metallgeräusche zu entlocken.

# Szene: Des Gegenkaisers Zelt

**Nachdem die Schlacht durch Mephistos Tricks günstig für den Kaiser entschieden wurde, verlagert sich der Schauplatz in das leere Zelt des Gegenkaisers hinein. Die Trabanten des Kaisers vertreiben zunächst die Plünderer Eilebeute und Habebald, die Teppiche und Gold an sich raffen, und bereiten dann das Zelt für den Einzug des Kaisers vor. Dieser erscheint gefolgt von vier Fürsten, denen er die Erzämter verleiht. Nachdem noch der Erzbischof, in Personalunion mit dem Erzkanzler, hinzugetreten ist, ist die »Fünfzahl« der Kurfürsten vollständig. Mit dem Kur- also Wahlfürstentum führt der Kaiser eine neue Reichsordnung ein, in der er selbst sich vom rein dynastischen Prinzip verabschiedet. Er verteilt das Land unter den Fünfen, denen damit Landeshoheit und autonome Gerichtsbarkeit zu eigen wird, deren Besitz aber unteilbar ist. Mit dieser neuen Reichsordnung spielt Goethe auf die Verleihung der Goldenen Bulle 1356 an, die die bevorzugte Stellung der Kurfürsten festlegte und damit vierhundertfünfzig Jahre lang das wichtigste Grundgesetz der Reichsverfassung bis 1806 darstellte. Nachdem die weltlichen Fürsten abgegangen sind, bleibt der Erzbischof zurück und beginnt, den Kaiser in die Enge zu treiben. Er wirft ihm sein Kriegsbündnis mit dem »sehr verrufenen Mann« Faust vor, der bereits vor der jetzigen Landverteilung den Strand und das einzudämmende Meer als Lehen erhalten hat. Als Entsühnung verlangt der Erzbischof in sehr habgieriger Weise einen Kathedralenneubau, Land, Gold und den Zehnten. Die Zwistigkeiten zwischen der weltlichen und der geistlichen Macht, dem Kaiser und dem Erzbischof als Abgesandtem des Papstes, lassen den mittelalterlichen Investiturstreit um Landbesitz- und Machtfragen im Reich anklingen. Der Vorwurf des Erzbischofs an den Kaiser, er habe sich mit bösen Geistern und Magiern eingelassen, um die Schlacht zu gewinnen, erinnert darüber hinaus an die abwehrende Haltung der Kirche im 16. Jahrhundert gegenüber magischen und aufklärerisch-naturwissenschaftlichen Bestrebungen, die gleichermaßen als Ketzerei verpönt wurden.**

Das Bühnenbild zeigt das Zelt des Gegenkaisers, das aus Stoffbahnen besteht, die über ein filigranes Holzgerüst gespannt sind. Der leere Thron, der mit einer teppichartigen Decke gepolstert ist, steht in der Mitte, auf den Teppichen des Fußbodens liegen goldene Geräte und Schatzkisten mit Goldmünzen. Rechts und links des Zeltes wird der Raum durch leicht in Richtung Publikum geschwungene Wände begrenzt, vor denen je zwei Stühle stehen.

Nach der burlesken Plünderungseinlage von Habebald und Eilebeute, die voller Dynamik steckt und sich durch spielerisches Raffen, Hektik und Grobheit auszeichnet, bemühen sich die Trabanten des Kaisers, das Zelt so gut wie möglich in Ordnung zu bringen. Aufgrund der lähmenden Ausstrahlung von Habebald und Eilebeute, den Abgesandten Mephistos, wirken die Trabanten beim Einsammeln der am Boden liegenden Goldstücke und beim Geradeziehen der Throndecke sehr matt und schläfrig. Sobald der Kaiser aber mit seinen Fürsten auftritt, stehen die Trabanten stramm und prahlen mimisch mit ihrer Ordnungsleistung. Nachdem sie abgegangen sind, wird die Szene von Etikette und Statik beherrscht. Ohne größere Bewegungsmöglichkeiten stehen sechs Darsteller auf der Bühne und rezitieren zum Teil lange komplizierte Passagen. Es ist schwierig, die Statik durch eine »Binnenzeichnung« (Stein) lebendiger und spannungsvoller zu machen.

Der Kaiser setzt sich auf den leeren Thron. Da er durch den trügerischen Krieg stark verunsichert ist, wirkt er angeschlagen. Also spricht er zunächst gegen die Beunruhigung an, die er selber verspürt. Dann beginnt er, wie ein Vater zu »salbadern«. Er stülpt sich »wie eine Monade« über den ganzen Raum, in dem die gesamte Aufmerksamkeit auf ihn gerichtet ist. Schließlich beginnt er, die neue Reichsordnung zu verkünden, die gegen die Verunsicherung, gegen den Trug gestemmt wird. Die Stimme des Kaisers muß die Kraft der Gesetzgebung haben, damit sich eine Öffentlichkeit überhaupt herstellt. Immerhin verkündet er ein Gesetz, das jahrhundertelang halten soll. Also ist der Ton des Kaisers von großer historischer Ernsthaftigkeit und Ruhe geprägt, die die einmalige Chance, jetzt eine neue Ordnung zu etablieren, glaubwürdig werden läßt.

Der Erzmarschall empfängt kniend das Schwert und spricht dann von der bevorstehenden Siegesfeier. Der Erzkämmerer, der die aufrechte und klare Knieposition wie auf Renaissancegemälden einnimmt, ist der Oberste des kaiserlichen Hausgesindes. Er formuliert, indem er seine Pflichten bei der Siegesfeier beschreibt (goldene Becken und Ringe herantragen), gewissermaßen die Unterparagraphen des neuen Gesetzes. Wenn der Kaiser zum Erztruchseß über seine »Lieblingsspeise« spricht, wird seine Stimme weicher und gleichsam privater.

Mit dem Erzschenk, der schwärmerisch über den Pokalschmuck der Fest-

Frontispiz aus: Johann Daniels von Olenschlager, *Neue Erläuterung der Guldenen Bulle Kaysers Carls IV.* (1766). Dieses Werk war Goethe seit seiner Kindheit bekannt. Das hier abgebildete Frontispiz mit der Darstellung des Hoftags in Metz 1356 könnte Goethes Bildvorstellung von der Verleihung der Erzämter und Kurwürden im kaiserlichen Zelt angeregt haben

tafel spricht, kommt kurzzeitig das jugendliche, enthusiastische Element in die Szene hinein. Die vier Fürsten sollten nicht zu unterwürfig erscheinen, sondern durchaus in gedämpfter Weise Würde, Schönheit und Lässigkeit ausstrahlen.

Mit dem Auftritt der Doppelidentität Erzbischof und Erzkanzler ist die Fünfzahl hergestellt. Nach Verkündung der Haus- und Hofordnung kehrt der Kaiser zu großem Ernst zurück, denn nun gibt er die Landesordnung bekannt. Die frühere Haltung des Kaisers, sich alle Launen erlauben zu können, schimmert nur hin und wieder noch durch. Seine Bemühung um eine durch und durch ernste Haltung ist unverkennbar. Schließlich bleibt der Erzbischof allein mit dem Kaiser zurück. Der Erzkanzler, die graue Eminenz, geht scheinbar ab, kehrt jedoch, nachdem er seine juristische Kanzlerseite abgelegt hat, in seiner Bischofsidentität zurück. Der Kaiser ahnt bereits, daß auf seinen trügerischen, ihm selbst unverständlichen Sieg noch Unheil in Form einer Strafe folgt. Damit liefert er sich den Forderungen des Erzbischofs aus, der die Emotionen des Kaisers deutlich führt. Fast savonarolaartig geißelt der Bischof den Kaiser wegen des geschlossenen Teufelspaktes, versinkt kurzzeitig in Melancholie über solchen Sittenverfall, spricht dann voller Pathos und entwirft schließlich das Bild einer gotischen Kathedrale, die der Kaiser als Sühne für seinen Satansbund errichten muß. Die Gedankenfigur, daß Kunst und Architektur aus Reue entstehen, leuchtet dem Kaiser augenblicklich ein. Er gerät durch das imaginierte Kathedralenbild des Erzbischofs in Verzückung, die auch dann noch anhält, als der Bischof sich wieder in den Kanzler verwandelt und die juristischen Formalitäten festgehalten haben möchte. Der Erzbischof verabschiedet sich mit zwei falschen Abgängen: zunächst geht er scheinbar ab, um dann mit Gold- und Zehntforderungen zurückzukehren.

Nach seinem zweiten vermeintlichen Abgang kehrt er noch einmal wieder, um für das Lehen des Strandes an Faust auch noch den Zehnten zu beanspruchen. Dann erst geht er befriedigt ab, und der Kaiser bleibt zerknirscht und zusammengesunken zurück.

Die Belehnung Fausts mit dem Strand wird nur an dieser Stelle erwähnt und im Drama nicht dargestellt. Diese Theatertechnik, wichtige Ereignisse hinter den Kulissen stattfinden zu lassen und die Zuschauer erst mit dem Ergebnis zu konfrontieren, stammt letztlich, so Stein, von der griechischen Tragödie.

**»Das Requisit ist der Tod des Theaters.«** (Peter Stein)

# 5. Akt
# Szene: Offene Gegend

**In der Eingangsszene des letzten Akts sucht ein Wanderer, der vor langer Zeit von einem alten Ehepaar aus dem Meer gerettet wurde, eben diesen Ort wieder auf. Die Hütte und die Linden stehen noch, das Ehepaar, Philemon und Baucis mit Namen, lebt noch, nur das Meer ist nicht mehr dort, wo es gewesen war. Es ist, so erzählen die beiden Alten, durch Fausts Eindämmungs- und Trockenlegungsunternehmung weit vom ehemaligen Ufer in Richtung Horizont verschoben worden. Der Wanderer, der gekommen war, um auf der alten Düne für seine frühere Rettung zu danken, verfällt schließlich in Schweigen.**

Den architektonischen Fixpunkt des Bühnenbildes stellt die Hütte dar, vor der eine Bank steht. Der Hütte gegenüber, also auf der anderen Seite der Bühne, befindet sich in der Ferne die Fassade von Fausts Palast. Da der Bewegungsradius der beiden Alten beschränkt ist, dürfen Düne und Glocke von ihrer Hütte nicht allzu weit entfernt sein. Ganz hinten soll sich ein kleines Seegemälde, ein Seestück befinden.

**»Es gibt dreierlei Arten von Zäsuren: zunächst einmal die notwendigen Atemzäsuren, dann die ebenso notwendigen Zäsuren zum Abteilen von Satzteilen, und schließlich jene Zäsuren, die Sinneinheiten abteilen, damit eine Passage nicht ganz in einem Zug durchgeht; diese Art von Zäsur ist für das Üben von Bedeutung, ansonsten muß sie nachher eliminiert werden, sie darf dann nicht mehr hörbar, sondern nur noch spürbar sein.«**

**(Peter Stein)**

Die Szene ist raffiniert gebaut, der Text kompreß gesetzt; er arbeitet mit einer Art Zeitrafferverfahren. Daher ist es unerläßlich, die Betonung jedes einzelnen Wortes abzuwägen.

Der Wanderer beginnt in einem einfachen und klaren Sehnsuchtston zu sprechen. Die Schilderung seiner Vergangenheit ist ausschließlich wichtig für die Exposition, fürs Theater, für ihn selbst aber ist sie völlig überflüssig. Der Wanderer, so erzählt Stein, hat seinen Ursprung im Nomadenwesen und spielt auf einen literarischen Typus an, der im England des 18. Jahrhunderts entstanden ist (vgl. Sternes *Sentimental journey).* In der deutschen Romantik dann ist der Wanderer bereits zu einem unerläßlichen Topos geronnen. Er, der immer auch den Konflikt zwischen den Beweglichen und den Seßhaften transportiert, wandert nicht etwa, weil er Abenteuer, sondern weil er das Selbsterlebnis sucht, oder, wie hier, das sentimentale Erinnerungserlebnis.

Damit er nicht zu egoman wirkt, muß er, während er langsam über die Bühne wandelt und seine Geschichte erzählt, das Publikum unmerklich mit einbeziehen. Die Annäherung des Wanderers an die Hütte wird von zwei Unsicherheiten in der Schwebe gehalten: er ist sich nicht sicher, ob es der richtige Platz ist und ob die Alten überhaupt noch leben. Daher schlägt er den nostalgisch-resignierten Ton ›ach, ja, die guten Alten, Friede ihrer Asche‹ an.

Baucis, die sich zittrig und gebeugt aus dem Inneren der Hütte löst, erkennt den Wanderer ganz zu Beginn nicht wieder und ist zunächst mißtrauisch. Doch als sie sich schließlich erinnert und auch Philemon zittrig und mit Buckel aus der Hütte tritt, ist das nostalgische Glück für den Wanderer vollkommen. Stein erläutert, daß die alte Baucis bewußt nicht von einer alten Schauspielerin gespielt wird, sondern von einer jungen Frau, da eine alte Darstellerin zu viel Realität ins Spiel hineinbringen würde. An dieser Stelle, so Stein, ist ihm Künstlichkeit lieber. Er erzählt von einem Schauspieler, der als jüngerer Mann oft alte Rollen spielte, und zwar mit einem gewissen Formalismus. Dann aber, als er selbst alt wurde, spielte er diese Rollen derart maniriert, daß er zum Schluß nicht mehr zu ertragen war.

Zwar wird die Darstellung des Alten hier durch die Maske verstärkt, aber das Alter muß vor allem aus dem Körper heraus, durch entsprechende Bewegungsabläufe entwickelt werden. Das ist wichtig, da die alten Leute nicht nur sitzen, sondern sich recht viel bewegen. Die Baucis-Darstellerin soll nicht irgendeine Alte nachahmen, die ihr vielleicht vor Augen steht, sondern sich selbst als Alte spielen. Dazu gehört eine starke Verlangsamung, eine größtmögliche Krafteinsparung, gekoppelt mit der genauen Überlegung, an welcher Stelle und wofür die Kraft eingesetzt wird. ›Alt‹ zu spielen, ohne ins überzeichnet Karikaturhafte abzugleiten, ist eine schwierige Gratwanderung.

Der Wanderer eilt zur Düne und kniet nieder, doch angesichts der großen und unerwarteten Landschaftsveränderungen verstummt er plötzlich. Philemon geht einmal um ihn herum, wobei er sich auf die Schulter des Wanderes stützt. Er zieht ihn langsam zu seiner Hütte zurück und entfaltet währenddessen das neue Weltpanorama. Der Wanderer, für den Baucis mit zittrigen Bewegungen einen Teller mit Essen gedeckt hat, setzt sich und bleibt stumm.

Der Dialog zwischen Baucis und Philemon, der Fausts Eindeichungsprojekt zum Inhalt hat, lebt von den kleinen Ehegeplänkeln und Gewohnheiten des sehr alten Ehepaares. So fummelt Baucis an Philemons Kragen herum und legt insgesamt die Haltung an den Tag, daß »der gute Philemon ja schon recht klapprig ist« (Stein). Durch solch konkrete Details belebt sich die Szene, die von Langsamkeit, Gebrechlichkeit, Zerbrechlichkeit, Verfall und dem Grundgefühl extrem eingeschränkter Lebensmöglichkeiten geprägt ist. Die Rollen sind aber alles andere als senil, sondern durchaus beweglich. Baucis ist eine Scharfmacherin, die Faust nicht gewogen ist, während Philemon eher zur Nachgiebigkeit neigt. Aber er ist nicht nur schicksalsergeben, autoritätshörig und blöde, sondern auch neugierig, im Gegensatz zu Baucis durchaus humorvoll und in gewisser Weise ein bißchen faustisch, wenn er Bewunderung für das Eindämmungsprojekt aufbringt.

Baucis' Stimme klingt relativ klar und energiegeladen. Mit großer Intensität spricht sie Sätze wie »Menschenopfer mußten bluten«, was sich auf die schaurige Wahrheit bezieht, daß (technische) Großprojekte immer auch Menschenopfer fordern. Der Wanderer will nichts essen und starrt wie gelähmt vor sich hin auf seinen vollen Teller. Ganz zum Schluß setzen sich alle drei langsam in Bewegung Richtung Glocke und gehen schließlich ab.

Insgesamt strahlt die Szene eine große Spannung aus: Dem Zeitrafferverfahren des extrem verschränkten Textes sind die zeitlupenhaften Bewegungen der alten Leute, ihre Langsamkeit und Verhaltenheit spannungsvoll entgegengesetzt.

## Szene: Palast/Tiefe Nacht

**In der Nähe der Hütte von Philemon und Baucis befindet sich Fausts Palast. Faust, »im höchsten Alter«, ärgert sich maßlos über das läutende Glöckchen, dessen Klänge vom Kirchlein der Alten herüberdringen. Obwohl der Türmer Lynkeus vom Gelingen des Faustschen Eindämmungsprojekts kündet, indem er den Schiffs- und Warenverkehr auf dem neuen Kanal beschreibt, kann Faust sich nicht darüber freuen, da Philemon und Baucis sich seinem ›Weltbesitz‹ widersetzen. Mephisto und die drei Gewaltigen kommen mit einer Fülle exotischer Waren auf ihren Schiffen hochgestimmt von einem Piratenraubzug zurück. Sie sind Handlanger des Faustschen Kolonialismus' und betreiben in seinem Auftrag die Globalisierung der Welt. Voller Wut über Fausts unfreundliche Gleichgültigkeit bei der Ankunft verschwinden die drei Gewaltigen mit Drohgebärden, während Mephisto versucht, Fausts Ärger über das Glockengeläut zu beschwichtigen. Er stimmt Faust in seiner Aversion zu und bietet Abhilfe an. Sogleich eilt er mit den drei Gewaltigen in Richtung der Hütte, angeblich, um die beiden Alten umzusiedeln. Doch bald darauf ist der Türmer Lynkeus, der gerade sein stimmungsvolles Nachtlied singt, gezwungen, die Katastrophe, die sich vor seinen Augen abspielt, zu beschreiben: Philemons und Baucis' Hütte brennt lichterloh. Die beiden Alten und ihr Gast, der Wanderer, sind beim Niederbrennen der Hütte umgekommen. Faust verfällt auf diese Nachricht hin kurzzeitig in Reue.**
**Ebenso wie Fausts Schlußmonolog sowohl von der nationalsozialistischen als auch von der sozialistischen Deutung ideologisch vereinnahmt wurde (»auf freiem Grund mit freiem Volke stehen«), erfuhr auch diese Episode eine ideologische Affirmation: mit der Beseitigung von Philemon und Baucis ließen sich gewaltförmige, aber angeblich gesellschaftlich notwendige Opferungsprozesse rechtfertigen.**

Das Bühnenbild zeigt Fausts Palastfassade. In der unteren Etage ist das geschlossene Palasttor sichtbar, in mittlerer Höhe befindet sich Fausts Terrasse, auf der er entweder im Sessel zurückgelehnt sitzt oder unruhig hin- und herwandelt. Ganz oben steht der Türmer Lynkeus in seinem Ausguck, der vorläufig durch einen hydraulischen Hublift markiert wird. Drei Orte befinden sich also übereinander. Lynkeus wird von Goethe mit einem Sprachrohr ausgestattet, was seine Vorliebe für technische Requisiten zeigt. Im 5. Akt übernimmt Adam Oest die Rolle des Mephisto.

Lynkeus beschreibt den Schiffs- und Warenverkehr, den er von seiner erhöhten Position aus sehen kann. Der Hafen befindet sich jetzt ganz in der Ferne, die Waren werden auf Lastkähne ohne Segel umgeladen, die dann auf den Kanälen heranfahren. Der alte Faust aber ist nicht zufrieden, sondern hochemotional und ungerecht sich selbst und der Welt gegenüber. Er ist nicht weise, sondern versucht, das Jugendliche in sich selbst, das Flatterhafte, das Papillonhafte bis ins hohe Alter zu bewahren. In dieser Szene führt das zu unsympatischen Zügen, so, wenn er sich durch Philemon und Baucis, die sich weigern wegzuziehen, ihm also Widerstand entgegensetzen, gestört fühlt. Ihr läutendes Glöckchen, das für das unabweisbare Recht des Einzelnen steht, versetzt Faust in Wut. Hier bekommt der Zuschauer endlich Zutritt zu Fausts Psychologie: er ist wütend über die alten Leute, über seinen nicht-perfekten Weltbesitz und wütend über seine Wut. Faust ist auffahrend. Er muß zuerst eine gewisse Grandeur haben, damit er nachher zusammensacken kann. Aus seiner Terrasse macht er eine Kommandobrücke und sinkt im Verlauf der Szene zurückgelehnt in seinen Sessel.

Den Faustschen Kolonialismus, seinen Weltbesitz sichern und mehren die drei wilden Gesellen als »Wirtschaftsexpertenmaschinen« (Stein). Auf zwei Kähnen (Rollwagen), die mit Säcken beladen sind, kommen die drei Gewaltigen und Mephisto angefahren. Während Haltefest seine Hände schützend über die Waren breitet, befinden sich Habebald und Raufebold in einer revolutionären Pose, die an Arbeiterdenkmäler erinnert. Alle tragen Piratenkopftücher, meutern in grober, bedrohlicher Weise, da Faust keine Notiz von ihnen nimmt, und stapfen schließlich mit den geschulterten Säcken davon. Mephisto bemüht sich, ein positives Bild vom technologischen Fortschritt, vom gelungenen Eindämmungsprojekt zu zeichnen, um Faust zu trösten, der starrsinnig und wütend oben in seinem Sessel hingestreckt liegt. Mit bröckliger Stimme vertraut Faust Mephisto wie einem Beichtvater schließlich seinen Zwiespalt an. Er möchte gleichzeitig eine gerechte Ordnung schaffen und die beiden Alten aus seinem Gesichtsfeld verschwinden lassen (»Daß man, zu tiefer grimmiger Pein, ermüden muß gerecht zu sein«). Die Bibelangabe »Naboths Weinberg« kann dem Publikum nur nahegebracht werden, wenn Mephisto sie mit der Haltung ›gabs alles schon‹ spricht. Schrill pfeift er die drei Gewaltigen herbei, und zu viert stürmen sie in Richtung der verhaßten Hütte davon. Durch die gestische und mimische Verve der drei Gewaltigen wird eine Pogromstimmung erzeugt.

Sodann singt Lynkeus ein inniges Abendlied und beginnt balsamisch zu sprechen, während Faust sich im Sessel zurücklehnt. Der Lynkeus-Monolog berührt durch »versanglichtes Sprechen« (Stein) unmittelbar. Er wird einfach und klangvoll gesprochen. Der Trick dieser Passage, so Stein, besteht darin, daß Lynkeus sich dann selber gefällt, wenn ihm die Welt gefällt. Gegen einen gewissen Widerstand, durch klangliches Insistieren behauptet er die Schönheit der Welt. Nach einer kurzen Pause gibt es eine Mauerschau, während derer Lynkeus atemlos, in einem Meisterstück des Schnellsprechens das Abbrennen der Hütte beschreibt. Wenn die drei Gewaltigen zusammen mit Mephisto zurückgetrabt kommen und vom Abbrennen der Hütte berichten, tun sie das im prahlerischen Ton einer Erfolgsmeldung. Die ›Umsiedlungsidee‹, die auch heute äußerst aktuell ist, führt also schließlich zum Tod der beiden Alten und ihres Gastes, dem Wanderer, der sich vergeblich zu wehren versuchte. Auf diese Todesnachricht hin wird Faust kurzzeitig reuig, während er bereits die vier grauen Weiber unheilvoll heranschweben sieht.

# Szene: Mitternacht

**Die vier grauen Weiber, Mangel, Schuld(en), Sorge und Not, ziehen schwebend vor Fausts Palast. Ab jetzt spielen außer Faust, dem einzigen Menschen, nur noch Allegorien mit. Da Faust ein reicher Mann ist, ist es den Menschheitsplagen Not, Schuld(en) und Mangel nicht möglich, ihn zu behelligen. Nur die Sorge allein vermag, in Fausts Palast einzudringen. Schon bevor sie bei Faust angelangt ist, beginnen erstmalig Sorgen in ihm zu wühlen. Und ebenfalls zum ersten Mal entsagt Faust der Magie. Sein Gespräch mit der Sorge hat den Charakter eines Geständnisses. Faust breitet die Quintessenz seiner Lebensphilosophie aus, die von seiner altbekannten, unruhig-tatkräftigen Fortschrittsideologie geprägt ist. Die Sorge stellt eine Macht dar, die von Faust vehement abgelehnt wird. Und doch öffnet er sich dieser weiblichen Allegorie, dieser letzten Frau, die ihm auf seinem Lebensweg begegnet. Schließlich haucht die Sorge Faust an, woraufhin er langsam erblindet. Sofort ruft er nach seinen Knechten, um sie zur Vollendung seines Eindämmungsprojektes anzutreiben.**

Aus der Bühnenregion, in der die Hütte von Philemon und Baucis gestanden hat, kommen die vier grauen Weiber hergezogen. Später werden aus dieser Richtung die Teufel aus dem Höllenrachen quellen.

Not, Mangel, Schuld und Sorge ziehen in einer Reihe hintereinander vor das Palasttor. Die Darstellerinnen tragen schwarze Gewänder mit blaugrauen Schleiern und bemühen sich um einen schwebenden Gang. Ihr zurückgenommenes und leichtes Sprachgebaren erzeugt eine große Spannung. Die vier grauen Weiber stellen eine absolute, unausweichliche Macht dar, eine Schicksalsmacht, die in ihrem Ernst an antike Tragödien erinnert. Durch den Gong und die verhaltenen Bewegungen der vier Weiber wird die Atmosphäre schwebend-unheimlich. Da Not, Mangel und Schuld nicht in Fausts Palast hineinkommen, verteilen sie sich vor der Fassade und wandeln dann in einer Dreiecksformation langsam wieder in die Richtung zurück, in der sie ihren Bruder, den Tod, in der Ferne erspähen. Wenn die Sorge oben auf Fausts Galerie angelangt ist, verdichtet sich die Atmosphäre zwischen ihr und Faust in spannungsvoller Weise. Faust, dessen hochfahrender Charakter durch die Regieanweisung »erst ergrimmt, dann besänftigt« deutlich wird, entsagt seinen üblichen Verdrängungs-Zaubersprüchen. Indem er sich im Sessel zurücklehnt, zieht er die Summe seines Lebens: »im Weiterschreiten find er Qual und Glück, er! unbefriedigt jeden Augenblick«. Diese Lebensquintessenz erinnert Stein an das Motto eines Industriellen, das da lautet: »Arbeiten und nicht verzweifeln«.

Die Rede der Sorge ist voller Musikalität und Eindringlichkeit. In soghafter Weise beschreibt sie ihre Macht über die Menschen, denen sie das ganze Leben vergällen kann. Es ist eine Beschreibung der *condition humaine*. Faust wehrt sich zwar gegen Jenseitsvorstellungen und fordert, ganz im Sinne des modernen naturwissenschaftlichen Denkens, Tatkräftigkeit auf Erden. Aber seine heftige Abwehr der Sorge zeigt deutlich, daß sie ihn getroffen hat und er sie nicht mehr loswerden kann. Es gelingt ihr, seinen Starrsinn, seinen Solipsismus aufzubrechen und ihn zu einem letzten Gespräch zu bewegen. Dieses endet heroisch. Die Sorge haucht Faust in äußerst zärtlicher Weise an und nimmt ihm dadurch das Augenlicht. Er empfindet diesen Hauch wie einen Kuß. Doch erblindet er nicht abrupt, sondern in einem langsamen Prozeß. Zunächst bleibt Faust fast gespenstisch ruhig. Da er die Blindheit nicht einordnen kann, greift er hinter der entschwindenden Sorge her in die Luft und fällt über seinen Sessel. Dann brüllt er verzweifelt und hochfahrend nach seinen Knechten, die eiligst versuchen sollen, sein Entwässerungsprojekt zu vollenden.

»Es muß nicht nur danach gefragt werden, wie ein Satz am nächsten hängt, sondern auch nach den Lücken zwischen zwei Versen, die beim Lesen nicht auffallen, aber auf der Bühne mit spannungsvollem Leben gefüllt werden können.« (Peter Stein)

# Szene: Großer Vorhof des Palasts

**Durch den Auftritt der »schlotternden« und »neckischen« Lemuren wird Fausts großer Schlußmonolog, auf den unmittelbar sein Tod folgt, ironisiert. Auf Mephistos Geheiß heben die Lemuren mit klirrenden Spaten ein Grab aus, das der blinde Faust für einen Entwässerungsgraben jenes Sumpfes hält, der seinen Landgewinnungsplan zu gefährden droht. Nach seinem letzten visionären Blick in das von ihm erschaffene Gelobte Land sinkt Faust tot zu Boden. Die Lemuren legen ihn ins frische Grab, beginnen es zuzuschaufeln, werden aber sofort von Mephisto verscheucht, der die Seele Fausts für die Hölle zu gewinnen trachtet.**

Das Bühnenbild war zunächst so konzipiert, daß das Grab sozusagen den Schatten oder die Spiegelung der Palasttür darstellte, aus der heraustretend Faust direkt in das Grab fallen sollte. Aus technischen Gründen aber war dies nicht möglich. Daher bleibt der hölzerne Grabkasten, der von den Lemuren schräg durch den Raum gerollt wird, in der Mitte des Bühnenraums stehen. Die Lemuren tragen graue Sträflingskleidung, Arbeitshandschuhe und Totenkopfmasken. Da durch die Masken zunächst die Stimmen der Lemuren stark verzerrt wurden, Peter Stein aber keine »verkleideten Stimmen« mag, erhielten die Totenköpfe einen beweglichen Unterkiefer.

Die Lemuren üben, sehr zur Erheiterung der Zuschauer, ihre »schlotternden« Bewegungen. Mit ihren Gummigelenken, Gummiknien und schlenkernden Armen und Beinen bewegen sie sich schauerlich verrenkt mit geschulterten Spaten durch den Raum und singen leicht dissonantquäkend. Ein Lemur legt sich hin, die anderen beiden stechen, gemäß Mephistos Anweisungen, mit ihren Spaten die Maße ab und schaufeln »mit neckischen Gebärden« den Torfmull aus. Während Fausts Schlußmonolog kommen die Lemuren langsam und organisch schlotternd auf ihn zu und lachen hin und wieder hämisch-meckernd auf. Faust hält sich zunächst an der Türleibung fest. Er spricht wie ein Tyrann. Dann läßt er die Leibung los, richtet unklare Blicke in die Ferne und nach oben, bis er beim Wort »Augenblick« umfällt und stirbt. Das Fallen wird lange geübt. Die Lemuren-Darsteller dürfen Bruno Ganz' sanften Fall nicht durch ruckhafte Bewegungen unterbrechen, sondern ihn nur begleiten.

Wenn Faust tot am Boden liegt, zunächst auf dem Bauch, und Mephisto spricht, machen die Lemuren weiterhin »neckische Gebärden«: sie testen, ob Faust tot ist, heben seine schlaffen Hände und ein Bein hoch, lassen sie wieder fallen. Mephistos Ton klingt nach Fausts Tod für einen Augenblick lang sehr ernst. Denn das Stehenbleiben der Uhr meint nicht nur, daß die kleine Lebensuhr stehenbleibt, sondern auch die große kosmische Uhr. Diese Aussage wird vom Chor »kosmisch aufgebläht« (Stein). Dann springt Mephisto beim Stichwort »vorbei« aus diesem ernsthaften Ton heraus. Er spricht sehr nihilistisch und nicht, wie sonst üblich, ironisch-sarkastisch, da er ja nun keinen Partner mehr hat. Der nihilistische Satz »Ich liebte mir dafür das Ewig-Leere« ist Mephistos Credo. Er widersetzt sich damit der Tatsache, daß alles Leben immer weitergehen soll.

Es bedurfte eines langen Übungsprozesses herauszufinden, auf welche Weise Faust zu Grabe getragen werden kann. Damit dieser Vorgang möglichst pietätvoll aussieht, wird Bruno Ganz umgedreht und mit dem Gesicht nach oben zum Grab transportiert. Wenn er schließlich im Grab liegt, beginnen die Lemuren ihn unter quäkenden und meckernden Antiphon-Gesängen zuzuschaufeln. Mephisto aber, der noch Fausts Seele benötigt, unterbricht sie, woraufhin sie schlaksig und zitternd von hinnen torkeln.

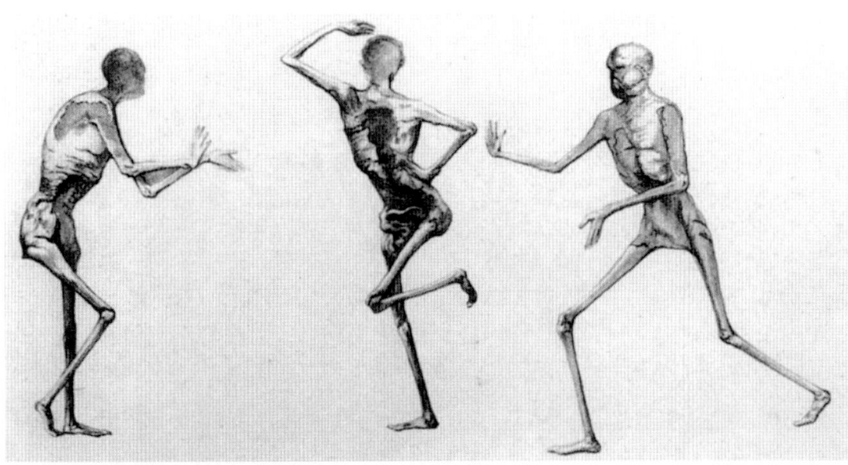

Lemuren, aus: Ignatz v. Olfers, *Über ein merkwürdiges Grab bei Cumae und die in demselben enthaltenen Bildwerke* (1830)

# Szene: Grablegung/ Bergschluchten

**Nachdem Mephisto die Lemuren verscheucht hat, ruft er, als Verstärkung im Kampf um die Seele Fausts, die Dick- und Dürrteufel samt Höllenrachen herbei. Doch die von oben herabschwebenden Engel, die Himmlischen Heerscharen, streuen auf die Teufel Rosen, die diesen große Pein bereiten und sie schließlich vertreiben. Unter anmutigen, verzaubernden Gesängen kreisen die Engel langsam um Fausts Grab herum. Mephisto wird auf homoerotische Weise von den Engeln magisch angezogen und vernachlässigt dadurch seine Bemühungen um Fausts Seele. Während Mephisto in Liebesgluten vergeht, nehmen die Engel Fausts Pneuma, also seinen Atem, seine Seele, seinen Geist mit sich und kreisen langsam wieder in den Himmel zurück. Mephisto hingegen tritt mit leeren Händen, getäuscht und beulenübersät unter Selbstvorwürfen ab. Wenn die jüngeren und die vollendeteren Engel das Pneuma Fausts in den Himmel überführen, entfaltet sich dabei die Hierarchie eines katholischen Himmels. In den Bergschluchten befinden sich vier heilige Anachoreten in ihren Einsiedeleien. In der »tiefen Region« sitzt Pater Profundis, der also dem Alltag am nächsten ist. Auch der »auf und ab schweifende« Pater Ecstaticus ist der Erde noch stark verhaftet. In der »mittleren Region« aber unterweist Pater Seraphicus bereits väterlich die »seligen Knaben«, sehr jung Verstorbene, die vom Leben noch nicht verschmutzt sind. Ganz oben in der Einsiedelei, »in der höchsten, reinlichsten Zelle«, sitzt Doktor Marianus und visioniert in den höheren Himmelssphären den Glanz der Mater Gloriosa, der Himmelskönigin, zu der gerade einige Frauen hinziehen. Es sind vier Büßerinnen, unter ihnen Gretchen, die den jungen Faust wiedererkennt. Denn im Himmel findet noch einmal die Entwicklung Fausts aus dem »Puppenstand« hin zu einem jungen Mann »mit mächtigen Gliedern« statt, der von der Mater Gloriosa indirekt aufgefordert wird, Gretchen nachzufolgen, die sich ihr nachschwebend in die höheren Himmelssphären erhebt. Der Gott des *Prologs* aber bleibt im Himmel der *Bergschluchten* unsichtbar.**

Höllenrachen. Nürnberger Holzschnitt des 15. Jahrhunderts

Das Bühnenbild setzt sich aus der Lemurenszene fort: Faust liegt im offenen Grab, das von Mephisto und seinen Hilfsteufeln umstellt wird. Am Bühnenrand steht das Einschlupfloch der Teufel, der Höllenrachen. Schließlich aber senkt sich die Himmelsspirale, die während der gesamten Aufführung an der Decke in nuce als Ellipse sichtbar war, langsam über das Grab hinab. Die Engel bewegen sich gemessen auf der Spirale hinunter. Während sie sich mit Fausts Pneuma langsam wieder nach oben schrauben, wird Fausts Palast zur Thebais, zum Einsiedlerfelsen der *Bergschluchten* umgewidmet, in der sich die vier Anachoreten verteilen. Abgesehen vom unruhigen Pater Ecstaticus, der sich mit einem Flugwerk auf- und abbewegt, bilden die heiligen Einsiedler ein relativ statisches Gegengewicht zu den unablässigen Kreisbewegungen, die die Engel, die seligen Knaben, Faust in seinen vier verschiedenen Lebensaltern und schließlich auch die Büßerinnen vollführen sowie jene, die zu jeder mystischen Veranstaltung gehören. Das Bühnenbild des Schlusses, die Spirale, auf der sich die Seele Fausts als Kleinkind, Knabe und junger Mann emporbewegt, ist ein bildliches Zeichen für das Leben des Menschen, das zwar im Scheitern immer wieder zum gleichen Punkt zurückkehrt (Kreisfigur), sich aber doch auf einer anderen Ebene bewegt, sich in den Raum hinein entwickelt.

Mephistos langer Monolog, ein Herzstück der Mephistorolle, handelt von den Schwierigkeiten, heutzutage noch eine Seele für die Hölle zu gewinnen. Der Teufel wirkt wie ein Vertreter der alten Zeit, der nichts mehr zu sagen hat.

Mephisto umkreist das Grab, springt mit großen Beschwörungsgesten und flatterndem Mantel über die Torfhügelchen des Grabrandes und zitiert die drei Dickteufel aus dem Höllenrachen herbei. Diese rollen kopfüber sich überschlagend auf die Bühne,

*Der Triumph des Todes*, Kupferstich von Andrea Orcagna (?) nach einem Fresko im Kreuzgang des Campo Santo di Pisa. Bildvorstellung zu den Szenen *Grablegung* und *Bergschluchten*. Eine Reproduktion befand sich in Goethes Kunstsammlung

werden von Mephisto um Fausts Unterleib herumgruppiert und verharren dort in der Hocke. Sodann tauchen die drei Dürrteufel auf, die um Fausts Kopf herum angeordnet werden. Sie stehen auf dem Grabrand und greifen nach oben in die Lüfte. Diese Stelle inszeniert Stein bewußt als süddeutsch-österreichische Teufelsmaskerade mit Höllenrachen und Teufelsmasken.

Mit dem Auftritt der acht weißgekleideten Engel aber erhält ein neuer, metaphysischer Ton Einlaß in die Szene. Sie stehen in einem großen Kreis um das Grab und rezitieren sehr ruhig, überlegen, gelöst und selbstverständlich. Mephisto steckt seinen Kopf durch die Beine eines Dürrteufels hindurch und spricht, während er mit den Händen vergeblich nach Fausts Seele greift, beschwörend über Fausts Kopf hin.

Doch die von den Engeln gestreuten Rosen, die später tatsächlich aus brennendem Feuerpapier bestehen werden, sind schließlich stärker als die Teufel. Diese wollen den Phosphorregen, die von den Rosen verursachte Feuerqual loswerden. Daher verkriechen sie sich wie bei einem Bombenangriff, vollführen Radschläge und wälzen sich auf dem Boden. Schließlich klettert Mephisto allein aufs Grab, um die Seele Fausts zu erhaschen. Die Engel summen derweil einen Dreiklang, der durch die Septime und die None gebrochen wird. Gläserne Sphärenschwingungen ertönen. Das Ziel für die Engeldarsteller besteht darin, so gelöst und heiter zu sein, wie niemand es von sich aus ist. Fast unmöglich ist es, dann auch noch chorisch zu sprechen. Aber nach vielen Proben ist der Effekt des schwirrenden und kompakten Zusammenklingens vieler Psychen, die sich um Loslösung von ihrer Körperlichkeit bemühen, voll erleichterter Schönheit. Das Sprechen der Engel gleitet so selbstverständlich ineinander, als gäben sie sich die Hände. Vier Engel beginnen sich im Kreis zu drehen und variieren die gesummten Sphärenklänge in eine harmonischere, »schwulere« Richtung. Der verliebte Mephisto versucht sie auf sich aufmerksam zu machen und läuft ihnen nach, sie drehen sich um, kreisen in die andere Richtung, während er sie wohlgefällig und voller Geilheit von hinten betrachtet. Dann verteilen sich die Engel um das Grab, die vier vollendeteren Engel nehmen das Unsterbliche, die Seele, das Pneuma Fausts mit, und die vier jüngeren bewachen das Grab vor Mephisto mit abwehrenden Gesten.

Adam Oest hat in dieser zunächst rein kabarettistischen Szene viele Tonwechsel zu bewältigen, die sich von ordinär, flapsig, zynisch, witzig bis ungläubig verliebt bewegen. Zum Schluß ist er schwer betroffen und verabschiedet sich unter Selbstvorwürfen, während sich die Engel unangefochten zurück in den Himmel schrauben.

Mit Mephistos Abgang ist das unablässig ironische Element aus dem Drama ausgeschieden. In der *Bergschluchten-Szene* herrscht der hohe, ergriffene Ton vor.

Viele Inszenierungen geben diese Szene entweder wohlfeilem Spott preis oder machen aus ihr, wie die anthroposophischen Inszenierungen in Dornach, eine neokultische Weiheveranstaltung.

Die Sprechhaltung, die die Darsteller hier einzunehmen versuchen, bewegt sich also zwischen Skylla und Charybdis. Weder dürfen die Darsteller ins deutlich Ironische, oder gar Spöttische verfallen, noch ihre Stimme ins Weiche und Süßliche wenden. Auch hier müssen sie so konkret und selbstverständlich wie möglich sprechen, um schließlich jene höhere Distanz zu erreichen, die allein zur Ergriffenheit führen kann.

In der Thebais sitzen die vier Anachoreten. Eine solche Thebais ist vor allem in der byzantinischen Malerei beziehungsweise Mosaikkunst oft dargestellt worden: dort sieht man viele in die Landschaft verteilte Felsen, zwischen denen Mönche in ihren Höhlen sitzen. In einer Art christlichem Arkadien sind sie versöhnt mit der Natur und bemühen sich, durch christliche Übungen, das Paradies zu erreichen. Die Landschaft ist symbolisch zu verstehen, es ist, wie Chor und Echo verkünden, ein Liebesparadies mit Wäldern, Wasserfällen und Löwen.

Ganz unten sitzt mit einem riesigen aufgeschlagenen Buch Pater Profundis. Darüber auf dem hölzernen Podest befinden sich Pater Ecstaticus rechts, Pater Seraphicus links und Doktor Marianus

Luca Signorelli, *Rosenstreuende Engel.* Detail aus dem Fresko im Dom von Orvieto (um 1500)

erhöht in der Mitte, vorläufig auf einem hydraulischen Hublift. Alle sind in schwarze Decken gehüllt. Der Anfangschor wirkt sehr leicht und getragen zugleich, freundlich und durchsichtig. Dabei recken alle vier den Kopf ein wenig und evozieren durch ihr Sprechen die gesamte Szenerie, so daß der Zuschauer sich Dinge vorstellen kann, die natürlich nicht zu sehen sind.

Pater Ecstaticus, der sich mit einem Flugwerk auf- und abbewegen wird, soll nicht emphatisch-laut, nicht breit und innig, sondern in Ekstase sprechen, voll schroffer Begeisterung und eigener, nicht ausgedachter Emotionalität. Trotzdem soll er erst einmal alles versuchen, was ihm einfällt, so Stein, »denn wenn du dann so laut sprichst, daß es hohl wird, dann sage ich dir schon Bescheid, dann kannst du deine Lautstärke um zwanzig Prozent senken, um Elastizität und Energie deines Sprechens wieder herzustellen«. Der Text von Pater Ecstaticus ist ein Meisterwerk rhythmischer Dichtkunst. Es handelt sich um eine erotische Gottsuche. Der Pater versucht, sich durch Selbstkasteiung von Erdenresten zu reinigen, was ihm nicht gelingt, da die moralische Schwerkraft ihn immer wieder nach unten zieht.

Pater Profundis, der ruhiger ist als Pater Ecstaticus, ringt mit seiner eigenen Gefühlskälte, der er sich in aller Ehrlichkeit stellt. Er spricht in profanem Versmaß und verkündet, daß jede Naturkatastrophe eine Liebesbotschaft des Himmels ist. Stein rät dem Darsteller, den Rhythmus seines Parts ein wenig zu brechen, ihn in der Form leicht hin- und herzuziehen, also prosagemäßer zu sprechen, nur so komme »Salz« in die Passage.

Pater Seraphicus ist der väterliche Lehrer der seligen Knaben, denen er in möglichst konkreter, leicht belehrender Weise die Welt erklärt.

Insgesamt, so Stein, läßt sich die Anachoreten-Passage einer Jam-Session vergleichen: sobald die Darsteller merken, daß das Publikum unaufmerksamer wird, müssen sie sich steigern und das Publikum stärker »rannehmen«.

Die vier Anachoreten individualisieren die Szene, die ansonsten von der Gemeinschaft der Engel beherrscht wird. Diese stehen sehr sicher da und beginnen ihren Chor. Stein erklärt, warum der Vers »Gerettet ist das edle Glied/der Geisterwelt vom Bösen« in jedem Falle mit Enjambement gesprochen werden muß. Da es eine Konjunktur bei Worten gibt, ein Absinken und Aufsteigen, muß versucht werden, jene Worte, die heute etwas anderes assoziieren als in der Goethezeit, besonders zu behandeln, damit das Publikum nicht einfach sextanerhaft lachen muß. Auch bei »Asbest« (»und wär' er von Asbest, /er (der Erdenrest) ist nicht reinlich«, 11954ff.) wird zeitgenössisch assoziiert, daß nämlich,

*Das Leben der Eremiten in der Thebais,* Kupferstich von Pietro Laurati nach einem Fresko im Kreuzgang des Campo Santo di Pisa. Bildvorstellung zu den Anachoreten. Eine Reproduktion befand sich in Goethes Kunstsammlung

William Blake, Illustration zu Dantes *Divina Commedia, Himmelsspirale* (1824/27)

so Stein, auch ganze Theater wegen Asbestverseuchung abgerissen werden müssen.

Der Chor der Engel strahlt eine unverschämte, ja aufreizende Sicherheit aus. Da sich über nebulöse, esoterische, metaphysische Dinge schlecht sprechen läßt und diese dem Publikum schwer zu vermitteln sind, müssen die Engel durch eine extreme Sicherheit und ruhige Selbstverständlichkeit überzeugen. Die jüngeren Engel kreisen langsam um die vollendeteren, die das Pneuma in ihren Händen halten. Erstere sprechen beschleunigt, begeistert, mit Verve und Schwung, fast ein wenig militant. Die vollendeteren Engel reagieren darauf ein wenig maßregelnd: »Uns bleibt ein Erdenrest zu tragen peinlich.« Ihr Sichabwenden ist geradezu als Argument gegen die übermäßige Begeisterung zu verstehen. Sie wechseln die Atmosphäre, sprechen intensiv, aber nicht laut und beginnen, um die jüngeren Engel zu kreisen, denen sie nun das Pneuma übergeben. Dabei wird ihr Tonfall so sachlich, als sprächen sie über chemische Prozesse, über das Scheiden von Elementen, über Asbest. Hier geht es um die beiden Teile der Faustschen Seele, die »geeinte Zwienatur«, das Irdische, wozu auch Teile des Geistes gehören, und das Überirdische, die eine so starke Legierung eingegangen sind, daß sie sich nicht trennen lassen. Die Engel weisen darauf hin, daß es bei jemandem wie Faust, der besonders begabt ist und alles erlebt hat, auch in geistiger Hinsicht, der also ein sogenanntes erfülltes Leben geführt hat, weil er »besonders viele Lebenselemente an sich gerafft hat« (Stein), besonders schwer ist, die beiden Teile der Seele zu trennen. Gelingt dies nicht, wird der Zutritt zum »Allverein« nicht gewährt. Es handelt sich also um eine Art Seelenchemie.

Während Doktor Marianus, auf dem Podest kniend, durchsichtig, leicht und voller Musikalität spricht, treten die Mater Gloriosa, die drei Büßerinnen und Gretchen auf. Doktor Marianus bedient sich der Muttergottes gegenüber einer verehrungsvollen Liebessprache voller Zärtlichkeit, so, »als habe er liebende feuchte Hände« (Stein). In der Mater Gloriosa verehrt er gleichzeitig verschiedene Frauen, die Jungfrau, die Mutter, die Königin und die Göttin.

Die Frauen fügen sich in das allgemeine Kreisen auf der Bühne ein, zu dem noch vier Lebensalter hinzugekommen sind: die vollendeteren Engel führen ein Kleinkind, einen Jungen, einen Jugendlichen und den jungen Faust an bestimmte Plätze im Kreis, wo diese verharren. Auf der Spirale soll dieser Vorgang später möglichst schwebend wirken. Derweil schaut die Mater Gloriosa hoheitsvoll-gelassen auf die drei Büßerinnen hinunter. Sie wirkt wie eine bayrische Barockmadonna und wird später in einem Flugwerk über der Szenerie schweben. Nachdem die vier Büßerinnen das Grab umkreist haben, bleiben

Sandro Botticelli, Zeichnung zu Dantes *Divina Commedia* (1485/90)

Als Protestant, so Stein, vermißte Goethe die Marienverehrung, die im weiteren Sinne durchaus erotische Züge haben kann. Das Ewig-Weibliche, also die tätige Kraft des Eros als das einzige, was einen Sinn verleiht, stellt Goethe als Angebot eines Erklärungsmusters an den Schluß seines *Faust*-Dramas.

sie stehen und beginnen ihre Bittgesänge. Gretchen kniet sich nieder. Das Trio der Frauen steigert das Drängende ihrer Bitten wellenförmig, in Schleifenbewegungen hin zu einem riesengroßen Bittbogen. Larmoyanz und Feierlichkeit müssen aus der Passage getilgt werden, statt dessen sollte die Vertraulichkeit der Büßerinnen zur Mater Gloriosa gesteigert werden: zuerst preisen die drei ihre eigene Bußleistung an, dann bitten sie um Verzeihung für Gretchen, da sie, so Stein, »großes Verständnis für Sexualprobleme haben«. Stein ist die Begegnung zwischen Gretchen und dem jungen Faust im Himmel ein großes Anliegen. Dieses späte Wiedersehen stellt einen konkreten Vorgang im transzendenten Rahmen dar.

Der Text der Mater Gloriosa atmet in seiner Leichtigkeit himmlische, göttliche Ironie (»wenn er (Faust) dich (Gretchen) ahnet, folgt er nach«), ja beinahe eine leichte, neckische Frivolität. Aus der Gestaltung wird Umgestaltung, aus der Art die Umartung. Faust wird gerettet.

Im historischen *Faust*-Buch landet Faust in der Hölle. Goethe aber bemühte sich schon in seinen frühen Fassungen und Versuchen darum, Faust in einen sinnvollen Zusammenhang aufzunehmen und ihn nicht zu vernichten. Er ging davon aus, daß die Vergeblichkeit menschlichen Lebens trotz allem in einen Sinnzusammenhang gestellt werden sollte. Um die Kongruenz des Faustschen Strebens mit dem liebend-erotischen Suchen des ganzen Kosmos zu zeigen, baute Goethe den transzendenten Himmel der *Bergschluchten* möglichst konkret.

William Blake, Illustration zu Dantes *Divina Commedia*, *Himmelskönigin* (1824/27)

# Szenenfotos
# zu Faust I und II

von Ruth Walz

 STUDIERZIMMER I. ROBERT HUNGER-BÜHLER

WALPURGISNACHT. ENSEMBLE

WALPURGISNACHT. MELANIE BLOCKSDORF • FOLGENDE SEITE: KLASSISCHE WALPURGISNACHT. ANA KEREZOVIĆ

WEITLÄUFIGER SAAL. STEPHAN BAUMECKER, ENSEMBLE

WEITLÄUFIGER SAAL. FURIEN: MELANIE BLOCKSDORF, PETRA TAUSCHER, HILLE BESELER

 WALPURGISNACHT. ANA KEREZOVIĆ, PATRICK O'BEIRNE, SCHIRIN SANAIHA, STEPHAN VON DER DECKEN

HEXENKÜCHE. ROBERT HUNGER-BÜHLER, ELKE PETRI, ENSEMBLE

 WEITLÄUFIGER SAAL. ALEXANDER PEUTZ, JÜRGEN-CHRISTOPH KAMCKE, STEPHAN VON DER DECKEN, CORINNA KIRCHHOFF

VOR DEM PALASTE DES MENELAS ZU SPARTA. CHRISTINE OESTERLEIN, CORINNA KIRCHHOFF

WALPURGINACHTSTRAUM. BRIGITTE HOBMEIER, DANIEL KEBERLE

GRETCHENSZENEN I. CHRISTIAN NICKEL • FOLGENDE SEITE: WEITLÄUFIGER SAAL. PLUTUS-WAGEN

WEITLÄUFIGER SAAL. PLUTUS-WAGEN: CHRISTIAN NICKEL, AOM FLURY

WEITLÄUFIGER SAAL. FORTITUDO-WAGEN: GISELA SALCHER, CORINNA KIRCHHOFF, ANA KEREZOVIĆ, BRIGITTE HOBMEIER

 WEITLÄUFIGER SAAL. ROBERT HUNGER-BÜHLER, DAMEN-ENSEMBLE

EITLÄUFIGER SAAL. OBEN: CHRISTIAN HABICHT, CHRISTIAN NICKEL, ENSEMBLE • UNTEN: THORSTEN LOEB, BRIGITTE HOBMEIER, ELKE PETRI

VOR DEM PALASTE DES MENELAS ZU SPARTA. CORINNA KIRCHHOFF, DAMEN-ENSEMBLE

VOR DEM PALASTE DES MENELAS ZU SPARTA. CHRISTINE OESTERLEIN, DAMEN-ENSEMBLE

 INNERER BURGHOF. CHRISTIAN NICKEL, CORINNA KIRCHHOFF

INNERER BURGHOF. CORINNA KIRCHHOFF, CHRISTIAN NICKEL, ENSEMBLE

 AM OBEREN PENEIOS WIE ZUVOR. TANJA KÜBLER, PETRA TAUSCHER, BRIGITTE HOBMEIER, GISELA SALCHER, ANA KEREZOVIĆ

KLASSISCHE WALPURGISNACHT. OBEN: BRUNO GANZ, STEPHAN BAUMECKER • UNTEN: MELANIE BLOCKSDORF, ADAM OEST, HILLE BESELER

 GRABLEGUNG. CHRISTIAN NICKEL, JOHANN ADAM OEST

GRABLEGUNG. PATRICK O'BEIRNE, JÜRGEN-CHRISTOPH KAMCKE, DANIEL KEBERLE, MARTIN MÜLLER, BERND LUDWIG, ROBERT HUNGER-BÜHLER, JOHANN ADAM OEST

GRABLEGUNG. ENSEMBLE

# Die Faust-Illustrationen der Goethezeit

Roswitha Schieb

»Den Faust, dächt' ich gäben wir ohne Holzschnitte und Bildwerk. Es ist so schwer, daß etwas geleistet werde, was dem Sinne und dem Tone nach zu einem Gedicht paßt. Kupfer und Poesie parodieren sich gewöhnlich wechselseitig. Ich denke, der Hexenmeister soll sich allein durchhelfen.« (Goethe an Cotta, 25. 11. 1805)

Trotz dieses Diktums war Goethes Verhältnis zu den Illustrationen seines *Faust*-Dramas zeitlebens von großer Neugierde geprägt. Hatte er sieben Jahre zuvor sogar seinen Freund Heinrich Meyer beauftragt, den *Faust* zu illustrieren, also »zu dieser barbarischen Production Zeichnungen zu verfertigen« (Goethe an Schiller 1798, WA, Bd. 13), so beschränkte sich Goethe später auf die Beurteilung neuentstandener Illustrationen, die er teilweise direkt mit den jeweiligen Künstlern besprach. Die erste Zeichnung, die nach Goethes *Faust* bereits 1796 enstand, stammt von Asmus Jakob Carstens. Sie zeigt die Szene *Hexenküche* im damals sehr beliebten Umrißstil, der vom Engländer John Flaxman entwickelt worden war. Wie sehr Goethe Asmus Jakob Carstens schätzte, zeigt sich in einer späten Beurteilung dieses Künstlers:

» ... und so war es gewiß von guter Vorbedeutung, daß dieser Genius, mit dem man so gern die neue Epoche deutscher Kunst beginnt, sich vor allem an die Dichter und Denker des klassischen Altertums gehalten hat.« (Goethe, 1825)

Folgte Carstens mit seiner Zeichnung genau dem Goetheschen Text, so verfuhr der Illustrator Christian Ludwig Stieglitz, der 1809 etliche Zeichnungen zum *Faust* verfertigte, freier mit der Vorlage. In der Art einer Nachdichtung, die nicht streng den Vorgängen des Dramas folgt, entwirft Stieglitz phantastische, verschachtelte Architekturen, die, in Anklang an Piranesis *Carceri*-Blätter, den Eindruck einer barocken Theaterinszenierung vermitteln, in der die Akteure im Verhältnis zu den Räumlichkeiten und Landschaften klein und verloren wirken. Anerkennend schreibt Goethe an Stieglitz:

»Sie haben mir und mehreren Freunden sehr viel Vergnügen und Unterhaltung gewährt. Dem Dichter kann nichts angenehmeres begegnen, als wenn er auf eine so bedeutende Weise erfährt, daß ihm die Einbildungskraft des Lesers entgegen arbeite. Da Ew. Wohlgeboren von der Landschaft, vom Local, von der Umgebung ausgehen und die Personen als Staffage behandeln; so entspringt daraus eine neue Art der Poesie, die, ohne die frühere nachahmen zu wollen, sich mit ihr in Rapport setzt und das Gedichtete von einer neuen Seite darstellt.« (Goethe an Stieglitz, 18. 2. 1810)

1810 erschien ein Umrißstich zur *Kerker*-Szene von Vinzenz Raimund Grüner. War der Umrißstil anfänglich als Medium des Klassizismus entstanden, so hatte er nun bereits eine Ausdehnung auf altdeutsche Themen erfahren und begann damit, das Klassische mit dem Romantischen zu synthetisieren.

Über die ebenfalls 1810 entstandene Bildfolge zum *Faust* von Ludwig Gottfried Carl Nauwerck äußerte sich Goethe ausnahmslos positiv:

»Ew. Wohlgeboren, haben mir diesen Sommer eine sehr angenehme Überraschung gegönnt, indem Sie mir die wohlgerathenen Zeichnungen nach Carlsbad übersandten. Ich konnte mich nicht von Ihnen trennen, weil ich sie nothwendig meinen und Ihren weimarischen Freunden vorlegen mußte. Auch unterwegs schon haben sie viel Vergnügen gemacht, und mehr als einmal bin ich gefragt worden, ob sie verkäuflich seyen. Erlauben Sie jetzt, daß ich sie noch bis etwa gegen das Neujahr behalte, und daß wir, in dem gewöhnlichen Jahres Programm der Jenaischen Allgemeinen L. Zeitung, ein gutes Wort darüber aussprechen. Unser Kupferstecher Herr Müller ist von Dresden aus auf diese Zeichnungen aufmerksam gemacht worden, und übertrüge wohl eine und die andere auf die Platte; allein es ist dabey bedenklich, daß gerade das Verdienstlichste Ihrer Zeichnung so außerordentlich zart ist, daß es kaum noch einmal und besonders mit einer anderen Technik hergestellt werden könnte.« (Goethe an Nauwerck, 16. 11. 1810)

Am selben Tag spricht sich Goethe auch Cotta gegenüber lobend über Nauwerck aus:

»Auch hat Herr Nauwerck in Ratzeburg ein Halbduzzend meist ausgeführte Zeichnungen zu *Faust* geliefert, die, besonders in Betrachtung daß sie von einem Liebhaber herrühren, bewunderungswürdig sind.« (Goethe an Cotta, 16. 11. 1810) Die Forschung vermutet, daß Goethe von Nauwercks Erdgeistzeichnung zu seiner eigenen Skizze inspiriert wurde. Noch 1826 setzte sich Goethe für die Veröffentlichung der erweiterten Bildfolge Nauwercks zum *Faust* ein. Zwei Jahre später nennt er ihn sogar im Zusammenhang mit den drei großen Faust-Illustratoren Cornelius, Retzsch und Delacroix:

»Vor wenigen Seiten waren wir veranlaßt von drey wackern Künstlern zu reden, welche, von unserm *Faust* aufgeregt, ihr Talent gar verschiedentlich offenbaren wollen. Hier aber nehmen wir Gelegenheit ihre Namen als Zeugnisse einer ehrenvollen Theilnahme zusammen auszusprechen. Es sind die Herren Cornelius, Retsch und de Lacroix, denen ein vierter, Herr Nauwerk aus Neustrelitz, mit seinem zweyten Hefte seiner gleichmäßigen Darstellungen freundlich sich zugesellt. Wie haben schon die vorigen Stücke ... seiner in Ehren gedacht und können von dem gegenwärtigen Hefte versichern, daß hier sowohl im Kräftigen als im Malerischen, wie auch an deutlicher Ausführung gewonnen worden, auch der Ausdruck lebendiger und geistvoller sey.« (Goethe, 1828)

Peter Cornelius und Moritz Retzsch, deren Faust-Illustrationen zur selben Zeit entstanden, lassen sich als Vertreter zweier ästhetischer Positionen auffassen, die sich in Deutschland zu Beginn des 19. Jahrhunderts im Widerstreit befanden. Es handelt sich auf der einen Seite um die religiös-patriotische und neogotisch-romantische Kunstrichtung, die sich auf Dürer als altdeutschen Stammvater berief und der Peter Cornelius zuzurechnen ist. Auf der anderen Seite befand sich die klassizistische, übernationale Ausrichtung, die, wie im Falle von Moritz Retzsch, durchaus zu klassisch-romantischen Syntheseleistungen in der Lage war. Blieb Goethes Urteil Retzsch gegenüber Zeit seines Lebens anerkennend, erfuhr es im Zusammenhang mit Cornelius spezifische Wandlungen. So äußert sich Goethe zunächst sehr lobend über Cornelius' Zeichnungen und rät ihm brieflich, sich mit Dürer zu befassen:

»Zunächst würde ich Ihnen rathen, die Ihnen gewiß schon bekannten Steinabdrücke des in München befindlichen Erbauungsbuches (Randzeichnungen Dürers für das Gebetbuch Kaiser Maximilians) so fleißig als möglich zu studieren, weil nach meiner Ueberzeugung Albrecht Dürer sich nirgends so frei, so geistreich, groß und schön bewiesen, als in diesen gleichsam extemporirten Blättern.« (Goethe an Cornelius, 8. 5. 1811)

Und 1816 schreibt Goethe:

»Nun hat sich der junge Mann ganz in die alte deutsche Art und Weise vertieft, die denn zu den faustischen Zuständen ganz gut paßt, und hat sehr geistreiche, gut gedachte, ja oft unübertrefflich glückliche Einfälle zu Tage gefördert.«

Cornelius gelangte erst tastend und über Umwege zum altdeutschen Stil. Ein Freund von Cornelius beschreibt dessen zeichnerische Entwicklung des Goetheschen Dramenpersonals wie folgt:

»Während Faust und Gretchen anfangs noch etwas im antikisierenden Geschmack der Zeit waren, nöthigten Mephisto und Martha energischer zu dem so glücklich getroffenen alt-deutschen Typus und das Mißverhältnis mußte ausgeglichen werden. Sodann die Scene in Auerbachs Keller, die ... anfangs noch eine Wirtshausscene im niederländischen Geschmacke war, und ... mißfiel. Cornelius, zwar ungehalten, billigte schließlich die Kritik und entwarf die jetzt bekannte Composition.«

Cornelius sandte 1815 seinen Widmungstext zur Bildfolge an Goethe:

»Wie Ihre Exellenz auf Ihre Zeit und besonders auf Ihre Nation gewirkt haben, ist davon der sprechendste Beweis.«

Einen ersten, sehr vaterländisch ausgerichteten Widmungstext, den er in Rom verfaßt hatte, hatte er verworfen; es hieß dort:

»Welschlands Herrlichkeit hat mir das Vaterland nicht aus der Brust gelacht. Mit Sehnsucht denk ich an den stolzen Rhein, an die heilige Stadt Cöln, an unsere Burgen, unsere Dome, an unsere alten Meister wahrhaft hoher Kunst, an unsere Wälder, unsere Ströme, an unser wackeres herrliches Volk, und wünsche ein deutscher Maler nur im echten Sinne zu werden. Gott segne unser Vaterland! und erhalte ihm noch lange seinen Dichter«.

Aus seiner Verehrungshaltung Goethe gegenüber machte Cornelius keinen Hehl: Ich will »aber auch kein Fünklein derjenigen Liebe und Verehrung, die ich in meinem Herzen für diesen großen, seltenen Menschen trage, ersticken.«

Wurde Cornelius in der folgenden Zeit allgemein als neuer Dürer und Begründer einer nationalen Kunst gefeiert, so distanzierte sich der alte Goethe im Zuge seiner Romantikabwehr wieder vom altdeutschen, gotisch-mittelalterlichen Zeichenstil des von ihm zunächst sehr gepriesenen Illustrators Cornelius. Auch die Faust-Illustrationen der Brüder Riepenhausen und des Nazareners Gustav Heinrich Naeke betrachtete Goethe aufgrund ihrer neukatholischen Sentimentalität kritisch. 1828 äußerte Goethe in einem Gespräch: »Er möge den Corneliusschen *Faust* nicht leiden, versicherte er; er träte nicht auseinander, er sei ihm zu altdeutsch und Goethe fügte hinzu: Dieses Gedicht hat man oft darzustellen gesucht, ich halte aber dafür, daß es wenig für die bildende Kunst geeignet ist, weil es zu poetisch ist. Retzsch hat mehr das wirklich Darzustellende ergriffen.«

Moritz Retzschs Umrißzeichnungen gelang es, das Klassische mit dem Romantischen zu verbinden, sozusagen die Stilvorbilder Raffael und Dürer zu verschmelzen. Goethe schätzte an Retzschs Zeichnungen eine gewisse Strenge und Sparsamkeit, die aus der Spannung der zeichnerischen Linie resultiert:

»Recht interessante und geistreiche Umrisse zu *Faust* von Retzsch habe ich in Dresden gesehen. Wenn er sie eben so auf Platten bringt, so wird es ein gar erfreuliches Heft.« (Goethe an Cotta, 16. 11. 1810)

Obwohl Retzsch 1810/16 noch nichts von Goethes Plänen zu *Faust II* und einer klassisch-romantischen Phantasmagorie wußte, klingt sein Gretchen-Typus bereits an die klassisch-strenge Schönheit Helenas an. Insgesamt strahlen die Umrisse, die Stimmungen bewußt vermeiden, Sachlichkeit, Kühle und ein Höchstmaß an Präzision aus. Darüber hinaus fanden die Blätter, die nicht nur literarische Illustrationen darstellten, Goethes Beifall, weil sie theatergemäß inszeniert waren. In jedem einzelnen Blatt trifft Retzsch mit absoluter Sicherheit die technischen Möglichkeiten der Bühne. Erstmalig präsentiert er die geschlossene Zimmerdekoration, die in einer Zeit, in der man sich im Theater offener Kulissen und Soffitten bediente, noch nicht üblich war. Schinkel übernahm diese Idee der geschlossenen Zimmerdekoration für die bühnenbildnerische Ausstattung der ersten *Faust*-Aufführung. Goethe schreibt 1829 im Zusammenhang mit der Weimarer *Faust*-Aufführung an die designierte Gretchen-Darstellerin Auguste Kladzig:

»Der Darstellung des *Faust* kommt es sehr zugute, daß die bildende Kunst dem Theater vorgearbeitet hat. Fast alle Szenen des *Faust* sind durch geschickte Maler dargestellt worden; wodurch denn das Körperliche der Hauptcharaktere, sowie ihre Anzüge und der umgebende Ort und Hintergrund, speziell und deutlich vor die Sinne gebracht ist, so daß vom Dekorationsmaler bis zum Theaterschneider niemand sich in Ungewißheit befinden kann, was er zu thun habe. Die Umrisse von Retzsch sind weltbekannt; Ramberg hat auch vieles gemacht; sowie zuletzt in Paris ein höchstbegabtes, aber etwas wildes Talent, Herr Delacroix, zu genialen Zeichnungen im *Faust* reiche Nahrung gefunden hat. In allen drei Künstlern sehen wir nun, wie sie sich den Faust, den Mephistopheles und das Gretchen gedacht haben. Letztere erscheint überall als ein junges schlankes Mädchen, das Ihnen nicht unähnlich ist. Die Umrisse von Retzsch sind vielleicht das Edelste und Sicherste, woran man sich zu halten hätte.«

Während die Faust-Illustrationen Johann Heinrich Rambergs im auflagenstarken Taschenbuch 1825 für Verbreitung und Popularisierung des Dramas sorgten, begann mit Retzschs Umrissen zum *Faust* eine lange Bühnenbild- und Dekorationstradition. Darüber hinaus war Retzsch auch der erste Illustrator, der etliche Zeichnungen zu *Faust II* anfertigte. Der erste Umriß entstand bereits in Goethes Todesjahr 1832.

Die Handzeichnungen, die Goethe selbst zum *Faust* anfertigte, stellen keine Illustrationen im eigentlichen Sinne dar, sondern sind im Zusammenhang mit einer Inszenierung als Bühnenskizzen entstanden. Ihre Beurteilung reicht von euphorischen Stimmen, die die »visionäre Kraft« und die Genialität der Zeichnungen loben, bis hin zu verhalteneren Äußerungen: »wahrscheinlich handelt es sich um textbezogene Ideenskizzen, die eine Visualisierung des Geschehens erproben« (Petra Maisak, *Goethes Zeichnungen*, Stuttgart 1996).

Das Gemälde *Mephisto und Faust* von Ludwig Ferdinand Schnorr von Carolsfeld wurde 1818 ein großer politischer Erfolg: zunächst hing es im Vorzimmer des Fürsten Metternich, 1821 wurde es dann von Kaiser Franz I. angekauft. Es wahrte die Balance zwischen Teutonismus, also der Bevorzugung des Deutschsprachigen, den »aszetischen Nazarenern« und der Davidschen Schule und der damit verbundenen französisch-akademischen Richtung. Schnorr war als ›Mann der Mitte‹ ein Vertreter des politischen und künstlerischen Kompromisses.

Einen Höhepunkt der Faust-Illustrationen stellen die Lithographien Eugène Delacroix' dar. Angeregt durch das illusionistische Bühnenbild einer *Faust*-Aufführung nach Marlowe in London 1825, begann er, einen *Faust*-Zyklus nach Goethes *Faust I* zu zeichnen. Delacroix' Absicht bestand darin, seine Besessenheit für die Nachtseiten, für den exzessiven Weltschmerz, für das Verboten-Blasphemische und seine Vorliebe für Faust und Mephisto als heimliches Brüderpaar zu zeigen. Dazu schreibt Norbert Miller:

»Im Mittelpunkt von Delacroix' Version des *Faust*-Mythos steht die Gleichsetzung von Faust und Mephisto. Sie ist bei Goethe im ersten Teil angedeutet, im zweiten – damals noch nicht erschienenen – Teil als Spiel wechselseitiger Versenkung in den Gedanken des anderen durchgeführt. Für Delacroix ist Faust nur in der Spiegelfigur des Mephistopheles existent.« (Eugène Delacroix, *Themen und Variationen*, Frankfurt am Main 1988)

Delacroix' *Faust*-Zyklus steht am Anfang der schwarzen Romantik. In ihm geht das Interesse des 18. Jahrhunderts an erfahrungsseelenkundigen Grenzfällen (de Sade, Restif de la Bretonne) eine Synthese mit der modernen Sehnsucht ein (Lord Byron, *Childe Harold*), das Satanische in sich als Gegenwirklichkeit zur Schöpfung auszuspielen. Satan, also Mephisto, und aufbegehrendes Ich, also Faust, sind als Spiegelbilder gleichgesetzt. Delacroix war weniger an der Handlung interessiert als an der psychologischen Tiefendimension der Figuren. Er setzte sich mit den Charakteren der Tragödie nicht moralisch, sondern sympathetisch auseinander. Delacroix' Interesse an Retzsch bestand in der Spannung, die aus der äußersten Reduktion auf eine Linie und der Pointierung des szenischen Moments resultiert. In seinen Lithographien war Delacroix bestrebt, die Radikalität der Vorzeichnungen abzumildern. Goethe schreibt über dessen beide Skizzen *Auerbachs Keller* und *Rabenstein* 1827:

»Beide Blätter sind zwar bloß flüchtige Skizzen, etwas roh behandelt, aber voll Geist, Ausdruck und auf gewaltigen Effect angelegt. Wahrscheinlich gelingen dem Künstler die übrigen wilden, ahnungsvollen und seltsamen Situationen gleichfalls, und wenn er sich dem Zarten auf irgend eine Weise zu fügen versteht, so haben wir ein wundersames, in jenes paradoxe Gedicht harmonisch eingreifendes Kunstwerk nächstens zu erwarten.«

Goethes Verhältnis zu Delacroix war durchaus ambivalent. Obwohl ihm das Wilde, Düstere und Radikale fremd war, mußte Goethe fast wider Willen die Intensität der Delacroixschen Zeichungen anerkennen:

»Da muß man doch gestehen, sagte Goethe, daß man es sich selbst nicht so vollkommen gedacht hat... Ich (Eckermann) machte bemerklich, daß solche Bilder zum besseren Verstehen des Gedichts sehr viel beitrügen. Das ist keine Frage, sagte Goethe, denn die vollkommenere Einbildungskraft eines solchen Künstlers zwingt uns, die Situationen so gut zu denken, wie er sie selber gedacht hat. Und wenn ich nun gestehen muß, daß Herr Delacroix meine eigene Vorstellung bei Szenen übertroffen hat, die ich selber gemacht habe, um wieviel mehr werden nicht die Leser alles lebendig und über ihre Imagination hinausgehend finden!« (Gespräch mit Eckermann, 29.11.1826).

Etwas später schreibt Goethe, indem er das Onkelhaft-Wohlwollende hinter sich läßt:

»Den Beifall, den es (das *Faust*-Drama) nah und fern gefunden und der sich nunmehr auch in typographischer Vollendung ausweist, mag es wohl der seltenen Eigenschaft schuldig sein, daß es für immer die Entwicklungsperiode eines Menschengeistes festhält, der von allem, was die Menschheit peinigt, auch gequält, von allem, was sie beunruhigt, auch ergriffen, in dem, was sie verabscheut, gleichfalls befangen und durch das, was sie wünscht, auch beseligt worden. Dabei aber ist Eins besonders merkwürdig, daß ein bildender Künstler sich mit dieser Production in ihrem ersten Sinne dergestalt befreundet, daß er alles ursprünglich Düstere in ihr ebenso aufgefaßt und einen unruhig strebenden Helden mit gleicher Unruhe des Griffels begleitet hat. Herr De Lacroix, ein Maler von unleugbarem Talent, der jedoch, wie es uns älteren von jüngeren öfters zu geschehen pflegt, den Pariser Kunstfreunden und Kennern viel zu schaffen macht, weil sie weder seine Verdienste leugnen noch einer gewissen wilden Behandlungsart mit Beifall begegnen können, Herr De Lacroix scheint hier in einem wunderlichen Erzeugnis zwischen Himmel und Erde, Möglichem und Unmöglichem, Rohstem und Zartestem, und zwischen welchen Gegensätzen noch weiter Phantasie ihr verwegenes Spiel treiben mag, sich heimathlich gefühlt und wie in dem Seinigen ergangen zu haben. Dadurch wird denn jener Prachtglanz wieder gedämpft, der Geist vom klaren Buchstaben in eine düstere Welt geführt und die uralte Empfindung einer märchenhaften Erzählung wieder aufgeregt. Ein weiteres getrauen wir uns nicht zu sagen, einem jeden Beschauer dieses bedeutenden Werks mehr oder weniger den unsrigen analoge Empfindungen zutrauend und gleiche Befriedigung wünschend.« (Goethe, 1828).

Goethe, der »sonst ein unmutiger Kritiker aller Tollkirschenromantik« war (Miller), erkannte in Delacroix' Bildern eine ganze Schicht seiner eigenen Jugend wieder.

Johann Wolfgang von Goethe,
Prolog im Himmel

Johann Wolfgang von Goethe,
Nacht I (Studierzimmer)

Johann Wolfgang von Goethe, Nacht, Erscheinung des Erdgeistes

Johann Wolfgang von Goethe, Studierzimmer I, Beschwörung des Pudels

Johann Wolfgang von Goethe, Hexenküche

Johann Wolfgang von Goethe, Walpurgisnacht

Johann Wolfgang von Goethe, Felsbuchten des Ägäischen Meers

Nach Asmus Jakob Carstens,
Faust in der Hexenküche,
Stahlstich von W. Müller,
1797

oben: Christian Ludwig Stieglitz, Faust auf dem Weg zu Gretchens Kerker, 1809

links: Christian Ludwig Stieglitz, Faust in der Studierstube, Erscheinung des Erdgeists, 1809

Vincenz Raimund Grüner, Titelkupfer zu Goethes *Faust. Eine Tragödie*, 1810

Ludwig G. C. Nauwerck, Faust mit Erdgeisterscheinung, 1810

Gustav Heinrich Naeke, Faust und Gretchen vor dem Dom

Johannes Riepenhausen, Begegnungsszene vor der Kirche, 1811

Peter Cornelius,
Entwurf zum
Titelblatt aus dem
*Faust*-Zyklus, 1816

Peter Cornelius,
Das Vorspiel auf dem
Theater, 1816

Peter Cornelius, 1816
oben links: Osterspaziergang
oben rechts:
Auerbachs Keller zu Leipzig
unten: Begegnungsszene vor der Kirche

Peter Cornelius, 1816
oben: Spaziergang im Garten
unten links: Entwurf zum Spaziergang im Garten, 1810/11
unten rechts: Gretchen im Klosterhofe kniend vor der Mater Dolorosa

Peter Cornelius, 1816
links: Valentins Tod
oben: Szene im Dom

Peter Cornelius, Walpurgisnacht. Der Gang zum Brocken, 1816

Peter Cornelius, Skizze zur Walpurgisnacht (Ausschnitt), 1811

Peter Cornelius,
Die Erscheinung am Rabenstein,
1816

Peter Cornelius,
Szene im Kerker, 1816

Moritz Retzsch, 1816
links oben: Prolog im Himmel
rechts oben: Studierzimmer I, Faust und der Pudel
Mitte links: Studierzimmer I, Faust und Mephisto
Mitte rechts: Hexenküche
rechts unten: Faust in Gretchens Stube

Moritz Retzsch, 1816
links oben: Gretchen findet den Schmuck
rechts oben: Marthens Garten
Mitte links: Der Aufstieg zum Brocken
Mitte rechts: Walpurgisnacht
links unten: Kerker

Moritz Retzsch, 1836
links oben: Anmutige Gegend
rechts oben: Rittersaal
Mitte links: Laboratorium
Mitte rechts: Pharsalische Felder
rechts unten: Faust und der Kentaur Chiron

Moritz Retzsch, 1836
links oben: Innerer Burghof
rechts oben: Arkadien, 1832
Mitte links: Palast, weiter Ziergarten
Mitte rechts: Grablegung I
links unten: Grablegung II

Carl Gustav Carus, Osterspaziergang, 1821

Julius Schnorr von Carolsfeld, Faust und Mephisto in der Studierstube, 1818

Karl Blechen, Mephisto, um 1825

Johann Heinrich Ramberg, Osterspaziergang, Vorzeichnung zu seiner Kupferstichillustrationsfolge zu Goethes *Faust*, 1829

Nach Johann Heinrich Ramberg, Walpurgisnachtszene, Kupferstichillustration von W. Jury, 1829

Eugène Delacroix, Mephisto in den Lüften, 1828

Eugène Delacroix, Faust in der Studierstube

Eugène Delacroix, Faust, Wagner und der Pudel, 1828

Eugène Delacroix, Mephisto erscheint Faust, 1828

Eugène Delacroix, Mephisto empfängt den Schüler, 1828

Eugène Delacroix, Mephisto in Auerbachs Keller, 1828

Eugène Delacroix, Faust versucht Gretchen zu verführen, 1828

Eugène Delacroix, Mephisto stellt sich bei Marthe vor

Eugène Delacroix, Gretchen am Spinnrad

Eugène Delacroix, Duell zwischen Faust und Valentin

Eugène Delacroix, Mephisto und Faust fliehen nach dem Duell

Eugène Delacroix, Gretchen in der Kirche, 1828

Eugène Delacroix, Faust und Mephisto auf dem Blocksberg

Eugène Delacroix, Der Schatten Gretchens erscheint Faust

Eugène Delacroix, Faust und Mephisto auf dem Weg zum Hexensabbat (eigentlich am Rabenstein)

Eugène Delacroix, Faust bei Gretchen im Kerker, 1828

# Analysen und Meinungen **zu Goethes Faust**

»Das Tragödienhafte des *Faust II* besteht darin, daß auf des Menschen Tun das Desaster folgt und daraufhin die Bestrafung, und aus dem dann folgenden Tun wieder das Desaster resultiert, wodurch das tragische Paradox ensteht, daß Lernen nicht möglich ist, es ohne Lernen aber auch nicht geht, es also immer neue Fehler geben wird.«

*Peter Stein*

»Die Handlung von *Faust II* läßt sich um den Begriff der Projekte anordnen. Im 1. Akt bemüht sich Faust um eine Wirtschafts- und Kulturreform, im 2. und 3. Akt um die Suche und den Besitz Helenas, und im 4. und 5. Akt um eine Militärreform und um die Realisierung seines Landgewinnungsprojekts. Diese drei großen Kreisbewegungen enden alle mit dem Scheitern Fausts.«

*Peter Stein*

# »Die geheime Grundlinie des lebendigen Handelns« Goethes Weimarer Theaterarbeit

Jörg Paulus

Der Schloßbrand im Mai 1774, dem auch der 1696 eingerichtete Theatersaal im Ostflügel der alten Wilhelmsburg zum Opfer fällt, hat für den Theater-Standort Weimar einschneidende Konsequenzen: Die aus der Hamburger ›Entreprise‹ Lessings und Bodes hervorgegangene Seylersche Truppe um den großen Konrad Ekhof bricht ihre Zelte ab und zieht in das nahegelegene Gotha weiter. Nach Ekhofs Tod wird der Rest der Truppe – darunter so glänzende Akteure wie Beck, Beil und Iffland – von Wolf Heribert von Dalberg in das Ensemble des Mannheimer Nationaltheaters integriert, wo in der Wechselwirkung mit den mächtigen Geistesströmungen der Zeit – dem Geniekult des ›Sturm und Drang‹ und der anthropologisch orientierten ›Erfahrungsseelenkunde‹ – eine neue, in die Provinztheater ausstrahlende Schauspielkultur entsteht. Als Goethe im November 1775 in die vom Schloßbrand noch deutlich gezeichnete Residenzstadt Weimar kommt – zunächst nur mit der Perspektive eines befristeten Aufenthalts –, wird das dortige Theaterleben von einem Liebhabertheater aufrechterhalten, das aus einem höfischen Kreis um die Herzogin-Mutter Anna Amalia und einem bürgerlichen um den Schatullenverwalter und umtriebigen Geschäftsmann Friedrich Justin Bertuch zusammengewachsen ist. Der gesellschaftliche Schwebezustand dieser Institution ermöglicht ein Verschmelzen heterogener künstlerischer Talente, wie sie unter anderem von Anna Amalia, dem Prinzenerzieher von Knebel, dem vielseitigen Hildebrandt von Einsiedel, dem Pagenerzieher Musäus und dessen Mündel, dem späteren Erfolgsdramatiker August von Kotzebue, eingebracht werden. Dazu kommen die Bühnenbilder des 1774 nach Weimar berufenen Malers Georg Melchior Kraus und die geschickten Verrichtungen des Hoftischlers Mieding, der die Bühne allen Erfordernissen anzupassen versteht. Einer der ersten Beiträge Goethes, noch bevor er vom Herzog die Theaterleitung übertragen bekommt, besteht darin, die von ihm schon in Leipziger Studiumstagen bewunderte Schauspielerin Corona Schröter für das Ensemble zu gewinnen, die mit ihrer »unendlich edlen attischen Eleganz« (so Wieland) Mitspieler und Publikum gleichermaßen für sich einnimmt. Die Unbeschwertheit, mit der diese Kräfte ineinanderfließen, läßt beinahe übersehen, daß auch hier, im Rahmen der Möglichkeiten, am theatralischen Aufbruch der Zeit teilgenommen wird. So nimmt Goethe, dessen Stücke sich dem arkadisch-spielerischen Kolorit der Aufführungen so präzise anpassen, zugleich das zeitgenössische Interesse an psychosomatischen Wirrungen und heilsamen Umdeutungen in Stücken wie *Lila* oder *Der Triumph der Empfindsamkeit* auf. Gespielt wird in Weimar sowie in den umliegenden sommerlichen Rückzugsorten Ettersburg und Tiefurt, nicht selten auch im Freien, zwischen den Naturkulissen der dortigen Parks. Von der Atmosphäre dieser Aufführungen zeichnet Goethes im handgeschriebenen *Journal von Tiefurth* verbreitetes Gedicht *Auf Miedings Tod* ein anschauliches Bild, in dem die spielerische Wechselwirkung von Plan und Zufall, Kunst und Natur in der Zuspitzung auf den theatralischen Augenblick einschließlich der Überlappungen mit der außertheatralischen Wirklichkeit festgehalten wird:

> Wie oft trat nicht die Herrschaft schon herein!
> Es ward gepocht, die Symphonie fiel ein,
> Daß er noch kletterte, die Stangen trug,
> Die Seile zog und manchen Nagel schlug.
> Oft glückt's ihm, kühn betrog er die Gefahr;
> Doch auch ein Bock macht' ihm kein graues Haar.

Mit einem »vieltönig« nachklingenden Konvolut theatralischer Figuren und Assoziationen im Kopf, deren Fäden zum Teil bis in die kindlichen Eindrücke des Puppentheaters zurückreichen, ist Goethe nach Weimar gekommen. Das schwebende Austarieren der Talente auf der Bühne des Liebhabertheaters trägt seinen Teil dazu bei, dem Spiel der »schwankenden Gestalten« in seinem Bewußtsein bestimmtere Gestalt zu verleihen. Durch die Abschriften des ›Urfaust‹ aus der Feder Louise von Göchhausens – auch sie eine Mitwirkende des Liebhabertheaters – und von *Wilhelm Meisters theatralischer Sendung* durch Barbara Schultheß haben sich zwei prägnante Momentaufnahmen aus diesem Prozeß erhalten. Nach dem Ende des Liebhabertheaters, dessen Leitung Goethe 1782 niederlegt, treten diese Gestalten der Unruhe zunächst jedoch in den Hintergrund. Bis zur Fortsetzung seiner praktischen Theaterarbeit vergehen neun Jahre, in denen die Schauspieler-Gesellschaft des »Directeurs J[osepho] Bellomo« in Weimar das Theaterleben gestaltet. Die von auswärts angeworbene Truppe ist dem Hofmarschallamt unterstellt, zwischen den Sphären vermittelt mit Franz Kirms ein in ökonomischen Dingen ausgebildeter herzoglicher Beamter. Die Spielstätte sowie Dekoration und Kostüme des Liebhabertheaters können weiter genutzt werden, auch die Sänger und Instrumentalisten der Hofkapelle stehen Bellomo zur Verfügung. Dieser später so viel geschmähte Prinzipal verfügt darüber hinaus über wichtige überregionale Verbindungen, so zu dem aufstrebenden Badeort Bad Lauchstädt, was neben der künstlerischen vor allem auch von ökonomischer Bedeutung ist.

Goethes Weg indes scheint zu diesem Zeitpunkt von der praktischen Theaterarbeit weit entfernt. Immerhin nimmt er auf seine Flucht aus Weimar in das theatralisch so reich vorbestimmte Sehnsuchtsland Italien auch dramatische Arbeiten und Fragmente (*Iphigenie, Tasso, Egmont* und Teile des *Faust)* mit, die nach zwanzig Monaten in tiefgreifend veränderter Gestalt über die Alpen zurückgebracht werden. Seiner Reise folgt diejenige Anna Amalias, zu deren Reisegesellschaft erklärte Theaterkenner und -liebhaber wie Einsiedel und Louise von Göchhausen gehören. Neben den reichhaltigen Eindrücken aus Natur und Kunst werden mit dieser Reise auch im Musiktheater (vor allem demjenigen Neapels) neue Maßstäbe gesucht und gefunden. Schon während dieser Exkursionen in theatralisch prosperierende Regionen wächst auch in Weimar die Unzufriedenheit mit den künstlerischen Leistungen Bellomos und seiner Truppe – ein Gastspiel des aus Ekhofs Schule hervorgegangenen Mannheimer Schauspielers Beck macht den Abstand deutlich, der das ortsansässige Theaterspiel inzwischen von der Spitze trennt. Wenige Monate nachdem Goethe die Herzogin in Venedig abgeholt hat, wird er vom Herzog mit der Leitung des Hoftheaters beauftragt, dem er von nun an 26 Jahre vorsteht. Den Übergang gestaltet er freilich bewußt unspektakulär, wie er Jacobi gegenüber betont: »Ich gehe sehr piano zu Wercke, vielleicht kommt doch fürs Publikum und für mich etwas heraus. Wenigstens wird mirs Pflicht diesen Theil näher zu studiren, alle Jahre ein Paar spielbare Stücke zu schreiben. Das Übrige mag sich finden.« Schon der Stabwechsel der Direktionen instrumentiert dieses »piano« präzise: hatte sich Bellomo mit Kotzebues *Kind der Liebe* verabschiedet, so eröffnet Goethe am 7. Mai 1791 mit Ifflands *Die Jäger* die neue Spielzeit: Die beiden Erfolgsautoren bleiben auch unter seiner Leitung die meistgespielten am Weimarer Theater. Der von Goethe verfaßte Prolog, der von Domaratius, einem der von Bellomo übernommenen Schauspieler, vorgelesen wird, verkündet zurückhaltend »Der Anfang ist in allen Sachen schwer« und fährt dann fort:

Georg Melchior Kraus, *Iphigenie*, 1779 (Goethe als Orest und Corona Schröter als Iphignie)

Von allen Enden Deutschlands kommen wir
erst jetzt zusammen; sind einander fremd,
Und fangen erst nach jenem schönen Ziel
Vereint zu wandeln an …

Goethes Vorsatz, nunmehr »alle Jahre ein paar spielbare Stücke zu schreiben«, erweist sich zwar schon bald als Wunschvorstellung, doch bringt er immerhin schon im Dezember 1791 sein Lustspiel *Der Groß-Cophta,* das die Halsbandaffäre am französischen Königshof um den berüchtigten Schwindler Cagliostro zum Gegenstand hat, auf die Bühne – ein Sujet also, das unabhängig von Goethes persönlicher, tief wurzelnder Beunruhigung durch die Unterminierung der Gesellschafts- und Lebensordnung im Zeitalter der Französischen Revolution, durchaus im Umfeld der zeitgenössischen Sensationsdramatik seinen Platz hat. Auch weitere Werke aus seiner Feder wie *Der Bürgergeneral* beziehen das politische Weltgeschehen ein und schließen gleichzeitig unmittelbar an das vorgegebene Repertoire und die Vorzüge der zur Verfügung stehenden Schauspieler an. Hier wie auch später wird von Goethe und seinem Codirektor Kirms bei aller Beachtung der Weltereignisse von Anfang an großer Wert auf die ökonomische Solidität des Unternehmens gelegt. Wie geschickt es die Direktion versteht, sich bietende Synergien vorteilhaft zu nutzen, wird beim Theaterumbau von 1798 im Vorfeld der Erstaufführung von Schillers *Wallenstein*-Trilogie deutlich. Goethes Korrespondenz mit Kirms aus dieser »wilde[n] und schmutzige[n] Epoche des Theaterumbaus« liefert darüber hinaus ein Bild vom gedrängten Rhythmus des Theaterlebens dieser Jahre: Am 2. Juni, während das Ensemble die abendliche Aufführung von Mozarts *Così fan tutte* vorbereitet, weist Goethe Kirms zu einem Schachzug aus dem Lehrbuch der kulinarischen Diplomatie an, wodurch dem für den Wiederaufbau des Schlosses in Weimar weilenden Baumeister Thouret die Mitwirkung am Theaterbau schmackhaft gemacht werden soll: »Ew. Wohlgeboren haben die Güte, nach unserer gestrigen Abrede, dem Professor Thouret Mittags das Essen aus der Hofküche verabfolgen zu lassen und zwar etwa: Suppe, Gemüs mit einer Beilage; Braten und Sallat; eine Flasche Werthheimer. Die Portion wäre reichlich einzurichten.« Wenige Tage später, das Ensemble befindet sich im wie immer turbulenten Aufbruch nach Lauchstädt, sendet Goethe Kirms von Jena aus Theater-Verordnungen zu und akzentuiert bei dieser Gelegenheit noch einmal die ganz anders geartete Diplomatie im Umgang mit den Schauspielern, bei denen man »in der Ordnung streng am Buchstaben halten« müsse, da sie »Meister in Ausflüchten« seien. Am 3. August – das Ensemble ist indessen in Lauchstädt eingetroffen und gibt an diesem Abend Ifflands *Leichter Sinn* – wendet sich Goethe erneut von Jena aus an Kirms mit der Bitte, »auf die Fortsetzung des Baues mit allem Eifer zu treiben, ich denke wir werden ja noch zur rechten Zeit fertig.« Zwei Wochen später sendet er ihm »die Risse ..., worüber ich bitte, mit dem Professor Thouret und dem Baumeister Steiner zu conferiren.« Ende August ziehen die Schauspieler zu einem weiteren sommerlichen Gastspiel nach Rudolstadt weiter. Bald darauf meldet Goethe den aktuellen Stand der Arbeiten in Schillers Garten, wo der Dichter in der soeben eingeweihten »Gartenzinne« den »letzten Rest der guten Jahreszeit ... für den *Wallenstein* zu benutzen« sucht. Ob die Hoffnung, »das Vorspiel zum *Wallenstein* mit nach Weimar zu bringen, sich realisiren wird«, weiß Goethe jedoch noch nicht, bittet Kirms aber eindringlich, ihn seinerseits »durch Botenweiber einigermaßen im Detail wissen zu lassen: wie unser Theaterbau gegenwärtig steht«. Während das Gastspiel in Rudolstadt mit einem dreifachen Aufguß rührender Familiendramatik (Jüngers *Die Geschwister vom Lande,* Kotzebues *Die Verwandtschaften* und Ifflands *Die Mündel)* ausklingt, meldet Kirms, das Schauspielerpaar Burgdorf habe ihn um Anstellung ersucht; Goethe diktiert daraufhin die strategische Linie für das Vorsprechen der Akteure: »Ob wir sie annehmen können oder entlassen müssen, wird ... sogleich entschieden seyn. Haben Sie die Güte zu besorgen, daß eine Decoration aufgestellt und das Theater schicklich erleuchtet sey.« Zwei Wochen vor Beginn der Spielzeit kann er dann melden: »Wahrscheinlich bringe ich das Vorspiel zum *Wallenstein* mit, und wir können es zur Eröffnung geben«, wobei ihm – der Sommer neigt sich schon dem Ende zu – noch der »wichtige Punkt« einfällt, den Bauverwalter zu veranlassen, »daß er den runden, blechernen Ofen holen läßt, der für die herrschaftliche Loge bestimmt ist.« Am 12. Oktober wird das umgebaute und beheizte Theater mit einem von Johann Heinrich Vohs gesprochenen Prolog, den *Corsen* von Kotzebue und mit *Wallensteins Lager,* in dem die Möglichkeiten des neugestalteten Bühnenraums effektvoll zur Geltung gebracht werden, eröffnet.

Mit der Aufführung der gesamten *Wallenstein*-Trilogie in nur einer Spielzeit führt Goethe dem Publikum nunmehr mit Deutlichkeit vor Augen, was jenes »schöne Ziel«, unter dessen Leitbild sich sein »Weimarer Experimentaltheater« (Fischer-Lichte) formiert hatte, für eine Gestalt hat. In den folgenden Jahren bewährt sich die Zusammenarbeit bei den Aufführungen der Werke Schillers, aber auch – im ereignisreichen Theaterjahr 1802 – in dessen Bearbeitungen von Gozzis *Turandot* und von Goethes *Iphigenie,* mit denen sich das Weimarische Theater in seiner Rolle als ›Musterbühne‹ bestätigt. Von der damit erreichten Höhe aus lassen sich denn auch die ästhetischen Wege der Direktion rekonstruieren, die sich durchs Dickicht der Verordnungen und improvisierenden Maßnahmen gewunden haben. Im Zentrum der Theaterpolitik stehen dabei die Bemühungen Goethes in der Auswahl und Ausbildung der Schauspieler. Gastspiele wie das des bewunderten Iffland machen den Wert einer konsequenten schauspielerischen Gestaltung deutlich, die es überhaupt erst erlaubt, die Darstellungskunst als gleichwertiges Element neben den literarischen Inhalt des Dramas treten zu lassen. Die Feinstruktur des Ideals, dessen Verzweigung bis in die Fingerspitzen und deklamatorischen Atempausen, wird dann auch in den (erst 1824 publizierten) *Regeln für Schauspieler* gesammelt, worin für die Aussprache, die »Stellung, und Bewegung des Körpers auf der Bühne« bis hin zu den »Bewegung[en] der Hände und Arme« genaue Anweisungen formuliert werden. Was im Einzelnen pedantisch erscheint, ergibt im Ganzen eine gleichsam physiognomische Struktur. Goethes bis ins gewöhnliche Leben hinüberreichender ästhetischer Anspruch synchronisiert im Zuge einer konsequenten ›Winckelmannisierung‹ der Lebenswelt den Kleinkrieg gegen den schauspielerischen »Schlendrian« mit dem am zeitlosen Ideal antiker Statuen und klassischer Prosodie gebildeten Geschmackssinn. Wenn Schauspieler wie Iffland das natürliche Leben einschließlich seiner psychologischen Hintergründe auf die Bühne stellen, soll hier umgekehrt das Ideal verlebendigt werden: »Alle diese technisch grammatischen Vorschriften mache man sich zu eigen nach ihrem Sinne und übe sie stets aus, daß sie zur Gewohnheit werden. Das Steife muß verschwinden und die Regel nur die geheime Grundlinie des lebendigen Handelns werden.«

In dem knapp mit »Die Direktion« unterzeichneten Aufsatz *Weimarisches Hoftheater* legt Goethe 1802 schließlich diese »Grundlinie« seines theatralischen Handelns offen. Bilanz so gut als Ausblick, ist der Aufsatz eine Art Unternehmensbericht unter dem Leitbegriff der »Vielseitigkeit«: So wie in Goethes Sicht »mehrere unserer Schauspieler, denen eine allzuentschiedene Individualität nicht entgegenstand, glückliche Versuche gemacht, sich eine Vielseitigkeit zu geben, welche einem dramatischen Künstler immer zur Ehre gereicht«, so soll nun auch das Publikum seine modesüchtige Individualität dem ihm vor Augen gestellten Ideal zuliebe willig hingeben. Das reale Publikum leistet jedoch Goethes hintersinnigem Wunsch, das Ideal zur Mode werden zu lassen und Vielseitigkeit aus dem Vielerlei herauszufiltern, nur widerwillig Folge. Mit der Aufführung von August Wilhelm Schlegels Schauspiel *Ion* hatte er soeben einen weiteren Versuch im Sinne der beschriebenen Maximen unternommen, an die er bei dieser Gelegenheit nachdrücklich erinnert: »Die Hauptsituationen gaben Gelegenheit zu belebten Tableaus und man darf sich schmeicheln, von dieser Seite eine meist vollendete Darstellung geliefert zu haben.« Goethes Theaterideal gerät hier ins Schwerefeld seines kompromißlosen Kunstbegriffs in der Malerei, und dementsprechend heftig fällt auch seine Reaktion auf die ablehnende Haltung der Öffentlichkeit aus: die mit einem Rücktrittsultimatum verknüpfte scharfe Replik auf Böttigers kritische Rezension der *Ion*-Aufführung sowie die lautstarke Zurechtweisung des Publikums anläßlich der ähnlich konzipierten Inszenierung von Friedrich Schlegels Tragödie *Alarcos* einige Monate später machen deutlich, daß für Goethe hier ein Punkt erreicht ist, an dem das anfängliche »piano« der theaterpolitischen Linie endgültig durch gezielte Paukenschläge unterbrochen werden darf. Diese Divergenzen widerspiegelnd, hat sich zu diesem Zeitpunkt auch das Bild, das der Außenwelt von Goethe in seiner Funktion als Theaterdirektor vermittelt wird, polarisiert: Friedrich Bury bannt den ehemaligen römischen Wohngenossen in frontalem perspektivischem ›forte‹ zwischen die Insignien des theatralischen Kosmos, während auf der anderen Seite Gottfried Schadow Burys Darstellung in seiner Zeichnung *Goethe als Weimarer Kunstrichter* karikiert, wie denn überhaupt von Berlin aus, wohin Goethes Theaterästhetik durch den von ihm so geschätzten Pius Alexander Wolf am erfolgreichsten exportiert wurde, der Spott über den steifen Weimarer Theater-Rigorismus am lautesten zurückhallt. Wie stark indessen die Zerreißkräfte auch im Innern des Weimarer Theaterkomplexes geworden sind, wird nachhaltig spürbar in der Theaterkrise des Jahres 1808, die, ausgelöst durch den Streit um den Auftritt des von Goethe wegen Krankheit dispensierten Sängers Morhard, das ganze theatralische Gebäude zu erschüttern vermag. Hier, wie schon bei anderer Gelegenheit, sieht sich

Friedrich Bury, *Goethe als Theaterdirektor in Weimar*, 1800

Goethe in einen Konflikt mit der mächtigen Koalition zwischen der führenden Sängerin des Ensembles, Caroline Jagemann, und dem regierenden Herzog Karl August, ihrem Liebhaber und Beschützer, gedrängt. Wie stark alle Kräfte voneinander abhängen, wird aber auch daraus ersichtlich, daß es in der Folge schon bald zwischen Goethe und Kirms zu Spannungen kommt. Goethe meint Ursache zu haben, gegen seinen Verwalter »höchst verdrießlich und mißtrauisch zu seyn«, verbietet ihm den Zutritt zu seinem Haus und bittet ihn, sich von nun an nur noch schriftlich an ihn zu wenden. Erst die ausgleichende Intervention der Herzogin Louise macht schließlich eine Einigung möglich, deren Kern in einer Trennung der Verantwortung für Schauspiel und Oper besteht – ersteres bleibt unter Goethes Direktion, während die Oper unter die Leitung Caroline Jagemanns und des Bassisten Strohmeyer gestellt wird. Auf der Grundlage dieses in der Umsetzung allerdings stets heiklen Kompromisses findet sich auch Goethe zu einer neuen Anerkennung der theatralischen Mannigfaltigkeit bereit, wie sie im Prolog für das Gastspiel in Halle 1811 zugestanden wird: »... Das Mannigfalt'ge vorzutragen ist uns Pflicht,/ Damit ein Jeder finden möge was behagt.« Bei der solchermaßen ins »piano« zurückgenommenen Anerkennung unterschiedlicher Interessen gestaltet sich dann auch das Ende von Goethes Theaterdirektion eher als ein unmerklicher Übertritt denn als ein großer Skandal, fast schon als Komödie, in der er den Bühnenauftritt eines Hundes zum Anlaß nimmt, um dem Herzog sein Rücktrittsbedürfnis nahezubringen. Wie es Karl August im Bewilligungsschreiben dann auch andeutet, ist die geheime »Grundlinie« des theatralischen Handelns für Goethe damit allerdings nicht unterbrochen. Vollends werden nun aber vor dem Horizont seiner weltliterarischen Interessen vergangene oder ortsferne Personen wie Euripides, Shakespeare, Byron und Manzoni, sowie erdachte wie das Personal des *Faust* zu Korrespondenten auf der bis auf weiteres wieder ins Innere zurückgenommenen Weltbühne; und so kann Goethe den vernichtenden Brand des Komödienhauses in der Nacht zum 22. März 1825 gelassen ins Schema von Werden und Vergehen einbeziehen: nachdem er am Abend »einiges an Faust« gearbeitet und dann »die ganze Nacht wenig geschlafen« habe, so teilt er der Nachwelt mit, sei er aufgewacht und habe aus seinen vorderen Fenstern »die Flamme unaufhörlich gegen den Himmel steigen« gesehen. Einige Tage später schreibt er an Geheimrat Schultz: »Mit dem Theaterbrande sind nun alle sinnlichen Documente meiner früheren Thätigkeit dieser Art verschwunden; denn das Haus nicht allein, sondern auch Bibliothek, Garderobe bis auf die Requisiten herab enthielten noch Spuren meines früheren Antheils.« So einschneidend die Auflösung der erinnerungsbehafteten theatralischen Realien für Goethe aber auch ist: für den Standort Weimar sind die Folgen des Brandes unvergleichlich viel schneller überwunden als bei der Katastrophe von 1774; in nur sechsmonatiger Bauzeit wird an gleicher Stelle ein neues Theater errichtet, zu dessen Repertoire nunmehr auch Goethes Werke zählen, bei dessen architektonischer Gestaltung sein Vorschlag jedoch keine Berücksichtigung findet.

# Der Theatermann
# als Stückschreiber

Albrecht Schöne

Das *Faust*-Drama taugt zum Lesen (oder zum Vorlesen auch: auf das »lebendige Wort« setzend, hat Goethe selber den Freunden oder Nahestehenden immer wieder vorgelesen aus seinen Manuskripten). Aber auf die Bühne bringen kann man das »seltsame Gebäu«[1] eigentlich nur, wenn man sich neben dem *Faust I* auf einige theatertaugliche Teilstücke des *Faust II* beschränkt. Das ist ein gängiges Urteil – beglaubigt auch durch die Aufführungsgeschichte dieses Werkes, von dem der Autor selbst am Ende seines Lebens besorgte, es würde »wie ein Wrack in Trümmern daliegen und von dem Dünenschutt der Stunden zunächst überschüttet werden.«[1] Ganze einundzwanzig Jahre hat es doch gebraucht, bis der 1808 gedruckte Erste Teil zum ersten Mal gespielt wurde; zweiundzwanzig Jahre, bis der 1832 veröffentlichte Zweite Teil eine Bühne erreichte; noch einmal zweiundzwanzig Jahre dann, bis beide Teile miteinander auf die Bretter kamen. Und allemal hat man das große Spiel dabei so zugerichtet, daß es wahrhaftig ein trümmerhaftes Wrack abgab.

Kein Wunder. Er habe beim *Faust* doch »von Haus aus gar nicht an eine Aufführung auf der Bühne gedacht«, soll Goethe gesprächsweise erklärt haben, als 1831 er den Zweiten Teil der Dichtung zustande gebracht hatte.[2] Selbst von ihrem eher noch bühnentauglich erscheinenden Ersten Teil schrieb er 1815, in Weimar werde das Stück »schon seit einigen Jahren probiert, es hat aber noch nicht gelingen wollen. Es steht gar zu weit von theatralischer Vorstellung ab.«[3] Am Ende mochte er es sich nicht einmal ansehen auf der Bühne. Am 29. August 1829, dem Tag der jahrelang hinausgezögerten Weimarer Erstaufführung, vermerkt der Achtzigjährige wortkarg im Tagebuch: »Abends allein. Aufführung von Faust im Theater«.

Freilich, im nachhinein, wenn Goethe die Texte bedachte, die er »von Haus aus« ohne Rücksicht auf die praktischen Möglichkeiten des Theaters mochte verfaßt haben, äußerte er sich sehr anders. Und bemerkenswerterweise galt das gerade den am wenigsten bühnenfähig erscheinenden Passagen des Spiels. Das große Karnevalsfest im *Weitläufigen Saal* der *Kaiserlichen Pfalz* »zur Erscheinung zu bringen«, sei »fast nicht denkbar«, sagte er zu Eckermann[4] – »fast nicht«. Also »denkbar« immerhin, wenn auch nicht gut in Weimar, auf einer nur sieben Meter breit geöffneten Bühne. »Es würde ein sehr großes Theater erfordern«, erklärt er im gleichen Satz. Und da dachte er sich selbst den in dieser *Mummenschanz*-Revue heranziehenden Elefanten keineswegs nur als lebloses Kunstgebilde. Ganz begeistert erzählt er vom leibhaftigen Auftritt eines solchen Kolosses in einem Pariser Theater der Zeit und schließt allen Ernstes: »Sie sehen also, daß bei unserm Carneval auf den Elephanten zu rechnen wäre. Aber das Ganze ist viel zu groß und erfordert einen Regisseur wie es deren nicht leicht gibt.«

Beim Fest in den *Felsbuchten des Ägäischen Meers* mit seiner überbordenden Gestaltenfülle, seinen gewaltigen Wasser- und Feuerspielen hatte er offenbar den Bericht über eine Calderón-Inszenierung im Buen Retiro bei Madrid vor Augen, die den Schloßpark und einen 300 Meter langen See einbezog. Von Sirenen und Tritonen geleitet, war der Triumph-wagen der Galatee dort von Delphinen über das Wasser gezogen worden, das ringsum in Flammen aufleuchtete. So etwas, meinte er, ließe sich wohl selbst in Weimar arrangieren.[5]

In einem Gespräch über den *Helena*-Akt schließlich hatte Eckermann bemerkt, eine halbe Weltgeschichte stecke dahinter, und die Behandlung dieses großen Stoffes mache sehr große Ansprüche an den Leser. – »Aber doch, sagte Goethe, ist alles sinnlich und wird, auf dem Theater gedacht, jedem gut in die Augen fallen. Und mehr habe ich nicht gewollt. Wenn es nur so ist, daß die Menge der Zuschauer Freude an der *Erscheinung* hat; dem Eingeweihten wird zugleich der höhere Sinn nicht entgehen, wie es ja auch bei der Zauberflöte und andern Dingen der Fall ist.«[6]

So hat er sich gewiß das ganze Werk durchaus auch »auf dem Theater gedacht«. Ja, ohne sich an die vielfältigen Begrenzungen der Weimarer Bühne zu halten, vielleicht ohne bei der Arbeit überhaupt zur Bühne zu schielen, hat er es sehr wohl auch f ü r das Theater g e s c h r i e b e n – wie das anders kaum denkbar war für einen, der doch lebenslang mit der Bühne zu tun hatte. Schon das Puppentheater, von dem er erzählt, daß die Großmutter es ihm und seiner Schwester schenkte, als er vier Jahre alt war, diente ihm erklärtermaßen auch »zu eigner Übung und dramatischer Belebung«.[7] Der früh Geübte versuchte sich auf der Liebhaberbühne der ersten Weimarer Zeit selbst als Schauspieler. Und von 1791 an übernahm er gar für sechsundzwanzig Jahre die Leitung des Hoftheaters: kümmerte sich als Intendant um die Spielpläne, arbeitete als Dramaturg an den Bühnenfassungen der Texte, zeichnete Bühnenbilder, entwarf Dekorationen und führte Regie – leitete dabei Leseproben, spielte selber vor, dressierte das Ensemble mit seinen in 91 Paragraphen fixierten *Regeln für Schauspieler*[8] und versuchte mit gleicher Strenge sogar das Publikum zu erziehen (mitten in einer Aufführung die Zuschauer anherrschend: »Man lache nicht!«[9]). Mit welchem Recht man ihn einen *Mann des Theaters* genannt hat[10], wieviel er aus eigener Arbeit nicht nur vom Dichter und dem Ehrgeiz seiner Werke, sondern ebenso vom praktischen Betrieb einer Schaubühne, von Besucherwünschen und beifallsbedürftigen Schauspielern wußte, zeigt in der *Faust*-Dichtung das *Vorspiel auf dem Theater*. Wenn da der Prinzipal einer Wanderbühne, einer seiner Schauspieler und der Stückschreiber auftreten und über ihr Vorhaben disputieren, wird auf der Bühne selbst die Teamarbeit des Theaters thematisiert.

Von dieser »vollkommenen Bretterkenntnis« (die er an Molière gerühmt hat[11]) ist die Verfassung des ganzen Dramas bestimmt. Ja, sie reguliert bis ins Detail den Wortlaut des Textes. Daß bei der Übersetzung des sprachlichen Kunstwerks in ein Bühnenkunstwerk Theaterleute auch in die Substanz des vorgegebenen, fremden Stückes eingreifen und es sich eigenmächtig zurichten, kennt man zur Genüge, bis hin zu den rücksichtslosen Übermalungen, Überschreibungen, Umdichtungen des avancierten ›Regietheaters‹. H i e r hat ein Theatermann gleichsam im voraus in das e i g e n e Stück eingegriffen und weit über alles Gewohnte hinaus ihm selber schon eingedichtet, was das Geschäft des Dramaturgen und Regisseurs, des Bühnen- und Maskenbildners und des Schauspielers angeht.

Als Dramaturg war Goethe bei der Einrichtung dramatischer Texte für sein Weimarer Theater alles andere als zimperlich. Wie er da mit Kleists *Zerbrochenem Krug* oder Shakespeares *Romeo und Julia* umging, durchaus unbekümmert nämlich um eine dem authentischen Lese-Text geschuldete ›Werktreue‹, so nahm er Schillers gewaltsame Bühnenbearbeitung seines *Egmont* hin und formulierte zur eigenen Einrichtung des *Götz von Berlichingen* den dramaturgischen Leitsatz, daß »der Leser sich vom Zuschauer und Zuhörer trennen müsse; jeder hat seine Rechte, und keiner darf sie dem andern verkümmern.«[12] Auch in die *Faust*-Dichtung hat er auf solche Weise eingegriffen. Mit seiner ausdrücklichen Billigung der von seinen Gehilfen verübten Textänderungen, ja durch eigene Streichungsvorschläge wurde die Druckfassung des Ersten Teils für die Weimarer Aufführung rigoros gereinigt von allem, was bei öffentlichen Aufführungen damals nur irgend anstößig und unschicklich erscheinen mochte.[13] Man versteht ganz gut, daß er sich die Deklamation dieses jammervoll kastrierten und verhunzten Textes nicht auch noch selber anhören wollte.

Aber von vornherein hat er auch die Druckfassung selbst solchen Eingriffen unterworfen. Vergleicht man sie mit dem Wortlaut der 1887 aufgefundenen *Frühen Fassung* (dem irreführend sogenannten *Urfaust)* und mit den später überarbeiteten oder ganz unterdrückten Passagen der sogenannten *Paralipomena* zum *Faust,* werden hier die gleichen Bearbeitungsregeln erkennbar, welche die Texteinrichtung des Weimarer Soufflierbuchs von 1829 bestimmten. Während die liebende Margarete ursprünglich etwa sollte sagen dürfen: *Mein Schoss! Gott! drängt | Sich nach ihm hin* – oder zu Faust: *Wie du küsstest als wolltest du mich in wollüstigem Tod ersticken,* heißt es dann in der endgültigen Fassung: *Mein Busen drängt | Sich nach ihm hin* – und: du küßtest mich, *als wolltest du mich ersticken.* Das sind kleinteilige Beispiele. Aber der gleichen Selbstzensur sind auch »die interessantesten Wollustscenen« zum Opfer gefallen, von denen man nur noch aus Wielands Bericht über eine der Goetheschen Vorlesungen weiß, und ebenso die ausdrücklich zu späterer Mitteilung bestimmten, deshalb handschriftlich sekretierten Satans-Szenen der *Walpurgisnacht,* die den Zeitgenossen in der Tat unerträglich gewesen wären.[14] Im *Faust II,* den er zu Lebzeiten nicht mehr drucken ließ, hat Goethe solche Rücksichten gründlich verabschiedet. Wo er sie im *Faust I* noch für unumgänglich hielt, stehen seine dämpfenden Eingriffe freilich in äußerstem Gegensatz zu den eigenmächtigen Verschärfungen des Blasphemischen und Obszönen, wie sie auf heutigen Bühnen jedenfalls durch wortlose Begleitspiele zum vorgegebenen Text nahezu regelmäßig erfolgen. Aber gewiß doch ist das dramaturgische Verfahren als solches hier wie dort eine Konsequenz der Einschätzung, welchen Graden an Provokation man die Leser und Theaterbesucher glaubte aussetzen zu können.

Als Regisseur im Umgang auch mit untauglichen oder selbstherrlichen Schauspielern geübt, hat der *Faust*-Autor sich keineswegs auf Angaben beschränkt, wie sie dem Sprechtext gewohnterweise hier und da beigegeben werden (*Leise* | *leiser* | *laut* | *halblaut* oder: *schmeichelnd lüstern* | *aufgeschreckt* | *entrüstet* | *großartig* | *ängstlich* | *brutal* | *milde* | *verdrießlich* | *nach einer Pause feierlich* usf.). Weit konsequenter leitet er die Sprecher dadurch, daß er seine Anweisungen im Rollentext selber verankert und ihren eigenmächtigen ›Gestaltungsehrgeiz‹ beständig zügelt. Einen wesentlichen Beitrag dazu leistet natürlich schon die Versgestalt der Texte. Sehr viel strenger als eine dramatische Prosa verpflichtet sie die Sprechenden auf den vorgegebenen Wortlaut (insoweit sich eine Abweichung dem Zuhörer als rhythmische Störung bemerkbar macht). Das eigentümlichste Instrument dieser Sprechregie aber ist die Interpunktion – ausgerechnet das also, was der unverbildete Leser weitgehend übersieht und der Zuhörer im Theater an sich gar nicht wahrnehmen kann. Goethe handhabte die Zeichensetzung nämlich keineswegs nach den starren, schematischen Vorschriften der Grammatik, wie das schon zu seiner Zeit üblich wurde und sich dann endgültig durchgesetzt hat. Er setzte sie vielmehr als rhetorisch-strukturierendes, als rhythmisch-musikalisches und sinnverdeutlichendes Hilfsmittel ein.[15] Von einer Leseprobe hat einer der Weimarer Schauspieler berichtet, wie dieser Regie führende Theaterdirektor für die Sprechpausen nach einem Komma, Semikolon, Doppelpunkt, Ausrufezeichen, Fragezeichen und Punkt ein genaues, in dieser Zeichenfolge anwachsendes Zeitmaß vorschrieb und dessen Länge »bildlich«, also wohl auf einer Tafel vor Augen stellte: »Es war im Anfang ein fast automatisches Sprechen; als sich aber nach und nach diese Methode entwickelte, welcher Reiz, welch poetischer Schwung trat endlich in der Rhetorik hervor! Musik war sie zu nennen.«[16]

Winzigen Regieanweisungen gleich bestimmen Goethes Satzzeichen auf solche Weise die sinntragende Klanggestalt des Verses. Und eher wichtiger noch erscheint in der Partitur dieser Texte der V e r z i c h t auf eine pausenbezeichnende Interpungierung. Der geschmeidig-lyrische Fluß der Peneius-Verse

Rege dich du Schilfgeflüster!
Hauche leise Rohrgeschwister,
Säuselt leichte Weidensträuche,
Lispelt Pappelzitterzweige

hängt eben davon ab, daß innerhalb der Zeilen keinerlei Unterbrechung durch grammatisch korrekt gesetzte Kommata erfolgt. Die ungeduldig-heftige Faustrede

Das wäre mir die rechte Höhe
Da zu befehlen wo ich nichts verstehe

verträgt eben nicht, was Goethe einen durch Interpunktion »gehackten Vortrag« nannte. Und das hochgespannte Gleichmaß der Verse, mit denen die Königin Helena auftritt,

Bewundert viel und viel gescholten Helena
Vom Strande komm' ich wo wir erst gelandet sind

würde, anders interpungiert, also anders vorgetragen, nicht nur in Rhythmus und Satzmelodie, sondern zugleich damit in seinem Klima, in seiner Bedeutung verändert und entwertet werden. – Mit unsichtbarem Taktstock dirigiert der Autor auf diese Weise die Sprecher. Auch in der Opernregie tätig, soll er gelegentlich sogar sichtbar damit hantiert haben.[17] Und selbst so etwas ist dem *Faust*-Text eingeschrieben. Erscheint da am Ende des Festes in den *Felsbuchten des Ägäischen Meers* die Angabe: *ALL ALLE!* (hinter der Sprecher- oder Sängerbezeichnung tatsächlich ein Ausrufezeichen), dann steht das für den enthusiastischen Gestus des Dirigenten, der den großen Chor ins hymnische Finale reißt.

Auch in der Rolle des Bühnenbildners hat sich der *Faust*-Dichter keineswegs mit den gängigen Angaben zum Szenarium begnügt. Häufig sind die Verse selbst gesprochene oder gesungene und sehr detaillierte Beschreibungen dessen, was auf der Bühne zu sehen sein sollte.[18] Und daß seine Bühnenanweisungen keineswegs nur das Vorstellungsvermögen des Lesers leiten wollen, sondern (»auf dem Theater gedacht«) unmittelbar die theatralische Realisierung angehen, verrät sich dort, wo eine solche Angabe den Leser im Stich läßt und es, je nach den Möglichkeiten der Bühnentechnik, dem Regisseur anheimstellt, was da zu veranstalten wäre. Gegen Ende der Szene *Vor dem Palaste des Menelas* heißt es so: *Nebel verbreiten sich, umhüllen den Hintergrund, auch die Nähe, nach Belieben.*

In diesen Passagen des Helena-Akts verwandeln sich die Schauplätze auf eine traumhaft-magische, phantasmagorische Weise. Wo eben noch der antike Palast des Menelas stand, steigt aus den Nebeln Fausts mittelalterliche Burg empor; deren Burghof wiederum verwandelt sich später in den schattigen Hain der *Arkadien*-Szene. Das alles aber vollzieht sich auf offener Bühne (und in der Tat hätte man das auch schon in Goethes Weimarer Theater mit einer unter den Bühnenbrettern befindlichen großen Walze bewerkstelligen können, welche alle Kulissen gleichzeitig verschob).

Das ist ein für die *Faust*-Dichtung insgesamt höchst charakteristisches Verfahren. Eigentlich alle Techniken des Theaters, die herkömmlicherweise im Dienst der theatralischen Illusion stehen (dem Zuschauer natürlich bekannt sind, aber seinem direkten Einblick entzogen bleiben), hat Goethe umfunktioniert, sie nämlich fallweise übersetzt in unmittelbar vorgeführte Bestandteile eines mit »vollkommener Bretterkenntnis« verfaßten Bühnenspiels. So werden bühnentechnische Mittel hier zum dichterischen Selbstzweck erhoben.

Was sonst doch die Bühnenarbeiter hinter dem Vorhang besorgen, veranstalten Mephistos Teufelstruppen nach der *Grablegung* auf offener Bühne, vor aller Augen. Selber schleppen sie das in den alten geistlichen Spielen gebräuchliche Requisit heran, den feurigen *Höllenrachen,* und machen auf diese Weise den Theatercharakter dieser Szene kenntlich.

Alte Theaterpraxis ist es auch, daß ein Souffleur, unsichtbar und möglichst unhörbar für das Publikum, dem Schauspieler einhilft, ihm notfalls auch seinen ganzen Sprechtext vorflüstert. Die *Thronsaal*-Szene des Zweiten Teils macht sogar daraus ein Bühnenspiel: *Mephistopheles bläst ein,* was der Hofastrolog sagen soll. Und nicht nur der Kaiser *(Ich höre doppelt was er spricht),* sondern mit ihm der Theaterbesucher vernimmt die Stimme dieses Souffleurs – weiß auch, wer dieser Einbläser ist, begreift den Astrologen als Medium zweiter Potenz und versteht, wer jetzt in Wahrheit das Sagen hat und seine Strippen zieht.

Auch Kostüme und Masken werden hier nicht mehr nur im Verborgenen, in der Garderobe, angelegt oder gewechselt. Der den Mephisto spielt, hat sich dort umkostümiert für seine (für Mephistos!) Rolle als Phorkyas. Auf offener Bühne aber ändert er am Ende des *Helena*-Akts wiederum sein Erscheinungsbild: Eben noch als das widerwärtige Scheusal agierend, richtet er sich im Proszenium *riesenhaft auf, tritt aber von den Kothurnen herunter, lehnt Maske und Schleier zurück, und zeigt sich als Mephistopheles.* So trat dieser Vielgestaltige schon zu Beginn des Spiels, in Fausts *Studierzimmer,* als Pudel auf und kam dann wenig später in der gleichen Szene, *gekleidet wie ein fahrender Scholastikus, hinter dem Ofen hervor.* So wird, wenn am Ende des Karnevalsfestes am kaiserlichen Hof der g a n z e M a s k e n k l u m p in Flammen aufgeht, wieder der zuvor doch als Pan kostümierte Kaiser sichtbar. Und wenn der wandlungsreiche Faust selbst beispielsweise in der *Rittersaal*-Szene *im Priesterkleid, bekränzt,* als ein *Wundermann* auftritt oder im *Helena*-Akt *in ritterlicher Hofkleidung des Mittelalters* erscheint, o h n e daß auf offener Bühne ein Kostüm- oder Maskenwechsel zu sehen war, weiß der Zuschauer doch, daß da nicht nur ein Schauspieler erst die Faust- und dann die Priester- oder Ritterrolle übernimmt, sondern daß (wie bei den ineinandergeschachtelten ›russischen Puppen‹) in diesem mittelalterlichen Burgherrn der Faust selber steckt und erst in diesem wiederum Bruno Ganz. Ja, erst der Faust im Ritter macht ihm den Schauspieler im Faust, also den Faust als Kunstfigur recht eigentlich bewußt.

Als Goethe darüber nachdachte, weshalb es ihm in der römischen Komödie ein »noch unbekanntes Vergnügen« bereitete, daß die Frauenrollen durch Männer gespielt wurden, meinte er, »daß bei einer solchen Vorstellung der Begriff der Nachahmung [von Realität], der Gedanke an Kunst [statt einer illusionistischen Vortäuschung der Sache selbst] immer lebhaft blieb, und durch das geschickte Spiel nur eine Art von selbstbewußter Illusion hervorgebracht wurde.«[19] Eine solche ihrer selbst bewußte, gebrochene Illusion bringt auf vielfältige Weise auch das *Faust*-Stück hervor – an das Goethe wohl denken konnte, als er in einem Artikel über *Weimarisches Hoftheater* schrieb: »wir finden auch solche Stücke höchst nötig, durch welche der Zuschauer erinnert wird: daß das ganze theatralische Wesen nur ein Spiel sei, über das er, wenn es ihm ästhetisch, ja moralisch, nutzen soll, erhoben stehen muß, ohne deshalb weniger Genuß daran zu finden.«[20] Denn eben mit den Mitteln der theatralischen Kunst geben die in Doppelmasken agierenden Spielfiguren seiner großen Metamorphosendichtung das Leben als ein Spiel in wechselnden Rollen und sich wandelnden Gestalten zu verstehen, führen sie i m Theater die Welt a l s Theater vor.

Das nun bezieht den Zuschauer selber ein. Die Gärtnerinnen und Gärtner, Fischer und Vogelsteller oder Grazien und Furien, die beim Karnevalsfest am Kaiserhof auftreten, sind kostümierte Hofleute. Der Hof aber bildet zugleich auch die Zuschauerschaft bei dieser Revue – zusammen, ja in eins mit den Theaterbesuchern, die sich auf solche Weise in das Spiel hineingenommen sehen. Da beginnt die Grenzbefestigung zwischen Bühne und Parkett zu wanken, wird die ontologische Unterscheidung von Spiel und Wirklichkeit obsolet. Und vollends fällt die im Illusionstheater errichtete unsichtbare vierte Wand des Bühnenraums, wenn zu Beginn der *Arkadien*-Szene Mephisto-Phorkyas die Chormädchen oben auf den Brettern und die Zuschauer unten auf ihren Plätzen m i t e i n a n d e r anredet: *Erstaunen soll das junge Volk; | Ihr Bärtigen auch, die ihr da drunten sitzend harrt.* Ähnlich hat sich Mephisto schon nach seiner Auseinandersetzung mit dem unverschämten Baccalaureus direkt an die jungen Leute im Zuschauerraum gewendet:

> Ihr bleibt bei meinem Worte kalt,
> Euch guten Kindern laß ich's gehen;
> Bedenkt: der Teufel der ist alt,
> So werdet alt, ihn zu verstehen.

Hier treibt die voranstehende Sprecheranweisung das grenzüberschreitende Spiel so weit, daß es sich im Theater kaum mehr realisieren läßt: *Mephisto wendet sich zu dem jüngeren Parterre das nicht applaudiert.* Damit wird tatsächlich auch das Publikum angewiesen, wie es sich zu verhalten, wie es mitzuspielen habe bei der Vorstellung (nur die Älteren sollen klatschen, Jüngere nicht) – und allererst darauf reagiert Mephisto dann mit den hier angegebenen Worten.

Im *Vorspiel auf dem Theater* redet der Prinzipal am Ende auch über die Bühnentechnik:

> Drum schonet mir an diesem Tag
> Prospekte nicht und nicht Maschienen.
> Gebraucht das groß' und kleine Himmelslicht,
> Die Sterne dürfet ihr verschwenden;
> An Wasser, Feuer, Felsenwänden,
> An Tier und Vögeln fehlt es nicht.

Dem gehorcht das folgende *Faust*-Spiel ja durchaus – vor allem, versteht sich, in seinem Zweiten Teil. Aus dem Rahmen des bis heute so Üblichen fällt dabei nur e i n e der *Maschienen*: der Projektionsapparat der Laterna magica nämlich, deren Bilderspiele im 18. und frühen 19. Jahrhundert eine so gewaltige Anziehungskraft ausübten, daß sie sich zum Massenmedium dieser Zeit entwickelte.[21] Bei ihren allmählich perfektionierten Modellen wurden die Strahlen einer Lichtquelle von einem Hohlspiegel reflektiert und durch ein mit zwei bikonvexen Linsen ausgerüstetes justierbares Objektiv geleitet. So kam die vergrößerte Projektion eines Transparentbildes zustande, das man als bemalte Glasscheibe zwischen die Lichtquelle und das Objektiv schob. Häufig standen diese Apparate unsichtbar h i n t e r der Projektionsfläche und wurden auf Rollen bewegt. Durch Abstandsveränderung konnte man die projizierten Figuren also verkleinernd entfernen oder vergrößernd annähern; auch machte die Verwendung von zwei Projektoren und verschiebbaren Glasbildern Überblendungen und bewegte Darstellungen möglich. Die bei den Laterna magica-Vorstellungen besonders beliebten, spektakulären Geistererscheinungen (mit dem Modewort ›Phantasmagorie‹ bezeichnet) entwickelten sich so zu hochperfektionierten Kunststücken einer augenverblendenden Illusion.

Als die Weimarer *Faust*-Aufführung vorbereitet wurde, schrieb Goethe nach Berlin, die Erscheinung des Erdgeistes habe man dort wohl »auf eine phantasmagorische Weise« in der Art vorgestellt, daß auf eine Leinwand, »von hinten her, ein erst kleiner, dann sich immer vergrößernder lichter Kopf geworfen wurde, welcher sich daher immer zu nähern und immer weiter hervorzutreten schien. Dieses Kunststück ward offenbar durch eine Art Laterna magica hervorgebracht. Könnten Sie baldigst erfahren: wer jenen Apparat verfertigt, ob man einen gleichen erlangen könnte, und was man allenfalls dafür entrichten müßte?«[22] Für das *Faust*-Spiel (»auf dem Theater gedacht«) hatte er offenbar an mehreren Stellen die Bühnentechnik dieser Apparatur im Sinn. Ganz gewiß bei der *Mummenschanz*-Szene am Kaiserhof, wenn man (5500ff.) ein von Flügelpferden gezogenes Viergespann durch alles *durchgetragen* sieht, ohne daß die Menge doch Platz machen müßte. *Spuk und Zaubereien* nennt der Herold das: *Wie von magischer Laterne* bewirkt! Unsichtbar eingesetzt für die Zuschauer, steht die Laterna magica hier ganz im Dienst einer illusionären »Natürlichkeitsforderung«, in die – nach Goethes eigenen Worten – das Theater seiner Zeit »nach und nach durch Verbesserung der Maschinerie und der perspektivischen Kunst und der Garderobe hineingewachsen« war.[23] Am interessantesten und bedeutsamsten aber wird seine Verwendung dieses theatralischen Hilfsmittels wiederum, wenn er auch die magische Laterne illusionsbrechend auf die offene Bühne bringt. Das geschieht im 1. Akt des Zweiten Teils bei der Geisterbeschwörung von Paris und Helena im *Rittersaal* der *Kaiserlichen Pfalz* und war dort von vornherein geplant: schon als er an dieser Szene arbeitete, gab er Auftrag, ihm die im Weimarer »physikalischen Museum befindliche Laterna magica, mit der dazu gehörigen Linse und Lampe, durch die Botenfrau herüber zu senden«.[24]

Aus dem Reich der *Mütter* wiederkehrend, steigt Faust hier *auf der anderen Seite des Proszeniums* herauf (86421ff.) und betritt auf der als *Rittersaal* kenntlichen Bühne das dort errichtete kleine Theater, vor dem Kaiser und Hof ihre Plätze eingenommen haben. *Im Priesterkleid, bekränzt, ein Wundermann,* läßt er den Paris und die Helena aus einem *Nebel* hervortreten, der mit *Weihrauchduft* emporsteigt aus der glühenden Schale eines mitgeführten Dreifußes. Wie die vielbewunderten Showmaster der Goethezeit hantiert er da, die zur Erzeugung ihrer sogenannten ›Nebelbilder‹ einen Zusatzapparat zu der verborgenen Laterna magica installierten: eine frei sichtbare Kohlenpfanne, in die sie qualmendes Pech und duftenden Weihrauch streuten. *Machst du's doch selbst das Fratzengeisterspiel!* ruft aus dem Souffleurkasten Mephisto ihm zu, wenn Faust die Grenze zwischen seiner auf der Bühne dargestellten Lebenswirklichkeit und dem Kunstwerk seines magischen Theaters überschreitet: wenn er, liebend hingerissen, selber eingreift in das Geisterspiel. Explosionshaft stürzen Fiktion und Wirklichkeit da ineinander. *Die Geister gehen in Dunst auf.* In *Finsternis* und *Tumult* schleppt Mephisto den bewußtlosen Zauberkünstler von der Bühne. So legten auch die Laterna magica-Künstler beim Verschwinden der Geister Knallpulver in ihre Kohlenpfanne, und bei den mit Knallgasbrennern ausgestatteten Projektionsapparaten kam es ohnehin nicht selten zu explosionsartigen Zwischenfällen. Fausts Gang zu den *Müttern*, aus deren geheimnisvollem, von vielerlei tiefsinnigen Interpretationsspekulationen umwölktem Reich der *Wundermann* Paris und Helena heraufzuführen vorgibt, rückt durch diese Illusionsbrechung mit Hilfe sichtbar gemachter Bühnentechnik in ein erfrischend heiteres ironisches Zwielicht.

Aber was die *Rittersaal*-Szene mit der ins Theaterspiel eingebrachten Laterna-magica-Aufführung vor Augen stellt, hat weiterreichende Bedeutung für das *Faust*-Spiel insgesamt. Dieser vielbelesene und theaterkundige Autor (unter dessen Leitung man in Weimar an Opern, Singspielen und Schauspielen, die oft auch noch ins Tanztheater ausgriffen, insgesamt mehr als 600 Werke aufführte) hat in seine *Tragödie* eine Vielzahl dramatischer Gattungen oder Gattungszüge, Dichtarten und Darstellungsweisen, Spieltraditionen aus vielen Zeiten und vielen Literaturen eingebracht. Seine *Faust*-Dichtung erinnert an das Puppentheater wie an die Wanderbühne, zitiert mit dem *Prolog im Himmel* die großen christlichen Mysterienspiele und holt in die *Nacht*-Szene das mittelalterliche Osterspiel hinein, stellt in den Margareten-Szenen des Ersten Teils ein neuzeitlich Bürgerliches Trauerspiel vor und bildet im *Helena*-Akt des Zweiten Teils die antike Tragödie nach, nimmt das dionysische Satyrspiel in sich auf, die Zauberposse, das Rüpel- und Stegreifspiel oder die Moralität, ebenso die ›Textsorten‹ der Revue, der Maskerade, des Umzugsspiels oder des höfischen und des kultischen Festes. Schon an sich ist das alles Theater i m Theater – wie es dann mit Fausts als *Raub der Helena* betiteltem Geisterspiel in reiner, randscharf vom umgebenden Text abgehobener Form vor Augen tritt. Gleichermaßen gilt das für den auf dem Blocksbergtheater aufgeführten *Walpurgisnachtstraum* des Ersten Teils, *Oberons und Titanias goldne Hochzeit* überschrieben. Auch das phantasmagorische Traumspiel des *Helena*-Akts, den Goethe als ein »in den zweiten Teil des Faustes einzupassendes, in sich abgeschlossenes kleineres Drama« ankündigte[25], erscheint durchaus als ein von der fiktiven ›Realitäts‹-Ebene der umgebenden *Faust*-Handlung abgehobenes Spiel im Spiele.

Damit nicht genug. Die künstlerische Absicht, der übergreifende Sinn und Zweck dieser Bauform wird vollends sichtbar erst, wenn man schon bei der *Zueignung* zum *Faust*-Spiel ansetzt. Auch diese Verse nämlich, die sehr wohl für die Bühne gedacht waren (im Inszenierungskonzept für die Weimarer Aufführung ausdrücklich angeführt wurden), brechen bereits die unmittelbare theatralische Illusion, indem sie alles Folgende als ein Spiel der dichterischen Imagination zu verstehen geben. Der gedichtete Dichter dieser *Zueignung* nämlich erscheint als Urheber des nachfolgenden *Vorspiels auf dem Theater* – der in diesem *Vorspiel* auftretende Theaterdichter wiederum als Verfasser des *Prologs im Himmel* und der ihm unterstellten irdischen *Tragödie*. So staffeln sich schon von hier an die Spielebenen: Durch die *Zueignung* als dichterische Veranstaltung der 2. Potenz ausgewiesen, rückt das *Vorspiel* seinerseits den *Prolog* (als Bestandteil einer Theateraufführung, deren Beginn das im *Vorspiel* beschriebene Publikum *mit hohen Augenbraunen* erwartet) in die 3. Potenz. Insofern aber der dort erscheinende Herr des Himmels (nach dem alten Modell des Welttheaters) als Zuschauer des Spiels von Fausts Erdentreiben zu denken ist, versetzt der *Prolog* das ihm folgende Spiel in die 4. Potenz. Die in dieses *Faust*-Spiel eingelegten Spiele endlich (eben das Blocksbergtheater des *Walpurgisnachtstraums* oder die Laterna-magica-Aufführung im *Rittersaal* oder der ganze *Helena*-Akt auch) erreichen die letzte, 5. Potenz.

Das ist die äußerste, nun das ganze Stück umfassende und strukturierende Zuschärfung der Goetheschen Bemühungen, die illusionierenden Mittel der Bühnenkunst so gegen den Strich zu bürsten, daß sie »eine Art von selbstbewußter Illusion« hervorbringen.[26] Da hat dieser Theatermann als Stückschreiber tatsächlich in eine dem dramatischen Text selber eingeschriebene Bühnenpraxis umgesetzt, was er als Theatertheoretiker »höchst nötig« fand: den Zuschauer daran zu erinnern, »daß das ganze theatralische Wesen nur ein Spiel sei, über das er, wenn es ihm ästhetisch, ja moralisch, nutzen soll, erhoben stehen muß, ohne deshalb weniger Genuß daran zu finden.«

»Die Kunst«, sagt Nietzsche, »behandelt den Schein als Schein, will also gerade nicht täuschen, ist wahr.«

1 Goethe, Brief an Wilhelm v. Humboldt, 17.3.1832.
2 Gesprächsbericht Friedrich Försters, in: *Goethes Gespräche*. Auf Grund der Ausgabe und des Nachlasses von Flodoard Frhrn. v. Biedermann ergänzt und herausgegeben von Wolfgang Herwig, 5 Bde. <in 6>, Stuttgart und Zürich 1965–1987, hier Bd. 3/2, S. 799.
3 Goethe, Brief an den Grafen v. Brühl, 1.5.1815.
4 Eckermann, *Gespräche mit Goethe* (20.12.1829), in: *Johann Wolfgang Goethe, Sämtliche Werke, Briefe, Tagebücher und Gespräche*, Frankfurter Ausgabe Bd. 12, S. 368 f.
5 Vgl. Ernst Beutler in: *Goethe. Faust und Urfaust*, 2. erweiterte Auflage, Leipzig 1940 (Sammlung Dieterich Bd. 25), S. 608 f.
6 Eckermann (29.1.1827), wie Anm. 4, S. 219.
7 *Dichtung und Wahrheit*, 1. Buch, in: Frankfurter Ausgabe (wie Anm. 4) Bd. 14, S. 20. – Auch die Faust-Fabel ist ihm zum ersten Mal auf der Puppenbühne seiner Kinderzeit begegnet: vgl. ebd. 10. Buch, a.a.O. S. 451.
8 *Regeln für Schauspieler*, in: Frankfurter Ausgabe (wie Anm. 4) Bd. 18, S. 857 ff.
9 Berichte von der Gräfin v. Egloffstein und Ernst Genast, in: Biedermann/Herwig (wie Anm. 2) Bd. 1, S. 854.
10 Walter Hinck, *Goethe – Mann des Theaters*, Göttingen 1982.
11 Eckermann (28.3.1827), wie Anm. 4, S. 589.
12 *Über das deutsche Theater*, in: Frankfurter Ausgabe (wie Anm. 4) Bd. 19, S. 692.
13 Einzelheiten zur Verfassung des Weimarer Soufflierbuches im Kommentar-Band meiner Faust-Ausgabe im Deutschen Klassiker Verlag: 4. überarbeitete Auflage (und textgleiche Sonderausgabe), Frankfurt/M. 1999, S. 125–129. Auf meine Erläuterungen in diesem Kommentar-Band greift der vorliegende Essay in vielen Fällen zurück. Ebenso folgen hier alle Faust-Zitate dem Text-Band dieser Ausgabe.
14 Zu den unterdrückten Satans-Szenen der Walpurgisnacht: wie Anm. 13, Text-Band S. 737–754.
15 Eingehender zu Goethes Interpunktion: wie Anm. 13, Kommentar-Band S. 107–115.
16 Bericht von Eduard Franz Genast, in: Biedermann/Herwig (wie Anm. 2) Bd. 2, S. 615 f.
17 Angabe bei Hinck (wie Anm. 10) S. 27.
18 Ein eindrucksvolles Beispiel für solche gesprochenen oder gesungenen Bühnenanweisungen geben etwa die Chorverse 9088–9126 im 3. Akt des Zweiten Teils.
19 Aus dem italienischen *Reise-Journal*, in: Frankfurter Ausgabe (wie Anm. 4) Bd. 15/2, S. 858.
20 Weimarisches Hoftheater, in: Frankfurter Ausgabe (wie Anm. 4) Bd. 18, S. 849.
21 Eingehend zur Laterna magica: wie Anm. 13, Kommentar-Band S. 477–484 u.ö. (vgl. Sachregister im Text-Band).
22 Goethe, Brief an Wilhelm Zahn, 12.12.1828.
23 Shakespear und kein Ende!, in: Frankfurter Ausgabe (wie Anm. 4) Bd. 19, S. 648.
24 Goethe, Brief an Johann Michael Christoph Färber, 5.9.1829.
25 *Helena, Zwischenspiel zu Faust. Ankündigung*: wie Anm. 13, Text-Band, hier S. 637.
26 Dazu, auf Gemeinsamkeiten mit »Bertolt Brechts gegen die Illusionsbühne entworfene Theaterästhetik« verweisend: Hinck (wie Anm.10) S. 26 ff.

# Die Mummenschanz im Faust II – **Intermezzo als Schlüsselszene**

Reinhard Reichstein

Die edlen Damen und Herren der Hofgesellschaft, als florentinische Gärtnerinnen und Gärtner verkleidet, buhlen umeinander. Eine Mutter bringt mit obszönen Ratschlägen an ihre Tochter die Sache auf den Punkt. In den Masken ungeschlachter Holzfäller, täppisch-läppischer Pulcinelle, schmeichelnd-lüsterner Parasiten und lallender Trinker stellt man schenkelklopfend eine gesellschaftliche Pyramide dar. Hofpoeten zanken vorbei. Die Masken der Parzen verspotten die Vorsehung, die reizenden Furien die Anständigkeit. Furcht und Hoffnung, als Allegorien, bedrängen das Publikum. Ein lästernder Doppelzwerg zerplatzt in eine Otter und eine Fledermaus. Drachen fliegen durch die Luft. Gold und Männlichkeit werden umtanzt. Das Spiel schlägt um in Zank und Tumult. Die Maske des Kaisers, als wilder Pan, fängt Feuer. Gerade noch rechtzeitig beendet künstlicher Regen die reale Panik. Zurück bleibt ein verbrannter Maskenklump.

## Figurenrevue als organisierende Form

Erst spät, erst während der Ausarbeitung des 2. Akts im Laufe des Jahres 1827, hat Goethe die *Mummenschanz* in das Geschehen am Kaiserhof aufgenommen. Die früheren Planskizzen, so der 1816 verfaßte Bericht über die Fortsetzung von *Faust I* für *Dichtung und Wahrheit* (Paralipomenon H P63), sahen die Karnevalsszene noch nicht vor. Nach seiner Wiederherstellung durch Naturkräfte und balsamische Einflüsterungen der Elfen erscheint Faust dort ohne erkennbaren Übergang in Begleitung Mephistos bei einem Reichstag. Hier sollen die beiden Magier dem Kaiser mit Zauberei dienen. Darüber hinaus verlangt er nach »Erscheinungen«, also dem Heraufbeschwören von Helena, Paris und anderen. Goethe folgt hier dem alten *Faust*-Stoff, läßt jedoch Faust anfänglich Vorbehalte gegen Mephistos Zauberkünste äußern.

In einer weiteren Skizze vom Sommer 1827 (H P101) wird dann erstmalig der »Carnevall« erwähnt, allerdings noch untergeordnet der »Fromme(n) Vorbereitung«, die einem großen Schatzhebeprojekt vorausgehen sollte. Offenbar sollte die wundersame Erneuerung des Reiches mit dem christlichen Auferstehungsfest zusammenfallen. Aus diesem Nukleus entwickelte sich dann im Verlauf der zweiten Jahreshälfte 1827 die große *Mummenschanz*-Szene, in welcher statt der Schatzgräberei nun die Papiergeldschöpfung verankert wird (H P102).

Die Maskenrevue wie die ihr durch Stoff- und Figurenreichtum verwandte *Klassische Walpurgisnacht* haben lange Zeit das ablehnende Urteil über den *Faust II* getragen. Die Fixierung auf die Gattungsbezeichnung Tragödie und die Erwartungshaltung einer national-romantischen Deutung des ersten Teils haben diese negative Rezeption begründet. Sie spiegelt zwar die jahrzehntelangen Schwierigkeiten Goethes mit seinem *Faust* wieder, nicht aber die großartige Lösung. Für den Neubeginn, mit der Öffnung der Tragödie und Eintritt Fausts in eine »höhere, breitere, hellere, leidenschaftslosere Welt« (Goethe zu Eckermann, 17.2.1831), hatte sich bereits Schiller gefragt, ob es denn überhaupt einen »poetischen Reif« »für eine so hoch aufquellende Masse« geben könnte (Brief an Goethe, 26.6.1797). Ein spätes Echo dieser Frage, wie die Vorgaben des *Faust*-Stoffes mit den eigenen Intentionen ineins zu bringen seien, ist Goethes Äußerung, daß alle dem abgeschlossenen *Helena*-Akt vorausliegenden und noch zu schreibenden Szenen nur »Antecedenzien« auf diesen hin seien (H P123 C). Über eine solche von der Tragödienform geforderte strenge Handlungsmotivierung setzte sich Goethe beim Schreiben jedoch souverän hinweg. Dabei hat er mit dem Maskenzug des 1. Akts einen genialen Griff getan. Die in den Entwurfsskizzen zur Hinleitung auf den *Helena*-Akt sichtbar werdende überbordende Fülle von Figuren und Motiven (H P123 B und C) wird zwar einer Bearbeitung unterzogen, bei der das »Ausscheiden und Ablehnen die schwere Operation ist« (Goethe zu Eckermann, 6.12.1829), der Szenenreichtum aber erhalten bleibt. Schon früh hatte Goethe die in der Tradition des Intermezzos und der Lustspiele gegebenen Mittel, Fülle und Welt zu evozieren, genutzt – beim *Jahrmarktsfest zu Plundersweilern,* in der Szene *Osterspaziergang* im *Faust I* – und hatte darüber auch den Theaterdirektor und die Lustige Person im *Vorspiel auf dem Theater* sprechen lassen. Erst hier jedoch erscheinen Reif und aufquellende Masse als ein und dasselbe. Erst der späte Goethe schafft die Fülle, die sich selbst organisiert: in der Revue der Mummenschanz und in den Traumbildern der *Klassischen Walpurgisnacht.*

## Politischer Karneval

Mit der fastnächtlichen Saalmummerei rehabilitiert Goethe den in protestantischen Ländern verpönten, nur dem Adel in festlichen Redouten vorbehaltenen Karneval. Als er daran ging, seinen Faust in die »große Welt« (2052) eintreten zu lassen, kamen ihm seine Erfahrungen in der Gestaltung von Hoffesten und Maskenzügen in Weimar zustatten. Er erinnert sich Antonio Francesco Grazzinis Sammlung der Triumphwagen, Masken und Lieder des florentinischen Karnevals[1] und schafft hieraus und aus seiner eigenen Beschreibung des römischen Karnevals[2] das Grundgerüst der *Mummenschanz*-Szene.

Das höfische Maskenfest spiegelt die Krise des Reiches. Der Kaiser, typisierend als ein Renaissance-Fürst gezeichnet, ist in Nöten. Das Gefüge des Reiches droht durch Unbotmäßigkeit zu zerfallen, die Staatskasse ist durch zu geringe Einnahmen und die Prachtentfaltung des Hofes ruiniert. In dieser Situation läßt sich der Kaiser die Rettung des Reiches durch die beiden Magier vorgaukeln. Bevor man aber zur Tat schreitet, tut man, was man eigentlich immer tut: man feiert »das wilde Karneval« (5060). Der gewöhnliche Zustand des Reiches ist bereits in Tollheit übergegangen. Die Mummenschanz bricht nicht auf Zeit mit einer gefestigten, gesunden Ordnung. Durch die Maskierung wird tatsächlich die ungeschminkte Wahrheit dargestellt, mit einem Lachen, das seine Energie aus tieferen Quellen, aus der Abschüttelung zivilisatorischer Zwänge und dem Auftrumpfen gegenüber feindlichen Lebensmächten bezieht.

Mit den Kunstgriffen höfischer Machtausübung vertraut, gibt Goethe ein Beispiel für die politische Dimension der Einbildungskraft. Es ist eine Probe auf die souveräne Herrschaft, ob sie die »Frechheit und Freiheit« des Karnevals[3] zulassen und sich auch darin als ordnende Macht behaupten kann.

Damit ist die schwierige Aufgabe des Herolds beschrieben, der den Maskenzug ankündigt und dirigiert. Ihm muß der Überblick des Regisseurs wie die Geistesgegenwart des Entertainers im Getümmel zu Gebote stehen. Wir hören ihn vorauseilend den Kaiser verspotten, indem er Krone und Narrenkappe zusammenstellt (5074f.), um dadurch der Herrscherkritik die Schärfe zu nehmen. Er zeigt sich machtlos und gebieterisch, wechselt häufig die Sprechrollen: mal lockt er hervor, mal zügelt er. Er befeuert das buhlerische Spiel der Gärtnerinnen und Gärtner, preist kaum verhohlen die Furien als Liebesengel an – und tut dann doch indigniert über den phallischen Spaß des Geizes. Er läßt sich hineinziehen in einen eitlen Wettstreit mit dem Knaben Lenker, ohne doch sein Ideal der klugen Herrschaft zu vergessen. Ohne es aber doch auch erreichen zu können: Die Gestalt der Viktorie hinter der Personifikation der Klugheit »blendet« ihn »zu sehr« (5402). Im Verlauf der Mummenschanz wird seine Herrschaft durch Zaubertricks unterminiert und von den in den Zug drängenden Magiern übernommen. Als das Ganze in einer Brandkatastrophe endet, klagt der Getreue mit unverstelltem Pathos über die Verführbarkeit und Unvernuft des Herrschers und seiner Schar.

Dies kann als konservativer Kommentar Goethes zu den politischen Katastrophen seiner Zeit verstanden werden: dem Untergang der französischen Monarchie, des Reiches Kaiser Franz II. oder des Reiches des Gegenkaisers Napoleon, aber auch als Bekenntnis zu Erziehung und Aufklärung, gepaart mit Skepsis gegenüber Idealordnungen, darunter dem von ihm selbst vorgeschlagenen staatssichernden Klassizismus.

## Spiel auf drei Ebenen

Die Maskerade enthält jedoch mehr als ein politisches Lehrgedicht über den Untergang eines Reiches aus Mangel an Aufklärung. Das Inkommensurable, das Goethe dem *Faust II* bescheinigt, eignet dieser Szene in besonderer Weise. Vereinfacht gesprochen bietet die *Mummenschanz*-Szene drei Bedeutungsebenen dar. Neben dem beschriebenen politisch-didaktischen Lehrstück ist es die Schaustellung und historische Reflexion der Kunstformen und als drittes die Unruhe des ästhetischen Subjekts angesichts der sich ankündigenden oder bereits vollziehenden Umwälzungen der Moderne. Der letzte bzw. die beiden letzten Gesichtspunkte agieren im Text häufig gegen den ersten. Zwar wird der Kaiser, der das Reich verfallen läßt, kritisiert, doch verdankt man ihm auch eine durch italienische und antik-mythologische Übernahmen bereicherte Festkultur. Er ist es ja, der die »Zeit in Fröhlichkeit«, »das wilde Karneval« (5057 ff.) ausruft, während der Kanzler und Mephisto mit ihren Fastenpredigten und biederen ökonomischen Grundsätzen das Publikum langweilen. Ein anderes Beispiel ist der Zwiespalt, mit dem die Theatertricks – zerplatzender Doppelzwerg, Drachenflugwerke, Flammensprühen und künstlicher Regen – als abgeschmacktes, die aufgeklärte Vernunft beleidigendes Gaukelspiel vorgeführt werden, andererseits aber damit der Imagination, die ins Supernaturale ausgreift, Freiheit und Selbständigkeit attestiert werden. Wie bei den militärischen Zaubertricks des 4. Akts spielen hier das Vergnügen an der vorgeführten Veränderbarkeit und das Bedürfnis nach neuen Reizen ineinander. Die Protagonisten, der prahlerische Knabe Lenker, der wendige Herold als Conférencier und Plutus-Faust als Chef des Theaters, scheinen zusammen ein Spiel ausgeheckt zu haben, das dem Publikum Hören und Sehen vergehen läßt.

## Das große Nummerntheater

Am Anfang steht eine kulturelle Reform: die Hofgesellschaft soll keine deutsche Fastnacht mit »Teufels-, Narren- und Totentänzen« (5066) aufführen, sondern den Karneval des heiteren Italiens. Bei Goethes Auswahl, Verstärkung und Umdichtung der Maskengruppen und Lieder aus Grazzinis Sammlung dominiert das Motiv erotisch-gesteigerter Lebendigkeit.

Ein höfischer Maskenzug im Stil der florentinischen Renaissance, worin sich die Personen »schwankend sondern, traulich paaren« (5082), verspricht »artige[n] Schein« (5733) statt Hexen- und Teufelsfratzen und durchbrechenden Begierden. Die Kunst der Blumensprache und das Tändeln im Rokoko-Stil werden aber durch die zupackenden Gärtner und die kupplerische Mutter entzaubert. Noch während Goethe Grazzini folgt, wird die Szene von Florenz nach Rom, vom Hof zum Volk verschoben. Nicht Reform, sondern Aufhebung der Kultur scheint nun möglich. Es ist die Zumutung, die Goethe im römischen Karneval angesichts des leidenschaftlichen Ausdruckswillens des Volkes, des Gedränges und der Gefahren für die Einzelnen empfunden hatte. Ein Fest des Volkes aus den vorchristlichen Wurzeln der Dezembersaturnalien, das auf Zeit die Herrschaft des Bauerngottes in der Stadt errichtete und die gesellschaftlichen Schranken auflöste, mußte Goethe an die Zustände der französischen Monarchie vor der Revolution – Tanz auf dem Vulkan, Sittenverfall, rousseauistische Verkleidungen – und an die Exzesse der Gleichheit denken lassen.

Indem Goethe die Höflinge um die Holzhauer scharwenzeln läßt, zeigt er, daß der Kampf zwischen Bürgertum und Adel schon entschieden ist. Im Vergleich zu seinen früheren Gesellschaftsparabeln über Betrug und Selbstbetrug – die Jugendschrift *Satyros oder der vergötterte Waldteufel* von 1773 und das die Halsbandaffäre und den Abenteurer Cagliostro verbindende Lustspiel *Der Groß-Cophta* von 1791 – behandelt Goethe die Gesellschaft im *Faust II* durch die dichterische Sprache hindurch unerbittlich und soziologisch genau.

Die Zitate des Karnevals als eines republikanischen Festes treiben die Maskerade nun über den Hofkosmos mit seinen Gärtnern, Topfleckern und Poeten hinaus zu allgemeingültigen und gesamtstaatlichen Repräsentationen. Im zunehmenden Gedränge werden die Masken bedeutender und umfassender, und das Verhältnis von Maskierung und Realität komplexer und instabiler. Goethe treibt hier die barocke allegorische Dichtung auf die Spitze.

Nach dem Idealbild des klug regierten Gemeinwesens dringt mit dem Auftritt des Zoilo-Thersites die Phantastik in den Zug ein. Das Publikum wird in Furcht versetzt, die Furcht hat sich also von der Kette losgerissen. In demselben Widerspruch von gauklerischer Inszenierung und unerklärlicher Magie erscheint dann das Viergespann mit dem Knaben Lenker, dem Reichtumsgott Plutus und dem Geiz. Der Spielbogen spannt sich von christlich-orientalischem Wunderglauben und phantastischer Verführbarkeit hin zu einer wilden Auflösung im Triumph des Pans, die mit zur Hälfte griechischem, zur Hälfte germanischem Personal die Auflösung dieser Spannung nach Art des Satyrspiels betreibt. Als Folie erscheint das Barocktheater, insbesondere Calderóns *Das Leben ein Traum.* Während dort der Held sich aus Wahn und Wildheit, in die er exemplarisch für alle versetzt ist, befreien kann, so daß am Ende durch moralische Selbstüberwindung die Ordnung wiederhergestellt wird, bleibt hier die Beruhigung zweifelhaft. Faust alias Plutus löscht mit künstlichem Regen ein Bühnenfeuer[4] und entschuldigt sich nachher beim Kaiser für das »Flammengaukelspiel« (5987). Dies wirkt wie eine Scheinerklärung, wie eine Abspaltung: Die Magie wird als Kunststück, als Theatertrick preisgegeben, um der Dichtung, der schöpferischen Einbildungskraft um so mehr Würde zuzusprechen. Entscheidender als die Kunststücke als solche ist ihre Faszination, ihr Vermögen, Bilder und Wünsche zu wecken, wie denn auch bei der späteren Helena-Beschwörung der Magier Faust seiner eigenen Magie verfällt (6487ff.).

Über den Rang der Poesie in dieser Welt läßt sich hochfliegend und resignativ zugleich der Knabe Lenker vernehmen. Sein Anspruch, dem Reichtum ebenbürtig zu sein und in die geistigen Sphären aufsteigen zu können, anders als der Herold, der auf das Wahrnehmbare eingeschränkt sei, wird von Plutus gottväterlich bestätigt. Der Mäzen Plutus (5707) bleibt mit der Schatzkiste zurück und reizt durch seine Großzügigkeit, wie andererseits der Geiz durch seine Tiraden gegen Luxus und Genuß, die Masken zur Gier nach dem Gold. In dem allgemeinen Tumult vollführt der Geiz seine exhibitionistische Pantomime – Reminiszenz an die Priapus-Anspielungen des römischen Karnevals und an die Orgien der Walpurgisnacht. Die Katastrophe wird noch einmal aufgehalten bzw. zum Finale hin vorbereitet durch das Auftreten der Harzriesen. Der Maskenzug ist also im Norden angekommen, wie ja zuvor schon der Geiz seine Umwandlung aus der weiblichen römischen Avaritia in eine männliche deutsche Tugend beschrieben hatte (5646–65).

## Aufschwünge und Abstürze

Wie am Ende der gesamten Szene, kommt es auch in der Binnenstruktur mehrfach zu Abstürzen nach einem Spannungsaufbau. Damit hat der Dramatiker gewiß das Bedürfnis nach Abwechslung von Hohem und Niederem, nach Spannungsabfuhr bedient, wie es seit jeher im Theater die Satire nach der Tragödie und in Zirkus und Varieté die Clownsnummern nach den Akrobaten erfüllen. Hier kommt spezifisch hinzu, daß Goethe den römischen und venezianischen Karneval ja nicht mochte. Wie er dort das Gedränge im Corso beklagte, schildert er hier bei der Saalmummerei die zunehmende

Verwirrung, die obszönen Durchbrüche, Gier und Panik. Gedränge, Rohheit und Chaos nehmen zu in einem Maskenzug, der florentinisch zierlich und individuell kunstvoll beginnt, mehr und mehr die volkstümlichen Züge der altrömischen Saturnalien annimmt, um mit dem Auftritt der Harzriesen wieder in die alte nördliche Fastnacht einzumünden. Die Reform war also nicht erfolgreich, und tatsächlich wird das Personal des Stücks im nächsten Akt die deutschen Lande verlassen und zu den Quellen von Kunst und Schönheit, nach Griechenland, davonfliegen.

Aber auch hier erlaubt die tiefgründige Ironie dieser Dichtung keine eindeutige Wertung. Gerade weil Goethe auch ein Reformer ist (drei Jahrhunderte nach Kaiser Maximilian, Luther und Erasmus), lehnt er einen strengen Klassizismus als fremde Verkleidung ab. Nürnberger Schembartlauf und Fastnachtspiel werden mehrmals zitiert, der Herold dem Pritschmeister der Hofmaskeraden, dem Praecursor oder Ehrnholt des Narrenspiels nachgebildet. Von Totentänzen befreit und vor protestantischer Genuß- und Bilderfeindschaft bewahrt, gehören sie offenbar zu dem Traditionsbestand, dessen Studium Goethe bei der Weiterbildung der Festkultur und des Lustspiels auf deutschen Bühnen empfahl. Daß Goethe hier im *Faust II* die deutsche Fastnacht abweist, ist daher kein Verdikt über die historischen Leistungen Kaiser Maximilians oder des Hans Sachs, sondern eine Abwehr gegen die Deutschtümelei im Gefolge der Freiheitskriege. Tatsächlich ging ja die Deutung des *Faust I* als altdeutsches Identifikationsstück einher mit dem Bedürfnis nach nationaler Erbauung, der die Künstler seit der historischen Maskerade beim großen Maximilian-und-Dürer-Fest in München 1840 dienten.[5]

Als Verfechter der Weltliteratur schöpft Goethe souverän aus deutschen und anderen Quellen. Der Text auch der *Mummenschanz*-Szene funkelt geradezu von den aufgenommenen Zitaten und Anspielungen und präsentiert sich selbst als Triumph der Dichtung.

## Kunstform und historische Repräsentation

Die Szene fügt sich ein in eine reflektierte Geschichte des Theaters im *Faust II,* wobei Goethe hier elementare anthropologische Motive des Schauspiels vorführt, die dann in entwickelte Spielformen übergehen. Das Liebeswerben der Gärtnerinnen und Gärtner, der Streit der Poeten und die gesellschaftlichen Rangkämpfe der Holzfäller und der Höflinge geben Gelegenheit zu selbstbewußter und eitler Schaustellung und zum Stegreifspiel. Später sehen wir die anzügliche Pantomime des Geizes. Das Spiel der Szene insgesamt steigert sich vom Auftreten durch sich selbst erschöpfend charakterisierter Figuren, dann komplizierter, einer Aufschlüsselung bedürfender mythologischer und allegorischer Gruppen, hin zur Form des Dialogs zwischen Herold, Knabe Lenker und Plutus, aus dem sich eine Spielhandlung mit Katastrophe und Rettung entwickelt.

Der höfische Rahmen läßt noch einmal ein Gesamtbild der Gesellschaft im Sinne der alten Ständeordnung erwarten, wenn auch kraft der Frechheit und Freiheit des Karnevals ein auf dem Kopf stehendes. Tatsächlich verkörpern die Maskengruppen die Kräfte, die eine Gesellschaft konstituieren, zusammenhalten oder mit Auflösung bedrohen – die Erotik, die Sphäre der Arbeit, die Leidenschaften und ihre sittliche Bändigung, die Tugenden und Laster. Das Finale macht jedoch klar, daß die Revue neuen Zwecken dient. Es ist nicht mehr, durch die Maskierung hindurch, die Repräsentation der Ordnung, die in der Huldigung an den Fürsten gipfelt, sondern die Darstellung der Fülle des Lebens in einem aufgeklärten, demokratischen Sinne. Die Erwartungsenttäuschungen, die Umkehrungen des Hohen und Niederen, die Entzauberungen des Scheins und die Unzulänglichkeit der Kunstmittel, von Aufhebungen der Allegorien bis zu einfachen Demaskierungen — all dies sind Appelle an das Publikum, sich selbst einen Reim zu machen, selber zu denken.

Die artistische Öffnung des Rahmens zielt ebensowenig auf Anarchie oder Beliebigkeit. Theater ist auch für Goethe noch eine Ausdrucksform der Gesellschaft, in der diese ihren metaphysischen Zusammenhang repräsentiert. Ihre Einheit muß jedoch vom Subjekt her begründet werden. Dessen ästhetische Anstrengungen schreiben sich ein in eine Geschichte der Versuche, die eingetretene Trennung zu verstehen und zu überbrücken.

Goethes Modernismus, der gerade in der *Mummenschanz*-Szene als Freiheit der Kunstform erscheint, ist alles andere als bilderstürmend. Bei aller Artistik, die Goethe, der Übersetzer des *Neveu de Rameau,* im *Faust II* darbietet, verzichtet er doch nicht auf Repräsentationskunst. Die Weiterbildung des höfischen Maskenfestes zur Redoute und die Verbindungen zur Oper mußten ihn gerade für den *Faust II* interessieren. Ein Weltpanorama der Erscheinungen der Einbildungskraft wird vor das Publikum gebracht. Der Gestus des Zeigens ist derselbe wie in den von Goethe in Weimar veranstalteten Maskenzügen. Trotz aller Philisterkritik wird noch von einem allgemeinen Bildungskontext ausgegangen. Erst nach Goethes Tod, nach dem »Ende der Kunstperiode« (Heine), werden die Künstler, zuerst in Paris, als antibürgerliche Rebellen ihre Kunst allem Didaktischen, Nützlichen, Verständlichen entziehen. Die Vorführung der Antriebe und Leidenschaften in der Karnevalsszene sollte durchaus der Gesellschaft nützlich sein (»Helfet alle mich belehren!« 5510), ein Besseres zu suchen, ohne in die Fehler der Französischen Revolution zu verfallen. Plutus, der Gott des Reichtums und der Gott der Unterwelt, kennt sich aus in dem brüchigen Unterreich der Gesellschaft.[6] Seine Zauberei vermag noch einmal die Flammen zu bannen, zu wandeln in ein bloßes »Wetterleuchten« (5983) des ferngehaltenen Gewitters der Revolution. Der Sturz des Ancien régime ist jedoch unwiderruflich. Wie später Lynkeus stimmt der Herold einen Schwanengesang an. Wie kann die neue Herrschaft aussehen? Während im Maskenzug Wildheit und Fülle, das Artistische und Republikanische dominieren, propagiert der Schluß der Szene unverkennbar eine Kunstreligion. Der Magier und Weise Plutus-Faust, kundig der Leidenschaften, die die Gesellschaft im Innersten zusammenhalten, beruhigt mit dem heiligen Stab des Herolds die widerstreitenden Elemente. Für die Agnostiker ist es wohltuend und tief vergnüglich, daß dies zumindest hier, für diese zwischen dem Reich der Mütter und den *Bergschluchten* gelegene Welt, mit so viel Ironie und Widerspruch geschieht.

1 Antonio Francesco Grazzini, *Tutti i Trionfi, carri, mascherate o Canti carnascialeschi andati per Firenze dal tempo del Magnifico Lorenzo de' Medici fino all' anno 1559,* Cosmopoli 1750. Siehe auch die Zusammenstellung in: *Goethes sämtliche Werke*, Bd. 14: *Faust II*, hg. v. Erich Schmidt, Stuttgart u. Berlin (Jubiläums-Ausgabe der Werke Goethes), S. 306-310.

2 *Das Römische Karneval*, in: Johann Wolfgang Goethe, *Italienische Reise, Zweiter Römischer Aufenthalt*, hg. v. Christoph Michel, Frankfurt/M.1976, S. 637-677.

3 Ebd., S. 640.

4 Zu Goethes Reaktion auf den Brand des Weimarer Komödienhauses 1825 vergleiche den Aufsatz von Jörg Paulus in diesem Band.

5 Der Faust-Illustrator Peter Cornelius war einer der Organisatoren des Festes. Wolfgang Hartmann, *Kaiser Maximilian I. und Albrecht Dürer. Ein Künstlerfest der Spätromantik und sein Anspruch*, Renaissance-Vorträge 6, Nürnberg 1977.

6 Goethe in dem Brief an Lavater vom 22. Juni 1781: »Glaube mir, unsere moralische und politische Welt ist mit unterirdischen Gängen, Kellern und Kloaken minieret, wie eine große Stadt zu sein pflegt, an deren Zusammenhang, und ihrer Bewohnenden Verhältnisse wohl niemand denkt und sinnt; nur wird es dem, der davon einige Kundschaft hat, viel begreiflicher, wenn da einmal der Erdboden einstürzt, dort einmal ein Rauch aus einer Schlucht aufsteigt, und hier wunderbare Stimmen gehört werden. Glaube mir, das Unterirdische geht so natürlich zu als das Überirdische, und wer bei Tage und unter freiem Himmel nicht Geister bannt, ruft sie um Mitternacht in keinem Gewölbe.« Münchener Ausgabe, Bd. 4.1, München 1988, S. 948.

# Reiche Narren
## Zur Bedeutung des Papiergeldes im Faust II

Thomas Zabka

Die Szene *Kaiserliche Pfalz* des 1. Akts zeigt einen hoch verschuldeten absolutistischen Staat, der sich in einer Zahlungskrise befindet. Alles, was man hier konsumiert, ist bereits »verpfändet«. Die Gläubiger verlangen immense »Anticipationen« (4871ff.) für ihre Kredite. Die »Subsidien« der »Bundsgenossen« – Hilfszahlungen anderer Höfe – »bleiben aus« (4831ff.). Unter der Schuldenlast mußte bereits »Besitz« an fürstlichen Ländereien veräußert werden, und damit wurden zugleich »Rechte hingegeben« (4835ff.). Steuererhöhungen und Sparversuche können die weitere Verschuldung, das heißt den zunehmenden Geldbedarf nicht aufhalten: »Wir wollen alle Tage sparen/ Und brauchen alle Tage mehr.« (4853f.)

Die ökonomische Misere geht mit einer Loyalitätskrise einher. Allenthalben kommt es zu »Aufruhr« (4794). Das Verhältnis der Untertanen zueinander ist ausgehöhlt: Hier waltet nicht der »Sinn [...] zum Rechten« (4801f.), sondern der Eigennutz:

> Wer jetzt will seinem Nachbar helfen?
> Ein jeder hat für sich zu thun. (4847f.)

Das »Ungesetz« herrscht (4785), der »Richter« gesellt sich »zum Verbrecher« (4805f.).

Der Kaiser reagiert auf diese Staats- und Gesellschaftskrise mit einem gesteigerten Bedürfnis nach Zerstreuung: Er entläßt nicht etwa den Schatzkanzler, sondern den Narren. Mephisto nutzt die entstandene Vakanz, schleicht sich als neuer Spaßmacher ein und fällt sogleich aus der Rolle, indem er keine humoristische, sondern eine ökonomische Reform einleitet – eine Reform freilich, die sich dann doch als übler Scherz entpuppen wird. Mit folgendem Sanierungskonzept hält Fausts Begleiter die Hofgesellschaft zum Narren:

> Wo fehlts nicht irgendwo auf dieser Welt?
> Dem dies, dem das, hier aber fehlt das Geld. (4889f.)

Um diesem angeblichen Mangel abzuhelfen, wirft der diabolische Ökonom neu entworfenes und »schnell vertausendtfacht[es]« Papiergeld (6072) auf den Markt. Es trägt die Signatur des Kaisers und wird von den Untertanen für »gutes Gold« (6083) genommen:

> Rechnung für Rechnung ist berichtigt,
> Die Wucherklauen sind beschwichtigt (6041f.)

Teilweise lassen sich die Untertanen in »Wechsler-Bänke[n]« für die Staatspapiere Münzen auszahlen, die von dort »zum Fleischer, Bäcker, Schenken«, zum »Krämer« und zum »Schneider« wandern (6088ff.). Teilweise zahlen die Konsumenten unmittelbar mit dem Papier: »Man wird sich nicht mit Börs' und Beutel plagen,/ Ein Blättchen ist im Busen leicht zu tragen« (6103f.).

Angesichts der Vermehrung ihres Geldes glauben die Leute, sie könnten auch entsprechend mehr genießen. Der Kämmerer beschließt – stellvertretend für alle Konsumenten –, von nun an »doppelt bessre Flasche« (6147) zu leeren.

Mephisto behauptet, das Papiergeld sei gedeckt durch noch nicht abgebautes Metall und durch vergrabene Schätze:

> In Bergesadern, Mauergründen
> Ist Gold gemünzt und ungemünzt zu finden (4893f.)

Faust spricht gegenüber dem Kaiser vom »Uebermaas der Schätze, das, erstarrt,/ In deinen Landen tief im Boden harrt« (6111f.). Bei dem ›gemünzten‹ Gold handle es sich um Werte, die angeblich von den Untertanen seit der »Römer Zeit,/ Und so fortan, bis gestern, ja bis heut« zum Schutz vor Besteuerung und Raub vergraben wurden (4935f.).

Über das Resultat der Papiergeldausschüttung werden wir nur in Andeutungen informiert. Im 1. Akt spricht Mephisto vom »Papiergespenst der Gulden« (6198) – von einer ökonomischen Geistererscheinung mithin. Im 4. Akt kommentiert er die Papiergeld-Ausschüttung rückblickend mit der Bemerkung, man habe dem Kaiser »falschen Reichthum« in die Hände gespielt (10245). Worin besteht der Schwindel? Die Geldscheine werden tausendfach ausgegeben, doch die dafür ausgezahlten Münzen sind begrenzt, weil es sich bei den angeblichen Deckungsschätzen um eine mephistophelische Fiktion handelt. Das stark nachgefragte Metall wird sich daher explosiv verteuern – von einem zu zahlenden Bank-Rabatt bei der Einlösung ist bereits die Rede (6090). Anders gesagt: Das Papier wird drastisch an Wert verlieren. Da die Konsumenten mit den vertausendfachten Noten auch unmittelbar zahlen, haben wir es zusätzlich mit einer enormen Erhöhung der Geldmenge zu tun. Da von neu produzierten Gütern aber keine Rede ist, wird das Papier auch auf diese Weise rasch an Wert verlieren. Die Konsumenten greifen also nach einer Chimäre des Reichtums, ähnlich wie der verliebte Faust am Ende des 1. Akts nach dem Phantom der Helena greift. Dort lautet die Szenenanweisung: »Explosion, Faust liegt am Boden. Die Geister gehen in Dunst auf« (nach 6563). Die ökonomische Katastrophe, die im Text nur angedeutet wird, könnte wie folgt aussehen: *Explosion, Konsumenten, Banken und der Staat liegen am Boden. Der Reichtum geht in Dunst auf.*

Der Goethe-Forscher Bernd Mahl hat Parallelen der mephistophelischen Staatsaktion zur Ausschüttung ungedeckter Papiere im Frankreich des 18. Jahrhunderts aufgezeigt. Mahl belegt, daß Goethe solchen Aktionen des Ancien régime kritisch gegenüberstand, da er die Position Adam Smiths teilte, neues Geld dürfe nur dann ausgegeben werden, wenn das im Umlauf befindliche Geld hinter dem gesteigerten Güterumsatz deflationär zurückbleibt (vgl. Mahl, Wissen, S. 322). Solche Bezüge sind zweifellos vorhanden, doch erschöpft sich die ökonomische Zeitkritik des *Faust II* nicht in Anspielungen auf Theorien und Ereignisse des 18. Jahrhunderts. Als die Kaiserhof-Szenen entstanden, war bereits ein Viertel des 19. Jahrhunderts vergangen, und der Autor hatte mittlerweile eine haarsträubende – übrigens auf den deutschen Raum beschränkte – ökonomische Theorieentwicklung mitverfolgt, deren satirische Behandlung in seinem »Hauptgeschäft« er sich nicht entgehen ließ.

Mephistos Auffassung, die alte Staats- und Gesellschaftsordnung könne an einem *imaginären* ökonomischen Reichtum *real* gesunden und in alter Kraft wiederauferstehen, ähnelt der romantisch-idealistischen Geldtheorie. Adam Müller, der Urheber dieser Theorie, will die Nationalökonomie Adam Smiths, die er für mechanistisch und rationalistisch hält, mit seiner organologischen und idealistischen Wirtschafts- und Staatstheorie überwinden. Was Müller 1809 in den *Elementen der Staatskunst* und 1816 in der Schrift *Versuche einer neuen Theorie des Geldes* schreibt, war Gemeingut derer, die sich damals in Deutschland für Ökonomie interessierten.

Müller geht es, so wörtlich, um die »Idealisierung und Belebung der Vorstellung ›Geld‹«. Das Verlangen nach dem »Gelde« sei eigentlich keine Gier nach Reichtum, sondern in Wahrheit ein »unvollkommener Repräsentant des höheren Verlangens nach der Vereinigung, nach dem Staate«. Antreibende Kraft allen Wirtschaftens sei nämlich nicht der Eigennutz, sondern »das große Bedürfnis des Zusammenhaltens«. Dieses kollektive Bedürfnis wird nun nach Müllers Auffassung durch das gemeinsame Zahlungsmittel symbolisiert: Das Vertrauen in dessen Wert sei nichts anderes als das Vertrauen in den Wert der gemeinschaftlichen Anstrengung bzw. der Nationalkraft. Verbürgt sei diese nationale Kraft im gemeinsamen Regenten, und deshalb erhalte das Geld seinen Wert erst durch dessen Zeichen: »das, was die Metalle durch den Stempel, wie durch eine Art von Creditiv erst zum Gelde erhebt, und was endlich bey weiterer Entwicklung des bürgerlichen Lebens durch das Staatspapier ausgedrückt wird« sei das »Principale«, nämlich das fürstliche Kraftzentrum der Gesellschaft, in dem die Einheit aller einzelnen Bestrebungen verbürgt sei (Müller, Versuche, S. 139). Dieses geistige, »höhere Bedürfnis« könne aber – so Müller – allein »durch Metallgeld nicht mehr befriedigt, vermittelt und ausgeglichen werden.« Das bewegliche, leichte Papier ermögliche die symbolische Erfahrung des großen Zusammenhalts besser als die behäbige Münze: »Das Interesse der von einer Papierzirkulation abhängigen Völker« sei »näher an den Souverän, näher an den, das Papier verbürgenden, besonderen Staat gebunden« als das Interesse eines mit Metall zahlenden Volkes. Folglich solle mit dem »höhere[n] Geld«, dem idealischen Papiergeld, gezahlt werden (Müller, Elemente, S. 353). Müller will also den Fürsten wieder zum Vertrauens-Zentrum der Gesellschaft machen. Das vom Fürsten signierte Papiergeld erklärt er zum Medium des nationalen Zusammenhalts und verspricht sich von dessen Ausgabe die Restauration der alten Staatsordnung.

Als Gegenwerte des ausgegebenen Geldes betrachtet Müller keineswegs real produzierte oder noch zu produzierende Güter – das wäre ja ein materialistisches und mechanistisches Denken Smith'scher Prägung –, sondern wiederum nichts anderes als die ideellen Werte der nationalen Einheit. Müller postuliert, der Staat dürfe Wechsel auf jene innere, verborgene Nationalkraft ausstellen, die eben durch den Glauben an den Geldwert zutage treten soll. Der Staat müsse seine Schulden keineswegs, wie Smith es forderte, zu »Privat-Bedingungen« zurückzahlen (Müller, Elemente, S. 353). Gerade in Krisenzeiten habe das Vertrauen in die gemeinsame Sache zu genügen; die Untertanen seien verpflichtet, auch ein Papier von unsicherem Wert anzunehmen, denn die damit bewiesene Loyalität erzeuge die Nationalkraft, die dann auch dem Papier seinen Wert gebe. Der Staat soll sich also am eigenen Schopfe aus dem ökonomischen Sumpf herausziehen.

Kennt man diese Münchhausen-Ökonomie, so versteht man Mephistos geldpolitische Ideen etwas besser. Die Signatur des Kaisers auf dem Papiergeld ist im *Faust II* genauso bedeutsam wie in Müllers Theorie. Der Schatzmeister sagt zum Kaiser:

> Obschon Dein Name längst die Welt beglückt,
> Man hat ihn nie so freundlich angeblickt …
> In diesem Zeichen wird nun jeder selig. (6079ff.)

Bei Müller und im *Faust II* besteht das – über den materiellen Wohlstand hinausgreifende – restaurative Ziel der Papiergeldausschüttung darin, die Loyalität und Einigkeit der Untertanen auf der Basis einer Idee zu erneuern, der Idee einer ursprünglichen, naturgegebenen Kraft und Machtfülle. Mephisto spricht den Kaiser als den »Mittelpunct« nicht nur des Reiches, sondern der gesamten Erde an (6011). Er stilisiert ihn zum Herrscher über die vier Elemente und behauptet, daß nun »jedes Element/ Die Majestät als unbedingt erkennt« (6003f.). Damit sind zugleich die gesellschaftlichen Elemente gemeint. Der Fürst wird zum Mittelpunkt einer Welt erklärt, die wieder zu ihrer alten Ordnung zurückgefunden hat.

Desinteresse zeigt der Ökonom Mephisto an der Produktion neuer konsumierbarer Werte, die dem vermehrten Geld entsprächen. Mit Papiergeldausschüttung hat sich an dem Prinzip der höfischen Ökonomie nichts geändert: Es handelt sich um ein merkantilistisches Wirtschaften, das ganz auf die Staatseinnahmen – seien sie noch so dubios – konzentriert ist und das die ökonomische Produktion, die reale Grundlage aller Einnahmen, ignoriert (vgl. Mahl, Wissen, S. 124ff.). Das mephistophelische Desinteresse liegt ganz auf der Linie von Goethes Idealismus-Kritik. Die Idee – etwa des Reichtums – läßt sich dieser Kritik zufolge nicht losgelöst von der Empirie erfahren. Mit dem idealen National-Wert hat es nichts auf sich, wenn der Wert nicht zugleich real produziert wird. Auch die folgenden Reflexionen aus Goethes Nachlaß sind vor dem Hintergrund der kritisierten idealistischen Geldtheorie zu lesen. Über das Papiergeld, das hier wie bei Müller »Kredit« heißt, notiert Goethe:

> Die Geschichte … hat einen realen und idealen Teil. Zum idealen Teil gehört der Kredit, zum realen Besitztum, physische Macht pp. Der Kredit ist eine durch reale Leistungen erzeugte Idee der Zuverlässigkeit.
> (Maximen und Reflexionen Nr. 945-7)

Im *Faust* wird ein Staat gezeigt, der nicht vertrauenswürdig ist. Sein Besitz ist verpfändet, seine Macht durch Untreue aufgezehrt. Die im Geld ausgedrückte Idee hat keinerlei reale Entsprechung. Das Zahlungsmittel soll, wie bei Müller, zum Medium des sozialen Zusammenhalts und der politischen Stabilisierung dienen, es ist jedoch gegründet auf den falschen Glauben an die kaiserliche Naturherrschaft, die im angeblichen Bodenschatz symbolisiert ist. Die Realitätslosigkeit der Idee führt zum Scheitern des Projekts.

Daß die Idee des Reichtums keinen Widerhalt in »reale[n] Leistungen« hat, wird ganz deutlich in Fausts Rede über die imaginären Schätze:

> … Der weiteste Gedanke
> Ist solches Reichthums kümmerlichste Schranke,
> Die Phantasie, in ihrem höchsten Flug,
> Sie strengt sich an und thut sich nie genug.
> Doch fassen Geister, würdig tief zu schauen,
> Zum Gränzenlosen gränzenlos Vertrauen. (6113ff.)

Solches Vertrauen in das Grenzenlose – aber auch in *den* Grenzenlosen, den Fürsten – kann allein im Glauben liegen. Was keine Grenzen hat, ist nicht durch Anschauung, Vorstellung und Erkenntnis, sondern allein durch religiöse Verehrung zu fassen. Die Idee wird von keiner realen Erfahrung, sondern nur von sich selbst genährt. Purer Spott Goethes ist der Satz, daß die gläubigen Verehrer des Reichtums und des Kaisers würdige und zur Tiefenschau befähigte Geister seien. An einer Parallelstelle wird deutlich, daß es sich bei dieser Verehrung um eine irregeleitete Verfallsform christlichen Glaubens handelt. Über die kaiserliche Signatur auf dem Papiergeld sagt der Marschalk: »In diesem Zeichen wird nun jeder selig.« (6082) Dem römischen Kaiser Konstantin war im Jahr 312 angeblich das Kreuz mit der Inschrift »In hoc signo vinces« (in diesem Zeichen wirst du siegen) am Himmel erschienen. Im *Faust II* vertrauen die Untertanen nicht dem am Himmel erscheinenden Zeichen des christlichen Gottes, sondern dem auf einem Blatt Papier erscheinenden Zeichen des weltlichen Herrschers. Dies ist die äußerste Spitze der Satire auf die romantisch-idealistische Staatstheorie: Ad absurdum geführt wird nicht nur die Auffassung, das bloße Vertrauen in eine verborgene ökonomische und politische Kraft könne das Reich real sanieren und den Wohlstand tatsächlich befördern; dem Spott preisgegeben wird auch der Umstand, daß die erklärtermaßen christliche Romantik in ihrem Bestreben, die Welt zu idealisieren, bei einer Anbetung des Mammons und des Kaisers endete.

Worin liegt nun die Aktualität der Ökonomie-Satire des 1. Akts? Der Wirtschaftswissenschaftler Hans Christoph Binswanger behauptet, daß im *Faust II* die Grundprinzipien der modernen Geld- und Wachstumswirtschaft dargestellt seien. Der erhöhte Geldwert verweise auf fiktive Erträge einer künftigen Produktion. Das zunächst ungedeckte Geld sei »eine Anweisung auf die Zukunft, auf das, was man in Zukunft kaufen« oder durch Investition »gewinnen kann«. Künftiger Konsum und künftiger Gewinn seien aber allein durch einen proportional zur Geldmenge gesteigerten Güterumsatz und in letzter Konsequenz »durch einen ständigen Mehrverbrauch von Welt« möglich, d.h. durch ein permanentes Wirtschaftswachstum und die zunehmende Ausbeutung der Natur (Binswanger, Geld, S. 133).

Doch im *Faust II* bewirkt das ungedeckte Papiergeld keine Steigerung der Produktivität. Die Konsumenten wollen an die vorhandenen, knappen Güter gelangen; von deren Vermehrung ist keine Rede. Nicht die Orientierung an künftig produziertem Reichtum wird hier vorgeführt, sondern der Irrglaube, mit dem *Schein* des Reichtums – dem Goldglanz bzw. dem Geldschein

– lasse sich unmittelbar auch das Wesen des Reichtums ergreifen. In der *Mummenschanz* tadelt der Herold diese Haltung des Volkes, wenn er sagt: »Glaubt ihr man geb euch Gold und Werth?/ [...]/ Ihr Täppischen! ein artiger Schein/ Soll gleich die plumpe Wahrheit seyn.« (5730ff.). Die einzige ökonomische Wertschöpfung, die im *Faust II* dargestellt wird, nämlich die Landgewinnung im 5. Akt, hat mit der Ausschüttung des Papiergeldes schlechterdings nichts zu tun.

Es spricht alles dafür, daß Goethe wie Adam Smith der Ansicht war, die Geldmenge müsse dem tatsächlichen Güterumsatz und der bestehenden Produktivität angepaßt werden (vgl. Mahl, Wissen, S. 499ff.). Der Gedanke, daß eine überproportionale Erhöhung der Geldmenge statt zu einer Inflation zu einer Steigerung der Produktion führen kann, war Goethe noch nicht vertraut. Im *Faust* jedenfalls findet sich davon keine Spur.

Folglich ist auch die Aktualität eine andere. Goethes Papiergeld-Satire richtet sich gegen den Glauben an rein imaginäre Werte, die nicht an reale Wertschöpfungen gebunden sind. Allerdings kritisiert unser Autor niemals Imagination und Phantasie *als solche*, sondern immer nur deren Verselbständigung. Es wäre daher falsch, den *Faust II* als ein Plädoyer für ökonomische Phantasielosigkeit und realpolitische Paralyse zu lesen. Aktualisierend gesprochen: Solange fiktive Bewertungen von Papieren sich als Überbewertungen erweisen können, die ohne Gefährdung des gesamten Systems korrigierbar sind, existiert noch eine Verbindung von Imagination und Sozialprodukt – so kompliziert vermittelt diese Verbindung auch sein mag. Wenn sich aber in bestimmten Sektoren des Marktes ein Handeln etabliert und über längere Phasen hinweg stabilisiert, das den Bezug zur Produktion verloren hat, dann mag Goethes Papiergeld-Satire treffend darauf zu beziehen sein. Aktuell ist der ökonomische *Faust II* also überall dort, wo ein angeblicher Wertzuwachs nicht auf der realen Schaffung von Waren und Dienstleistungen basiert, sondern auf einer Ideologie – zum Beispiel auf einer Verabsolutierung der Imagination (»alle Werte sind heute imaginär«) oder auf dem Glauben an eine ungreifbare Substanz (»der Markt ist gesund«), der man vertrauen müsse, weil sie unbegrenzte Zuwachsraten ermögliche. Wenn »Geister, würdig, tief zu schauen,/ Zum Gränzenlosen gränzenlos Vertrauen« fassen, so kann es geschehen, daß ihre Phantome eines lieben Tages explodieren und in Luft aufgehen.

Literatur:

Der *Faust II* wird nach der 1997 von Dorothea Hölscher-Lohmeyer in Bd. 18.1 der Münchner Ausgabe edierten Fassung zitiert.

Binswanger, Hans Christoph, *Geld und Magie. Deutung und Kritik der modernen Wirtschaft anhand von Goethes Faust*, Stuttgart 1985.

Mahl, Bernd, *Goethes ökonomisches Wissen*, Frankfurt/M./ Bern 1982.

Müller, Adam, *Die Elemente der Staatskunst*, Bd. 1, hg. v. J. Baxa, Wien/Leipzig 1922.

Müller, Adam, *Versuche einer neuen Theorie des Geldes mit besonderer Rücksicht auf Großbritannien*, hg. v. H. Lieser, Jena 1922.

Zabka, Thomas, *Faust II – Das Klassische und das Romantische. Goethes ›Eingriff in die neueste Literatur‹*, Tübingen 1993.

# »Vom Harz bis Hellas immer Vettern« Mephisto in der Klassischen Walpurgisnacht

Rolf-Peter Janz

Die Szenenfolge, die der soeben entstandene Homunkulus als »klassische Walpurgisnacht« ankündigt, gehört zu den rätselhaftesten der *Faust*-Dichtung. Sie spannt einen weiten Bogen vom antiken Kriegsschauplatz in der thessalischen Ebene, wo Pompejus Caesar unterlag, vom düsteren »Schauderfeste dieser Nacht« (7005), das Erichtho im Prolog heraufbeschwört, zum heiteren Liebesfest am Meer, in dem Galatee dem genialen Retortenwesen zum Leben verhilft. Das Gewirr der Szenen läßt den Zuschauer freilich nicht ganz chancenlos. Er kann sich daran halten, daß Homunkulus, Mephisto und Faust in Thessalien jeder auf seine Weise erotische Abenteuer suchen. Sie verfolgen ihre Pläne, die wir aus dem Anfang des 2. Akts kennen. Homunkulus möchte entstehen, Faust fragt sich durch zu Helena, die ihm als Traumbild schon einmal vor Augen stand und mit der er sich endlich im 3. Akt vereinigen kann. Mephisto sucht »was zu erhaschen« (7695), mit beträchtlichem sexuellen Appetit. Hier und da treffen sie sich, dann geht jeder wieder eigene Wege.

Klassische Walpurgisnacht? Hatte Mephisto den Helden in *Faust I* in den Hexensabbat auf dem Brocken hineingezogen, um ihn von Gretchen abzulenken, so setzt *Faust II* ihn einer Gespenstergesellschaft aus, die ihn Helena näherbringt. An Verführungskunst und Abscheulichkeit können es aber die »klassischen« mit den »romantischen Gespenstern« (6946f.) von ehedem leicht aufnehmen. Die fabelhaften Ungetüme, Zwerg- und Zwitterwesen, mit denen das Drama hier aufwartet, sind aber von den griechischen Göttern und den Heroen Homers weit entfernt[1]; in Winckelmanns Griechenland der ›edlen Einfalt und stillen Größe‹ sind sie nicht vorgesehen. Der romantischen, das heißt mittelalterlich-christlichen Welt des *Faust I* folgt wohl die klassisch-heidnische Welt; doch die Antike der *Klassischen Walpurgisnacht* ist vielerorts archaisch, häßlich und monströs.[2] Damit hören ihre Mißgestalten indessen nicht auf, ästhetisch interessant zu sein.

Unter den unzähligen Rollen, in denen Mephisto in *Faust* auftritt – Abgesandter der Hölle, Agent Fausts, Kuppler, Demagoge, Festarrangeur, Zauberer – erhalten zwei in der *Klassischen Walpurgisnacht* besondere Konturen: er fährt fort, den Narren zu geben, und er wird zum Statthalter des Häßlichen. Solange er als Widerpart Fausts agiert, vertritt er das Prinzip des Bösen. Auf antikem Terrain aber wird er zum Gegenspieler Helenas. Der Symbolgestalt des Schönen kann er nur als Ausbund des Häßlichen Paroli bieten. Die Rolle des Schalks, des Narren in vielerlei Gestalt, ist Mephisto seit dem *Prolog im Himmel* auf den Leib geschrieben, er behält sie auch in der *Klassischen Walpurgisnacht* bei.

Bevor die aus Norden kommenden Luftfahrer in der griechischen Fabelwelt landen, glaubt Mephisto, wohl wissend, daß er hier nichts zu bestellen hat, von oben Gestalten zu erkennen, die ihm bereits beim Hexentanz auf dem Blocksberg begegnet sind: »Ganz abscheuliche Gespenster: / Bin ich hier wie dort zu Haus.« (7046f.) Da irrt er sich. Die Sphinxe, Greife und Sirenen, vorweltliche tierische und halbtierische Mißgestalten, sind ihm gänzlich fremd:

> Fast alles nackt, nur hie und da behemdet:
> Die Sphinxe schamlos, unverschämt die Greife,
> Und was nicht alles, lockig und beflügelt,
> Von vorn und hinten sich im Auge spiegelt …
> Zwar sind auch wir von Herzen unanständig,
> Doch das Antike find' ich zu lebendig;
> Das müßte man mit neustem Sinn bemeistern
> Und mannigfaltig modisch überkleistern …
> Ein widrig Volk! (7082ff.)

Gegenüber der Nacktheit der Sphinxe gibt sich Mephisto christlich, mittelalterlich, zimperlich. Es wäre ihm schon lieber, deren schamlos nackte Brüste »modisch (zu) überkleistern« – wobei es den Zuschauern überlassen bleibt, sich hier an die jüngste Kunstübung der frommen Nazarener oder den älteren Einfall der Päpste im 18. Jahrhundert zu erinnern, die antiken Statuen im Vatikan züchtig zu bedecken. Über derlei Prüderie hatte sich schon Winckelmann mokiert: »Diese Woche«, schreibt er in einem Brief 1759, »wird man dem Apollo, dem Laocoon und den übrigen Statuen im Belvedere ein Blech vor den Schwanz hängen vermittels eines Drahtes um die Hüften«[3].

Nicht lange, und Mephisto scheint den – nur gespielten? – Schock über die Körperformen der Sphinx halbwegs überwunden zu haben: »Du bist recht appetitlich oben anzuschauen,/ Doch unten hin, die Bestie macht mir Grauen.« (7146f.) Umgehend zahlt ihm die Sphinx das Kompliment heim. Wer einen »verschrumpften Pferdefuß« (7150) hat, gehört nicht in diese Gesellschaft. Gegenüber dem häßlichen Mephisto nehmen sich die archaischen Gestalten vergleichsweise schön aus.

Auch der Gesang der Sirenen – ist er schön oder hat er für moderne Ohren viel von seinem betörenden Klang eingebüßt?[4] – bleibt Mephisto fremd und widerwärtig. Er gibt den Kunstkenner und nennt ihre Musik abschätzig ein »Trallern«, das nicht »zum Herzen dringt« (7175ff.). Sogleich demaskieren die Sphinxe ihn als Banausen, der nicht mitreden kann, weil er statt des Herzens einen »ledernen verschrumpften Beutel« (7179) hat.

Anders als Mephisto entdeckt Faust im »Widerwärtigen« dieser vorweltlichen Gestalten auch »große, tüchtige Züge« (7182). Das kann Mephisto nur mit Sarkasmus quittieren: »Denn wo man die Geliebte sucht,/ sind Ungeheuer selbst willkommen.« (7193f.)

Nach wie vor fühlt sich Mephisto unwohl in dieser Gesellschaft, die nordischen Hexen auf dem Blocksberg waren ihm lieber. Das hindert ihn aber nicht, sich bereitwillig auf die Verführungskünste der Lamien einzulassen, die die Sphinxe ihm wärmstens empfohlen hatten.

Das gebildete Publikum der Goethezeit, soweit es mit Hederichs *Gründlichem mythologischen Lexicon* von 1770 vertraut war, konnte darauf rechnen, mit den Lamien teuflische Ungeheuer vorgeführt zu bekommen, »nach Menschenfleische und Blut sehr begierig«; sie waren imstande, auch die Gestalt schöner junger Frauen anzunehmen, »die den Vorbeygehenden ihren weißen Busen sehen ließen.«[5] Goethes nonchalanter Umgang mit der Mythologie läßt von deren Reizen wenig übrig. Mephisto weiß es, sieht es, die modisch aufgeputzten Lamien, »geschnürten Leibs, geschminkten Angesichts« (7715), taugen wenig, doch er erliegt ihrem Charme: »Und dennoch tanzt man wenn die Luder pfeifen!« (7719) Sie inszenieren ihre handfesten Koketterien als Glücksspiel, und sie provozieren ihn, er sei ein miserabler Freier. Mephisto will sie alle, die Kleine, die Lange, eine Dicke, und wird für seinen teuflischen Don-Juanismus bestraft. Eine nach der andern läßt die Maske fallen und den alten Sünder abblitzen. So wird er gegenüber den Lamien zum dummen Teufel, zur komischen Figur. Das erotische Abenteuer, das er bei den Lamien zu finden glaubte, entpuppt sich als Déjà-vu-Erlebnis:

> Hier dacht' ich lauter Unbekannte,
> Und finde leider Nahverwandte;
> Es ist ein altes Buch zu blättern:
> Vom Harz bis Hellas immer Vettern (774ff.)

Einerseits zeigt sich Mephisto mit den thessalischen Hexen zufrieden, denn sie teilen sowohl mit ihren nordischen Schwestern als auch mit ihm die Häßlichkeit und die sexuelle Lust. Zum andern mäkelt er wie ein bornierter Tourist, daß er in der Fremde auf Gewohntes verzichten muß, so auf den »harzigen Dunst« ›seines‹ Harzes, der etwas vom höllischen Pech habe. (7953f.)

Eine Gruppe fesselt Mephisto an diesem Schauplatz besonders, es sind die Phorkyaden. Vor soviel Häßlichkeit gerät er ins Staunen:

> Dergleichen hab' ich nie gesehn,
> Die sind ja schlimmer als Alraune …
> Wird man die urverworfnen Sünden
> Im mindesten noch häßlich finden,
> Wenn man dies Dreigetüm erblickt? (7971ff.)

Fassungslos steht er vor den dreifaltigen mythologischen Gespenstern, die zusammen nur einen Zahn und ein Auge haben und noch abscheulicher sind als Alraunen, jene menschenähnlichen, unheimlichen Wurzelgestalten, von denen man sagt, sie seien aus dem Samen gehängter Verbrecher entstanden. Mephisto ist entrüstet, aber auch fasziniert; was zu häßlich ist für den heimischen Norden, findet sich sehr wohl in der Antike, im vermeintlichen ›Land der Schönheit‹. Wieder einmal ergreift der Reisende aus dem Norden die Gelegenheit, die vielgerühmte Antike zu bespötteln.

Unverdrossen empfiehlt er sich auch den Phorkyaden als naher Verwandter und schmeichelt ihnen, was das Zeug hält. Nicht den üblichen weiblichen Gottheiten »Juno, Pallas und dergleichen« (7999) sollten sich die Dichter und Bildhauer zuwenden, so Mephisto in der Attitüde des Kunstkenners, sondern dem nie Dagewesenen. Wie bedauerlich, daß die Kunst die im Verborgenen Lebenden noch nie gewürdigt hat, während sie sich mit Heldenverehrung aufhält. Was ist von einer Kultur zu halten, in der »jeden Tag, behend, im Doppelschritt,/ Ein Marmorblock als Held ins Leben tritt.« (8006f.) Eine Persiflage auf die Standbilder preußischer Feldherren nach den Befreiungskriegen[6]; vielleicht auch eine ironische Nachbemerkung Goethes zur eigenen Klassikverehrung?

Die grotesken Nachtgespenster, »einer der größten Gestaltwitze des dramatischen Humors«[7], wollen von einer Verewigung in Stein allerdings nichts wissen. Mephisto kann sie aber überreden, ihm ihr Bild zu überlassen. Denn darauf will seine Galanterie hinaus. Niemals in der deutschsprachigen Literatur ist das Monströse so heftig umworben worden. Mephisto umwirbt die Phorkyaden, weil sie etwas haben, was er braucht. Er entlehnt von ihnen das Schreckenspotential des Absoluthäßlichen. Um so auszusehen wie sie, überläßt er sich willig ihrer Regie, er drückt ein Auge zu und läßt einen Raffzahn sehen. Die Mimikry gelingt, das Ergebnis kann sich sehen lassen: »Da steh' ich schon,/ Des Chaos vielgeliebter Sohn!« (8026f.) Auch die Phorkyaden sind zufrieden, denn sie haben dank Mephistos Mithilfe nun zwei Augen und zwei Zähne, ein erheblicher Zugewinn an Schönheit, wie sie Mephisto ironisch versichern. Mephisto trägt nun die Maske des monströs Häßlichen, denn unter griechischem Himmel wäre er als Inbegriff des Bösen fehl am Platze. Sie ist grauenvoll genug, selbst die Teufel in der Hölle zu erschrecken; um so mehr verspricht er sich von ihren Wirkungen, wenn er auf Helena trifft. Er wird sie erst am Ende des *Helena*-Akts wieder ablegen.

Wenn der liebeskranke Faust vor den Sphinxen und Sirenen ins Schwärmen gerät und sich vorstellt, vor ihnen hätten schon die Heroen der Antike, Ödipus und Odysseus, gestanden – »Gestalten groß, groß die Erinnerungen« (7190) –, hat er den Spott Mephistos verdient: »Denn wo man die Geliebte sucht,/ Sind Ungeheuer selbst willkommen.« Pathos ist Mephistos Sache nicht. Der Geist, der stets verneint, hält gegen Fausts Hang zur Beschönigung nüchterne Einsichten. Mephisto weiß oder gibt vor zu wissen, wie es in der Welt zugeht, Faust weiß es oft nicht. Nicht zufällig hat Goethe auch in der *Klassischen Walpurgisnacht* Mephisto eine Fülle geistreicher und weltkluger Sprüche anvertraut[8], über die sich das Publikum, oft auf Kosten Fausts, amüsiert. Gegenüber Fausts hochherzigem Liebessehnen halten Mephistos handfeste, komische Eskapaden die Lust und den Verdruß der irdischen Liebe in Erinnerung. Sie machen Fausts Liebe leichter, ohne ihren Ernst und ihre Bedeutung zu mindern. Komisch ist Mephisto aber vor allem dann, wenn er sich selbst zum Gespött macht. Dem Potenzgehabe, das er gegenüber den Lamien an den Tag legt, folgt der klägliche Mißerfolg. Vom erotischen Draufgänger, der er sein möchte, lassen die Umworbenen nur den tolpatschigen Stümper übrig.

Auch wenn die *Klassische Walpurgisnacht* eine Vielzahl erlesener Scheußlichkeiten die Bühne betreten läßt, ihre Drohkulisse aus Mythologie und Geschichte bringt Faust und Homunkulus nicht ernsthaft in Gefahr. Über den Reisenden liegt eine heitere Gelassenheit, eine wohlwollende Deutung der Geschichte, zu der sich erst der Humor des alten Goethe verstehen konnte.

Mephisto ist nicht nur komisch, er ist auch die Personifikation des Häßlichen. Doch beileibe nicht nur deshalb, weil die Schönheit Helenas eines dramatischen Widerparts bedarf. Wenn er sich die Phorkyas-Maske zulegt und schließlich im 3. Akt Helena als Phorkyas gegenübertritt, führt er eindringlich vor Augen, daß das Schöne nicht ohne das Häßliche sein kann. Das Chaos ist die Geburtstätte des Häßlichen und zugleich des Schönen.[9] Die Phorkyaden, strotzend vor Abscheulichkeit, wurzeln »in der Schönheit Land«, wie Mephisto staunend bemerkt (7978). Das hatte Goethe in den neunziger Jahren anders gesehen. Die *Klassische Walpurgisnacht* zeigt, daß erst mit dem Häßlichen das Schöne die Lebendigkeit erhält, ohne die es nicht sein kann. Daß Schönheit und monströse Häßlichkeit miteinander verschränkt sind, erfährt der Zuschauer noch einmal aus berufenem Munde. Auch in der Maske der Phorkyas, vor deren Anblick Helena beim Betreten des Palastes mit fassungslosem Entsetzen zunächst zurückweicht, kann Mephisto schließlich nicht umhin, dem Schönen seine Reverenz zu erweisen: »Schelten sie mich auch für häßlich kenn ich doch das Schöne wohl.« (8912)

1 Johann Wolfgang Goethe, *Sämtliche Werke*. Frankfurter Ausgabe [FA] Bd. 7/1, 7/2. Faust, Texte und Kommentare, hg. von Albrecht Schöne, Frankfurt/M., 4. Aufl. 1999. Nach dieser Ausgabe wird hinfort zitiert. Hier: FA 7/2, S. 521.

2 Wilhelm Emrich, *Die Symbolik von Faust II*, 3. Aufl. Frankfurt/M., Bonn 1964, S. 279f.

3 Zitiert nach: *Johann Wolfgang Goethe, Sämtliche Werke nach Epochen seines Schaffens*. Münchner Ausgabe [MA], Bd. 18.1, hg. von Gisela Henckmann und Dorothea Hölscher-Lohmeyer, München 1997, S. 846.

4 Vgl. Gert Mattenklott, *Faust II*, in: Goethe-Handbuch, Bd. 2: Dramen, hg. von Theo Buck, Stuttgart 1996, S. 391–477, S. 428.

5 Zitiert nach: FA 7/2, S. 541.

6 FA 7/2, S. 560.

7 Max Kommerell, *Faust Zweiter Teil. Zum Verständnis der Form*, in: ders., *Geist und Buchstabe der Dichtung*, Frankfurt/M. 1956, S. 45.

8 Ebd. S. 27.

9 W. Emrich, *Die Symbolik von Faust II*, S. 281.

# Der Helena-Akt – ein Antiken-Pasticcio?

Norbert Miller

Aus einem alten Tempelbau, massiv genug, die Last von Giebel und Dach auf schwere, atlasgleiche Säulen verteilt, löst sich in der Geisterbeschwörung des 1. Akts die schönste Frau des Altertums, Helena, das Maß aller Schönheit. Der dorische Tempel, der zu Helenas fremder, lange versunkener Welt gehört, wird vom Astrologen mit Worten charakterisiert, wie Goethe sie in Paestum und in Sizilien zuerst gefunden hatte, um sein Staunen und seine Beklommenheit vor den stummen Zeugen einer homerischen Vorvergangenheit in Sprache zu bannen. Vom Verhältnis der Göttergestalt zum Riesenbilde war da die Rede, von der Knochenmasse eines Riesengerippes, wenn er in Girgenti vor den Schutthaufen des Jupiter-Tempels trat. Alle von Winckelmann überkommenen Begriffe von der edlen Vollkommenheit griechischer Kunst gerieten im ersten Anblick der drei Tempel von Paestum (dem alten *Poseidonia* der Griechen) ins Wanken: »Ich befand mich in einer völlig fremden Welt. Denn wie die Jahrhunderte sich aus dem Ernsten, in das Gefällige bilden, so bilden sie den Menschen mit, ja sie erzeugen ihn so. Nun sind unsere Augen und durch sie unser ganzes inneres Wesen an schlankere Baukunst hinangetrieben und entschieden bestimmt, so daß uns diese stumpfen, kegelförmigen, eng gedrängten Säulenmassen lästig, ja furchtbar erschienen.« So steht es im Tagebucheintrag der *Italienischen Reise* vom 23. März 1787. Über den Abgrund der Zeit hinweg das eigentliche Leben, das der Baumeister oder der homerische Sänger ihren Schöpfungen gegeben hatten, aus den Kunstwerken, den Dichtungen, den hinter beiden zu ahnenden Mythen herauszufühlen – das war vielleicht jene »herrlichste Idee«, die Goethe von der Rückkehr aus Sizilien nordwärts vollständig mitnehmen konnte (Brief an Herder vom 17. Mai 1787). Aus der Anschauung allein war die Welt des griechischen Altertums nicht zurückzugewinnen: die in Sizilien entworfene, im Kopf fast vollendete Tragödie *Nausikaa* blieb wie die anderen, antiker Form sich nähernden Dramen ungeschrieben, nachdem der Wanderer den Boden Groß-Griechenlands wieder verlassen hatte. Aber vielleicht hatte Goethe schon damals den Plan, das ferne, unerreichbare Zeitalter griechischer Vollkommenheit aus der Phantasie, aus der auf Anschauung gestützten Einbildungskraft, in eine neue Gegenwart zu verwandeln. Vielleicht auch hatte er diesen Gedanken damals bereits auf Fausts Begegnung mit Helena übertragen. »Es ist eine meiner ältesten Konzeptionen:«, schrieb er später an Wilhelm von Humboldt (Brief vom 22.10.1826), »sie ruht auf der Puppenspiel-Überlieferung, daß Faust den Mephistopheles genötigt, ihm die Helena zum Beilager heranzuschaffen.« Die Puppenspielsituation ist in der närrisch-fratzenhaften Umgebung des Kaiserhofs bewahrt. Sie wird jedoch in der *Rittersaal*-Szene des 1. Akts von *Faust II* durch das feierliche Ritual der Beschwörung in eine andere Sphäre gehoben. Das Wort des Astrologen: »Empfangt mit Ehrfurcht sterngegönnte Stunden;/Durch magisch Wort sey die Vernunft gebunden;/ Dagegen weitheran bewege frey/Sich herrliche verwegne Phantasey./Mit Augen schaut nun was ihr kühn begehrt, /Unmöglich ist's, drum eben glaubenswerth« (6415ff.), verwandelt den lächerlichen Zank mit dem Architekten um Antike und Neuzeit, um plumpe Erhabenheit und gotischen Zierat, diese Parodie auf die *Querelle des anciens et des modernes* in eine Sarastro-Vorerwartung, bei der das Unmögliche die Voraussetzung des vergönnten Erlebnis-Augenblicks ist. Danach kann Faust selbst mit dem Dreifuß auftauchen und das Wunder der Helena-Erscheinung in feierlicher Begeisterung verkünden.

Vorbereitet durch das Rundgemälde der *Klassischen Walpurgisnacht,* verläuft der ursprünglich für sich konzipierte Helena-Akt als gesteigerte Wiederholung der ersten Beschwörungsszene: Faust als Pygmalion, der die zum Marmor-Ideal erstarrte griechische Schönheit in »sterngegönnten Stunden« zum Leben und zur Liebe wiedererweckt, das Erscheinen Helenas bei ihrer bangen Rückkehr nach Sparta, die von Phorkyas inszenierte Flucht aus dem archaischen Herrensitz in Fausts Palast, die von den Kreuzfahrern errichtete gotische Zwingburg von Mistra, dort schließlich der ins Zeitlose überdehnte Augenblick der Begegnung zwischen den Liebenden, in denen Altertum und Neuzeit, klassische und romantische Kunst, Helena und Faust eins werden. Die Anfangsszene hatte Goethe schon 1800 niedergeschrieben: *Helena im Mittelalter* heißt das Fragment, dessen 265 Verse weitgehend dem Auftritt vor dem Palast des Menelas entsprechen. Auf dem Höhepunkt der Freundschaft mit Schiller hatte Goethe, im Rahmen ihrer Weimarer Kunstbestrebungen, Kunst und Gesellschaft aus dem Geist des Griechentums zu erneuern und so den Franzosen als den Römern der Neuzeit gegenüberzutreten, eine streng durchgebildete Exposition zu einer antiken Tragödie entworfen. Er ersetzte den Blankvers seiner *Iphigenie auf Tauris* durch die mächtig flutenden jambischen Trimeter der griechischen Tragödie, er wies den Mädchen in Helenas Begleitung zwei große Chorlieder zu, die von den Werken des Euripides und des Sophokles aus den Weg zur strengen Dramatik des Aischylos zurückführen. Auch als Mephisto-Phorkyas in gespenstischer Häßlichkeit dem Zug gegenübertritt, auf diese Weise das mittelalterliche Hexenwesen in die Magie griechischer Frühzeit hineintragend, zerbricht daran die Einheit der antiken Vision und des antiken Tons nicht: das Gefecht der Chorführerin und der Choretiden mit Phorkyas vollzieht sich in den Regeln der ältesten Tragödie, in schroff widereinander gekehrten Wechselreden oder Stichomythien. Nie zuvor hatte Goethe seine Bühnenvorstellung, aber auch seine Bühnensprache so sehr dem Archaischen angenähert wie hier. Es ist, als wollte er mit der Eröffnungs-Szene von Helenas Heimkehr, die noch jenseits der Trias athenischer Tragiker ihren Ursprung hat, zurück bis in die kultischen Anfänge allen Theaters! Er entwarf da eine gedrungene, Handlung und Gedanken in oft rätselhaften Partizipialkonstruktionen verkürzende Sprache, die sich aber in der Leidenschaft des Monologs oder in der Musikfülle des Chorlieds zu weit ausschwingenden, hinreißenden Satzbögen erweitern kann.

Man versteht schon hier, warum Goethe ein Vierteljahrhundert später den *Helena*-Akt, der als erstes Teilstück des *Faust II* vollständig ausgearbeitet wurde, seinem lyrischen Œuvre zurechnete. Als *klassisch-romantische Phantasmagorie* fügte er die Dichtung (unter dem Abteilungs-Titel *Dramatisches)* dem vierten Band seiner Gedichte in der Ausgabe letzter Hand ein. So aus dem Kontext herausgehoben, mußte die Dichtung den Charakter einer aus längeren Gedankenspielen der Einbildungskraft hervorgegangenen, ganz aus Bild und Vers gewonnenen Beschwörung antiker Schönheit annehmen, einer Fata Morgana, eines Mittsommernachtstraums, eines über den Absturz des Zeitstroms gewölbten Regenbogens, ausgelöst erst durch die Erfahrung der Uneinholbarkeit der griechischen Antike, die nur der Genius den Künstler in einem Moment der Trance überwinden läßt. Ein Theater aus antiker Vorvergangenheit wird da vor den Zuschauern wachgerufen, eine unmittelbare Beteiligung an der vom Chor und den Schauspielern zelebrierten Wiederherstellung des Mythos, eine Magie des Wortes, die den deutschen Versen den Klang und die Fremdheit des Altgriechischen verleiht – alles das Kunstmittel, um das Fremdartige dieser Welt, um die erschreckende Unzugänglichkeit dessen erfahrbar zu machen, was da in vollkommener Anverwandlung an Homer und die Tragiker zum innersten Leben zurückgebracht werden soll. Während Goethe 1800 noch geschwankt hatte, ob er die *Helena*-Episode nicht ganz aus der *Faust*-Dichtung herauslösen und zu einem antikisierenden Drama umgestalten sollte, bestätigte ihn Schiller in der ursprünglichen Idee, die Synthese des Edlen mit dem Barbarischen, den Liebesbund zwischen Faust und Helena, zum Schlüssel für das Verständnis aller übrigen Teile der Dichtung zu machen (Brief vom 13. und 23. September 1800). Sein Verdienst ist es, wenn der Freund später vom *Helena*-Akt aus den zweiten Teil des *Faust* neu konzipierte.

*Innerer Burghof, umgeben von reichen, phantastischen Gebäuden des Mittelalters* – in einem »metrischen Kunstwerk höchsten Ranges« (Albrecht Schöne) fängt Goethe in der zweiten, im Kontrast entworfenen Szene den Wachtraum von einem Liebesbund zwischen Faust und Helena, Schönheit und Erkenntnisdrang, in ein wundersames Gespinst aus Klängen und Landschaftsvorstellungen ein. Staunend blicken Chor und Helena auf das Labyrinth »der wundersam aus vielen einsgewordnen Burg«, auf die Menge fremdländischer Figuren, die sich in Galerien, Fenstern und Portalen zu regen beginnt, auf den in ritterlicher Hofkleidung hervortretenden Burgherrn. Noch äußert sich Staunen und Befremden in breit strömenden Jamben und im Chorgesang. Als aber Faust die zu ihm geflüchtete Helena begrüßt, antwortet diese dem Willkommen unbewußt in den gleichen Blankversen. Fünfhebige gegen sechshebige Jamben – ein Unterschied ums Ganze! Und doch mag das Fehlen des sechsten Metrums über dem verwandten Bau der Verse als ein läßliches Versehen erscheinen. Als Herr über die Morea und als ins Romantische verklärter Ritter überläßt Faust, der Beschützer, seiner Herrin den gefangenen Sänger Lynceus. In seinen glücktrunkenen Liedstrophen hört Helena die ersten Reime, die ersten Zeugnisse jener Annäherung des Dichterverses an die Musik, die ihn übertreffen und auslöschen kann. Sie wird des Wunders nicht gleich gewahr. Erst nach dem dritten der Lieder fragt sie Faust um Rat: »Doch wünscht' ich Unterricht, warum die Rede /Des Mann's mir seltsam klang, seltsam und freundlich, /Ein Ton scheint sich dem anderen zu bequemen, /Und hat ein Wort zum Ohre sich gesellt, /Ein andres kommt, dem ersten liebzukosen« (9367ff.), und mit den erklärenden Worten wandelt sich, auf zarteste Weise, das Verständnis der anderen Rede ins Liebesgespräch, das den aus dem Herzen quellenden, den von der Sehnsucht hervorgerufenen Wohllaut am anderen erweist. Seit Henry Hotspur bei Shakespeare um Catherine von Frankreich warb, hat es auf der Bühne keinen Dialog zwischen Liebenden gegeben wie diesen, keinen in dem das Erraten und das Verstehen, das Nachdenken und Nachfühlen der Worte und Klänge so zwingend aus dem Dialog der Liebenden erwachsen wäre wie hier. Für den Augenblick im Augenblick, in dem Helena und Faust sich erkennen, ist die archaische Welt Griechenlands verschwunden, ist aufgehoben im natürlichen Wohlklang des nachchristlichen Reims. Aber es ist ein trügerischer Moment. Wiederholt sich nicht in der so schnellen, so selbstverständlichen Begegnung mit Faust die frühere mit Paris? Am gleichen Ort? Und, in ewiger Wiederkehr, zur gleichen Stunde? Vor mehr als zehn

Jahren, ehe sie mit dem Geliebten nach Troja fuhr? Oder war es zweitausend Jahre später, daß sie jetzt von der Burg der *Villehardouins* auf das lange zerstörte Sparta hinabsah? Oder noch ein paar hundert Jahre später in der Umbruch-Epoche, in die ihr neuer Zwingherr und Anführer germanischer Kriegshorden, der Doktor Faustus, hineingeboren war? Auch in der ritterlichen Welt von Mistra bliebe die Vergangenheit uneinholbar, bliebe die homerische Haushaltung unbegreiflich, ja grauenerregend, hätte nicht die Phantasie die Macht, das Entlegene und Inkommensurable in den magischen Kreis zu ziehen und so das eigentliche Leben für den Augenblick wiederherzustellen, das jenseits dieser Beschwörung für immer verschollen bleiben müßte.

Mit der dritten Szene des Akts weitet sich der Schauplatz noch einmal. Hatte sich der Palast des Menelas, ohne daß die Figuren ihren Standort veränderten, in den inneren Burghof von Mistra verwandelt, so öffnet sich jetzt die gleiche Bühne auf einen von Felsenhöhlen und geschlossenen Lauben umgebenen Schattenhain. »Arkadisch frei sey unser Glück« hatte Faust Helena zugerufen. In begeisterter Rede hatte er vor ihr und dem Chor sein Bekenntnis zu Arkadien entfaltet, zu jener in schroffe Bergrücken eingeschlossenen Hirtenlandschaft der frühesten Menschheitsstunden, die durch alle Jahrhunderte der Dichtungen ihren Jugendglanz bewahrt hatte. Von Pan und den Lebensnymphen beschirmt, mit den Göttern in den gleichen segenspendenden Kreis des Hirtendaseins eingebunden, konnte jeder an seinem Platz unsterblich sein wie die rings sich erneuernde Natur. Arkadien vermag, in Spartas Nachbarschaft, als einzige Landschaft, die getrennten Liebenden in freiem Glück zu vereinen: »So ist es mir, so ist es dir gelungen,/ Vergangenheit sey hinter uns gethan;/ O fühle dich vom höchsten Gott entsprungen,/ Der ersten Welt gehörst du einzig an.« (9562ff.)

Im Glanz einer alle Künste in Bann schlagenden Operninszenierung beschwört dieses Tableau Griechenland noch einmal als eine geistige Landschaft unzerstörbarer Zeitlosigkeit, als ein von Göttern und Hirten, von Elementargeistern und mythologischer Halbwelt gleichermaßen belebtes Paradies des Goldenen Zeitalters. Arkadische Landschaften haben Goethes Auffassung von klassischer Natur seit den Leipziger Tagen begleitet. An den unerwartetsten Stellen seines dichterischen und wissenschaftlichen Schaffens, inmitten der trotzig aufbegehrenden Frankfurter Hymnen wie in Werthers Briefen, begegnen skizzierte oder reicher ausgearbeitete Idyllen. Aus dem rhapsodischen »Halbunsinn« jener überwältigenden Anrufung des eigenen Genius, die Goethe als *Wanderers Sturmlied* dem Regen entgegensang, trat schon, wie eine im Sonnenstrahl liegende Landschaft, die Anrufung des griechischen Bukolikers leuchtend hervor: »Nicht im Pappelwald/ An des Sybaris Strand,/ An des Gebirgs/ Sonnenbeglänzter Stirn nicht/ Faßtest Du ihn,/ Den bienensingenden,/ Honiglallenden,/ Freundlich winkenden/ Theokrit.«

Den gleichen Wanderer versetzte der Dichter, die Zukunft in der Phantasie vorwegnehmend, in die vom Mythos und der Geschichte gleichermaßen geprägte Küstengegend zwischen Baiae und Cumae, in der die frühesten Verhältnisse des Menschen mit der Natur die Wechselfälle der Zeit in deren Trümmern überdauert hat. Immer war die Sehnsucht nach Italien für Goethe in den Traum von Arkadien gehüllt. Immer erkannte er, gleich den von ihm bewunderten Landschaftsmalern des 17. Jahrhunderts wie Claude Lorrain und die beiden Cousins, in der römischen und kampanischen Natur die griechische Urlandschaft. »Et in Arcadia ego«, schrieb Goethe bei Erscheinen über die beiden Bände der *Italienischen Reise*, die ihn schließlich in die größtmögliche Nähe zu Homer gesetzt hatte. Des Doppelsinns dieser Worte eingedenk – der Tod reklamiert seine Herrschaft über Arkadien, das Land der ewigen Jugend, oder ein früh verstorbenes Hirtenkind trauert in seinem Sarkophag der Zeit nach, als es selbst noch in dieser heiteren Welt lebte –, wird Goethe der vergönnte Aufenthalt in Italien zur Reise ins verlorene griechische Paradies, das ihm wie eine Fata Morgana immer vor Augen blieb.

In den Zeichnungen und Aquarellen von der Italien-Fahrt hatte Goethe diese Erfahrungen des Südens zu immer neuen Evokationen Arkadiens gesteigert: die dicht belaubten Gärten vor den klaren Linien der Bergrücken, die vom Mond gezeichneten Schatten über den Ruinen des alten Rom, die von Castellen und Aquaedukten gerahmten Küsten der Magna Graecia, die idealisierenden Veduten des Wunderbaren aus Tivoli – sie alle eint die sichere Hoffnung, in den aus der Wirklichkeit aufgefaßten Zügen des Schönen das ursprüngliche Griechenland für den Augenblick wiederzugewinnen.

Die schwärmerische Trauer im Gespräch des Torquato Tasso mit der Prinzessin *(Torquato Tasso* II, 1) hatte nach dem Ende des römischen Aufenthalts alle Eindrücke und Träume Hesperiens in eine Vision des Goldenen Zeitalters zusammengefaßt.

Wann hatte Goethe zum ersten Mal das für den Hof von Ferrara verfaßte Hirtenspiel *Aminta* gelesen? Wann hatte er die Nähe zu diesem von seinem Genius umgetriebenen Dichter in der gemeinsamen Veranlagung erkannt, aus der tiefsten Verzweiflung mit dem Schmerz über den Verlust auch die Vollkommenheit des Verlorenen ins Wort zu bannen? Dem Melancholiker antwortet jetzt der reisende Enthusiast: Faust drängt in seine Rede alle Erinnerungen, in denen Dichtung und Kunst seit der Antike den Jugendzauber dieser ersten Welt lebendig und leuchtend erhalten hatten. Das antike Drama hatte für das Goldene Zeitalter keine Ausdrucksform und kein Versmaß. Der erzählenden Dichtung und dem lyrischen Überschwang waren Glück und Trauer der Hirten und Jäger vorbehalten: Theokrit, Vergil, Petrarca, Sannazaro und Tasso, die antiken Odyssee-Landschaften und die Idyllenmalerei der italienischen Renaissance haben bei der Geburt des Schäferspiels aus dem Geist der Musik Pate gestanden. In den vielfachen Spiegelungen des *Faust II* nimmt die vom Untergang bedrohte Szene in Arkadien eine zentrale, ruhende Position ein: das Beilager von Faust und Helena, der nach antikem Vorbild erfundene Mythos des Euphorion, der in gefährlich-gefährdeter Hybris griechische Schönheit und neuzeitlichen Erkenntnisdrang zu höchster Blüte in sich vereint, das heitere, dann wagemutige Spiel in geselliger Runde, ehe das Ikarus-Vertrauen in die eigene Kraft den Knaben ins Unheil stürzt und ehe so die jähe Tragödie das Gesetz vom Tod als Herrscher über den ewigen Frühling Arkadiens bestätigt. Nur die Oper war diesem Thema dramaturgisch wie lyrisch gewachsen. Daß Goethe sich einen Komponisten der großen Pariser Oper wie Giacomo Meyerbeer wünschte, war Ausdruck seines Willens, dem Außerordentlichen dieser *klassisch-romantischen Phantasmagorie* einen angemessenen Rahmen zu geben. Dahinter jedoch stand die Einsicht, daß nur die Wiederaufnahme und Umbildung der antiken Tragödie in der Operndramatik seit Monteverdi der Götter- und Heroenwelt des griechischen Mythos eine selbstverständliche Gegenwart auf den europäischen Bühnen bereitet hatte. Der Orpheus-Mythos hatte – in der Florentiner Camerata und bei Claudio Monteverdi, bei Gluck und Haydn – die griechische Vorzeit und Arkadien ineinander verwoben. So ist es nur konsequent, wenn Goethe die Schlußszene des 3. Akts dem Musiktheater überläßt. In der großen Totenklage um Euphorion löst sich der magische Augenblick. Die Anspielungen auf die Griechenland berührenden Gedichte dieses *Childe Harold* und auf den bitteren Ton der Desillusion, von dem sie durchgehend getragen sind, verweist eindringlicher auf das Haltlos-Vorläufige dieses Philhellenismus als die Erinnerung an Byrons Tod vor Missolunghi.

Ein Antiken-Pasticcio? Alle Einheit ist in dieser Dichtung aufgehoben, gewiß – das Klassische und das Romantische mußten unversöhnlich ins Fremde getrieben werden, um das Einzigartige der Begegnung begreiflich zu machen. Die *opera seria* als Synthese verschenkt die Wiederherstellung der Antike aus ihrem eigenen Formgesetz, wie es Goethe in und nach Italien noch für möglich gehalten hatte. Aber das Pasticcio hebt sich nicht in einer Amalgamierung der Widersprüche auf. In der Phantasmagorie sind alle Mittel der Einbildungskraft in gleichem Ernst einander zugesellt. Mit dem Tod Euphorions löst sich die Renaissance Griechenlands, die Wiederbelebung für einen Tag und für eine Stunde, melancholisch auf. Die Sphären treten auseinander. Helena verläßt Faust. Und sie verläßt ihn in den strahlenden jambischen Trimetern, denen Faust als Magier nicht begegnen konnte. Der Chor aber verwandelt sich in die Elementargeister der Bäume und Flüsse zurück. Dort warten sie wie seit jeher auf den nächsten Genius, der sie in ihrem Versteck ausfindig macht: »Ja ich pries den Genius«, hatte Goethe vor den Ruinen des Poseidon-Tempels in Paestum geschrieben: »daß er mich diese so wohlerhaltenen Reste mit Augen sehen ließ … Nur wenn man sich um sie her, durch sie durch bewegt, teilt man ihnen das eigentliche Leben mit, man fühlt es wieder aus ihnen heraus, welches der Baumeister beabsichtigte, ja hinein schuf.«

# Thesen zur Bergschluchten-Szene

Mohsen Mirmehdi

*»Du gleichst dem Geist, den du begreifst,*
*Nicht mir«*

Was ist der Sinn einer literarisch-theatralischen Veranstaltung vom Ausmaß der *Faust*-Dichtung, wie sie Goethe gestaltet hat? Was nötigt Goethe, den Faust des ersten Teils die Himmel anstürmen zu lassen, um ihn im zweiten Teil in den gleichen Himmel hinaufzusegnen? Dieser war zuvor von Mephisto als »wie frömmelnder Geschmack sichs lieben mag« (11688) denunziert worden.

Das Zitat, das als Motto diesem Text vorangestellt ist, spricht der Erdgeist gleich bei seinem Erscheinen zu Faust. Es führt in den Kernbereich der Erkenntnistheorie Goethes: Denn auch alle anderen Dialoge, die Faust und Mephisto über den Sinn und Unsinn des Lebens führen, sind schließlich Gedanken des Autors. Dieser versucht, im Selbstdialog das Andere des Bewußtseins, sei es in der stofflichen Welt, sei es in den unterschiedlichen Regionen der Kultur und Geschichte, zu ergreifen und zu begreifen. Das Andere des historischen Bewußtseins ist aber die Zukunft. Diese kann nur dann erfahren werden, wenn das Andere säkularisiert wird, das heißt wenn im Kunstwerk die Zukunft *in* der Organisation der Gegenwart angeschaut wird. Dies mag der Grund sein dafür, daß Goethe die ungeheuere Masse des Bildungsgutes vergangener und seiner Zeit nicht nur vorführt, sondern neu entstehen läßt.

Im *Faust* geht es um nichts weniger als den Anspruch, den letzten Sinn des individuellen und gesellschaftlichen Lebens und seines inneren Zusammenhangs zu fassen *und* ihn auch *darzustellen.* Der nächtliche Monolog Fausts am Anfang des ersten Teiles beschreibt und begründet Goethes Unzufriedenheit und Ungenügen an der sozialen und eigenen Biographie. Faust ist des Kreislaufes der Weltgeschichte überdrüssig und möchte aus diesem ausbrechen.

*Faust I* bricht ab, ohne daß die *Tragödie* sich abgespielt hätte, die der Name des Titelhelden erwarten läßt, sondern die Tragödie der Margarete. Und *Faust II* fängt an, als hätte es dessen ersten Teil nicht gegeben: Faust erwacht in einer paradiesischen Landschaft. Damit befindet er sich, die letzte Szene vorwegnehmend, bereits halbwegs im Himmel, gedächtnislos und mit neuen Kräften ausgestattet, ist er für die kommenden weltlichen Abenteuer gerüstet. Die anmutige Gegend unterscheidet sich wesentlich von der gesamten Szenerie des ersten Teiles, weil sich Faust nun mit der Forderung nach Gerechtigkeit »tätig« ins Politische begibt. Dabei treten statt gelehrter und philosophischer Hierarchien im ersten Teil soziale und politische auf, um in der Schlußszene ihren Platz den himmlischen Hierarchien abzutreten.

War jedoch die ältere *Faust*-Dichtung als eine Angelegenheit des einzelnen rebellischen Subjekts, das ein neues Zeitalter anstrebte, angelegt, verallgemeinert Goethes Dichtung jenen Aufbruch zu einer Angelegenheit der Gattung. Faust ist die Repräsentations- und Identifikationsfigur für den Menschen als Trieb- und Geistwesen, der zwischen Bedürfnissen als Teil der Natur und sozialen Forderungen als Teil der Geschichte vermitteln soll.

Die *Bergschluchten*-Szene weist die Merkmale eines romantisierten Kultes auf und läßt sich als eine säkularisierte Version der Himmelfahrtslegenden betrachten; sie ist heterodox, weil sie in nichtsakralem Raum stattfindet und weil statt Christus Maria (attribuiert als »Jungfrau, Mutter, Königin, /Göttin, bleibe gnädig«, 12102f.) als Heilsvermittlerin fungiert. Die Schlußszene ist – imitten einer wilden und zerklüfteten Landschaft – aufgebaut wie ein befriedeter, zentraler, kosmischer Natur-Altar, an dessen Spitze die Verkörperung des »Ewig-Weiblichen« thront und, »uns« aus den intellektuellen Dilemmata eines Reflektionsheros *(Faust I)* und den realen Verstrickungen eines Zivilisationsheros *(Faust II)* befreiend, hinanziehen soll. Dies heißt in der Religionsgeschichte eine Kultsubstitution: Goethe bietet anstatt der tradierten Heilsvermittlung eine eigene Version der Heilserfahrung an, seine eigene *Kunstreligion.* Die *Bergschluchten*-Szene nimmt sich wie die Neukonstruktion einer himmlischen Hierarchie aus, die aber nicht nach dogmatischen Kriterien funktioniert, sondern nur die Seligen in ihren Kreis aufnimmt, die durch die ästhetische Darbietung und Wahrnehmung des Kunstwerks Läuterung erfahren haben.

Auffallend ist, daß bei allen Kult-Veranstaltungen der soziale wie der historische Standort, vielleicht auch der Inhalt des Kultes ausgetauscht werden kann, nicht aber die kultische und hierarchische Struktur der älteren Überlieferung, die nur variiert wird. Die Schlußszene bedeutet jedoch mehr als die »Umartung« des kirchlich-institutionellen in ein individuelles, dichterisch-künstlerisches Heilsversprechen. Faust lebt und agiert zwischen zwei Himmelsdarstellungen: jener des *Prologs* in *Faust I* und jener der letzten, der *Bergschluchten*-Szene in *Faust II.* Bei ersterer handelt es sich um die traditionelle Prädestination inklusive der Hoffnung auf ein gutes Ende,

> Der Herr: Wenn er mir jetzt auch nur verworren dient:
> So werd' ich ihn bald in die Klarheit führen (308f.),

die mit der Forderung nach freiem Willen konfrontiert wird:

> Mephistopheles: Wenn ihr mir die Erlaubnis gebt
> Ihn meine Straße sacht zu führen! (313f.)

Und später, in der letzten Szene, nachdem der freie Wille sich auf allen theoretischen und praktischen Fachgebieten – mit wiederholt tragischem Ausgang – ausgetobt hat, wird doch noch die Möglichkeit eines himmlischen Heils vorgeführt. Wurde im *Prolog* Mephistopheles noch als aufbegehrender Anwalt der Menschen eingesetzt,

> Der Herr: Hast du mir weiter nichts zu sagen?
> Kommst du nur immer anzuklagen?
> Ist auf der Erde ewig dir nichts recht?
> Mephistopheles: Nein Herr! ich find' es dort, wie immer, herzlich schlecht.
> Die Menschen dauern mich in ihren Jammertagen,
> Ich mag sogar die armen selbst nicht plagen (293ff.),

wird in der *Bergschluchten*-Szene ein alternativer Himmel installiert, zu dem nun der Ankläger Mephistopheles keinen Zugang mehr hat. Doch werden die beiden Himmelsdarstellungen von der riesigen architektonischen Konstruktion überwölbt, die alles aufbietet, um literarisch zu durchdenken und neu zu reflektieren, was die menschliche Zivilisationsgeschichte an Theorien und Projekten geschaffen hat.

Nachdem Faust der Versuch die individuelle, die soziale und die reale Natur zu zähmen mißlang, stellt sich in der letzten Szene stellvertretend bei Pater Profundus die Einsicht ein, daß das »wilde[s] Brausen« der Wasser und der »Blitz der flammend niederschlug« ungezähmte Naturmächte sind:

> Sind Liebesboten, sie verkünden
> Was ewig schaffend uns umwallt. (11882f.)

Diese Verse gleichen schon hier einer Theodizee-Formel, die sich auch auf das ganze Drama bezieht, denn ohne die Erfahrungen Fausts wäre jene Einsicht offensichtlich nicht zu erlangen gewesen. Dann folgen die inbrünstigen Gebetsverse, die Seelenfrieden und -heil beschwören:

> ... der Geist, verworren kalt,
> Verquält in stumpfer Sinne Schranken
> Scharfangeschloßnem Kettenschmerz
> O Gott! beschwichtige die Gedanken,
> Erleuchte mein bedürftig Herz. (11885ff.)

Diese Verse verhalten sich wie die Essenz einer Weisheitslehre. Darin setzt sich der späte Einblick in die tieferen Sinnschichten der Schöpfung durch. Im Sinne dieser Fürsprache kommt so auch der unruhige, rebellische Geist Fausts zur Ruhe: Ist dies der Ausdruck für politische und kulturelle Resignation oder für Erkenntnis- und damit Machtzuwachs? Doch möchte man – als Leser – Faust natürlich nicht wünschen, er hätte das Gebet des Pater Profundus schon vorher kennengelernt!

An den Wandlungen der Gestalt Fausts in Teil I und II lassen sich Wege und Stationen des bürgerlichen Subjekts in die moderne Ausweglosigkeit rekonstruieren:

> Direktor: So schreitet in dem engen Bretterhaus
> Den ganzen Kreis der Schöpfung aus,
> Und wandelt mit bedächt'ger Schnelle
> Vom Himmel durch die Welt zur Hölle. (239ff.)

Der Impuls zur Konstitution des bürgerlichen Subjekts wird bereits im *Prolog* universalisiert, da er direkt vom Schöpfer Gott veranlaßt ist:

> Der Herr: Des Menschen Tätigkeit kann allzuleicht erschlaffen,
> Er liebt sich bald die unbedingte Ruh;
> Drum geb' ich gern ihm den Gesellen zu,
> Der reizt und wirkt, und muß, als Teufel, schaffen. (340ff.)

Auch Mephistopheles gibt in ironischem Ton dem begriffsstutzig-verblendeten Schüler seine modern szientifisch anmutende Maxime preis:

> Das wird nächstens schon besser gehen,
> Wenn ihr lernt alles reduzieren
> Und gehörig klassifizieren. (1943ff.)

Erst mit dem Übergang von *Faust I* zu *Faust II* stellt sich heraus, in welchen realen gesellschaftlichen Formen der vorwärtsdrängende, intellektuelle Impetus Fausts sich in rationalisierte, unternehmerische Energie verwandelt. So lassen sich die beiden Teile des Werkes lesen als die Einweisung in die Realisierung eines epochalen, gigantischen Projekts. Im ersten Teil werden Anstalten getroffen, um sich der traditionellen Ethik zu entledigen. Wer vor allem daran glauben muß, ist Margarete. Der physische und seelische Untergang der realen Frau und ihr Ersatz durch die ideale Weiblichkeit in der Figur der Helena wird zur Voraussetzung und Bedingung für den Übergang von der alten zur neuen Epoche. Sind alle Hemmungen überwunden, kann mit der Neugestaltung der Realität begonnen werden: Die Bewegung von *Faust I* und *Faust II* führt von Sinneroberung zu Welteroberung – von Sinngewinnung zu Landgewinnung. Darin steckt Goethes Kritik am bürgerlichen Konzept der Konstitution des Subjekts, dessen Lebenssinn in paranoischer Reduktion der Realität auf das Produktionsprinzip und der Installation der modernen, kapitalistischen Erwerbsmentalität besteht.

Und noch augenblicklich vor seinem Lebensende verkündet Faust sein Lebensprinzip:

> Das ist der Weisheit letzter Schluß:
> Nur der verdient sich Freiheit wie das Leben,
> Der täglich sie erobern muß (11574ff.)

Dieses Credo spricht der Generalunternehmer Faust in jenem »höchsten Augenblick« seines Lebens, den er beschwörend verewigen möchte:

> Zum Augenblicke dürft' ich sagen:
> Verweile doch, Du bist so schön! (11581f.)

Aber der Zeitpunkt der Erfüllung seines Lebens wird der seines Todes.

In *Faust I* und *II* zeichnet Goethe den zivilisationsgeschichtlichen Weg der Gattung nach: vom Himmel der Schöpfungsgeschichte *(Prolog im Himmel)* bis zu dem des Jüngsten Gerichts (*Bergschluchten*-Szene) und vom heidnischen Kult der Muttergöttin Erdgeist (eine weibliche Instanz, da »der« Erdgeist im Vers 476 sich zu »enthüllen« aufgefordert wird und weil sie sich in den Versen 508f. folgendermaßen charakterisiert: »So schaff' ich am sausenden Webstuhl der Zeit,/ Und wirke der Gottheit lebendiges Kleid«; beide Aspekte treffen in der Religionsgeschichte auf weibliche Gottheiten zu) bis zu deren beruhigtem und gereinigtem Kult in der Figur der Mater Gloriosa. Auch das Schicksal Margaretes ist diesem Schema unterworfen. Ein Vergleich zwischen dem Schluß des *Urfaust* mit dem des *Faust I* läßt die konzeptionelle Differenz der Rolle Margaretes in den beiden Fassungen erkennen. In ihrer tragischen Wahnsinnsszene im *Urfaust* fleht sie:

> Margarete: Ihr heiligen Engel bewahret meine Seele-
> Mir grauts vor dir Heinrich.
> Mephistopheles: Sie ist gerichtet! *Er verschwindet mit Faust, die Thüre rasselt zu man hört verhallend:*
> Heinrich! Heinrich!

Wohingegen sie in der gleichen Situation im *Faust I* ausruft:

> Margarete: Dein bin ich Vater! Rette mich!
> Ihr Engel! Ihr heiligen Scharen,
> Lagert euch umher, mich zu bewahren!
> Heinrich! Mich graut's vor dir.
> Mephistopheles: Sie ist gerichtet!
> Stimme von oben: Ist gerettet! (4606ff.)

Offensichtlich ist dieser Schluß mit Blick auf die Erscheinung Margaretes in *Faust II* und die ihr dort zugewiesene Rolle als Büßerin, »sonst Gretchen genannt«, vorwegpräpariert: sie ist bereits ohne die Veranstaltung in der *Bergschluchten*-Szene begnadigt. Nicht nur, daß sie durch Fausts Selbstsucht in den Wahnsinn getrieben wurde, nun muß sie als Bittstellerin für seine Rettung ihr Wort einlegen. Der Faust, dem ihre Vermittlung gilt, wird gekennzeichnet als:

> Der früh Geliebte
> Nicht mehr Getrübte
> Er kommt zurück. (12073ff.)

Weiter heißt es:

> Sieh! Wie er jedem Erdenbande
> Der alten Hülle sich entrafft
> Und aus ätherischem Gewande
> Hervortritt erste Jugendkraft.
> Vergönne mir ihn zu belehren. (12088ff.)

Die enterotisierte Margarete, die »gute Seele« (12065), und der von allem irdischen Schuldzusammenhang entlastete Faust dürfen nun die Wonnen einer von Leiblichkeit ent*trübten*, trieblosen Wiedervereinigung im Himmel genießen. Diese Initiation in den Stand der Triebneutralität stellt die vorletzte Stufe der Selbstentfremdung dar, um dann in die geheiligte Schar der »reuig Zarten« zu verschwinden, sich »dankend umzuarten« (12097ff.). Faust und Margarete sind nun als Naturwesen endlich tot, endlich frei von Anfechtungen und Versuchungen durch Begierden der Geschlechtlichkeit. So vereinigen sich die himmlische und die irdische Version im Verlauf dieses Sublimationsprozesses zu einem utopischen Tableau humain, in dem all die realen und ideellen Konflikte und Verstrickungen im Kunstwerk entäußert werden: Durch Fausts Entrückung wird der vom Teufel gereinigte Mensch an den Himmel zurückgegeben. Doch daß auch dieser Weg in eine Sackgasse von geschichtlicher Sinnlosigkeit, Gewalt und physischer Vernichtung münden kann, wird nicht unterschlagen.

*Faust I* und *II* führen den zentralen Grundgedanken der Dialektik der Aufklärung exemplarisch vor: Daß die Rationalität und Säkularisation keinen naturgeschichtlichen Rückhalt für sinnvolle Sozialordnung und erfülltes Leben bieten, wenn sie sich gegen die doppelte Natur des Menschen wenden, wenn sie ihre existentielle Dimension an ihre formalisierte Dimension abtreten. *Faust I* und *II* reflektieren den Wandlungsprozeß der kultisch gebundenen Vernunft in instrumentelle Vernunft.

Der kritische Gehalt der Reflexion besteht in Goethes Macht, diese Angelegenheit als die der ganzen Gattung zu rekonstruieren und warnend den Gedanken vorzuführen, daß Sinnlosigkeit und Untergang am Ende dieses Weges zu erwarten seien und daß Fausts Desaster auch eines der Zivilisationsgeschichte insgesamt zu werden drohe. Als Möglichkeit, der realen Hölle, die Faust kreiert hat, zu entgehen, bleibt immer noch der altbewährte Ausweg, Mephistopheles als vermeintlichen Urheber des Desasters an die Theologen-Hölle zu überantworten. Die wahre Tragödie im Schlußteil aber ist die des geprellten Mephistopheles. Zwecks Rettung Fausts wird in der *Bergschluchten*-Szene eine neue Kultkonstruktion vorgestellt, die erfahrene Sinnlosigkeit und reale Katastrophen in eine Meta-Realität überführt; eine Realität, die als alternativer Heilsstand esoterisch reduziert ist. Denn dieser wird um den Preis des Ausschlusses der gegen den Status quo protestierenden Instanz, des Anklägers Mephistopheles, erkauft, der seit den Tagen des Buches Genesis symbolisch die Last der Geschichtsverfallenheit des Menschen auf Gottes Erden durch die Geschichte transportierte.

# Veloziferische Zeit: Faust und die Dialektik des Fortschritts

Roswitha Schieb

Faust, ein Unentschiedener und Ringender, wird vom bösen Dämon Mephisto verführt, und nur das ihm eigentümliche Streben kann Faust schließlich retten – so lautete das knappe Fazit einer langen, bis weit in die sechziger Jahre des 20. Jahrhunderts hineinreichenden Rezeptionsgeschichte des Dramas. Sie trägt durchaus deformierende Züge, da sie bei der Einschätzung eines Dramas, das sich noch aus der Großzügigkeit des 18. Jahrhunderts speist und weit über seine Zeit hinausweist, in den engen Moralvorstellungen des 19. Jahrhunderts verhaftet bleibt. Erst der jüngeren Faust-Forschung gelingt es, sich von der Last der Rezeptionsgeschichte zu befreien, indem sie den *Faust* auch als ein Seismogramm der Moderne aufzufassen in der Lage ist.[1]

Unmittelbar zu Beginn der Tragödie erscheint Faust als ein verbitterter Wissenschaftler voller Lebensüberdruß, der verzweifelt nach Möglichkeiten sucht, sein einengendes Leben entgrenzen zu können.

Indem er seine quecksilbrige Imaginationskraft nach innen stülpt, versenkt er sich in das Makrokosmoszeichen, das er in einem aufgeschlagenen Buch erblickt und das ihm kurzzeitig die harmonische Ordnung der Welt, die *Kette aller Wesen*[2], zu seiner großen Befriedigung vor Augen führt. Doch diese wandelt sich augenblicklich wieder in Schalheit. Sofort darauf beschwört Faust den Erdgeist und gerät in starke innere Erregung. Denn anders als die drei Parzen, die in gemessenem Tempo die Lebensfäden spinnen und sich abspulen lassen, verbreitet der Erdgeist eine große Dynamik, wenn er die Gesetze des Lebens auf der Erde mit allen ihren einzelnen Fäden gleich in sehr effektiver Weise zu einem großen Gewebe zusammenschießen läßt, das auch von moderner Ökonomie und Rationalität kündet. Diese Dynamik gefällt Faust, und er fühlt sich durch sie in seinem Entgrenzungswunsch bestätigt. Aber Faust mißversteht den Erdgeist gründlich, da er nur dessen dynamische, nicht aber seine beharrend-ewige Seite sieht, von der es heißt: »Geburt und Grab, Ein ewiges Meer.« (504f.)

Nach der brüsken Abkehr des Erdgeistes von Faust verfällt dieser in schwere Niedergeschlagenheit. Umgeben von »Urväterhausrat«, der ihn erstickt, macht Faust erstmalig den Versuch, die *Kette der Wesen,* die Ahnenkette zu durchbrechen, ein Leitmotiv, das sich durch die gesamte Tragödie zieht: Faust versucht Suizid zu begehen, da ihm die Erbschaft seiner Väter nur eine »schwere Last« ist. Er sieht ein Kontinuum quälend leerer Zeit vor sich und weiß, daß der erfüllte, verdichtete Augenblick, dieses Erlösungspotential einer Batterie, ihm verschlossen ist und niemals zugänglich werden wird. Chorgesang und Glockenklang bewahren Faust davor, bereits am Beginn der Tragödie die Hauptkette zu durchbrechen. Es sind die Glocken der Osternacht, die einmal im Jahr zu hören sind und die das Kontinuum der Zeit in althergebrachter Weise untergliedern. Diese Glocken, die nun ganz am Anfang von Fausts wiedergewonnenem Leben stehen, haben einen lebensrettenden Effekt im Gegensatz zur Glocke von Philemon und Baucis am Schluß der Tragödie, die nur todbringend ist.

Mephisto rahmt die Faust-Geschichte ein, er umkreist sie. Vor allem im *Faust I* wird Mephisto von Beginn an mit der Kreisfigur in Verbindung gebracht. Bereits im *Prolog im Himmel,* in dem Mephisto mit dem Herrn, also mit Gott, über Faust spricht, wird die Kreisbewegung der Gestirne, die Sphärenharmonie vorgeführt. Es ist die prästabilierte Harmonie, in der, so Mephisto, nur der Mensch eine Störung verursacht. Hier wird nicht nur die unruhevolle Auf- und Abbewegung, ein weiteres Leitmotiv der Tragödie, formuliert, wenn Mephisto den Menschen als »eine der langbeinigen Zikaden, die immer fliegt und fliegend springt« (288f.) beschreibt. Der Herr aber glaubt an die prästabilierte Weltzeit und an die evolutionäre Naturzeit, die auch für den Menschen Gültigkeit besitzt.

Im Himmel ist die Zyklik Gewißheit, und auch Mephisto wird dieser Sphäre zugeschlagen, denn auch er weiß Bescheid über die ewige Wiederholung des Immergleichen. Zwar sagt er von Faust, daß ihn »die Gärung in die Ferne« treibe, aber sechstausend Verse später heißt es aus Mephistos Mund über den Baccalaureus: »Wenn sich der Most auch ganz absurd gebärdet, es gibt zuletzt doch noch 'e Wein« (6813f.). Wohlgemerkt: Mephisto mag die ewige Wiederholung des Immergleichen nicht, beklagt er sich doch an späterer Stelle bitter darüber:

> Wie viele hab' ich schon begraben!
> Und immer zirkuliert ein neues, frisches Blut.
> So geht es fort, man möchte rasend werden!« (1371ff.)

Aber er ist sich ihrer und ihrer Unentrinnbarkeit im Gegensatz zu Faust wohlbewußt. Bei der ersten Wette, der Wette zwischen Gott und Mephisto, geht es lediglich darum, Faust an seinem Ende für den Kreis des Himmels oder für den Kreis der Hölle zu gewinnen. Faust aber sprengt im Verlauf der Tragödie diese zyklische Vorstellung und vollzieht ab dem Zeitpunkt des Pakts mit seinem »neuen Lebenslauf« eine vorwärtseilende Linie, in der die Zeit zusammengedrängt wird und sich überstürzt, während Mephisto versucht, mit seinem Katz- und Mausspiel Faust einzukreisen. So läuft der Pudel-Mephisto bei seinem ersten Auftritt zunächst in »weitem Schneckenkreise« (1152) um Faust herum, »der Kreis wird eng« (1162). Das Publikum in *Auerbachs Keller*, in den Mephisto Faust »schleppt«, beschreibt jener mit den Worten »mit ... viel Behagen dreht jeder sich im engen Zirkeltanz, wie junge Katzen mit dem Schwanz« (2162ff.). Die Hexe der Hexenküche, die Mephistos Sphäre zugeordnet ist, arbeitet mit einem magischen Zauberkreis, und die Walpurgisnacht, Mephistos jährlich wiederkehrendes, zyklisches Fest, wird als Wirbel, als »Strudel« (4116) bezeichnet. Alle Veranstaltungen, die auf Mephistos Betreiben angesteuert werden, sind intentional von seiner Zeitvorstellung geprägt: da es aus dem Lebenskreis kein Entkommen gibt, schlägt Mephisto den Zeitvertreib vor, und tatsächlich wird Faust ja durch den Verjüngungstrank in der Hexenküche ein Teil seiner Lebensjahre vertrieben. Aber all diese Vorschläge gefallen Faust nicht, weil sie zu wenig radikal sind. Diese seine radikalen Wünsche hatte er im Zusammenhang mit dem Pakt geäußert, in dem er von Mephisto das ständige Durchbrechen, das Ende der evolutionären Naturzeit fordert, und zwar in atemberaubender Geschwindigkeit: eine »Speise, die nicht sättigt« (1678) und »die Frucht, die fault, eh' man sie bricht« (1686) meint die Inversion von natürlichen Vorgängen, und »Bäume, die sich täglich neu begrünen« (1687) ihre absolute Akzeleration. Mit der Wette kommt eine Hauptpolarität der Tragödie ins Spiel, und zwar jene zwischen atemloser Dynamik und ruhigem Verharren. Natürlich ist diese Polarität nicht einfach auf Faust, den Dynamischen, und Mephisto, den Verharrenden zu übertragen, denn auch Mephisto ist dynamisch im Ersinnen von Zeitvertreib und Abwechslung für Faust. Aber es ist eine durchaus begrenzte Dynamik, mit der sich Mephisto von einem Genuß zum nächsten begeben will, und die auch Ruhepausen mit einschließt: »die Zeit kommt auch heran, wo wir was Gut's in Ruhe schmausen mögen.« (1690f.)

Faust aber will von der Ruhe, dem »Faulbett« und vom Genuß nichts wissen, denn er stellt sich nur »den schmerzlichsten Genuß«, den »Taumel« (1766) vor als das Einzige, was er zu erleben in der Lage ist. Er kennt nur die leere, die höllische, die unerfüllte Zeit und hat daher starke Zweifel, auch nur einen einzigen erfüllten Augenblick erfahren zu können. Mephisto, der vermeint, mittels einiger Tricks Faust am genußreichen Leben teilnehmen lassen zu können, unterschätzt diesen: die schnelle Kutsche mit sechs Hengsten, lustige Gesellschaft und schöne Frauen sind Mephistos konventionelle Vorstellungen vom Genuß. Er weiß, daß der Mensch sein zeitlich begrenztes Leben ausnutzen muß im Sinne der zupackenden Bedeutung von *carpe diem:* raube dem Tag was er dir raubt. Mephisto, der Dämon, gehört einer viel älteren Zeitschicht an als Faust, und im Verlauf der Tragödie wird in mehrererlei Hinsicht deutlich, daß diese alte Zeit zu Ende geht. Schon in der Hexenküche bemerkt Mephisto: »Das nordische Phantom ist nun nicht mehr zu schauen.« (2497)

Und in der Walpurgisnacht wirkt Mephisto, der sich »winterlich« (3849) fühlt, wie ein konservativ gewordener Ex-Revolutionär, der den wilden Trubel kaum noch verkraften kann und sich daher den »alten Herren« des Ancien régime zugesellt. Er, »der auf einmal sehr alt erscheint« (nach 4091), sitzt mit ihnen zusammen, um, »von Saus umzirkt und Jugendbraus« (4074), also im Zentrum des Wirbelsturms, »im Stillen« zu »hausen« (4023). Die Schnecke, die zielstrebig auf Mephisto zugekrochen kommt, spiegelt deutlich seine undämonische Langsamkeit. Die Hoch-Zeit des Teufels ist vorüber.

Faust gehört einer neueren Zeitschicht an und hat kein Interesse mehr an den Kreisen des Teufels. Er prescht nach vorne, will sich »in das Rauschen der Zeit, in's Rollen der Begebenheit« stürzen (1754f.) und imaginiert einen neuen Lebenslauf in absoluter Rastlosigkeit. Der Blutstropfen, der den Pakt besiegelt, kann beide Teile verbinden, weil er Schnittstelle ist zwischen Kreis und Ausbruch aus dem Kreis: einerseits ist er pars pro toto für den Blutkreislauf, andererseits zeigt er *en miniature* die Unterbrechung desselben.

Faust ist die eigentlich destruktive Macht: da die Natur in Gestalt des Erdgeistes es abgelehnt hat, ihn, Faust, in ihre verbindlichen Zusammenhänge aufzunehmen und ihn zu integrieren, wendet er sich, wenn auch nicht willentlich, so doch mit fatalen Folgen, gegen die Natur, gegen die *Kette aller Wesen,* und zwar gegen Gretchen.

Zunächst strebt der verjüngte Faust den unverzüglichen Genuß an, er will Gretchen in »sieben Stunden« (2642) besitzen, er geht also ganz direkt vor. Bevor er aber dieses Ziel erreicht, gibt es zwei retardierende Momente: so sitzt Faust zu Beginn der Affaire heimlich auf dem Sessel in Gretchens Zimmer, diesem »Väter-Thron« (2697) aus der »Vorwelt« (2695), an dem »schon eine Schar von Kindern rings gehangen« hat (2698), und fügt Gretchen mühelos in die *Kette aller Wesen* ein, was eine Miniaturspiegelung in den Ketten des Schmuckkästchens erfährt. Dann, nachdem sich beide rasch näher gekommen sind, gibt es mit Fausts Ausflucht in den Wald und die Höhle ein zweites retardierendes Moment: wieder denkt Faust an »die Reihe der Lebendigen« (3225) und an »der Vorwelt silberne Gestalten« (3238), die vom Erdgeist in ihrer ganzen Harmonie an ihm vorübergeführt werden. Dann aber bemächtigen sich Fausts die destruktiven Kräfte, er vergleicht sich selbst mit dem Wasserfall, der »von Fels zu Felsen braus'te begierig wütend nach dem Abgrund zu« (3350f.). Bereits zu diesem Zeitpunkt hat Faust Gretchen, die anfangs in die Naturzeit eingegliedert war, aus dieser herausgelöst, ihre Ruhe zerstört, ihren gleichmäßig sich abspulenden Zeittakt in Unordnung gebracht; denn auch, wenn sie sich an die Kreisbewegungen des Spinnrads zu klammern versucht, wird »die Zeit ... ihr erbärmlich lang« (3315).

Und nun folgt in extremer Beschleunigung die irreversible Sprengung der Kette, der natürlichen Abfolge: in hastigem Nacheinander wird die Mutter, das Kettenglied zur Vergangenheit, vergiftet, der Bruder erstochen, das uneheliche Kind, Kettenglied zur Zukunft, umgebracht und Gretchen selber der Hinrichtung überantwortet. Mit unglaublicher Geschwindigkeit wird durch Fausts Handlungen Gretchens gesamte Familie ausgerottet, das evolutionäre Wirken der Natur außer Kraft gesetzt. Die Kette im Kerker stellt die Negation des Kettenschmucks zu Beginn dar. Damit endet *Faust I.* Die Aversion gegen Naturzyklen, gegen die ewige, immergleiche Abfolge bleibt bei Faust bestehen, ja verstärkt sich sogar gegen Ende von *Faust II* noch. Hatte der Erdgeist ganz zu Beginn gesagt,

> In Lebensfluten, im Tatensturm
> Wall' ich auf und ab (501f.),

so ist Faust später gerade dieses unablässige Hin und Her des Meeres zuwider:

> Die Woge stand und rollte dann zurück, ...
> Die Stunde kommt, sie wiederholt das Spiel ...
> Nun schwillt's und wächst und rollt und überzieht
> Der wüsten Strecke widerlich Gebiet.
> Da herrschet Well auf Welle kraftbegeistet,
> Zieht sich zurück und es ist nichts geleistet ...
> Hier möcht ich kämpfen, dies möcht ich besiegen.
> (10207ff.)

Fausts Abneigung gegen die Wiederholung, die die Naturgesetze ausmacht, wird augenfällig, und mit seinem letzten Großprojekt, dem Bändigungsunternehmen Meer, möchte er sich den Naturgesetzen widersetzen, auch wenn er dafür die Kette der Tradition, der alten Zeit mit ihrem alten Gott zerreißen muß. Und doch ist die Reflexion über die Zeit, also Dynamik und Beschleunigung auf der einen und Ruhe auf der anderen Seite, im *Faust II* vielfältiger und komplexer.

Der überschaubare Handlungszusammenhang des *Faust I* wird im *Faust II* aufgebrochen: ein sehr großes Arsenal von Figuren handelt an verschiedensten Schauplätzen zu unterschiedlichen Zeiten der Menschheitsgeschichte. Die Struktur von *Faust II* führt vor und reflektiert gleichzeitig das Zerbrechen von Handlungslinearität, die Gefahr der Beliebigkeit beim Ausbreiten von Stoff und ein neuartiges, gesteigertes Reizbedürfnis. Goethe konstruiert im *Faust II* polare Figuren auf verschiedenen Ebenen, die einen Hauptgegensatz der Tragödie, die Polarität der Zeit, verkörpern. Herausragendes Beispiel dafür ist der Dialog zwischen Chiron, dem unruhevoll durch die Welt galoppierenden Kentaur, und Manto, die seßhaft und reglos in ihrem Tempel sitzt:

> Chiron: Steht dir doch auch dein Tempelhaus!
> Manto: Streifst du noch immer unermüdet?
> Chiron: Wohnst du noch immer still umfriedet,
> Indes zu kreisen mich erfreut.
> Manto: Ich harre, mich umkreist die Zeit. (7477ff.)

Beide Positionen bleiben nebeneinander stehen, keine wird bevorzugt, keine wird abgewertet, was Goethes eigene Zwiespältigkeit zum Ausdruck bringt. Es handelt sich um eine Art Dialektik des Fortschritts, die den gesamten *Faust II* durchzieht. Bereits im Zusammenhang mit der Einsetzung des Papiergeldes im 1. Akt ist die Zeitpolarität konstitutiv: zunächst berichten die Sachverständigen dem Kaiser von Mangel, Mißwirtschaft und Schulden im Reich, sie berichten davon, daß die Untertanen nur noch die Schulden verzehren, da alles, auch im Vorfeld schon, verpfändet ist: »Und auf den Tisch kommt vorgegessen Brot« (4875).

Die Untertanen sind also ganz moderne *deficit spenders.* Dieser Inversion der Zeit, dieser Dematerialisierung der Realien durch Schuldscheine versucht Mephisto das Papiergeld entgegenzusetzen. Er entwirft für die Deckung des Papiergeldes ein Bild, in dem wieder die Polarität zwischen Ruhe und Bewegung zentral ist: abgesehen von den Bodenschätzen befänden sich, so Mephisto, sehr viele vergrabene Schätze im Boden des Kaiserreiches, die aufgrund von Völkerwanderungen, aufgrund von Vertreibung, Flucht und Kriegen immer wieder dort versteckt worden seien. Diese extreme Unruhe der Menschen auf der Erde habe eine große Ruhe in der Erde zur Folge gehabt, wo nämlich die Schätze bis heute »still begraben« (4937), »besitzlos harrend« (5008) liegen sollen. Aus dieser angeblichen ungehobenen Deckung resultiert dann im Verlauf dieses Akts das extrem bewegliche Papiergeld, das schnell zu kopieren ist (»durch Tausendkünstler schnell vertausendfacht« 6072), und damit auch nicht mehr rückgängig zu machen.

Goethe hat die Initialzündung für die Papiergeldherstellung und -verteilung mit Bedacht in den Karnevalszug hinein verlegt, in dieses vermeintlich unzusammenhängende, sich hintereinander abspulende Nummerntheater: der Kaiser hat – so wird ihm am nächsten Morgen in Erinnerung gerufen – eine Banknote unterzeichnet in seiner Verkleidung »als großer Pan« (6067). Damit ist die Schnelligkeit und Zusammenhangslosigkeit des Geldes in der Welt freigesetzt, gedeckt durch »harrende« Bodenschätze und gespiegelt durch die Aufhebung der Kausalität im Karnevalszug. Während der *Klassischen Walpur-*

*gisnacht* findet eine Loslösung von Faust und Mephisto statt. Durch die Aufteilung vieler Handlungsstränge auf viele Figuren bekommt die gesamte Szene eine, wie Goethe es nennt, »republikanische« Struktur. Während Erichtho ganz zu Beginn von der Geschichte als Unheilsgeschichte der Menschheit spricht, während sie also von der Zyklik ausgeht, treten Thales und Anaxagoras, die beiden Vorsokratiker, als Diskussionspartner in einem Gespräch über unterschiedliche Entwicklungsmodelle der Welt auf. Thales vertritt den Standpunkt des Neptunismus, also der langsamen Entwicklung der Welt aus dem Wasser, eine Evolution, die auch Homunkulus angeraten wird. Anaxagoras aber verteidigt den Vulkanismus, das revolutionäre Hervorbrechen des Neuen, hier konkretisiert in der erderschütternden Tätigkeit von Seismos.

Die Sphingen wiederum, die unbeweglich an ihrem Platz liegen, halten sich als unbewegte Beweger für den Mittelpunkt des Universums, von dem aus sie die kreisenden Gestirne in Gang halten. Die Lamien dagegen verwandeln sich, ja zerfallen quecksilbergleich, sobald sie berührt werden.

Es ist sicherlich kein Zufall, daß Faust und auch Mephisto in der *Felsbuchten*-Szene, dem Meeresfest als Höhepunkt der Walpurgisnacht, abwesend sind, da hier die emphatisch aufgeladene Natur in einer Weise zelebriert wird, die dem Faustschen Tätigkeits- und Projektstreben dreifach entgegengesetzt ist. So heißt die Regieanweisung zu Beginn »Mond im Zenit verharrend«. Mit dem verharrenden Mond wird die Aufhebung der Naturgesetze nicht durch Beschleunigung, sondern durch Bewegungslosigkeit vorgeführt. Gerade dieses Innehalten versetzt die ganze Szene in eine Spannung, die einem lang angehaltenen Atem ähnelt. Der Mond schafft dem festlichen Spiel eine eigene Epoche.

Sodann ist die räumliche Struktur dieser Szene nicht linear gestaltet oder um einen Kreis zentriert, sondern sie besteht in großen Schleifenbewegungen, einem Geschlinge von Kreisen und Schaukelbewegungen. Das »ewige Walten« (8437) und »Wogen« des Ozeans wird vorgeführt, die Meereswesen sind »verschlungen«, »schlangenartig reihenweis« (8382), sie bewegen sich »in gedehnten Kettenkreisen« (8447) – es sind intakte Ketten –, und Galatea gleitet mit »kreisenden Schwunges Bewegung« (8427) vorüber. Diese Wellenstruktur, überkuppelt vom Hymnus auf das Meer und all seiner Verschwendung, müßte Faust mißfallen, dem gerade dieses Auf und Ab als sinnlos, uneffektiv, ja widerlich erscheint. Sein Projekt, das Meer möglichst weit vom Land zu verdrängen, steht in krassestem Widerspruch zu dieser erfüllten Jubelfeier.

Und schließlich wird im Gegensatz zu Fausts vergeblicher Suche nach dem erfüllten Augenblick, durch den das Leben unerwartet sinnhaft werden könnte, ein solcher Augenblick während des Meeresfestes vorgeführt. Nereus, der Vater der Galatea, sitzt das ganze Jahr über abgeschieden und griesgrämig in seiner Höhle; aber in dieser einen Nacht, in der der »Mond im Zenit verharrt«, verschafft ihm ein Augenblick, ein Blick seiner auf dem Muschelwagen vorüberziehenden Tochter, tiefste Befriedigung:

> Doch ein einziger Blick ergötzt
> Daß er das ganze Jahr ersetzt. (8430)

Das Blicken und Angeblicktwerden schießt an dieser Stelle zu einem erfüllten Augenblick zusammen, wie er Faust während seines ganzen Lebenslaufes nicht zuteil werden kann.

Im 3. Akt wird die Grundstruktur von einem Kreis gebildet, der von einer verschlungenen Linie durchzogen wird. Helena, die Ruhebedürftige, stellt den Mittelpunkt, die Mittelachse des Kreises dar, der sich aus den unruhigen, dynamischen, sehr bewegten Chormädchen zusammensetzt. Aus der Mitte des Kreises heraus verkündet Helena, »Beschluß der Irrfahrt, Ruhe wünsch ich nur« (9140), und wirft dann, geschürt von Phorkyas, einen langen Blick zurück in ihre verworrene Vergangenheit, die sie folgendermaßen resümiert: »Männer führten mich im Irren her und hin« (9253). Dann aber, als sie erfährt, daß die Gegenwart nur ihre Opferung, also die Ruhe des Todes für sie bereithalten soll, entwickelt sich eine Linie in Richtung Zukunft, zunächst durch Phorkyas' Erzählungen von Fausts Burg, dann durch den nebelverhüllten Irrgang dorthin. Helena stellt also den Schnittpunkt zwischen Ruhe und Bewegung, zwischen Zyklik und Fortschreiten dar.

Faust verhält sich zwar im Zwischenspiel des 3. Akts ohne Hast und ohne Eile, ja geradezu gelassen. Er entwirft sogar ein harmonisches Bild von Arkadien. Aber ähnlich dem gewitterwolkengleichen Kriegseinbruch, der die Reimvermählung Fausts und Helenas störend unterbricht, wird die amöne, ruhige arkadische Idylle sehr schnell von unruhiger Beschleunigung überlagert. Nicht nur die gerade erwachenden Chormädchen begehren sofortige Zerstreuung: »Kaum die Augen ausgerieben Kinder langeweilt ihr schon?« (9585) Sondern auch in der Höhle vollführt Euphorion, der Sohn Fausts und Helenas, atemberaubende Auf- und Absprünge. Sehr zum Leidwesen seiner Eltern ist er »überlebendig« (9739), er tanzt »in verschlungenen Reihen« (vor 9755), jagt den Chor, ergreift ein Chormädchen, das sich in Flammen auflöst, und zum Schluß klettert er die Felsen immer höher hinauf, dann fliegt er und stürzt schließlich ab, die Aureole aber »steigt wie ein Komet zum Himmel auf« (vor 9903). Während dieser auf- und absausenden Bewegungen wird eine Schnellentwicklung vom Kind über den Heranwachsenden zum jungen Mann vorgeführt, eine Art Schnellreifung im Zeitrafferverfahren, eine Beschleunigung der Naturzeit, die das Objekt der Naturzeit selbst verzehrt. Zum zweiten Mal gibt es für Faust kein natürliches Kettenglied, das in die Zukunft reicht. Die Dynamik hat sich mit Euphorion selbst vernichtet. Auch Helena versinkt daraufhin in der Unterwelt. Faust ist wieder allein.

Im 4. Akt entwirft Faust das Bild von der Meereindämmung. Es zeugt von seinem Wunsch, in die ewigen Kreisläufe von Ebbe und Flut einzugreifen, und ist geprägt von einem tiefen Widerwillen gegen das Hin und Her der Wellen. Faust möchte sich nicht länger von seiner Ohnmacht den Naturgesetzen gegenüber demütigen lassen und verfällt so mit seinem Deichbauunternehmen in prometheische Anmaßung. Er, der eine elementare Aversion hegt gegen die natürlichen (und gleichgültigen) Abläufe der Welt und gegen die Vorstellung, nur ein x-beliebiges Kettenglied in der *großen Kette aller Wesen* zu sein, möchte sich selbst mit der Setzung seines Meereindämmungsprojekts zum Anfangsglied einer neuen Kette machen. Indem er »Räume vielen Millionen« (11563) eröffnet, hat er schöpfergottartig die Vision, eine neue Erdzeit, eine neue Zeitrechnung beginnen zu können. Eine Minimalspiegelung erfährt der Wunsch Fausts, mit der alten Zeit und den alten Gesetzen zu brechen, in der Figur des Kaisers. Nach der Verteilung der Lehen teilt er seinen Fürsten mit, daß er das dynastische Prinzip, »hoher Ahnen Kette« (10955), beenden will: »Auch werd ich, seiner Zeit, mich von den Teuren trennen«. (10957) Der Kaiser setzt die Fürsten als Wahl-, also als Kurfürsten ein, um so den Beginn einer neuen Zeitrechnung und Weltordnung zu ermöglichen. Aber was hier freiwillig geschieht, geht im Falle Fausts mit Gewalt einher. Nicht nur durch die Ausrottung von Gretchens Familie hatte er sich schon frühzeitig als großer Kettenzerreißer erwiesen, auch infolge seines Projekts, zumindestens partiell den Kreislauf von Ebbe und Flut zurückzudrängen, beendigt Faust gewaltsam eine Kette, indem er Philemons und Baucis' Tod in Kauf nimmt. Diese Kette setzte sich zusammen aus Tradition, Gastfreundschaft, aus der alten Religion und der alten Zeitrechnung, die sich im Läuten der Glocke ausdrückt. Denn die Glocken, die seit dem frühen Mittelalter eingesetzt wurden, nicht nur um die Christen zum Gottesdienst zu rufen, sondern auch, um das Kontinuum der Zeit dreimal am Tag zu untergliedern, konfrontieren Faust mit einer bedächtigen, frommen, gottesfürchtigen Zeitrechnung, die den alten Gott als Zentrum, als unbewegten Beweger aller sich wiederholenden Abläufe ansieht. Faust fühlt sich durch diese Konkurrenz bedroht, in seiner prometheischen Anmaßung will er selbst Herr einer neuen Weltordnung sein, in der sein »Arm die ganze Welt umfaßt« (11226). Umgeben von der modernen Beweglichkeit des Handels muß er den Strang, der noch auf den dreieinigen Gott als Ursprung verweist, kappen, um sich selbst als Ursprung der Weltherrschaft einsetzen zu können. Anstellig persifliert dann auch Mephisto den alten Gott, indem er »Krieg, Handel und Piraterie« als »dreieinig«, als »nicht zu trennen« (11187f.) bezeichnet.

Zwar bemerkt Faust in einem lichten Moment, daß Philemon und Baucis Opfer seiner Schnelligkeit, seiner Übereilung geworden sind: »geboten schnell, zu schnell getan« (11382). Aber diese Erkenntnis bleibt folgenlos, denn nicht nur der Sorge gegenüber präsentiert er sein Leben als progredierend beschleunigtes (»ich bin nur durch die Welt gerannt ... mit Macht mein Leben durchgestürmt ... im Weiterschreiten find er Qual und Glück, Er! unbefriedigt jeden Augenblick«, 11433ff.), sondern er treibt sich selbst und seine Arbeiter an, sein Lebensprojekt zu vollenden. Diese Schnelligkeitsbesessenheit am Schluß wird zum Hohn: Blind, durch die Imagination eines Gelobten Landes unter seinen Vorzeichen geblendet, stürzt er ahnungslos in sein Grab, das er für einen Entwässerungsgraben gehalten hatte, ohne – »im höchsten Alter« – je einen Gedanken an den Tod verschwendet zu haben. Mephisto reagiert zunächst spöttisch-abgeklärt auf Fausts Tod, indem er die immergleichen Kreisläufe anführt, denen er bloß reinen Nihilismus entgegensetzen kann. Dann aber konstatiert Mephisto: »Die Zeit wird Herr« (11592). Faust, der Herr der Zeit, der sich während seines Lebens und mit seinem Leben darum bemühte, Spuren zu hinterlassen, die »in Äonen« nicht untergehen, ist abgetreten und wird sofort wieder von der Zeit als einer Naturkraft überwuchert.

Die Frage, wie Goethe zu dem Prinzip des Faustschen Weiterschreitens im Sinne von Fortschritt stand, ist nicht leicht zu beantworten, zumal Goethe immer daran interessiert war, »Widersprüche statt sie zu vereinigen disparater zu machen«[3]. Zwar finden sich in *Wilhelm Meisters Wanderjahren* und den *Maximen und Reflexionen* Äußerungen, die eindeutig technik–, beschleunigungs–, ja sogar medienkritisch sind: »Für das größte Unheil unserer Zeit, die nichts reif werden läßt, muß ich halten, daß man im nächsten Augenblick den vorhergehenden verspeist, den Tag im Tag vertut und so immer aus der Hand in den Mund lebt, ohne irgendetwas vor sich zu bringen. Haben wir doch schon Blätter für sämtliche Tageszeiten! ... Dadurch wird alles, was ein jeder tut, treibt, dichtet, ja was er vorhat, ins Öffentliche geschleppt. Niemand darf sich freuen oder leiden als zum Zeitvertreib der übrigen; und so springt's von Haus zu Haus, von Stadt zu Stadt, von Reich zu Reich und zuletzt von Weltteil zu Weltteil, alles veloziferisch. So wenig nun die Dampfmaschinen zu dämpfen sind, so wenig ist dies auch im Sittlichen möglich; die Lebhaftigkeit des Handels, das Durchrauschen des Papiergelds, das Anschwellen der Schulden, um Schulden zu bezahlen, das alles sind die ungeheuren Elemente, auf die gegenwärtig ein junger Mann gesetzt ist.«[4]

Dennoch läßt sich Faust, der durchaus eine Verkörperung dieser neuzeitlichen Tendenzen darstellt, nicht bloß als ein warnender Zeigefinger am früherspürten Abgrund der Moderne verstehen. Denn Goethe selbst hatte ja in umfassender Kenntnis technischer und naturwissenschaftlicher Zusammenhänge ein großes Interesse an Neuerungen, so an den kriegstechnischen der temporeichen napoleonischen Armee, den chemischen Experimenten mit Harnstoff, den Flugversuchen mit der

Montgolfiere, an den ökonomischen Veränderungen durch automatische Webstühle und an der Ingenieurskunst, am Kanal- und Dammbau sowie der Sumpftrockenlegung, der er sich als Wegekommissar Anfang des 19. Jahrhunderts im Saaletal ebenfalls zuwandte.[5] Goethe verurteilt Faust nicht, er gibt ihm bloß Gegengewichte bei, die in die Ferne des Raums und in die Ferne der Zeit reichen, das Meeresfest in der Ägäis und Helena, bei denen eine andere, verlangsamte Zeitrechnung vorherrscht.

Aber Goethe hat mit seinem Faust durchaus ein »seismographisches Frühwarnsystem«[6] geschaffen, das noch im 18. Jahrhundert wurzelt, aber mit Tasthärchen durchaus kaum merkliche Erschütterungen wahrnehmen kann, die den Alltag in Weimar bislang kaum real verändert hatten. Die Figur des Faust hat im Grunde ein seiner Zeit vorauseilendes Reizbedürfnis. Diese absolute Unruhe, wie sie sich zwei Jahrzehnte später bei Baudelaire in Reinkultur findet, ist bei Faust ein Vorgefühl, während sie bei Baudelaire in Paris bereits eine reflektierte Reaktion auf die veränderten, beschleunigten, chockhaften Lebensbedingungen darstellt. Faust ist noch keinen Chocks ausgesetzt, er wird noch nicht von Kutschen überfahren[7], er wird noch nicht mit der Geschwindigkeit technischer Apparaturen konfrontiert, die ganze Schnelligkeit des äußeren Lebens hält ihn noch nicht in Bann. Dennoch hat Faust als Vorfühlender bereits ein modernes Bedürfnis nach Chocks, das dann auch kurzzeitig befriedigt wird: so geht der Kaiser, als Pan verkleidet, in Flammen auf, im *Rittersaal* löst sich Helena nach einer Explosion in Dunst auf, häufig finden Blitzmetamorphosen statt und die Wasserfluten und Irrlichter im 4. Akt bringen die Soldaten in einen chockartigen Zustand, in dem sie hilflose Schwimmbewegungen vollführen. Es sind Trockenschwimmbewegungen, denn alle diese Chocks sind noch zurücknehmbar, da es sich um Tricks, Zauberei, Magie handelt. Es sind sozusagen noch Chocks »im Puppenstand«, Chocks in nuce, es sind Andeutungen, Skizzen eines modernen Reizbedürfnisses. Auch der nicht erfüllbare Augenblick, die Grundstruktur, daß nichts zu Ende geführt werden kann, daß vielmehr immer von vorne begonnen werden muß, das Herausgesetztsein aus dem Kalender und die diskontinuierlichen Reihungen – all das deutet auf die zum Teil verlustreichen Veränderungen hin, die die Moderne mit sich bringt. Das eigentlich Tragische am Schluß des *Faust* besteht darin, daß Faust, der besessen davon ist, wenigstens einmal eines seiner Projekte vollenden zu können, daran gehindert wird und abtreten muß. Auch die Zeit für vollendete, abgerundete Projekte ist vorbei. Zwar ist Goethe nicht Faust. Aber um so erstaunlicher ist es, daß ein Achtzigjähriger, der sein persönliches Leben möglichst kontinuierlich und retardierend, also unfaustisch gestaltete und der sich bereits für eine widerständige Ausnahme hielt, mit *Faust* eine Tragödie verfassen konnte, die die Grundbedingungen modernen Bewußtseins sehr früh zutage fördert. Goethe ist Tragiker, weil er die Verluste, die die Moderne mit sich bringt, vorführt (Gretchen, Euphorion, Helena, Philemon und Baucis) und gleichzeitig mit der Figur des Faust die Unentrinnbarkeit, die Unabwendbarkeit des Fortschritts und der mit diesem einhergehenden Zerstörung zeigt. Das Vorausspüren einer »veloziferisch« veränderten Zeit durch einen alten Mann, der sich vom aktuellen Zeitgeschehen längst verabschiedet hat, läßt vor allem *Faust II* zu einem hochreflektierten Instrumentarium werden, das über die aufkommende Moderne Auskunft gibt, indem es den Helden in eben diese Richtung eilen läßt, während die Sprache, die alle seine Regungen und Bewegungen, auch seine Sprünge durch verschiedene Zeitschichten hindurch, registriert, immer, ob sie will oder nicht, in die entgegengesetzte Richtung weist, nämlich in das Reich der Vergangenheit.

Goethe hat mit dem *Faust* am Ende seines Lebens eine frühe Dialektik der Aufklärung geschrieben, die sich der Ambivalenz des Fortschritts nicht nur in höchstem Maße bewußt ist, sondern sie auch spannungsvoll in Waage halten kann: »Da ich mit der Naturwissenschaft, wie sie sich von Tag zu Tage vorwärts bewegt, immer mehr bekannt und verwandt werde, so dringt sich mir gar manche Betrachtung auf: über die Vor- und Rückschritte, die zu gleicher Zeit geschehen.«[8]

1 Matussek, Peter, *Formen der Verzeitlichung. Der Wandel des Faustschen Naturbildes und seine historischen Hintergründe*, in: ders. (Hg): *Goethe und die Verzeitlichung der Natur*, München 1998. – Osten, Manfred, *Die beschleunigte Zeit. »Alles veloziferisch« – Anmerkungen zur Modernität Goethes*, in: Die Zeit, 20. 8. 1999.

2 Vgl. Lovejoy, Arthur Oncken, *Die große Kette der Wesen. Geschichte eines Gedankens*, Franfurt/M. 1985.

3 Goethe, Paralipomenon. Allgemeiner Entwurf, 11. 4. 1800.

4 Goethe, *Wilhelm Meisters Wanderjahre*, Frankfurt/M. 1982, S. 293.

5 Vgl. Edwin Redslob, *Goethes Beziehung zur Gartenkunst*, in: Der Weimarer Park zur Goethe-Zeit. Katalog, Düsseldorf 1969. S. 21f.

6 Osten, Manfred, *Die beschleunigte Zeit* (wie Anm. 1).

7 Vgl. folgende Passage aus dem *Römischen Carneval:* »Wir haben selbst einen solchen Fall gesehen, wo ein Pferd von einem solchen Choc niederstürzte, drei der folgenden über das erste hinausfielen, sich überschlugen und die letzten glücklich über die gefallenen wegsprangen und ihre Reise fortsetzten. Oft bleibt ein solches Pferd auf der Stelle tot, und mehrmals haben Zuschauer unter solchen Umständen ihr Leben eingebüßt.« Goethe, *Italienische Reise*, Franfurt/M. 1976, S. 667.

8 Goethe, *Wilhelm Meisters Wanderjahre*, Frankfurt/M. 1982, S. 303f.

# Faust II – die Tragödie der Gedächtniskultur

Peter Matussek

Paradoxes Gedächtnistheater: Dreitausend Jahre Kulturgeschichte – vom Trojanischen Krieg bis zur industriellen Revolution – läßt Goethe in seinem *Faust II* Revue passieren, doch der Protagonist durchläuft dieses Panorama der Denkwürdigkeiten nicht als Erinnernder, sondern als Vergessender. Faust beginnt seinen »Cursum« durch die »große Welt« (2052ff.), der ihn aus der kleinen Welt des ersten Teils herausführt, mit einem Lethebad. Der Läuterungsprozeß, der »Alles Vergängliche«, mithin die gesamte Memorialkultur des Abendlands, zum bloßen »Gleichnis« (12104f.) verflüchtigt, steht am Ende. Auch, ja gerade dort, wo Faust sich im kulturellen Gedächtnis zu verewigen sucht – etwa in einer theatralischen Reanimation des antiken Schönheitsideals oder einem grandiosen Landgewinnungsprojekt –, erweist er sich um so mehr als selbstvergessen: Kaum hat er die Bühnenexistenz Helenas herbeigezaubert, verpufft sie ihm in einer Explosion, die ihn bewußtlos zurückläßt; und der vermeintliche Entwässerungsgraben, an dem der blinde Kolonisator seine Arbeiter zu schaufeln wähnt, ist in Wirklichkeit nur sein eigenes Grab. Alles Bemühen um Fixierung des eigenen Tuns im Monument befördert es nur um so gründlicher in den Abgrund der Vergessenheit.

Goethes Drama aber bleibt uns nicht zuletzt deshalb als bedeutendes literarisches Denkmal gegenwärtig, weil es dieser Paradoxien eingedenkt.[1] Die Problemstellung, die es uns vor Augen führt, hat zu Beginn des dritten Jahrtausends an Schärfe zugenommen. Wir wissen um die Amnesie-Wirkung der ins Gigantische gewachsenen Datenspeicher und ahnen zumindest, daß es eines anderen Erinnerns bedarf, wenn es seinen Wortsinn, das »Sich-innerlich-machen, Insichgehen« (Hegel), erfüllen soll. Doch jeder Versuch, diese Alternative zu realisieren, verstrickt sich nur um so tiefer in den Grundwiderspruch aller Gedächtniskultur. An der Tragik der Faustfigur läßt sich das ablesen.

## 1. Akt

Schon zu Beginn, in der *Anmutigen Gegend,* stoßen wir auf den paradoxen Zusammenhang von Erinnern und Vergessen. Die Tilgung des früher Erlebten aus dem Gedächtnis erscheint hier als Voraussetzung, die eigene Existenz in monumentale Höhen zu treiben. Goethe verordnet seinem Helden einen Regenerationsschlaf, der die Verstrickungen der Gretchentragödie aus seinem Gedächtnis löscht und ihn dadurch erst zu dem neuerlichen Entschluß befähigt, »Zum höchsten Dasein immerfort zu streben« (4684f.).

Die existentielle Wiedergeburt wird eingeleitet durch die Hypnosewirkung des Schlafs. Elementargeister, von Äolsharfen begleitet, besänftigen Fausts furioses Gemüt. Ariel fordert die Elfen auf:

> Entfernt des Vorwurfs glühend bittre Pfeile,
> Sein Innres reinigt von erlebtem Graus.
> ...
> Erst senkt sein Haupt aufs kühle Polster nieder.
> Dann badet ihn im Tau aus Lethes Flut;
> Gelenk sind bald die krampferstarrten Glieder,
> Wenn er gestärkt dem Tag entgegen ruht; (4624ff.)

Unter dem Gesang der Geister sind Fausts Schuldgefühle bald »Hingeschwunden« (4651). Zwar sind die Musen nach antiker Überlieferung Töchter der Mnemosyne. Doch die Göttin der Erinnerung, so steht es bei Hesiod, könnte ihre Wirkung nicht entfalten, wenn ihre Töchter nicht zuallererst »Vergessenheit brächten der Leiden und Ende der Sorgen« (Theog. 54f.). Der Gegensatz von Mnemosyne und Lesmosyne ist nur ein scheinbarer, denn in der Tat muß, wer sich in einem anthropologisch grundlegenden Verständnis seiner selbst inne werden will, von äußeren Festlegungen der eigenen Lebensgeschichte frei machen. Zu dieser Art des Erinnerns verhilft die Musik. So löst das Melos der Äolsharfen die »krampferstarrten Glieder« Fausts und bringt ihn mit den Urquellen des Daseins in Berührung. Der Erwachende spürt des »Lebens Pulse« wieder »frisch lebendig« in sich schlagen; er fühlt den Kontakt zur »Erde«, die sich als »beständig« erwiesen hat (4681) – Symbol eines Bewahrens nicht im biographischen, sondern im biologischen Sinne.

Die Erfahrung, »daß mit jedem Atemzug ein ätherischer Lethestrom unser ganzes Wesen durchdringt« hat Goethe selbst als regenerative »Gottesgabe« empfunden, wie er am 15.2.1830 an Zelter schreibt. Diese Gottesgabe ist freilich eine außermoralische. Das Prekäre daran zeigt sich in der Verantwortungsflucht Fausts: Sein Lethebad tilgt das Andenken an Margarete, die Reue über das Unglück, in das er sie stürzte. Der Geisterchor hat ganze Arbeit geleistet: »verloschen sind die Stunden« (4650) der peinlichen Selbstvorwürfe. Schon im Kerker war ihm das Vergessen des eigenen Tuns als existenznotwendig erschienen, als er sein Opfer anflehte: »Laß das Vergangne vergangen sein./Du bringst mich um« (4518f.).

Nicht erst seit Freud wissen wir, daß es ohne Annahme der eigenen Lebensgeschichte keine Befreiung aus ihren Prägungen gibt. Schon Goethe demonstriert dies an seinem *Faust,* indem er das Verdrängte später wiederkehren läßt. Zunächst aber gönnt er seinem Helden einen vitalistischen Neuanfang. So beginnt der zweite Teil der Tragödie damit, daß die biographischen Lebenserinnerungen im Konflikt liegen mit einer Erinnerung des Lebens.[2]

Die Abkehr vom Eingedenken moralischer Wahrheit zugunsten einer Selbstfindung in der Sphäre natürlicher Erscheinungen wird programmatisch ausgesprochen in Fausts großem Eingangsmonolog. Geblendet von ihrem übermächtig reinen Licht wendet der zu neuem Leben Erwachte der Sonne den Rücken zu und erkennt im Angesicht eines Regenbogens: »Am farbigen Abglanz haben wir das Leben« (4727). Kann diese naturalistische Sicht auf das Leben auch ein Modell dafür abgeben, wie sich menschliche Taten in das kulturelle Gedächtnis einschreiben? Indem Goethe seinen anthropologisch erneuerten Faust in den Kontext der abendländischen Überlieferung einführt, beginnt ein poetisches Experiment, das diese Frage in wechselnden Konstellationen durchspielt.

Die erste Bewährungsprobe für sein Streben nach Unvergänglichkeit findet Faust in der *Kaiserlichen Pfalz.* Hier, auf der ersten Etappe seiner »großen Weltfahrt«, zeigt sich das kulturelle Gedächtnis des Mittelalters im Stadium seiner Erosion. Dem Kaiser gehen die Nahrungsspeicher und Goldreserven aus und damit zugleich die materiale Deckung seiner symbolischen Macht. So droht er dem historischen Vergessen anheimzufallen. Mephistos Erfindung des Papiergelds soll den realen Mangel durch virtuellen Reichtum beheben. Solange alle Beteiligten an die Scheinwerte glauben, funktioniert der neue Markt. Für dieses Vertrauen steht das Wort des Kaisers ein, der hiermit seine Legitimation als gemeinschaftsbildende Instanz zurückgewinnt.

Was in diesem poetischen Bild zur Anschauung kommt, reicht über den ökonomischen Bereich hinaus: Wie das Papiergeld, so beruht das kulturelle Gedächtnis überhaupt auf der kollektiven Anerkennung virtueller Werte. Nur soweit die Mitglieder einer Gemeinschaft sich auf die verbindliche Geltung von Merkzeichen einigen, können sie eine soziale Identität ausbilden und deren Kontinuität im Wandel der Geschichte sichern. Die *Mummenschanz*-Szene antizipiert in allegorischen Figuren, deren Deutung zunehmend Rätsel aufgibt, den Verfall dieser symbolischen Verbindlichkeiten. Es kommt zu einer Inflation der Bedeutungen, die analog zur Geldinflation das Reich zerfallen läßt. Die Maske des Kaisers geht schließlich in Flammen auf.

Eine ästhetische Parallele zum ökonomischen »Flammengaukelspiel« (5987) liefert das »Fratzengeisterspiel« (6546), das Faust mit Mephistos Hilfe zur Zerstreuung des Kaisers aufführt. Sie bereiten ihm ein Illusionstheater über den Raub der Helena. Darin wird das antike Schönheitsideal auf analoge Weise hervorgezaubert wie zuvor das »Papiergespenst der Gulden« (6198), d.h. durch eine ungedeckte Fiktion: Helena wird nicht durch eine reale Figur verkörpert, sondern mithilfe einer Laterna Magica auf künstlichen Nebel projiziert.[3] Auch das geht nur solange gut, wie Faust seiner Erkenntnis eingedenkt, am »farbigen Abglanz« das Leben zu haben, das heißt hier: solange er nicht die Lichtquelle für das Wesentliche nimmt, sondern die von ihr hervorgerufenen Erscheinungen. Doch bald schon durchstößt er die Grenzen dieser virtuellen Realität. Ein Déjà-vu-Erlebnis versetzt ihn in die Situation der *Hexenküche,* als ihn Helena schon einmal »In Zauberspiegelung beglückte« (6496). Damals erkannte er das »Muster aller Frauen« (2601) in Margarete wieder; nun, da er seine biographische Existenz abgestreift hat, richtet sich sein Erinnern auf das Urbild selbst. Das für den Kaiser aufgeführte Stück inszeniert diese Anamnesis des Archetyps als Gang zu den »Müttern« (6216ff.). Daß die von der Laterna Magica gelieferten Erscheinungen künstlich sind – »regsam, ohne Leben« (6430) – mindert nicht, sondern verstärkt Fausts Begehren, weil sie die Phantasie zu Ergänzungsleistungen veranlassen.[4] Vergeblich warnt ihn Mephisto vor der Suggestionsmacht des Geräts, die zur Verwechslung der eigenen Projektionen mit den Techniken der Bildproduktion verführt: »Machst du's doch selbst, das Fratzengeisterspiel!« (6546). Das Urbild nicht in sich, sondern außer sich wähnend, greift Faust selbstvergessen in die »magische Laterne« (5518) und verursacht damit eine »Explosion. Faust liegt am Boden. Die Geister gehen in Dunst auf« (vor 6564). Die Verkennung seines imaginären Charakters hat das Erinnerungsbild zum Verschwinden gebracht. Doch der schockhaft erlebte Defekt des Projektionsapparats führt Faust zur Selbstbesinnng. Er begibt sich in das Reich der Imagination, um das Urbild seines Begehrens in sich zu suchen.

## 2. Akt

Durch die Explosion der Laterna Magica bewußtlos geworden, kann Faust das Objekt seiner Liebessehnsucht nun unbeeinträchtigt von äußeren Wahrnehmungen in seiner Phantasie erstehen lassen. Er träumt den Mythos von der Zeugung Helenas. Das rein imaginäre Eintauchen in die Welt der antiken Sagen vermeidet die Kollision von Schein und Realität, an der er zuvor gescheitert war. Die symbolischen Inszenierungen des kulturellen Gedächtnisses stehen dem persönlichen Erleben nicht mehr fremd gegenüber: »Vom frischen Geiste fühl ich mich durchdrungen;/Gestalten groß, groß die Erinnerungen« (7189f.) – das klingt zunächst zwar noch etwas bildungstouristisch aufgesetzt, doch bald schon geht Faust über das passive Anstaunen der mythischen Figuren hinaus und animiert sie durch seine Einbildungskraft zu neuem Leben. »Wie sie dorthin m e i n Auge schickt« (7271ff., Hv. PM) – in der produktiven Sicht auf die Antike verschmilzt das individuelle mit dem kollektiven Gedächtnis bis zur Ununterscheidbarkeit:

> So wunderbar bin ich durchdrungen!
> Sind's Träume? Sind's Erinnerungen?
> Schon einmal warst du so beglückt. (V. 7274ff.)

Abermals kehrt das Déjà-vu-Erlebnis aus der *Hexenküche* zurück. Doch diesmal bleibt der biographische Horizont ausgeblendet, der auf der Theaterbühne die mythischen Phantasmen zerstörte. Im Unterschied zur dilettantischen Darbietung am Kaiserhof hat Faust nun die Virtualität der Gedächtnisbilder als solche hinzunehmen gelernt. Seine transitorische Sehnsucht nach dem Urbild der Schönheit stillt das freilich nicht: »Mein Auge sollte hier genießen,/Doch immer weiter strebt mein Sinn« (7290f.).

Wie er sein persönliches Begehren erfüllen kann, ohne die Bedingungen der Wirklichkeit, in der er sich aufhält, zu verleugnen, wird durch Anspielungen auf den Orpheus-Mythos verdeutlicht: Manto hatte ihm geraten, es beim Gang in die Unterwelt »besser« (7494) zu machen als sein Vorgänger, der das erinnernd wiederbelebte Bild Eurydikes im »habgierigen Blick« (Ovid, Met. X, 56) zu fassen suchte und die Geliebte dadurch endgültig verlor. Faust, den Goethe in einer früheren Skizze dieser Dramenpartie einen »zweyten Orpheus« nennt (FA I, 7/1, S. 643), hatte bei seinem Gang zu den Müttern in vergleichbarer Weise die Projektion Helenas vernichtet. Es nun »besser« zu machen heißt für ihn, das Ziel seiner Sehnsucht innerhalb der Realität des Phantasmagorischen zu suchen. Er holt das Erinnerungsbild aus den Tiefen seiner Einbildungskraft; nur dadurch kann es für ihn lebendig werden.

Analog zur naturgeschichtlichen Erinnerungsdynamik der *Anmutigen Gegend* ist die kulturgeschichtliche der *Klassischen Walpurgisnacht* an ihren Gegensatz, das Vergessen, gebunden. Entsprechend finden wir die gliederlösende Wirkung der Musik auch hier. Schon von Orpheus wissen wir ja, daß sein anrührender Gesang Selbstvergessenheit hervorrief bei seinen Zuhörern, die sich gerade dadurch ihrer kreatürlichen Ursprünge inne wurden – vor allem in der Bildtradition, die ihn unter den Tieren zeigt, ist das aufbewahrt. Es ist diese Fähigkeit zur Selbsthingabe, die auch beim »zweyten Orpheus« das Wiederaufleben der Antike ermöglicht. Fausts Gang in den Hades bedeutet Einswerdung mit den kreativen Kräften, die die mythischen Bilder einst erzeugten; so wird er »zum neuen Schöpfer der Helena«[5]. Selbstauflösung aber heißt nicht, die Geschichte außer Kraft zu setzen. Nur im Rahmen der kulturhistorischen Perspektive, die Fausts Blick auf die Antike bestimmt, kann er »sehnsüchtigster Gewalt,/Ins Leben ziehn die einzigste Gestalt« (7438f.). Er begegnet der antiken Schönheit auf einer mittelalterlichen Burg.

## 3. Akt

Um sich mit der Gegenwart Fausts, ihres anamnetischen Animateurs, vermählen zu können, muß sich Helena zunächst der Festlegungen ihrer mythologischen Identität entledigen. Als sie den Strand betritt, erfährt sie sich selbst als ein ins Leben zurückgeworfenes »Idol« (8881). Ihre Persönlichkeit ist noch vollständig überformt von den Stereotypen der Überlieferung. Denn in ihrem Namen sind die Gewalttaten des Trojanischen Krieges begangen worden. Die Vorstellungen von ihr haben sich dabei von der »Sage« zum »Märchen« immer weiter fiktionalisiert (8515), bis sie schließlich selbst nicht mehr weiß, wer sie war und ist:

> Ist's wohl Gedächtnis? War es Wahn, der mich ergreift?
> War ich das alles? Bin ich's? Werd ich's künftig sein,
> Das Traum- und Schreckbild jener Städteverwüstenden?
> (8838ff.)

Helena muß die Erzählungen über sich vergessen, um wieder sie selbst sein zu können. Eben das sucht ihre Gegenspielerin Phorkyas-Mephisto zu verhindern – zur Entrüstung des Chors, der ihr vorwirft: »statt ... /Letheschenkenden, holdmildesten Worts/Regest du auf ... Vergangenheit« (8895ff.). Wiederum geht es um das Abstreifen biographischer Erinnerungen zugunsten eines Innewerdens der eigenen Natur. Diesmal aber erscheint das Biographische nicht nur als Äußerlichkeit, sondern schlechthin als Fiktion. Das Bestreben, sich dieser Fiktion zu entledigen, verbindet Helena mit Faust, der ja ebenfalls die eigene Lebensgeschichte im Lethebad tilgte. Wer also vermählt sich hier mit wem?

Es sind die von aller Individualität bereinigten Idealtypen der kulturgeschichtlichen Sphären, denen Faust und Helena angehören. Als dichterische Urbilder des romantisch-mittelalterlichen Burgherrn und des klassisch-antiken »Musters aller Frauen« finden sie zueinander. Goethe vollzieht denn auch die Liaison der beiden aus rein poetischen Mitteln – durch Anverwandlung im lyrischen Sprachklang: Helena, in klassischen Pentametern sprechend, wundert sich über die reimgebundene Sprechweise Fausts. Er führt sie daraufhin in diese Eigenart seines Kulturkreises ein, wobei er umgekehrt ihren Sprachduktus aufgreift, so daß sich ein gemeinsames Drittes ergibt:

> HELENA: So sage denn, wie sprech ich auch so schön?
> FAUST: Das ist gar leicht, es muß von Herzen gehn.
> Und wenn die Brust von Sehnsucht überfließt,
> Man sieht sich um und fragt –
> HELENA: wer mitgenießt.
> FAUST: Nun schaut der Geist nicht vorwärts, nicht zurück,
> Die Gegenwart allein –
> HELENA: ist unser Glück. (9377ff.)

Ist dieses Leben für den Augenblick, zu dem Faust in seiner Reimvermählung mit Helena findet, nur eine seiner »Gedächtnislöschungen«?[6] Aber wie verträgt sich das mit der Tatsache, daß die Liaison aus dem Repertoire des kulturellen Gedächtnisses geschöpft ist?

Die Antwort liegt abermals in Goethes paradoxem Gedächtnisbegriff. Wenn Faust und Helena sich ihrem Gegenwartsglück hingeben, so ist gerade diese Selbstvergessenheit nicht Vermeidung, sondern Erfüllung eines Erinnerns im Zeichen der Mnemosyne. Das melodische Zueinanderfinden im Reim macht diese Dialektik poetisch sinnfällig: Die angenehme Wirkung des Gleichklangs beruht ja darauf, daß der zuvor gehörte Laut mit dem folgenden zu einem Erlebnis psychischer Präsenzzeit verschmilzt. Der Genuß des aktuellen Moments verdankt sich also dem Nachleben des vergangenen. Fausts Reimunterricht symbolisiert damit ein anthropologisches Grundphänomen: den konstitutiven Anteil des Erinnerns für das Erleben. Im kulturhistorischen Maßstab zeigt sich das daran, daß Faust und Helena zum Genuß ihres Gegenwartsglücks nur vor dem Hintergrund ihrer jeweiligen Gedächtnishorizonte kommen können, ohne die das Vermählungserlebnis substanzlos wäre. Beider Selbstvergessenheit ist hier nicht als Leugnung der mythischen Gehalte zu verstehen, sondern im Gegenteil als deren Verlebendigung durch Ausblendung ihrer medialen Bedingtheit – so wie ein faszinierter Leser vergißt, daß er ein Buch in Händen hält oder der Spieler eines *Adventure Games,* daß er an einem Computer sitzt.

Solange Faust sich sozusagen an die Spielregeln seiner virtuellen Realität hält, bewahrt der Traum seine Suggestionskraft. In dem Moment aber, wo er sich seiner medialen Situation bewußt wird, ist das arkadische Idyll zerstört. Wer träumt, daß er nur träumt, wacht auf. Eben dies geschieht im Verlauf der Euphorion-Episode. Es kommt zur desillusionierenden Kollision mit der Außenwelt, als das aus der Verbindung von Faust und Helena hervorgegangene Kind sich an den Spielräumen der Phantasie, in die es hineingeboren wurde, zu langweilen beginnt und sie von innen heraus in Frage stellt. Da Euphorion die Außenwelt nicht kennt, vermag er seine Lust am Abenteuer- und Kriegsspiel nicht durch Vorsichtsmaßnahmen zu zügeln, wie sie nur die reale Lebenserfahrung lehrt. So stürzt er schließlich beim Versuch zu fliegen in den Abgrund. Es handelt sich um einen Absturz, den das Medium, in dem er sich bewegte, nicht mehr auffangen kann. Fausts Traum ist beendet, da die in ihm phantasierte Gestalt das Erinnerungsvermögen, aus dem sie geschöpft ist, überfordert hat. Was von Euphorion wie auch bald darauf von Helena bleibt, sind ihre entseelten Exuvien: »Kleid, Mantel« und »Schleier« (nach 9902 bzw. 9944), also das Faßliche der äußeren Hülle, der das innere Leben entwichen ist.

Während der erste Wiederbelebungsversuch Helenas in einer Groteske endete, scheitert der zweite tragisch: durch eine konsequente Entfaltung seiner eigenen Dynamik. Damit hat die Tragödie der Gedächtniskultur ihren Umschlagspunkt erreicht.

## 4. Akt

Das Streben zum »höchsten Dasein« ließ sich weder mit noch ohne die Annahme der eigenen Biographie verwirklichen. Für diesen Konflikt wird Faust einen verhängnisvollen Ausweg finden: die Selbstverewigung im Monument. Der 4. Akt bereitet diesen Schritt psychologisch vor.

Faust befindet sich im *Hochgebirg,* wo er aus der »Wolke« (nach 10038) der Phantasiewelt steigt, in die er sich zuvor hineingeträumt hatte. Die exponierte Position verschafft ihm eine desillusionierende Außenansicht von dem »Dunst«, in den er beim ersten Beschwörungsversuch Helenas bewußtlos eingehüllt wurde (nach 6563), und den er nun, nach seinem zweiten Scheitern, als nebelhaften Rest der virtuellen Realität Arkadiens hinter sich läßt. Es ist der Vorgang der Imagination als solcher, der ihm dabei zum Reflexionsobjekt wird: Faust erkennt in den wechselnden Wolkenformen variierende Gestalten, »Junonen ähnlich, Ledan, Helenen« (10050), erfährt sie ob ihres Schwankens aber nur noch ephemer als Anlässe der eigenen Phantasieproduktion. Der Blick auf die medialen Bedingungen der Illusionserzeugung, neudeutsch: die Schnittstelle, bringt die Traumvisionen zum Verschwinden. In dem Moment nun, da diese durch das zu sich kommende Bewußtsein ihrer Scheinhaftigkeit fast gänzlich aufgelöst werden, kehrt die leibliche Selbstwahrnehmung zurück: Am letzten, flüchtigen Rest des verabschiedeten Wolkenbildes, macht Faust die sinnliche Erfahrung von einem verbliebenen »Nebelstreif« und erinnert sich dabei spontan an »jugenderstes, längstentbehrtes höchstes Gut« (10055ff.), mithin an Margarete, den Inbegriff der ersten Liebe: »Des tiefsten Herzens frühste Schätze quellen auf« (10060ff.) – das Präteritum markiert die Flüchtigkeit des Erinnerungserlebens als »eine nur augenblickshafte Herzensregung: vergangen schon, wenn ausgesprochen« (Schöne, FA I, 7/2, S. 654).

Das Zustandekommen dieser *mémoire involontaire* resultiert aus der Schwellensituation, in der Faust sich befindet. In der Übergangszone zwischen Schein und Realität können – wie Prousts Roman es später präzise beschreibt – Bilder früheren Erlebens aufsteigen, die sonst entweder im Traum verschlüsselt bleiben oder vom Wachzustand unterdrückt werden. Gerade ob ihrer Unwillkürlichkeit sind solche Erinnerungen intensiver und nachhaltiger als alles vorsätzlich Eingeprägte. Dem Subjekt erscheinen sie als Wesenselemente der eigenen Identität. So erlebt sie auch Faust:

> Wie Seelenschönheit steigert sich die holde Form,
> Löst sich nicht auf, erhebt sich in den Äther hin
> Und zieht das Beste meines Innern mit sich fort.
> (10064ff.)

Er läßt den Nebelstreif ziehen, da er sich innerlich von seiner früheren Lebensgeschichte distanziert hat. Aber er spürt, daß er damit zugleich das Wesentliche seiner Identität preisgibt. Wie ist diese Lücke zu füllen? Faust reagiert nicht anders als viele Menschen (darunter ein berühmter Faustforscher, der aus Unfähigkeit zum Eingeständnis seiner schuldbeladenen Biographie die beschädigte Identität gegen eine rühmlichere auszutauschen versucht hatte): Er will den lebensgeschichtlichen Defekt durch ein Denkmal der eigenen Größe kompensieren.

## 5. Akt

Faust läßt sich als Belohnung für einen mit teuflischen Mitteln gewonnenen Krieg ein Stück Land vom Kaiser geben. Es ist kein kultiviertes Lehensgebiet, das er sich erbittet, sondern eines, das erst durch Trockenlegung eines Meeres urbar gemacht werden muß. Dieser Impuls zur künstlichen Belebung von Neuland ist symbolischer Ausdruck von Fausts Umgang mit der eigenen Biographie. Das eine Projekt wird ihm so wenig gelingen wie das andere. Denn überall lauern Erinnerungszeichen, die die neue Identität in Frage stellen und ihn zu immer rigoroseren Verdrängungsaktivitäten nötigen – mit letztlich verheerender Konsequenz auch für ihn selbst. Das Glöcklein einer Dünenkapelle ist ein solches Erinnerungszeichen. Faust reagiert nun anders als im ersten Teil des Dramas, wo ihn beim Klang der Osterglocken »Erinnrung [...] mit kindlichem Gefühle« (781) von der Selbstverleugnung abhielt. Diesmal kann er sich mit der eigenen Lebensgeschichte nicht versöhnen; der Klang ist ihm unerträglich:

> Verdammtes Läuten! Allzuschändlich
> Verwundet's, wie ein tückischer Schuß;
> [...]
> Erinnert mich durch neidische Laute:
> Mein Hochbesitz, er ist nicht rein, (11151ff.)

Die Unreinheit ist eine des Gewissens; sie soll durch die Reinheit der Plankultur, die zur Vernichtung des Hüttenidylls von Philemon und Baucis führt, beseitigt werden. So kann Faust zwar die Erinnerungszeichen vernichten, doch das latente Weiterleben der Erinnerungen kann er sich damit nicht »vom Gemüte« schaffen (11257). Die Sorge schleicht sich ein und »nistet« – wie er aus seinem früheren Leben weiß, als er sie noch gekannt und anerkannt hat – »im tiefen Herzen,/Dort wirket sie geheime Schmerzen« (644f.). Um sie vergessen zu können, benötigt er eine Absicherung seiner neuen Identität in einem unvergänglichen Merkzeichen. Dies ist die Funktion seines Zivilisationsmonuments, das freilich so fiktiv ist wie sein Selbstbild. Der sorglos blinde Faust bildet sich ein: »Es kann die Spur von meinen Erdetagen/Nicht in Äonen untergehn. – « (11583f.).

Die Gigantomanie dieser Vision korreliert mit Fausts Verdrängungsbedarf gegenüber dem Eingedenken der »kleinen Welt« Margaretes.[7] Ironischerweise ist es aber gerade der Wunsch nach Selbstvergessenheit, der sich in der Arbeit am kompensatorischen Merkzeichen dokumentiert. Faust sieht nicht, daß er sich mit dem Antreiben der Knechte zur Aushebung des Neuland-Grabens nur das eigene Grab bereitet. Sein Bemühen um Verewigung im Monument hat zum unfreiwilligen Ziel das »Ewig-Leere«, wie Mephisto nüchtern bilanziert. So beschließt Goethes Drama die Lebensbahn seines Helden mit einer fundamentalen Denkmalskritik.

Diese Kritik nimmt Paradoxien der Memorialkultur vorweg, die erst viel später, im Rückblick auf den Monumentalismus des 19. Jahrhunderts, in aller Schärfe erkannt werden. So notiert etwa Robert Musil in seinem *Nachlaß zu Lebzeiten* die Beobachtung: »Es gibt nichts auf der Welt, was so unsichtbar wäre wie die Denkmäler. Sie werden doch zweifellos aufgestellt, um gesehen zu werden, ja geradezu, um Aufmerksamkeit zu erregen; aber gleichzeitig sind sie durch irgend etwas gegen Aufmerksamkeit imprägniert, und diese rinnt Wassertropfen-auf-Ölbezug-artig an ihnen ab, ohne auch nur einen Augenblick stehenzubleiben.«[8] Die Beobachtung, daß das Bedürfnis des Menschen nach Selbstfindung notwendig zu Vergegenständlichungen führe, die ihn vom urspünglichen Ziel des Eingedenkens seiner selbst zugleich abbringen, läßt Georg Simmel um die gleiche Zeit von einer *Tragödie der Kultur* sprechen.[9] Goethes Drama antizipiert und konkretisiert diesen Gedanken in einer Tragödie der Gedächtniskultur. Welche Konsequenz ist daraus zu ziehen? Die Abschaffung der Denkmäler?

Wie wir bereits feststellten, bedarf jede Kultur zur Aufrechterhaltung ihrer Identität kollektiver Merkzeichen, die das Individuum überdauern. Auch Goethe gehört dazu, und zwar in herausragender Weise; er gilt geradezu als Inbegriff unseres kulturellen Gedächtnisses. Obwohl er also selbst literarische Denkmäler geschaffen und die eigene Person ganz gezielt zum Denkmal stilisiert hat[10], teilt er offenbar nicht das Schicksal seines Dramenhelden. Der Unterschied liegt darin, daß er die unvermeidlichen Selbstwidersprüche jeder Erinnerungskultur als solche zur Darstellung gebracht hat. Das paradoxe Gedächtnistheater seines *Faust II* führt uns vor Augen, daß keine Form des Erinnerns – sei sie anthropologischer, kulturgeschichtlicher oder biographischer Art – sich realisieren kann, ohne zugleich ihr Gegenteil heraufzubeschwören. Gerade durch diese Blicköffung überwindet er schließlich doch die tragische Perspektive – wenn auch nur im mystischen Gleichnis: In den *Bergschluchten* wird eine Art des Erinnerns angedeutet, die dauerhaft ist, weil sie nicht auf Fixierungen beruht. Fausts Entelechie steigt in dieser körperlosen Sphäre zum Wolkenbild Margaretes auf, das er im *Hochgebirg* hatte ziehen lassen. Die einst vergeblich scheinenden Bitten der aus seiner Lebensgeschichte Verstoßenen, ihre Verse im *Zwinger*, sind hier als Reminiszenz aufbewahrt (vgl. 3587ff.; 12069ff.). Sie bewirken nun, daß Fausts frühes Erleben »aus ätherischem Gewande« hervortritt (12090f.) – nicht vermöge festhaltender Erinnerung, sondern, nach Adornos Wort, der Hoffnung auf eine »Wiederkunft des Vergessenen«[11].

1 Auf ausführliche Forschungshinweise mußte verzichtet werden. Eine ungekürzte Fassung dieses Textes ist abrufbar unter der Internet-Adresse: http://www.culture.hu-berlin.de/PM/Pub/Lit/Faust_II.html

2 Vgl. Peter Matussek, *Goethes Lebens-Erinnerungen*, in: Hans Werner Ingensiep/Richard Hoppe-Sailer (Hg.), *NaturStücke. Zur Kulturgeschichte der Natur*, Ostfildern 1996, S. 135–167.

3 Vgl. Albrecht Schöne FA I, 7/2, S. 479ff.

4 Ein ähnlicher Mechanismus läßt sich auch für das Mütter-Reich unserer Tage, die Matrix des Cyberspace feststellen, wo es gerade die Abwesenheit des anderen ist, die das Präsenzerlebnis verstärkt. Vgl. Peter Matussek, *www.heavensgate.com* – Virtuelles Leben zwischen Eskapismus und Ekstase, in: Paragrana 6 (1997), H 1: Selbstfremdheit, S. 129–147.

5 Dorothea Hölscher-Lohmeyer, *Natur und Gedächtnis. Reflexionen über die klassische Walpurgisnacht*, in: Werner Keller (Hg.), *Aufsätze zu Goethes ›Faust I‹*, Darmstadt 1991, S. 93–122, hier S. 122.

6 Harald Weinrich, *Dante und Faust*, in: Gary Smith/Hinderk M. Emrich (Hg.), *Vom Nutzen des Vergessens*, Berlin 1996, S. 105–131, hier S. 125.

7 Das läßt sich am Sprachduktus des Schlußmonologs detailliert nachweisen, worauf hier verzichtet werden muß. Vgl. ausführlich dazu: Peter Matussek, *Tun und Lassen. Zur Dynamik des ›Faust‹-Schlusses*, in: Oliver Jarasch/Thomas Greven (Hg.), *Umwege. Für eine lebendige Wissenschaft des Politischen*, Frankfurt/M. 1999, S. 50–60.

8 Robert Musil, *Nachlaß zu Lebzeiten. Unfreundliche Betrachtungen. Denkmale*, in: ders., *Sämtliche Erzählungen*, Reinbek bei Hamburg 1978, S. 324–327.

9 Georg Simmel, *Der Begriff und die Tragödie der Kultur*, in: ders., *Philosophische Kultur. Gesammelte Essais*, 3. Aufl., Potsdam 1923, S. 236–268.

10 Das reicht von seiner eingestandenermaßen fiktional geprägten Lebensgeschichte *Dichtung und Wahrheit* über seine hoch selektive Nachlaßvorbereitung bis zur Beteiligung an Entwürfen für Goethe-Denkmäler.

11 Theodor W. Adorno, *Zur Schlußszene des Faust*, in: ders., *Noten zur Literatur II*, Frankfurt/M. 1961, S. 7–18, hier S. 18.

# Gewalt in **Goethes Faust**

## Ernst Osterkamp

Goethe hat den Reim Gewalt/Gestalt geliebt. In seiner Tragödie *Faust* taucht er nicht weniger als achtmal auf: einmal in *Der Tragödie Erster Teil,* siebenmal in *Der Tragödie Zweiter Teil,* darunter einmal in der Pluralvariante Gewalten/Gestalten (10433f.). Der Einklang, den der Reim zwischen Gewalt und Gestalt herstellt, scheint kaum weniger verstörend als derjenige, den die Kleistsche Penthesilea zwischen Küssen und Bissen gestiftet hat. Denn der heutige Wortgebrauch verbindet mit Gewalt unlöslich die Vorstellung von Zerstörung und Vernichtung, während Gestalt gerade deren Gegensatz bezeichnet: die Geschlossenheit einer nach inneren Gesetzen geordneten Form oder, mit Goethe gesprochen, »den Complex des Daseins eines wirklichen Wesens«, in dem »ein Zusammengehöriges festgestellt, abgeschlossen und in seinem Charakter fixirt sei«. Danach ließe sich die von der Goetheschen Reimpoetik herbeigezauberte Verbindung von Gewalt und Gestalt allenfalls als die dialektische Einheit eines Gegensatzes verstehen: als der Versuch, mit der Gewalt des Reims Eintracht zu stiften zwischen Zerstörung und Ganzheit.

Und doch trifft eben diese Deutung nicht zu. Goethe war kein Dialektiker; ihn hat das ästhetische Spiel mit Gegensätzen nicht gereizt. Er hat Gewalt und Gestalt gerade deshalb reimend aufeinander bezogen, weil er zwischen beidem weniger einen Gegensatz als vielmehr ein Bedingungsverhältnis erkannt hat. Dies zeigen im 4. Akt des *Faust II* die Verse 10433f., in denen der geharnischt auftretende Faust dem Kaiser von dem geisterhaften Bergvolk erzählt:

> Mit leisem Finger geistiger Gewalten
> Erbauen sie durchsichtige Gestalten …

Hier bezeichnen die Gewalten jene notwendigen Kräfte, ohne die es zur Entstehung von Gestalten nicht kommen könnte. Gewalt ist in diesen Versen demnach eine zwanglos (»mit leisem Finger«) wirkende schöpferische Kraft, die das »Dasein eines wirklichen Wesens«, Gestalt also, erst ermöglicht, so daß sich Gewalt und Gestalt in diesem Fall auch zwanglos aufeinander reimen. Der Reim verbindet hier gerade dasjenige, was konstitutiv zusammengehört, und nicht entgegengesetzte Begriffe.

Es würde die Komplexität des Goetheschen Wortgebrauchs aber gründlich verkennen, wer daraus eine Regel machen wollte. Dies zeigt beispielhaft das Ende des 1. Akts von *Faust II,* die phantasmagorische Beschwörung von Paris und Helena. Da ist Faust von dem »Fratzengeisterspiel« (6546) der herbeigezauberten Helena so sehr hingerissen, daß er gewaltsam die Grenze zwischen Fiktion und Wirklichkeit niederzureißen und Helena in sein Leben zu ziehen versucht. Entsetzt bemüht sich der Astrolog, seinem Übergriff Einhalt zu gebieten:

> Was tust du Fauste! Fauste! – Mit Gewalt
> Faßt er sie an, schon trübt sich die Gestalt. (6560f.)

Eine »Explosion« zerstört die Erscheinung der Helena und streckt Faust zu Boden; der Akt geht in »Finsternis, Tumult« zu Ende – disharmonischer schließt kein Akt des *Faust II.* Hier markiert die Gewalt nun tatsächlich den Gegensatz zur Gestalt; sie »trübt« und vernichtet diese und droht selbst den zu vernichten, der Gewalt an der Gestalt geübt hat. Denn der furchtbare Akt der Grenzüberschreitung des Faust besteht ja darin, die Welt des schönen Scheins, der Kunst, in die Wirklichkeit übertragen zu wollen, und eine solche Verwechslung der Kunst mit dem Leben gefährdet nicht nur die Kunst, sondern auch denjenigen, der zwischen beidem nicht mehr zu unterscheiden vermag. Es ist dieser Gegensatz von Leben und Kunst, der hier die spannungsvolle Reim-Verbindung von Gewalt und Gestalt grundiert. Innerhalb dieses Gegensatzes entfaltet sich die Gewalt nicht, wie beim ersten Beispiel, als schaffende und erhaltende, sondern als zerstörende und vernichtende Kraft.

Die beiden Beispiele lassen die Breite des Bedeutungsspektrums erkennen, welches der Gewaltbegriff für Goethe besessen hat. Es erstreckt sich zwischen dem positiven Pol der Bezeichnung für Macht, Verfügungsfähigkeit und schöpferische Kraft (lat. potestas, engl. power) und dem negativen Pol jener Bezeichnung für zerstörende Kraft (lat. violentia, engl. violence), die heute gemeinhin mit dem Begriff Gewalt verbunden wird. Ob die Gewalt eine schöpferische, ob sie eine zerstörerische Kraft ist, dies ist gerade im poetischen Text des *Faust* oft nicht von vornherein entscheidbar:

Und sollt *ich* nicht, sehnsüchtigster Gewalt,
Ins Leben ziehn die einzigste Gestalt?

So fragt Faust, getrieben von der Sehnsucht nach Helena, Chiron in der Klassischen Walpurgisnacht (7438f.) Aber die Gewalt seiner Sehnsucht, die dann im 3. Akt Helena in die Gestalt wachsen läßt, erweist sich nicht auf Dauer als schöpferisch; sie schlägt zum Schluß des 3. Akts, mit dem tödlichen Absturz des gemeinsamen Kindes Euphorion, doch wieder in eine zerstörerische Kraft um: Wie der an »eine bekannte Gestalt« (nämlich an Lord Byron) erinnernde Körper des toten Jünglings sogleich verschwindet, so verschwindet danach auch »das Körperliche« – die Gestalt – der Helena, und Faust bleiben am Ende nur »Kleid und Schleier« – leere Hüllen – in den Armen zurück. Die »sehnsüchtigste Gewalt«, der Faust das lebensgeschichtliche Intermezzo seines Glücks mit Helena im 3. Akt verdankt, mündet in die Machtphantasien und die Alterseinsamkeit des 4. und 5. Akts.

Wie die Klischees der Goethe-Rezeption immer den Blick auf dessen Verständnis von Gestalt – Goethe, der Morphologe! – gelenkt haben, so haben sie es auf der anderen Seite beharrlich verhindert, das Werk in der Perspektive seines Gewaltverständnisses und seiner Gewaltdarstellungen zu erörtern. Noch das neue fünfbändige *Goethe-Handbuch* (1997–1999) enthält keinen Artikel zum Stichwort Gewalt – dies im Unterschied zu seinem frühesten Vorgänger, dem 1916–1918 von Julius Zeitler herausgegebenen *Goethe-Handbuch;* dort ist unter dem Stichwort ›Gewalt‹ zu lesen: »Goethe war ein Feind jeder gewaltsamen Handlung. An Stelle der Gewalt soll Liebe und Überredung treten. Mit Liebe soll der Erzieher ein gutgesinntes, zur Teilnahme geneigtes Kind anleiten, mit sanfter Überredung hält Iphigenie den grausamen Gebrauch auf, die Fremden am Altar Dianens zu opfern.« Und weiter: Goethe »fürchtet die Gewalt, weil er weiß, daß ein gewaltsam Entbundenes sich nicht wieder ins Enge bringen läßt.« Es folgen vier Zitate, die sämtlich die These von Goethes Gewaltfeindschaft belegen sollen.

Dabei zeigen schon die wenigen oben zitierten Beispiele aus dem *Faust,* daß sich die Gewaltthematik im Werk Goethes sehr viel komplexer und schillernder entfaltet, als es dieser während des Ersten Weltkriegs auf die ideologischen Bedürfnisse des wilhelminischen Gymnasiums hin formulierte Artikel zulassen will. Immerhin war es Goethe, der mit dem *Erlkönig* allen deutschen Gewaltdiskursen – vom Büchsenöffnen bis zur Panzerschlacht – ihren zentralen Topos geliefert hat: »Und bist du nicht willig, so brauch' ich Gewalt!« Und es war ebenfalls Goethe, der mit dem *Faust* – von der Szene in *Auerbachs Keller* über das tödliche Schein-Duell Fausts mit Valentin (»Nun soll es an ein Schädelspalten!«) und den Kindsmord Gretchens bis hin zu dem Schlachtenpanorama im 4. Akt von *Faust II* und der kaltblütigen Beseitigung von Philemon und Baucis im 5. Akt – ein Bild der von Faust durchwanderten »kleinen, dann der großen Welt« (2052) entworfen hat, wie es gewaltförmiger kaum gedacht werden kann.

Gewalt – das Wort und die von ihr bezeichnete Sache – ist, anders als das Rezeptionsklischee es will, im Werk Goethes keineswegs marginal, sondern zentral. Für das Wort Gewalt allein finden sich in Goethes Schriften und Briefen, wie das *Goethe-Wörterbuch* nachweist, rund 850 Belege. Um den Gewaltbegriff gruppiert sich in Goethes Werk ein riesenhaftes Wortfeld, das aus einer Vielzahl von Ableitungen, Wortverbindungen und Neologismen gebildet wird, die diesem sprachgewaltigen Dichter zur Verfügung standen; allein das Wort gewaltsam kommt in seinem Werk rund vierhundertmal vor. Dabei bezeichnen gerade diese Prominenz des Gewaltbegriffs und dessen breites Bedeutungsspektrum die historische Distanz des Goetheschen Werkes zu den heutigen Gewaltdiskursen. Anders nämlich als es das Klischee von der Gewaltfeindschaft des Dichters vermuten läßt, sind die heute beliebten Negationen des Gewaltbegriffs bei ihm äußerst selten; das Wort gewaltfrei z.B. taucht, wie das *Goethe-Wörterbuch* zeigt, gar nicht und das Wort gewaltlos nur äußerst selten auf. Der Mangel an Negationen ist ein Indiz dafür, daß Goethe den Begriff Gewalt zumeist positiv besetzt, und eben dies erklärt die Fülle an Ableitungen und Neubildungen, die ihm das Wort Gewalt ermöglicht: von der Erdgewalt bis zur Sturmgewalt im Bereich der Natur, von der Allgewalt bis zur Staatsgewalt im Bereich des Religiösen und Politischen und auch sonst in allen Bereichen des menschlichen Lebens, in denen Kräfte förderlich, aber auch zerstörerisch aufeinander einwirken: von der Geistesgewalt bis zur Menschengewalt, von der Originalgewalt bis zur Rednergewalt.

Das Thema der Gewalt führt damit bei Goethe vom Himmel durch die Welt zur Hölle. Gewalt tritt überall dort auf, wo Kräfte aufeinanderwirken, ein Prozeß, ohne den für Goethe Leben nicht denkbar ist. Gewalt und Leben gehören unabdingbar zusammen, entsprechend der für ihn bis an sein Lebensende primär gebliebenen Wortbedeutung von Gewalt als Kraft (lat. vis bzw. virtus). Weniger als ein Drittel der vom *Goethe-Wörterbuch* gesammelten Belege dagegen versteht den Begriff im Sinne physischer (oder psychischer) Gewalt (violentia); den Bedeutungen Kraft und Macht (vis und potestas) kommt im Rahmen des Goetheschen Gewaltverständnisses eine erheblich größere Bedeutung zu. Deshalb reimen sich Gewalt und Gestalt in Goethes Werk. Als eine wirkende Kraft, die schöpferisch gestaltend ist, muß Gewalt bei Goethe deshalb auch in der Lage sein, Hemmnisse und Widerstände zu überwinden.

Die Bedeutung von Gewalt als physische Vitalität und geistige Durchsetzungskraft und damit als primärer Lebensfaktor im Rahmen von Goethes Naturauffassung und Anthropologie läßt sich anhand eines seiner Schemata aus den naturwissenschaftlichen Schriften verdeutlichen. Es entstammt dem kleinen Aufsatz *Bildungstrieb* (1823), der mit dem folgenden Schema schließt:

Stoff.

Vermögen.
Kraft.
Gewalt. — Leben.
Streben.
Trieb.

Form.

Das Schema faßt die Grundkonstituenten des Lebens zusammen. Damit sich die Materie, der Stoff, zur Form im morphologischen Sinne, zur organischen Ganzheit und damit zur Gestalt, organisieren kann und auf diese Weise Leben möglich wird, bedarf es der »Gewalt« als einer physischen Kraft, die in Wirkung tritt: nicht nur als Möglichkeit, als »Vermögen«, oder als Fähigkeit, als »Kraft«, sondern als schaffende und formende Gewalt, die sich steigert und intensiviert zum »Streben« und zum »Trieb« als Form- und Bildungstrieb. Die Gewalt steht also im Zentrum von Goethes Verständnis des Lebens, und wie das Schema des weiteren verdeutlicht, ist sie für den Dichter, verstanden als primärer Lebensfaktor, ein prinzipiell positiv aufgefaßter Begriff, dessen Negationen ihm fremd sind. Gewalt ist eine vitale physische oder seelisch-geistige Wirkkraft und damit eine Elementarkategorie des Lebens.

Wird der Gewaltbegriff in den historisch-politischen Raum übertragen und damit auf Machtverhältnisse bezogen, bezeichnet er für Goethe analog dazu eine Elementarkategorie des politischen Handelns, und auch sie wird positiv aufgefaßt und unterliegt nicht der Kritik: als Befugnis, auf der Grundlage gesetzlich eingesetzter, institutionalisierter Macht zu wirken und zu herrschen. Gewalt als politische, gesellschaftliche und administrative Macht bezeichnet damit eine lebensnotwendige, das Leben organisierende und erhaltende Funktion.

Dies also, die vital-schöpferische und die politisch-erhaltende Bedeutungssphäre, definiert das positive Zentrum von Goethes Gewaltverständnis. Der negative Wortgebrauch im Sinne von Gewaltsamkeit, Gewalttätigkeit und Zwang (lat. violentia), bei Goethe immer verknüpft mit dem Element der Willkür, tritt dagegen in seinem Vokabular deutlich zurück. Aber auch er begegnet natürlich vielfach in den Werken Goethes, und dies um so entschiedener, je mehr in die das Leben schaffenden und ordnenden Funktionen die zerstörenden und auflösenden Faktoren einbrechen – das heißt im Falle Goethes: vor allem nach der Französischen Revolution. Wie sehr der späte Goethe die geschichtlichen Verhältnisse seiner Zeit von der gesetzlosen, lebensvernichtenden Gewalt geprägt sah, zeigt sich daran, daß er die Drei Gewaltigen Raufebold, Habebald und Haltefest – allegorische Verkörperungen einer über alle gesetzlichen Ordnungen sich hinwegsetzenden Aggressivität und des mit ihr verbundenen Besitzegoismus – in die beiden letzten Akte seines dramatischen Weltentwurfs *Faust* eingeführt hat; über deren Wirken heißt es im Chorus (11374-7):

Das alte Wort, das Wort erschallt:
Gehorche willig der Gewalt!
Und bist du kühn, und hältst du Stich,
So wage Haus und Hof und – Dich.

Die konstitutive Verbindung des positiven Gewaltbegriffs mit dem Gesetz, sei es dem der Natur, sei es dem der politischen Ordnung, ist für Goethes Gewaltverständnis so bezeichnend wie die Verbindung der negativen Gewaltauffassung mit der Willkür (als der Aufhebung aller Gesetzlichkeit). In diesem Sinne kann selbst die Natur zur zerstörerischen Gewalt werden, wenn ihre gesetzlichen Abläufe temporär außer Kraft gesetzt erscheinen, etwa bei einem Vulkanausbruch oder einem Erdbeben. Goethe hat diese Art von zerstörerischer Naturgewalt nicht zuletzt mit der vulkanistischen Erdentstehungstheorie verbunden, zu deren entschiedenem Fürsprecher er im 4. Akt des *Faust II* Mephistopheles erhebt; dieser erklärt im *Hochgebirg* Faust die wüsten Gesteinstrümmer mit dem vulkanistischen Wirken der Teufel, das alle Gesetze revolutionär außer Kraft setzt:

Wir sind die Leute Großes zu erreichen:
Tumult, Gewalt und Unsinn! sieh das Zeichen! – (10126f.)

Wo dagegen die Naturprozesse gesetzmäßig verlaufen, erscheint zerstörerische Gewalt in der Natur ausgeschlossen; in diesem Sinne läßt der Neptunist Thales in seinem geognostischen Streitgespräch mit dem Vulkanisten Anaxagoras in der *Klassischen Walpurgisnacht* wiederum Gestalt und Gewalt sich schönstens aufeinander reimen:

Sie [die Natur] bildet regelnd jegliche Gestalt,
Und selbst im Großen ist es nicht Gewalt. (7863f.)

Die Natur bildet »regelnd«, nach inneren Gesetzen alle anorganischen und organischen Formen: Gestalt. Selbst das Große, Übermenschliche, Erhabene begründet im Naturraum keine destruktive Gewalt, sondern dies bewirkt allein die Aufhebung der Gesetzlichkeit. Wo Willkür und Gesetzlosigkeit in Natur und Geschichte auftreten, vollzieht sich Gewalt bei Goethe als prinzipiell lebensbedrohende und lebensvernichtende Kraft (violentia), wie Gewalt dort, wo sie sich in Übereinstimmung mit dem Naturgesetz und dem überlieferten Recht befindet, das Leben schafft und erhält (vis und potestas).

Damit verweist Goethes Gewaltverständnis ins Zentrum dessen, was man früher sein Weltbild genannt hätte: also ins Zentrum seines Verständnisses von der Ordnung der Natur und der menschlichen Lebensverhältnisse. Wenn Goethe Gewalt als einen primären Lebensfaktor versteht, der in gradueller Abstufung Leben schafft (vis), Leben erhält (potestas), Leben bedroht und vernichtet (violentia), dann ist mit einer Omnipräsenz von Gewalt im Werk zu rechnen. Gewalt ist bei Goethe werkkonstitutiv, weil sie lebenskonstitutiv ist, und dies wiederum in gradueller Abstufung: Schaffende und erhaltende Gewalt ist im Werk Goethes thematisch dominanter denn zerstörerische Gewalt. Negationen – und zerstörerische Gewalt ist eine Negation des Lebens – sind für diesen Dichter poetisch uninteressant, sie regen seine Einbildungskraft derart wenig an, daß er bekanntlich selbst den Teufel, den Geist, der stets verneint, in eine Kraft umwandeln muß, die stets das Böse will und stets das Gute schafft (1336), also zerstörerischer Gewalt (violentia) den Effekt einer schaffenden Gewalt (virtus) verleiht. Niemand wird deshalb Goethe um seiner Darstellungen physischer Gewalt willen lesen, viele aber deswegen, weil er der Liebe als einer vitalen Gewalt derart sprachmächtig Ausdruck verliehen hat wie kein Dichter vor ihm. So in der Gretchentragödie und im *Helena*-Akt des *Faust;* das erste, was Mephistopheles über die große Liebende Margarete sagt, ist, daß er über sie »keine Gewalt« habe (2626), und über die Wirkung Helenas, der »Gestalt aller Gestalten« (8907), sagt Lynceus:

> Denn du bestiegest kaum den Thron,
> So neigen schon, so beugen schon
> Verstand und Reichtum und Gewalt
> Sich vor der einzigen Gestalt. (9321–4)

Und niemand wird sich über krasse und detailverliebte Gewaltphantasmagorien bei Goethe ärgern, viele aber darüber, daß er landesherrliche, administrative, herrscherliche Gewalt so positiv dargestellt hat wie vielleicht kein großer Dichter nach ihm. All dies ist in seinem Gewaltverständnis konstitutiv aufeinander bezogen, und das eine ist ohne das andere nicht zu haben.

Wenn Gewalt bei Goethe werkkonstitutiv ist, weil sie lebenskonstitutiv ist, dann gilt dies freilich auch für die physische und psychische Gewalt (violentia): Gewalt als bedrohende und vernichtende Kraft ist ein selbstverständliches Element des Lebens und deshalb auch ein selbstverständliches Element des Goetheschen Werkes, vom *Götz von Berlichingen* bis zum Schlußakt des *Faust*, in dem die Drei Gewaltigen, angeleitet von Mephistopheles, ihr tödliches Vertreibungswerk an Philemon und Baucis begehen – einer literaturhistorisch hochbedeutsamen Episode, weil hier, in dem von der Gewalt der Modernisierungsprozesse herbeigeführten Untergang dieses liebenswürdigen Paares, der späte Goethe mit einer Radikalität ohnegleichen die Unmöglichkeit jener Kunstform inszeniert, mit der sein Freund Schiller einst die Erfüllung aller seiner geschichtsphilosophischen Hoffnungen verband: der Idylle als der Vereinigung von Ideal und Leben. Die höhnische Prognose des Mephistopheles: »Nach überstandener Gewalt/ Versöhnt ein schöner Aufenthalt.« (11280f.) ist in Wahrheit ein bitterer Abgesang nicht nur auf die Idee der Idylle – der »schöne Aufenthalt« meint den locus amoenus als den klassischen Ort der Idylle –, sondern auch auf die Idee der Versöhnung überhaupt. Denn Philemon und Baucis überstehen die ihnen zugefügte Gewalt nicht; die Idylle ist für immer vernichtet, und während Faust noch jede Schuld an dem »unbesonnenen wilden Streich« (11372) von sich abzuwehren versucht, resümiert der Chorus ungerührt die Lehre aus dem Geschehenen: »Das alte Wort, das Wort erschallt:/ Gehorche willig der Gewalt!« (11374f.) Die Gewalt liegt hier in den Händen Fausts, und weil er dies genau weiß, kann er fortan der psychischen Gewalt der Sorge nicht mehr entgehen, die von sich selber sagt: »In verwandelter Gestalt/ Üb' ich grimmige Gewalt.« (11426f.) So verabschiedet Goethe mit der Vernichtung der Idylle im Schlußakt seines letzten Werks die Vorstellung, es sei unter den Bedingungen der Moderne eine gewaltfreie Kunst noch möglich.

Man wird also schwerlich sagen können, Goethe habe die Gewalt als konstitutives Element menschlicher Vergesellschaftung in seinem Werk unterdrückt oder sie im Zeichen eines klassischen Harmoniestrebens und seines Humanitätskonzepts auch nur marginalisiert. Das Gegenteil ist der Fall: Sie ist in seinem Werk allgegenwärtig. Sie gehört für Goethe so selbstverständlich zur Lebenswirklichkeit, daß er sie mit einem Lakonismus und einem Gleichmut ästhetisch vergegenwärtigt, die nicht zuletzt aufgrund ihrer Distanz zu moralischen Urteilen nach wie vor provokativ erscheinen: »... es fehlte mitten in der bürgerlichen Ruhe und Sicherheit nicht an gräßlichen Auftritten. Bald weckte ein näherer oder entfernter Brand uns aus unserm häuslichen Frieden, bald setzte ein entdecktes großes Verbrechen, dessen Untersuchung und Bestrafung die Stadt auf viele Wochen in Unruhe. Wir mußten Zeugen von verschiedenen Exekutionen sein.« So heißt es über Goethes Kindheitswelt im 4. Buch von *Dichtung und Wahrheit.* Weil Goethe Zeuge dieser Exekutionen gewesen ist, werden auch die Zuschauer des *Faust* zu Zeugen eines hochnotpeinlichen Verfahrens, in dem diejenige, die gerettet werden soll, zuvor auf entsetzliche Weise gerichtet wird. Das Spiel der Überbietungen am Ende des *Faust I* – »Mephistopheles: Sie ist gerichtet! Stimme von oben: Ist gerettet!« (4611) – zeigt, daß für Goethe Gewalt nur dort ästhetisch gerechtfertigt erscheint, wo sie in die universale Ordnung zurückführt, das heißt wo aus der zerstörerischen Gewalt (violentia), als welche ihm die an Margarete vollzogene Todesstrafe gilt, wieder eine schöpferische Kraft (vis) wird. In dem Moment, wo die Stimme des Mephistopheles von der rettenden Stimme von oben abgelöst wird, schlägt violentia in vis um und hat die negative Energie des Teufels ihre zerstörerische Gewalt verloren; deshalb verschwinden nun Mephistopheles und Faust.

So verfährt Goethe mit Themen der Gewalt, wie er mit allen seinen Stoffen verfährt: Er unterwirft sie einer Strategie der darstellerischen Integration, die sie ästhetisch als bedeutendes Element einer Welt der geordneten Bezüge rechtfertigt. Am 30. Oktober 1808 – ein halbes Jahr zuvor war ihm Kleists *Penthesilea* in die Hände gelangt – klagte Goethe gegenüber Freund Zelter darüber, daß in der damaligen Kunstwelt alles »durchaus ins form- und charakterlose« gehe: »Kein Mensch will begreifen, daß die höchste und einzige Operation der Natur und Kunst die Gestaltung sei und in der Gestalt die Spezifikation, damit jedes ein besonderes bedeutendes werde, sei und bleibe.« Gestaltung: dies heißt im Falle von Gewalt wie im Falle jedes anderen künstlerischen Themas nichts anderes als die Verwandlung von Stoff in Form. Gewalt wird durch Gestaltung zu thematisch spezifizierter Form: zu Form und Charakter. Wie Gewalt als schöpferische Kraft (vis) im Lebensprozeß Form schafft, so muß die zerstörerische Gewalt (violentia) im Kunstwerk Form werden. Als künstlerisches Thema ist Gewalt für Goethe damit nur dort gerechtfertigt, wo sie Form zu werden vermag. Umgekehrt heißt dies aber auch, daß Gewalt als Thema des Kunstwerks eine formbildende Kraft entfalten kann. Erst die Übereinstimmung der künstlerischen Darstellungsprinzipien mit den Naturgesetzen verbürgt eine Integration aller Darstellungselemente zur Form: ohne Willkür und damit gewaltlos, was auch bedeutet, daß die dargestellte Gewalt ihre Begründung in der Darstellung selbst finden muß. Nur so, unter Ausschaltung jeder Willkür, entsteht gewaltlos Form durch Gestaltung.

Wo diese gewaltlose ästhetische Integration von Gewalt gelingt, ist bei Goethe thematisch alles möglich. Wer eine Beispielreihe bilden wollte, könnte sie damit eröffnen, daß Goethe mit *Heideröslein* und *Erlkönig* der Weltkultur zwei Urszenen tödlicher Vergewaltigung beschert hat, die, durch Gestaltung Form geworden, dem ewigen Vorrat des bürgerlichen Seelenhaushalts inkorporiert worden sind. Und beschließen könnte er sie mit der geradezu mechanisch von den Agenten der Modernisierungsprozesse vollzogenen Beseitigung von Philemon und Baucis im *Faust,* aber auch mit den antiken Blutbädern von *Philostrats Gemälden* (1818), seiner Bearbeitung späthellenistischer Bildphantasien, an denen der späte Goethe das Winckelmannsche Ausdrucksideal der edlen Einfalt und stillen Größe endgültig zuschanden gehen läßt. Das in einem Hercules-Bild dargestellte Gemetzel zum Beispiel nennt er dort eine »herrliche Komposition«, die sogleich vor die Phantasie trete. Zwar möge die »Darstellung der zerfleischten Glieder« »bedenklich« erscheinen, aber: »man beruhige sich mit dem Ausspruch: Alles Notwendige ist schicklich.« Wo das ästhetisch Notwendige in der Vereinigung von Natur- und Kunstgesetz künstlerische Gestalt wird, dort kann das Gewaltsame und Schreckliche durch Gestaltung zum Schönen werden. Goethe hat in diesem Sinne seine Erläuterung von *Philostrats Gemälden,* die sicher einen Extremfall seiner Ästhetik bezeichnen, in eine Rechtfertigung von Gewaltdarstellungen, von Gewalt als Gestaltung, münden lassen: »In den von uns dargestellten und bearbeiteten Bildern finden wir das Bedeutende niemals vermieden, sondern vielmehr dem Zuschauer mächtig entgegengebracht. So finden wir die Köpfe und Schädel, welche der Straßenräuber am alten Baume als Trophäen aufgehängt; eben so wenig fehlen die Köpfe der Freier Hypodamias am Palaste des Vaters aufgesteckt; und wie sollen wir uns bei den Strömen Blutes benehmen, die in so manchen Bildern mit Staub vermischt hin und wieder fließen und stocken. Und so dürfen wir wohl sagen, der höchste Grundsatz der Alten war das Bedeutende, das höchste Resultat aber einer glücklichen Behandlung das Schöne. Und ist es bei uns Neueren nicht derselbe Fall: denn wo wollten wir in Kirchen und Galerieen die Augen hinwenden, nötigten uns nicht vollendete Meister so manches widerwärtige Martyrtum dankbar und behaglich anzuschauen.« Gewaltdarstellungen lassen sich für Goethe also dann »dankbar und behaglich« anschauen, wenn sie »bedeutend« sind. »Bedeutend« ist einer der Schlüsselbegriffe des Goetheschen Spätwerks – mit dem erstaunten Ausruf »Bedeutend!« (6903) reagiert Homunkulus auf den Anblick des schlafenden Faust –; bedeutend ist, was einen gewichtigen und vielsagenden symbolischen Gehalt aufweist. Wenn Goethe von *Philostrats Gemälden* deshalb sagt, in ihnen sei »das Bedeutende niemals vermieden«, so heißt dies, noch die gräßlichste und gewaltträchtigste Komposition entfaltet eine solche Kraft der symbolischen Bedeutung, daß sie in sich selbst künstlerisch gerechtfertigt ist.

Wo also das Notwendige und das Bedeutende in der künstlerischen Darstellung zusammentreten, ist in Goethes künstlerischer Welt jede Gewaltdarstellung ästhetisch gerechtfertigt – und man kann sich durchaus fragen, ob dies nicht eine Formel wäre, die, über Goethes Werk hinaus, auch heute noch Gültigkeit haben könnte. Gesucht jedoch hat er Gewalt als Thema keineswegs; er ist ihrer Darstellung aber nie ausgewichen, sobald sie ihm notwendig und bedeutend erschien. Dies ist im *Faust* oft der Fall, von der Messerszene in der kleinen Welt des Auerbachschen Kellers bis zum »Durchmarsch gewaltiger Heereskraft« *(Innerer Burghof)* in der großen Welt des *Faust II.* Denn die Welt, die der *Faust* zeichnet, wird, einem Albtraum gleich, von Gewaltverhältnissen bestimmt:

> Wer schaut hinab von diesem hohen Raum
> Ins weite Reich, ihm scheint's ein schwerer Traum;
> Wo Mißgestalt in Mißgestalten schaltet,
> Das Ungesetz gesetzlich überwaltet,
> Und eine Welt des Irrtums sich entfaltet. (4782–6)

Und doch zeigt gerade die Tragödie *Faust,* in der Goethe so oft Gewalt auf Gestalt reimen läßt und deren erster und zweiter Teil mit dem Motiv der Rettung schließen, wie sehr viel näher

ihm das Verständnis von Gewalt als schaffender und erhaltender denn als zerstörender Kraft stand.
Goethe hat 1826, am Ende seines Lebens, das, was er über die Gewaltbereitschaft des Menschen in der Moderne wußte und wie er über das Verhältnis der Kunst zur Gewalt dachte, in seiner *Novelle* darstellerisch zusammengefaßt. Die Entfremdung des modernen Menschen von der Natur, in deren Zeichen auch die zunehmende Gewaltbereitschaft steht, stellt Goethe symbolisch in der Menagerie einer Schaustellerfamilie dar, in der Löwe und Tiger in Käfigen eingesperrt sind. Den gefesselten Elementargewalten der Natur – vis, aber nicht mehr potestas – steht der Bürger mit fasziniertem Schauder gegenüber, der sich durch Darstellungen von Gewalt (violentia) noch steigern läßt: »Zur Bude näher gelangt durften sie die bunten colossalen Gemälde nicht übersehen, die mit heftigen Farben und kräftigen Bildern jene fremden Tiere darstellten, welche der friedliche Staatsbürger zu schauen unüberwindliche Lust empfinden sollte. Der grimmig ungeheure Tiger sprang auf einen Mohren los, im Begriff ihn zu zerreißen.« Dies ist eine Gewaltdarstellung, die nicht den Elementargewalten der Natur und ihren Gesetzen gemäß ist, sondern einer bürgerlichen Gewaltphantasie entspricht, die die Trennung von der Natur voraussetzt – eine Gewaltdarstellung also, die im Goetheschen Verständnis willkürlich und nicht bedeutend ist. Solche Gewaltdarstellungen produzieren, wie die Erzählung zeigt, ebenjene Gewalt, die sie ästhetisch simulieren.

Bei einem Feuer brechen Löwe und Tiger aus ihren Käfigen aus. Der Tiger springt auf eine Fürstin los, die in der Nähe des Jahrmarkts ausreitet, und wird von dem jungen Honorio getötet, der sich in die Fürstin verliebt hat und die Gewalt seines Affekts nun dadurch unter Beweis stellt, daß er Gewalt gegen den Tiger übt und ihn tötet. Diese Tat jedoch ist das Ergebnis einer großen Verkennung, hervorgerufen durch die Gewalt der Bilder, die sich, wie die Erzählung betont, vor die Wahrnehmung der Wirklichkeit geschoben haben: »heranspringend, wie sie ihn vor kurzem gemalt gesehen, kam der Tiger entgegen.« Denn in Wahrheit war der Tiger zahm und entsprach damit in keiner Weise der sensationalistischen Gewaltdarstellung, in der sich die Moderne das Wirken der ungebändigten Natur imaginiert: »Sie haben dich ermordet, armes Tier! ermordet ohne Not!« Was als Rettung vor Gewalt durch Gewalt gemeint war, gerät in Wahrheit, ausgelöst durch die Gewalt der Bilder, zur schlimmsten Vergewaltigung der Natur.

Einen Ausweg aus den hiermit katastrophal unter Beweis gestellten Gewaltverhältnissen, die zwischen Mensch und Mensch, Mensch und Natur herrschen, entwirft schließlich der »ideelle« Schluß der Novelle, in dem das Kind der Tierwärterfamilie den Löwen durch Flötenspiel und Gesang, der gewaltlose Überwinder die Gewalt durch Kunst seinem »friedlichen Willen anheimgibt«. »Zu zeigen, wie das Unbändige, Unüberwindliche oft besser durch Liebe und Frömmigkeit als durch Gewalt bezwungen werde, war die Aufgabe dieser Novelle«, so hat Goethe zu Eckermann gesagt. In diesem Sinne symbolisiert das komplexe Schlußbild der Novelle nicht allein den utopischen Entwurf eines anderen, gewaltlosen Verhältnisses zur Natur, es vergegenwärtigt nicht allein das Hoffnungsbild der gewaltlos Frieden stiftenden Wirkung der Kunst, sondern es reflektiert auch jenes künstlerische Konzept einer gewaltlosen ästhetischen Integration der Gewalt, das Goethe in seinen eigenen Darstellungen von Gewalt zu verwirklichen suchte:

Denn der Ewige herrscht auf Erden,
Über Meere herrscht sein Blick;
Löwen sollen Lämmer werden,
Und die Welle schwankt zurück.
Blankes Schwert erstarrt im Hiebe,
Glaub' und Hoffnung sind erfüllt;
Wundertätig ist die Liebe,
Die sich im Gebet enthüllt.

# Stein und Höhle, Fels und Gebirge
# Vom Geist der Erde in beiden Teilen des Faust
## Einem wißbegierigen Publikum aufgezeichnet

Dorothea Hölscher-Lohmeyer

### I. Weimar im geologischen Fieber

*»Alles mineralogisiert, selbst die Damen finden in den Steinen einen hohen Sinn und legen sich Cabinette an.«*

So redete man in Weimar um 1780. Es war die Zeit der neuen jungen Regentschaft. Fünf Jahre zuvor hatte der 18jährige Herzog Carl-August die Regierungsgeschäfte von seiner 38jährigen Mutter, der verwitweten Herzogin Anna-Amalia, übernommen. Wenige Monate später lud er den staatspolitisch orientierten Juristen Johann Wolfgang Goethe, der als Autor des *Werther* bereits Dichter von Weltruhm war, nach Weimar ein. Knapp ein halbes Jahr später berief er ihn als dritten Minister ins ›Geheime Consilium‹, in das Gremium, das seit 1756 dem regierenden Herrscher beratend zur Seite stand.

Das zu regierende Herzogtum Sachsen-Weimar-Eisenach mit seinen 110.000 Einwohnern war ein armes Land. So galt die erste gemeinsame Unternehmung Carl-Augusts und Goethes schon im Juli und August 1776 der Inspektion alter Bergwerksbetriebe. Ilmenau, ein Silber-Kupfer-Schiefer-Bergbau, der seit 1739 still lag, sollte wieder in Gang gesetzt werden; auch hoffte man auf den Abbau anderer Metalle, wie Eisen und Aluminium. Schon im Februar des nächsten Jahres (1777) berief Carl-August eine Bergwerkskommission ein, der Goethe angehörte, bald auch vorstand. Anna-Amalia, die Herzoginmutter, schrieb damals der Frau Rat, der Mutter Goethes: »Der Herr Sohn ist nach Ilmenau in Bergwerksangelegenheiten. Sie wollen Silbergruben suchen und Weimar damit reich machen. Gott gebe sein Gedeihen«.

Zwar fühlte sich Goethe für diese Aufgabe zunächst wenig ausgestattet. Er war mit der Natur weder durch frühen Umgang noch durch frühe Belehrung vertraut. Aber nun – schon während der ersten Beschäftigung mit dem Ilmenauer Bergbau, die noch aus Nützlichkeitsgründen vorwiegend metallhaltigem Gestein galt – erwachte auch sogleich ein allgemeines Interesse an Steinen und Mineralien. Und aus dem Interesse wurde sehr schnell eine Leidenschaft: »Jetzt leb ich mit Leib und Seel' in Stein und Bergen und bin sehr vergnügt über die weiteren Aussichten, die sich mir auftun«. Er fährt in die Bergwerksschächte ein: »Wir sind ... in die Tiefen der Erde eingekrochen und mögten gar zu gern der großen formenden Hand nächste Spuren entdecken«. Und diese Leidenschaft überträgt sich. Bald kann sich auch die nächste Vertraute dieser Jahre, Charlotte von Stein, der mineralogischen Faszination nicht entziehen. An Goethes Urfreund Carl Ludwig Knebel berichtet sie: »Goethe grübelt jetzt gar denkreich ... und jedes was erst durch seine Vorstellung gegangen ist, wird äußerst interessant. So sind mir's durch ihn das öde Steinreich und die gehässigen Knochen geworden«. Ja, es war die glückliche Erfahrung der 70er und 80er Jahre, daß der Herzog selbst diese Leidenschaft teilte, und nicht nur er, sie erfaßte wie eine Epidemie den Hof und die ganze gebildete Weimarer Gesellschaft, so daß böse Zungen schließlich zischten: »Da war der Mensch gar nichts, der Stein alles«.

### II. Goethes Beschäftigung mit der steinernen Erde

Aus Goethes Kennenlernen der Stein- und Gebirgsarten Thüringens wurde bald das Fragen nach der Gesteinsentstehung überhaupt; aus dem Sammeln von Steinproben und Versteinerungen und dem Beobachten von Metallgängen, sogenannten ›Adern‹, Felsrissen und Gebirgsformationen entstand schließlich so etwas wie der Entwurf einer Erdgeschichte.

Hilfreich wurden ihm dafür die Anschauungen, die er auf Reisen gewann. So war die Aufmerksamkeit während zweier

Harzreisen ausschließlich auf das ›Urgestein unserer Erde‹ gerichtet: den Granit. In den beiden Aufsätzen gleichen Namens wird er von Goethe »die Grundfeste unserer Erde« genannt, »die tiefste Gebürgsart unseres Erdbodens«, die sich aus der wässrigen Grundmasse eines Urozeans als erste absonderte. Aus drei ›Teilen‹: Quarz, Feldspat, Glimmer bestehend, die durch kein fremdes Mittel gebunden sind, waren sie offenbar von Anfang an und ohne Gewalt durch einen chemischen Prozeß, durch Kristallisation, zu dem Granitganzen geworden. Von exemplarischer Bedeutung war ihm diese Erkenntnis, weil sie ihm bewies, daß der Anfang der Erde nicht »ein streitendes, uneinig tobendes Chaos« war, sondern ihr Entstehen sich in ruhigen evolutionären Prozessen aus einem feurigen Urmeer entwickelte. »Trost in der innern regelmäßigen Konsequenz der Natur«, notierte Goethe sich in einem geognostischen Schema.

Der Neptunismus, beherrschende Theorie über die Erdbildung im 18. Jahrhundert, verzichtete auf alle im Erdinnern wirkenden feurig-dynamischen Kräfte. Er schrieb die wichtigsten Prozesse zur Formation der Erde der Wirkung des Wassers zu, weshalb die Theorie nach Neptun, dem Meeresgott, benannt wurde. Aus einem Urozean sollten sich demnach die Urgebirgssteinarten abgeschieden und, bei allmählich sinkendem Wasserspiegel des schon von Lebewesen bevölkerten Meeres, sich die geschichteten Gebirgsarten abgesetzt haben. Überreste pflanzlicher und tierischer Organismen, die in den flacher werdenden Meeren entstanden waren, und sich als Kohlelager in den oberflächlichen Gesteinsschichten sammelten, erzeugten dann durch Gärung und Entzündung Erdbeben und Vulkane.

Am Streit um die Entstehung des Basalts entwickelte sich Ende des 18. Jahrhunderts die Gegentheorie. Anknüpfend an vor-newtonische Konzepte nahm sie Feuer im Erdinnern als Ursache der geologischen Prozesse an, was ihr den Namen nach dem Gott des Feuers oder der Unterwelt einbrachte: Vulkanismus oder Plutonismus. Die durch die Abkühlung kleiner gewordene Erdkruste versuchte, sich durch Schrumpfung dem glutflüssigen Innern anzupassen. Es entstanden durch Wölbungen, Zertrümmerungen und Faltungen die Hochgebirgsketten, durch tektonische Überschiebungen die Erdbeben, und aufgrund von Brüchen in der Erdkruste, die Vulkane. Goethe hat sich bei deutlicher Parteinahme für die neptunistische Theorie in den 20er Jahren des neuen Jahrhunderts partiell dem Vulkanismus geöffnet.

## III. Naturwissenschaft und Poesie

Es könnte abwegig erscheinen, bei einer Einführung in einige Partien des *Faust*-Textes über Goethes geologische Erfahrungen zu berichten – wenn es nicht in der Dichtung Faust in *Wald und Höhle* (3218–3251) gäbe und das mephistophelische ›Harzgebirg‹ (3838ff.); nicht die ›Sphinxe‹ und ›Seismos‹, ›Thales‹ und ›Anaxagoras‹ (7495–8033), nicht die Felsenschrift in dem granitenen Hochgebirge des 4. Akts (10425–10436), als deren Entzifferer sich Faust dem in Not geratenen Kaiser empfiehlt, und nicht die ›starren Felsengipfel‹ (10198–10233), von deren Hochsitz aus Faust seinen letzen Wunsch nach Tätigsein auf der Erde ausspricht.

Und das Geologische ist nicht Goethes einziges Interesse am Leben der Erde. Schon im Sommer 1780 gesellt sich ein Interesse an der Anatomie des Menschen hinzu; es konzentriert sich auf die Bildung des Schädels und führt 1784 zu Goethes Entdeckung eines Knochens, der dem Menschen, im Unterschied zu allen anderen Wirbeltieren, von der Anatomie der Zeit abgesprochen wurde: zum Auffinden des Zwischenkieferknochens. Es war eine Entdeckung, die das damalige Verständnis der biblischen Bestimmung vom Menschen als Sonderschöpfung nach dem Vorbild Gottes widerlegte, indem sie den anatomischen Unterschied zwischen Mensch und Tier aufhob. – Auch davon hier Mitteilung zu machen, könnte überflüssig scheinen, wenn diese Entdeckung nicht das Professor Wagnersche Unternehmen im Laboratorium des zweiten *Faust*-Teils aufklärte: die chemisch-künstliche Schaffung des Homunculus, der zwar als menschliches Sondergeschöpf unter den biblischen Prämissen konzipiert, es dann aber unter Thales' Leitung unternimmt, auf seine besonderen menschlichen Qualitäten zu verzichten und im Meer »Von vorn die Schöpfung anzufangen« (8322) und zwar als animalisch-menschliche Monade.

Es kam im weiteren, während Goethes Aufenthalt in Italien, zu intensiven botanischen Studien, die zum Konzept der ›Urpflanze‹ und dem Gesetz der Metamorphose, der ständigen Verwandlung einer Urform, als dem Prinzip aller Pflanzenbildung, führten. Ohne diese Kenntnis von dem Metamorphosecharakter der griechischen Natur blieben Mephistos Rolle in der *Klassischen Walpurgisnacht*, seine Begegnung mit den Lamien wie den Phorkyaden, aber auch Fausts Gang zu den »Müttern«, den Urformen alles steinernen, pflanzlichen und animalischen Lebens, unverbindliche Bilder poetischer Phantasie.

Es kam zu Wolkenbeobachtungen, während der Italienreise begonnen und mit Unterbrechungen immer weiter fortgesetzt – auch die Wolken sind für Goethe ein Erzeugnis der Erde, Wirkung der Pulsation ihrer Schwerkraft; diese Beobachtungen führten zur Unterscheidung von Wolkenregionen und schließlich zu einer Theorie der Wolkenbildung. Es sind diese Wolkenregionen, die den Schauplatz gliedern, auf dem sich das Spiel um ›Fausts Unsterbliches‹ ereignet.

Schließlich führt das Phänomen der Farbe, der farbigen Erscheinungen, durch die die Erde als einziger Planet ausgezeichnet ist; es führen jahrzehntelange Beobachtungen über ihr Vorkommen zu einer Theorie der Farbentstehung. Ohne diese

Goethe eigene Erkenntnis der Farben als »Taten und Leiden« des unteilbaren Lichts ist der Prolog zum zweiten Teil der Dichtung nicht zu verstehen: die Belehrung, die die Erdnatur durch den Sonnenbogen dem gescheiterten Faust für sein erneuertes Leben gibt: »Am farbigen Abglanz haben wir das Leben« (4727).

## IV. Der Geist der Erde, der Erdgeist

Die Natur, von Goethe in ihren verschiedenen Bereichen auf ihre Gesetze befragt, führte im folgenden zur Erkenntnis allgemeiner, die einzelnen Bereiche übergreifender Gesetzlichkeiten, und schließlich zur Einsicht in die Einheit der Natur als Kosmos. Schon zu Beginn der 80er Jahre plante Goethe aufgrund dieser umfassenden Studien einen ›Roman über das Weltall‹. Ende der 90er Jahre erneuerte sich ihm das Vorhaben eines ›großen Naturgedichts‹. Beides blieb unausgeführt, nicht etwa, weil poetische Bildlichkeit wissenschaftlicher Erkenntnis nicht angemessen sei. Goethe ist in der Geschichte der Neuzeit vielleicht der erste, aber auch der letzte, der sein Verhältnis zur Natur auf zweifache Weise ausspricht. Die poetischen Aussagen sind nicht weniger verbindlich als die wissenschaftlichen.

Man könnte die *Faust*-Dichtung eine Realisierung des geplanten Weltall-Romans nennen; denn um das, »was die Welt/ Im Innersten zusammenhält« (382f.), geht es dem Helden auch hier. Bei dem Versuch des Verzweifelten, statt durch Buchwissen durch Magie dem unmittelbar beizukommen, ist ihm der Geist des Weltalls, der Makrokosmos, zwar dann doch der Fernere, aber er versucht es ein zweites Mal mit der seinem Gefühl näheren Erde – und der Versuch gelingt, der Erdgeist zeigt sich.

In rötlicher Flamme erscheinend, umschreibt er sich als die immer rastlose, immer tätige Kraft, die alles Leben der Erde erzeugt (»Lebensfluten«, »Tatensturm«) und vernichtet (»Geburt und Grab«); »nichts gegenwärtig, alles vorübergehend, tausend Keime zertreten, jeden Augenblick tausend geboren ... gut und böse alles mit gleichem Recht nebeneinander existierend«, wie Goethe diese Kraft gelegentlich auch andernorts definiert. Am Ende sich enthüllend, benennt der Geist sich als »der Gottheit lebendiges Kleid wirkend«: die Erdnatur als die sichtbare Hülle der Gottheit.

Die Kraft, durch die es Faust glückte, diesen Geist sich zu vergegenwärtigen, war die Magie seines Herzens, die beschwörende Kraft seines Gefühls, dem es zwar gelang, ihn anzuziehen, aber nicht, ihn zu halten. Warum? Weil der Versuch der unmittelbaren Vereinigung mit dem Weltwesen im magisch gesteigerten Gefühl menschliche Vermessenheit ist. Gott bleibt – nicht der Wirkung, aber – dem ›Wesen nach immer unbekannt‹. Noch der 100jährige Faust wird lebenserfahren sagen: »Nach drüben ist die Aussicht uns verrannt« (11442).

## V. Harzgebirg

Schuldig geworden an Gretchen, ihrer Mutter und des Bruders Tod begegnen Faust und der Gefährte, der nicht mehr zu entbehrende, zu Füßen des Harzgebirges (3835ff.).

Zwischen Schirke und Elend, zwei Dörfern am Hang des Brocken, beginnen sie ihren Aufstieg. Ihr Ziel ist der Gipfel, auf dem sich »der Sage alter Zeiten« nach Teufel und Hexen in der Walpurgisnacht treffen. Es ist die Nacht zum ersten Mai, die sich nun wieder jährt.

Der Weg hinauf bei trübem abnehmenden Mond scheint mühsam. Das granitene Gebirge, so mutet es die Wanderer an, kehrt ihnen sein teuflisches Äußeres zu. Die Felsen strecken ihre Nasen entgegen, die Klippen bücken sich nach ihnen, die Wurzeln versuchen mit langen Armen, sie zu fangen. Höher steigend taucht in der Tiefe ein Fels auf, durchzogen von glühenden Adern, ja plötzlich entzündet sich golden die ganze Felsenwand. Es ist Herr Mammon, erklärt Mephisto, der Herr des Berggoldes. Unserem Feste zu Ehren erleuchtet er seinen Palast.

Aber was dann, begleitet vom Krachen der Äste, vom Heulen der Lüfte, vom Aufflattern der Eulen, das Gebirge heraufgestürmt kommt, reitend auf Besen und Böcken, sind nicht böse Berggeister, deren Wirken der Brocken seine unwegsamen Felsen und Schluchten verdankt. Es sind überhaupt keine Elementargeister. ›Gut und böse‹ gibt es in der Goetheschen Natur nicht, es sind wertende Unterscheidungen der menschlichen Welt. In der Natur gibt es nur ›erzeugen‹ und ›vernichten‹. Auch Herr Satan, der oberste der Teufel, ist nicht die Gegenmacht zu Gott dem Herrn. Das Universum ist nach Goeth ein durch Naturgesetze geordneter, das heißt göttlicher Kosmos. Das zerstörerische Wirken ist in die gesetzliche Ordnung immer schon einbezogen.

Was jetzt auf den Gipfel des Berges hinaufdrängt, sind die Hexen der menschlichen – geschichtlich gesprochen: der christlich bürgerlichen Welt. Sie wollen als weibliche Glieder zur Feier ihrer Götter: ›Gold‹ und ›Geschlecht‹, mit den Teufeln, den männlichen Gliedern der Gemeinde, zusammentreffen, um in einer Messe die Doppelgottheit betend zu verehren und sich dann, deren göttlichem Gebot gemäß, geschlechtlich zu vereinen. Der Brockengipfel ist der rechte Altar, weil der Berg selbst das Allerheiligste – das Gold – in sich birgt. Sein schwaches »Glimmern« war noch das seiner grauen granitenen Beschaffenheit, desgleichen der ›morgenrötlich trübe Schein‹, der vom rötlichen Porphyr ausging. Glimmer und Porphyr sind zwei Bestandteile des Granits, dessen Silbergehalt gering ist (daher »trüber Schein«). Sein »Wittern« meint das Suchen der Wünschelrute, durch die der Mensch das begehrte Metall aufspürt; der aufsteigende »Dampf« zeigt ihm dann die reich ergiebigen Metallgänge an; und schließlich die ziehenden »Schwaden«, die von giftigen Grubenwassern aufsteigen und die Steiger in Lebensgefahr bringen: alles Qualitäten des Goldes im Berg, die es als das vom Menschen heißbegehrte, dem Berg zu entreißende, beschreiben. »Gold ist so unbedingt mächtig auf der Erde, wie wir uns Gott im Weltall denken«, notierte Goethe in seiner *Geschichte der Farbenlehre.*

Es ist eine Nacht des beginnenden Frühlings, in der sich die Wanderer zum Teufelsfest aufmachten. Faust erhoffte sich eine Erneuerung nach »erlebtem Graus« (4625). Mephisto sah die Gelegenheit, Faust aufs ›neue zu verbinden‹ (4054). Aber aus dem Vergessen-Wollen wie -Machen wird ein Erinnern. Faust, von Mephisto mit einer jungen Hexe verkuppelt, meint plötzlich, Gretchen unter den übrigen zu sehen. Als kindsmörderische Hexe, wie die Welt über sie urteilt, an den Füßen gekettet und am Hals mit einem roten Schnürchen versehen, zum Köpfen bereitet – wie es denn auch geschieht.

## VI. Anmutige Gegend

Wenn der vor Menschenrichtern Verschuldete, von hilfreichen Naturgeistern in den Schlaf gesungen, am nächsten Morgen wieder aufwacht, ist Fausts erstes Wort: »Du, Erde, warst auch diese Nacht beständig« (4681). Er sagt es angesichts der Bergriesen, im Tal auf der Wiese liegend; dankbar der Erde – wie einst dem Erdgeist – nun für ihre Beständigkeit: daß sie dank des Wechsels zur Nacht ihr Leben an jedem Tag wieder erneuert. Denn so, wie die Erde in jeder Mitternacht in den Zustand zurückkehrt, wo die Sterne im See sich spiegeln (4646), das Göttliche im Element der Erde wieder anwesend ist, so hat sie auch Faust im Schlaf auf sein ursprüngliches reines Selbst zurückgeführt. Aus ihm wird er verwandelt und doch als derselbe, zum ›höchsten Dasein Strebende‹ (4685) wiedererwachen. Fausts Wiedergeburt ereignet sich in eins mit der Erneuerung der Natur zwischen Abend und Morgen.

## VII. Am obern Peneius – Seismos, die Sphinxe, Thales und Anaxagoras

Für ein neues Leben durch die Natur vorbereitet, begegnet Faust zunächst am Hof des Kaisers. Als Hofdichter aufgefordert, Helena und Paris auf dem magischen Theater erscheinen zu lassen, verliebt er sich in das von ihm selbst gemachte Scheinbild der antiken Schönen. Nach ihr greifend, um sie zu besitzen, gehen die Bilder in Dunst auf, und Faust verfällt in eine Art Scheintod. In seine *Gotische Studierstube* paralysiert zurückgebracht, ersteht ihm hier überraschend der Helfer, der ihn um Helenas willen in die *Klassische Walpurgisnacht* bringt.

Die Gegend, in der sich die klassischen Geister treffen, ist anders als das nördliche Harzgebirge, eine südlich-griechische Flußlandschaft: die Pharsalische Ebene, die der obere Peneius durchfließt, und die sich im Süden bis zum Gebirge erstreckt, auf dem oben »Pharsalus alt und neu« liegt. Die Nacht, in der sie sich jedes Jahr einmal festlich versammeln, ist die Nacht zum 9. August, die im Sternbild von Jungfrau und Löwe, im Zeichen der Sphinx steht. Es ist dieselbe Nacht, in der sich die Schlacht von Pharsalus (9. August 48 v.Chr.) jährt, die Schlacht der epochalen Entscheidung zwischen Republik und Kaisertum, in welcher die die Erinnerung bewahrende griechische Erde das geschichtlich Vergangene wieder freigibt. Schlachtzelte und Wachfeuer tauchen vor dem erinnernden Auge Erichtos in der »Finsternis« wieder auf. Es ist die Nacht der heraufkommenden Geister, Geschichtliches zieht Mythisches mit herauf. Doch mit dem aufgehenden Halbmond müssen die geschichtlichen Bilder als Trug dem natürlichen Licht weichen. Was gegenwärtig bleibt, sind die mythischen Naturgeister – die lebendige griechische Elementarnatur – und ihr glückliches Zusammenwirken in dieser Wundernacht, die in dem Hymnus endet: »Hochgefeiert seid allhier,/ Element' ihr alle vier!« (8487).

›Werden‹ ist das Thema dieser Nacht, in der es im ganzen um das Wiedererstehen der Helena geht. In ihr erfährt Faust eine Wiedergeburt, selbst Mephisto, befragt: »Doch sagt, was soll nur aus Euch werden?« (7229), muß sich ummaskieren, und Homunculus möchte überhaupt erst »gern entstehn« (8246). Als chemisches Menschlein künstlich geschaffen, fehlt ihm, anders als einer natürlichen Monade, noch das richtige Entstehungsprinzip. So tritt er in die Peneius-Landschaft, wie sie gerade neu im Entstehen ist. Schon durch Beben der Erde und Stauchen des Flusses angekündigt, schiebt sich da – mitten in der Ebene – ein neuer Berg empor. Es ist Seismos, der mit ›Schultern‹, ›straffen Armen‹ und ›gekrümmtem Rücken‹ ein bergiges »Steingerüst« hinaufschiebt. In ihm verkörpert sich die vulkanisch-eruptive Kraft der Erde, die als Gegenkraft der Ordnung des allmählichen Werdens entgegenwirkt, und die als Teilkraft noch heute an der Erde bildet. »Das vulkanische Hervorsteigen ... von Bergen auf dem Land geschieht noch heute vor unseren Augen« – so Goethe ausdrücklich in einem Aufsatz. Zwar gebärdet sich Seismos in Worten sogleich durchaus uranfänglich, spricht von Nacht und Chaos als Urahnen, aber was er schließlich nur beansprucht, ist die Erde ›schön zu machen‹; ja indem er Apoll und den Musen wie auch dem Dionysos auf dem Olymp jeweils einen Wohnsitz verschafft hat, rühmt er sich auch des Ursprungs der Kunst.

Die Sphinxe als beharrendes granitenes Urgestein Gegenkraft des Seismos, äußern zwar ihren Verdruß über den plötzlichen Einbruch in die Ruhe der gewachsenen Oberfläche, sehen aber ihre Position nicht gefährdet.

Auf dem gewaltsam geschaffenen Berg bildet sich nun augenblicklich eine Welt der Gewalt, die vom Geologischen über das Kreatürlich-Animalische bis ins Anthropologische reicht.

Wo es um das Entstehen geht, zumal um die Prinzipien für Homunculus' Entstehen, sind nun auch die beiden Philosophen zur Stelle. Durch sie kommen die zwei Bildeprinzipien zu Wort, die sich in der Zeit als Vulkanismus und Neptunismus entgegenstanden, indem sie sich jeweils auf das Wirken einer Naturkraft beriefen. Unter den wirkenden mythischen Geistern am obern Peneius sind sie die einzigen menschlichen Figuren. Sie nur als streitbare Verfechter subjektiver Theorien zu verstehen, erklärt die Dichtung nicht ausreichend. Sie werden zur menschlichen Stimme der Prinzipien, deren die Natur sich zur Bildung auf allen Stufen bedient: vom Anorganischen über das Organische bis zum Menschlichen.

In Anaxagoras kommt das Prinzip der feurigen, plötzlichen Gewalt zum Ausdruck: es ist wirksam in dem eruptiven Phänomen der plötzlichen Bergbildung, den gewaltsamen Tendenzen des Uranimalischen bis hinauf zum Menschlich-Sozialen: dem Entstehen des Gewaltstaats mit Unterdrückung, Rebellion und Krieg. Zuletzt fällt unter dieses Gewaltprinzip überhaupt das künstliche Machen im Sinne der Téchne und Poíesis. Dem gegenüber beruft sich Thales' Neptunismus, als das Prinzip des allmählichen Werdens aus dem Wasser auf die gewaltlose Gesamtbildung der Erde, wie die Entstehung des Lebendig-Organischen und seine allmähliche Entwicklung bis hinauf zum Menschen.

Ein in der Natur Wirkendes kommt in beiden zu Worte. Aber recht hat ein jeder nur in Teilbereichen. Im Streit miteinander wird nicht der Vulkanismus schlechthin als Phantasie des Künstlers entlarvt. Doch ist Thales als Vertreter des Prinzips des allmählichen Werdens in der Entstehung des Lebendig-Organischen gegenüber Anaxagoras insofern im Vorteil, als er allein Homunculus auf dem Weg zum Entstehen helfen kann.

## VIII. Hochgebirg
## Starre zackige Felsen-Gipfel

Von der Wolke, gebildet aus Helenas ›Gewanden‹, wieder von Griechenland in den Norden getragen, wird Faust auf dem Hochgebirge entlassen (10039–10233). Die »starren«, einst durch Kristallisation erstarrten Felsen bezeugen seine granitene Struktur. Es ist Urgestein, auf dem Faust auf der Erde von neuem Fuß faßt. Umgeben von ›tiefster Einsamkeit‹, auf nacktem Gipfel sitzend wird ihm – wie einst Goethe – bewußt: »Hier ruhst du unmittelbar auf einem Grunde, der bis zu den tiefsten Orten der Erde hinreicht, … wo die innern anziehenden und bewegenden Kräfte der Erde gleichsam unmittelbar auf mich wirken«. Es ist nicht nur ein Goethescher Augenblick, es ist zugleich der Augenblick, wo sich das gesetzliche Wirken der Erde, ihr Bilden zur Gestalt, Faust unmittelbar mitteilt: Faust zum Eingeweihten der Erde wird.

Daher ist seine erste Antwort an Mephisto und dessen auf »Gewalt« und »Tumult« gründende Kosmogonie: ein frommes Bekenntnis zur Erde als einer sich selbst und allmählich bildenden Kraft, ein Bekenntnis zu ihrem Bilden zur Gestalt.

Noch aber sitzt Faust auf dem Felsengipfel und löst Mephistos langes Rätselraten um Befriedigung seines Wunsches, indem er ihm endlich verrät: »Ein Großes zog mich an«. Und das ›Große‹ ist die Erde, die ihn wie mit Liebeskräften anzieht. Von seiner Höhe war ihm nicht entgangen, daß das Meer ständig gegen die Erde anstürmt und einen Uferstreifen überschwemmt. Und das übergreifende Wirken des Wassers mußte er als dessen Wesen erkennen, wenn es sich als Ebbe und Flut regelmäßig wiederholt. In diesem Kampf der unbändigen Elemente von Wasser und Erde, Meer und Land ist Faust nun entschlossen, sich der Erde anzunehmen, indem er die zerstörerische Willkür der Wellen bändigt. Denn von der Höhe her hatte er erkannt, daß es auch für die Willkür der Wellen ein Gesetz gibt, dem sie sich unterordnen müssen: die Gebundenheit an die Anziehung der Schwerkraft der Erde. Daher zielt Fausts Plan nicht nur auf Aufrichtung von Dämmen gegen das Element, sondern ebenso auf Ziehen von Gräben: nicht also auf das Aussperren, sondern auf die Beherrschung des Elements. Es macht die Größe seines Plans aus, daß er sein Tätigsein entwirft im Dienst und in Analogie zum gestaltenden Tun der Erde, indem auch die Anziehungskraft die ins Grenzenlose strebenden Elemente bändigt und somit ein gestaltetes Leben dem Gestaltlosen entgegensetzt. Goethe spricht davon in einem Aufsatz: »Es ist offenbar, daß das, was wir Elemente nennen, seinen eigenen wilden wüsten Gang zu nehmen den Trieb hat. Insofern sich nun der Mensch den Besitz der Erde ergriffen und ihn zu erhalten Pflicht hat, muß er sich zum Widerstand bereiten … und hier hat uns die Natur aufs herrlichste vorgearbeitet und zwar indem sie ein gestaltetes Leben dem Gestaltlosen entgegensetzt.«

Die dem Menschen aus dem Ganzen des Kosmos zuerteilte Aufgabe, den Besitz der Erde zu ergreifen und die ›Pflicht, sie zu erhalten‹, wird von Faust in seinem Plan ins Ursprüngliche gedacht, wo menschliches Tätigsein entworfen wird als Herrschaft über das Gestaltlose der Erde zum Zwecke einer gestalteten Ordnung: als Kultivieren der Erde.

»Begabten Mann's Natur- und Geisteskraft«, so hatte Mephisto Faust am Kaiserhof eingeführt und als in das gesetzliche Wirken der Erde Eingeweihter hatte er sich erwiesen. Faust als Erkennender: der Geist der Erde. Von Mephisto, dem unentbehrlichen Mitwirker an diesem Leben, konnte hier nicht die Rede sein. *Faust* ist auch in seinem zweiten Teil der Dichtung eine Tragödie. Warum?

Der Beitrag erscheint aufgrund nachträglicher Umfangsbeschränkung in stark gekürzter Fassung.

# Goethe-Feste
# Aspekte markanter Faust-Inszenierungen der Bühnengeschichte

Bernd Mahl

## 1. Das Problem der Textfassung: Drei exemplarische Beispiele

Eine weitgehend vollständige und authentische Fassung strebte Johann Peter Eckermann an, als er plante, beide Teile als Tetralogie zu geben. *Faust I* ließ er formal unangetastet, aber er beschäftigte sich mit einer Fassung des zweiten Teils, die er an drei Abenden spielen wollte. 1834, zwei Jahre nach Goethes Tod, arbeitete Eckermann vehement daran, beide Teile aufzuführen. Er kam zu dem Ergebnis, *Faust II* müsse an drei Abenden gegeben werden, wenn möglichst wenig gestrichen werden solle und so die Intentionen des Dichters adäquat verfolgt würden. Er wollte den 1. Akt am ersten, den 2. und den 3. Akt am zweiten sowie den 4. und 5. Akt am dritten Tag spielen lassen. Für jeden der drei Abschnitte schuf Eckermann einen eigenständigen Titel. Lediglich den 1. Akt richtete der Goethe-Vertraute ein und gab ihn zum Druck, wobei er durch Regieanweisungen mäßig in die Textvorlage eingriff. 1852 wurde *Faust am Hofe des Kaisers* in Weimar uraufgeführt. Wie aus Eckermanns Briefen hervorgeht, dürfte die Verständnislosigkeit vieler bedeutender Zeitgenossen gegenüber *Faust II* die stärkste Triebfeder gewesen sein, eine bühnengemäße Form für das gewaltige Werk zu suchen.

Den Komponisten Eberwein, der die Bühnenmusik schreiben sollte, bat Eckermann Anfang 1834:

»Wenn, wie zu erwarten ist, die Musik vollkommen gelingt, eine einsichtsvolle Regie wie kunstreiche Maschinisten das ihrige tun, auch alle übrigen bei einem so reichen Werk in Anspruch genommenen Personen mit der Ausführung ihrer Teile nicht zurückbleiben, so kann etwas geschehen, was an Bedeutung und Wirkung auf keiner Bühne der Welt bis jetzt seinesgleichen hat.«[1] (45).

In einem kurzen Vorbericht zur Druckfassung von *Faust am Hofe des Kaisers* erläutert er die Motive für eine Aufführung von Faust II sowie die gesamte Konzeption:

»Der zweite Theil des *Faust* kann nur auf die Bühne gebracht werden, wenn man das umfangreiche Werk als Trilogie behandelt und es also in drei große Hauptmassen trennet, wie sie dem Gegenstande gemäß sind. Eine solche erste Abtheilung ist gegenwärtiges Stück unter dem Titel: *Faust am Hofe des Kaisers.* Machte es Glück und fände es beym Publicum Eingang, so wäre man vielleicht ermuntert in dem schwierigen Unternehmen fortzuschreiten und in der Folge eine zweite Hauptmasse unter dem Titel: *Faust und Helena,* so wie später den letzten Theil: *Faust's Tod* für das Theater einzurichten. Die Weimarische Bühne gewönne dadurch drei Stücke von grosser Bedeutung. Und zwar da sie der Art sind, daß sie alle Kräfte nach allen Seiten hin in Anspruch nehmen, so würden sie diesem altberühmten Theater gewiss zu neuer Ehre gereichen, indem es hiebey auf eine sehr hervorleuchtende Weise an den Tag legen könnte was es vermag. Denn hier ist Comödie, Tragödie, Oper, Ballet etc., alles in Einem und es hat an Phantasie, geistigem Gehalt und hoher Kunst nicht ferner seines Gleichen, wie sich zeigen wird wenn alles der Intention des Dichters gemäss zur Ausführung kommt« (45-46).

Eckermann konnte am 20.10.1852 nur den 1. Akt seiner Einrichtung *Faust am Hofe des Kaisers* erleben, anläßlich des 50jährigen Dienstjubiläums Eberweins. Die gesamte dreiaktige Fassung wurde erst nach dem Tode Eckermanns am 24.6.1856 in Weimar gespielt, eine Wiederholung fand am 28.9. desselben Jahres statt; der Fassung des Goethe-Gesprächspartners war also kein großer Erfolg beschieden.

Die eigentliche Uraufführung beider Teile war dem Weimarer Publikum in den Jahren 1875/76 vorbehalten. Otto Devrient schuf eine Spielfassung für zwei aufeinanderfolgende Abende, die er in den Druck gab, damit weitere Bühnen sie übernehmen konnten, was auch geschehen ist. Unter dem Titel *Goethe's Faust als Mysterium an zwei Tagewerken* erlebte man die Uraufführung des Riesenwerks, freilich mit drastischen Strichen im zweiten Teil. Regieanweisungen und Szenenüberschriften ersetzte Devrient durch eigenständige Formulierungen, so daß für die Spielweise eigenmächtige Änderungen zu verzeichnen waren. Über die Wirkung des festlichen Erlebnisses berichtet Adolph Enslin im Jahre 1880:

»Wohl selten wird man wieder ein Auditorium finden, das mit gleicher Andacht den Klängen der Worte und Töne lauscht; selbst die lange Dauer der beiden Vorstellungen (von 6 – 11 1/2 Uhr) wird ohne ein Gefühl der Ermüdung getragen. Mit vollem Rechte sagt G. von Loeper: ›Die wiederholten Aufführungen des zweiten Theils in neuerer Zeit lassen die ungeheure Bedeutung der Anschauung erkennen. Dies vermag mit einem Schlage die Schwierigkeiten des Verständnisses beseitigen; sie stellt alles Einzelne in das richtige Licht, verbindet es zu einem Ganzen und giebt Allem Physiognomie und das normale Verhältniß. Gesehen haben ist eben wissen. Leute aus dem Volke, Frauen, welche beim Lesen des Stückes nicht über die ersten Seiten hinaus gelangen konnten, fühlen sich gefesselt und bewegt von der Anschaulichkeit und Bildlichkeit der Scenen, von der Eindringlichkeit, dem Witz und der Weisheit, der Kraft und der Klarheit des Worts. Hochgebildete erleben einen Tag von Damaskus‹« (55).

Nachdem nun 44 Jahre nach Goethes Tod beide Teile in einer einheitlichen Fassung das Bühnenlicht erblickt hatten, gab es – abgesehen von der siebentägigen Version in Dornach – unterschiedliche Versuche, *Faust* an einem, zwei drei oder vier Tagen spielen zu lassen.[2]

Werden beide Teile auch noch heutzutage an zwei Abenden gegeben, so kann man als eine Art Faustregel annehmen, daß vom ersten Teil etwa 50%, vom zweiten ca. 70% gestrichen sind, bei einer dann vier- bis viereinhalbstündigen Spieldauer – so auch bei Gründgens in Hamburg (1957/58), Kayser in Leipzig (1965) und Bennewitz in Weimar (1965/67), die mit ihren Inszenierungen Gründgens zu überbieten suchten, ebenfalls bei Peymann in Stuttgart (1977). Eine extensive *Faust II*-Fassung schuf Max Reinhardt, wo man 1911 in Berlin zunächst von 14 Uhr bis zum anderen Morgen um 1 Uhr spielte. Nach etlichen Kürzungen währte Reinhardts *Faust II* immerhin noch acht Stunden.

Einen *Faust* für drei Abende schuf Wolfgang Engel zur Einweihung des wiedereröffneten Dresdner Schauspielhauses im Jahr 1990 – eine Inszenierung, die radikal neue Wege gegangen ist und sich nicht mehr rigider sozialistischer Ideologie verhaftet fühlte. Die neuen Wege bestanden darin, daß etliche der Goetheschen Szenen radikal umgestellt und artfremde, nichtgoethesche Texte in das Spiel aufgenommen wurden. So gibt es zuhauf Einschübe in der *Walpurgisnacht*, die im Treppenhaus eines typischen Plattenbau-Hochhauses spielt; die Gemeinschaft oder einzelne Personen grölen fröhlich schunkelnd mehrere Bierzelt-Volkslieder.

## 2. Das Problem der Bühnenräume

Richard Wagners Erkenntnisse und Forderungen bezüglich der Notwendigkeiten besonderer Bühnenbilder zu beiden Teilen des *Faust* liegen in zwei Quellen ausführlich vor. Mehrfach ist Wagners 1872 erschienenem Aufsatz »Über Schauspieler und Sänger« sowie den Tagebüchern Cosima Wagners zu entnehmen, daß auf dem »modernen Halbtheater« mit seiner Guckkastenbühne Goethes *Faust* nicht spielbar sei. Wagner forderte eine Bühne und einen Zuschauerraum, wie sie von der Shakespeare-Bühne bekannt sind, denn die Zuschauer sollten die Schauspieler im Rund umdrängen, so daß auch die Darsteller in natürlicher Haltung nach allen Seiten spielen könnten. Es schadete nichts, so Wagner am 7.11.1872, wenn Handlungen auch hinter dem Zuschauer vor sich gingen, das Umdrehen des Publikums belebte den Vorgang, sie wären Teilnehmende. Vor allem der zweite Teil müßte in einer Art modernisierter Shakespearebühne gegeben werden, wo die Zuschauer um ein drehbares Spielpodium sitzen. Am 7. November 1872 diskutierte Wagner, der mit Goethes *Faust* in der Hand bei Cosima zum Frühstück erschien, wie u. a. die Szene *Vor dem Tor* zu inszenieren sei:

»... beim Spaziergang müsste sich der Boden umdrehen und verschiedene Landschaften gezeigt werden, Faust und Mephisto scheinbar gehen, eine Art Podium wie im Circus sein und für diese eine Scene das Stadttor vorstellen, für den Tanz kämen sie hinunter. ... Welch schöner Luxus für einen reichen Mann, dieses Faust-Theater zu konstruieren und in seltenen Aufführungen das herrliche Werk dem Volk zu schenken.«

In dem erwähnten Aufsatz macht Wagner jedoch den Vorschlag, eine große Aktiengesellschaft möge ein solches Projekt finanzieren. Der Tonsetzer erkannte bereits damals, daß nämlich Goethes *Faust* eine Dramaturgie aufweist, die dem alten Kulissentheater elementar widerspricht.

Otto Devrients gerühmte Weimarer Einstudierung beider Teile (1875/76) hatte einen wesentlichen Makel: einen starren, dreigliedrigen Bühnenbau mit den Spielebenen unten (»Loch« genannt), Mitte und oben (»Zinne« genannt). Dieses starre Gerüst blieb während des ganzen Spiels erhalten, und nur zusätzliche Aufbauten waren für schnelle Szenenwechsel erforderlich. Allein hieran nahm die Kritik großen Anstoß, mit der Begründung, Goethes Intentionen seien so nicht in allen Fällen optimal darstellbar.

Variabler waren die Inszenierungen von Savits (1895) und Reinhardt (1909/11), die mit den Mitteln moderner Bühnentechnik optimale Szenenwechsel und abwechslungsreiche Räume ermöglichten. Beide Regisseure suchten den Goetheschen Vorstellungen so nahe als möglich zu kommen. Savits arbeitete mit offenen Verwandlungen, Reinhardt nutzte die Drehbühne, vor allem im ersten Teil. Räume und Kulissen des zweiten Teils waren sehr spärlich, die Inszenierung dieses

Stücks lebte vor allem vom gesprochenen Wort, was die Kritik teilweise bemängelte.

Ein erstes Aufbrechen der (Guckkasten-)Bühne erlebte man 1933, als Clemens Holzmeister seine Faust-Stadt für Max Reinhardt in die Salzburger Felsenreitschule einbauen ließ, wo das Spiel autonom und ohne weitere Wandlungen stattfinden konnte: Alle Orte waren simultan vorhanden und mußten sozusagen durch den Auftritt der Darsteller in Funktion gebracht werden. Die Spielorte waren durch ein ausgeklügeltes System von Gängen und Treppen miteinander verbunden, bis zu einer Höhe von ca. 20 Metern. Der zweite Teil konnte jedoch nicht realisiert werden, da Reinhardt als Theaterdirektor und Besitzer des Deutschen Theaters Berlin noch im Frühjahr 1933 enteignet wurde und ins Exil flüchtete.

Klaus Michael Grüber war der erste Regisseur, der mit seinen Pariser *Faust*-Wanderungen radikal mit der Guckkastenbühne brach, als er 1975 *Faust Salpêtrière* in Szene setzte. Das eigenwillige Projekt um die *Faust*-Thematik ereignete sich in den Räumen einer Kapelle, die zum Krankenhauskomplex des Pariser Hospitals Salpêtrière gehört. Dort hatte der Regisseur Klaus Michael Grüber mit den Künstlern Gilles Aillaud (Bühne) und Eduardo Arroyo (Kostüme) sechs Spielräume geschaffen, in denen der gesamte *Faust,* frei nach Goethe, dargeboten wurde. Die dabei verwendete Fassung umspannte beide Teile, gekürzt auf ein Zehntel des Originals: Die Übersetzung war jene von Gérard de Nerval, allerdings in Prosa, nicht in Versform. Während der Aufführung durchwandern etwa dreihundert Zuschauer mit den dreizehn Akteuren die Spielräume, in denen man gehen, stehen, sitzen oder liegen kann. Bei dieser eigenartigen *Faust*-Wanderung tragen Faust und Mephisto lange, dunkelgraue Mäntel sowie Hut und Koffer, wobei sich in Fausts Koffer seine Seele befindet, nach der Mephisto trachtet. Der erste Teil wird im Zentralraum, dem großen Kirchenschiff, gegeben, aber bei der Aufführung von *Faust II* begleiten die Zuschauer Faust und Mephisto von Seitenschiff zu Seitenschiff auf ihrem Weg durch die »große Welt«. Goethes Text hat auf dieser Reise durch den *Faust* mehr begleitende als leitende Funktion, denn in dieser Inszenierung, die Georg Hensel am 28.6.1975 in der *Frankfurter Allgemeinen Zeitung* »Regie- und Genietheater in seiner extremsten, einsamsten Form« nannte, ging es nicht mehr um exakte Textvermittlung, sondern um eine visionäre Nachzeichnung der elementar-menschlichen Grundsituationen in surrealistisch evozierten Bildern.

Das Aufbrechen des Guckkasten-Bühnenraums am Ort eines klassischen Theaters war 1977 in Stuttgart dem Regisseur Claus Peymann und dem Bühnenbildner Achim Freyer vorbehalten. Die variationsreichste »Bühne«, die je für ein *Faust*-Spiel konzipiert worden ist, bot der Stuttgarter Inszenierung ihre Spielräume. Der erste Teil war geprägt durch zwei Formen: Manche Szenen wurden auf einem dreistufigen Bühnengerüst gegeben, wobei alle oder nur eine Ebene bespielt werden konnte. Beim *Prolog im Himmel* kam Mephisto aus einem unteren (Höllen-)Bereich heraufgekrochen, um mit dem ganz oben residierenden Herrn und seinen Engeln zu disputieren. Die dazwischen liegende Welt Fausts blieb zunächst im Dunkel. Wenn nun Faust auftritt, wird seine Welt beleuchtet, und der himmlische und höllische Bezirk verschwinden in der Dunkelheit. Damit gewinnt man durch die Technik der Beleuchtung ein einziges Spielgerüst, auf dem verschiedene Kulissen aufgebaut und wechselweise hervorgehoben (ausgeleuchtet) werden können, beispielsweise für die Gretchen-Szenen. Die *Zueignung* und das *Vorspiel auf dem Theater* waren durch eine Brecht-Gardine von diesem dreigegliederten Spielpodium getrennt, das hinter dem etwa zwei Meter hohen Vorhang sichtbar war. Nach der *Kerker*-Szene schloß sich die Brecht-Gardine wieder, denn zum Abschluß des ersten Teils spielte man in Stuttgart *Anmutige Gegend*, die erste Szene von *Faust II.* Tags darauf wurde in Stuttgart der zweite Teil gegeben. Zunächst durften die Zuschauer sich nur stehend ins Foyer begeben, wo verschieden große und verschieden hohe Spielpodien aufgebaut waren. Dort spielten sich die Kaiserhofszenen ab, mitten im Gedränge des Publikums. Erst nachdem Faust nach der Berührung mit Helena bewußtlos niedergesunken war, lud ihn Mephisto auf seine Schultern und forderte das Publikum mit den Worten »Da habt ihr's nun! Mit Narren sich beladen,/ Das kommt zuletzt dem Teufel selbst zu Schaden« auf, in den Theaterraum zurückzukehren. Auf der Bühne sah man schließlich den 2. und 3. Akt. Nach der nun folgenden Pause wurde das Kriegstreiben wieder auf diversen Spielpodien unter den Zuschauern veranstaltet, und den 5. Akt erlebte man schließlich wieder auf der Guckkasten-Bühne. Auch der Raum vor dem Theater wurde in das *Faust*-Spiel miteinbezogen, denn bei der Beschwörung von Paris und Helena öffneten sich die Rolläden vor den riesigen Fenstern des Foyers, und vor der Lichterkulisse der im Dunkeln liegenden Stadt erschienen als fünf Meter große Puppen an langen Stäben Paris und Helena. Das Weltspiel um Faust war fast grenzenlos.

Ein Spiel in einem »Faust-Haus« wies 1995 in der brasilianischen Stadt Porto Alegre neue Wege für die Bühnengeschichte von Goethes Drama: Eine bemerkenswerte Aufführung beider Teile außerhalb Europas war unter der Regie von Oi Nóis Aqui Travez in einem »Faust-Haus« zu bewundern, das keine Bühne hatte, sondern selbst Bühne war. Durch das einstöckige Spielhaus mit Innenhof und Vorplatz wanderten die höchstens dreißig Zuschauer, vergleichbar mit Grübers *Faust Salpêtrière* 1975 in Paris. Friedrich Dieckmann betont in seiner Besprechung einer Aufführung in Heft 4/1995 von *Theater der Zeit,* Goethes Hauptwerk weise ohnehin eine Dramaturgie auf, die »dem Begriff und der Praxis des alten Kulissentheaters« sehr widerstrebe. So wie in den mittelalterlichen Kreuzwegen ging das Publikum in Porto Alegre von Station zu Station mit.

## 3. Das Problem der Einheitlichkeit der Faust-Figur

Albrecht Schöne sprach in einem Vortrag vor Peter Steins *Faust*-Ensemble in Hannover davon, Goethe habe mit seiner Faust-Figur auch die Einheit der Person aufgegeben, denn die Titelgestalt sei durch ihre vielfältigen Rollen geradezu in den Plural gesetzt. Daß die Polyperspektivität Fausts Probleme unterschiedlicher Natur aufwirft, erkannte bereits Goethe, als er 1829 vor der Weimarer Premiere des ersten Teils den Schauspielern insbesondere die Rollen Fausts und Mephistos vorlas. Goethe schaffte die sprachliche Verwandlung des *Studierzimmer*-Faust in die verjüngte Gestalt der *Hexenküche*. Zeitgenössischen Berichten ist zu entnehmen, daß Goethe die Rolle des alten Faust mit der Baßstimme eines älteren Mannes deklamiert habe, nach der Verjüngung in der Hexenküche aber habe er die Rolle bis ans Ende im »klangvollsten Jünglingstenor« zu Ende gesprochen. Zur äußeren Umwandlung auf der Bühne enthielt sich der Dichter jeglichen Ratschlags.

In der eintägigen Darmstädter Inszenierung von Bödy und Waßerka im Jahre 1975 wurde Faust erstmals durch drei Schauspieler dargestellt. Den Faust der *Studierzimmer*-Szenen sowie den alten Faust des 5. Akts mimte in sehr überzeugender Weise Ernst Fritz Fürbringer, für die Gretchen-Szenen bot man den jungen Rolf Idler auf und Dieter Wernecke agierte vom 1. bis zum 4. Akt des zweiten Teils. Die meisten Rezensenten störte es nicht, daß kein einheitlicher Faust-Darsteller auftrat.

Vier Faust-Figuren konnten jene Zuschauer bewundern, die die Inszenierung von Christoph Schroth im Mecklenburgischen Staatstheater Schwerin besuchten. Es gab einen Faust für die Gelehrtentragödie (Wolf-Dieter Lingk), die Gretchentragödie (Horst Kotterba), den 1. bis 3. Akt von *Faust II* (Peer Jäger) sowie für den 4. und 5. Akt (Heinrich Schmidt). Auch hier war die Reaktion von Presse und Publikum zunächst zögerlich, zunehmend aber positiv: Man habe intelligente Lösungen für ein intelligentes Publikum geboten.

Am Stadttheater St. Gallen war 1998/99 in einer fulminanten Inszenierung von Yves Jansen ebenfalls ein vierfach besetzter Faust zu sehen, was von Presse und Publikum ohne besondere Probleme akzeptiert wurde. Auch hier waren ein weiblicher Mephisto und die Faust-Figuren integriert in eine überzeugende Leistung von Spielkunst, variablem, sehr wandlungsfähigem Bühnenbau und gelungener Musik. Die Faust-Darsteller spielten dabei unter unterschiedlichen Bezeichnungen: Faust, Verjüngter Faust, Tätiger Faust, Greiser Faust.

Die Frage nach der Wesens- oder Wahlverwandtschaft zwischen Faust und Mephisto wurde erstmals auf der Bühne von Maurice Béjart hinterfragt. In seinem Ballettschauspiel *Nôtre Faust* aus dem Jahre 1975 tauschen Faust und Mephisto in der *Hexenküche* ihre Rollen, nachdem sie zuvor ihre Blutsbrüderschaft mit einem deftigen Trunk geschlossen haben: Faust ist bis zum Ende des zweiten Teils Mephisto, und Mephisto wird zur Titelfigur. Faust und Mephisto seien, so Béjart in einem kurzen Gespräch mit dem Verfasser, zwei Wesen ein und desselben Prinzips von Gut und Böse, man könne sie auf der Bühne nicht in einer Person zeigen.

Ein Faust-Mephisto/Mephisto-Faust-Wechselspiel bis zur Verwirrung erlebten nach 1990 die Dresdner Zuschauer im dortigen Staatsschauspiel, denn Faust und Mephisto tauschten während beider Teile beständig ihre Rollen oder waren gar als doppelter Faust oder als doppelter Mephisto auf der Bühne. Das Spiel begann auf leerer Bühne: Die Darsteller Engel und Hohmann reichen sich beide Hände und sprechen die *Zueignung,* danach erklingen unisono oder im dialogischen Diskurs die Verse der Szene *Nacht:* Beide sind Faust – ein Einfall, der im szenischen Spiel sehr überzeugend wirkte. In der ersten *Studierzimmer*-Szene verwandelt sich Hohmann in Mephisto, aber im Verlauf des Diskurses vertauschen sie ihre Rollen, um in der *Schülerszene* wieder beide als Faust dem lernwilligen Ankömmling gegenüberzustehen. In *Auerbachs Keller* und in der *Hexenküche* spielt Engel ständig den Faust, Hohmann Mephistopheles. In der Szene *Straße* treten zunächst beide als Faust auf, danach ist Engel als Faust, Hohmann als Mephisto zu sehen, und im Verlauf der Szene geschieht etwas, das bis zum Ende des zweiten Teils beibehalten werden wird: Sie tauschen gelegentlich die Rolle oder sie treten beide als Faust oder beide als Mephisto auf – sicher ein leicht verwirrendes Spiel, das dann komisch wirkt, wenn in den Gartenszenen der eine Faust von vorne, der andere sich von hinten liebestoll an Gretchen ›zu schaffen‹ macht. Dieses Faust-Mephisto-Wechselspiel setzte sich bis zum Ende fort: Während des Dialogs mit der Sorge sitzt Faust (Engel) an einem Schminktisch, und die Sorge (im Habitus von Goethe) schminkt ihn zum hundertjährigen Faust. Zur gleichen Zeit sitzt Mephisto (Hohmann) links an einem Schminktisch und verwandelt sich in die Mephisto-Gestalt von Gustaf Gründgens. Nach der Szene *Großer Vorhof des Palasts* folgen weder *Grablegung* noch *Bergschluchten,* sondern Faust und Mephisto schreiten auf Bahngleisen, die die Lemuren verlegt haben, Hand in Hand zum vorderen Bühnenrand und sprechen Goethes *Abkündigung.* Mit dieser Fassung überschritt der Regisseur Engel das Fassungsvermögen vieler Zuschauer, vor allem von jenen, die den zweiten Teil nur sehr vage kannten.

Schon 1966 hatten Hans Mayer und Ernst Schröder die Seelenverwandtschaft zwischen Faust und Mephisto betont, allerdings nur für den zweiten Teil. Im ersten Teil, so die Bearbeiter, seien Faust und Mephisto noch Antipoden, aber in *Faust II* agierten sie als Kumpane, die gemeinsame Sache machen und gemeinsam die große Welt durchstreifen, ja, sie seien über weite Strecken Komplizen, die sich die Zauberarbeit teilen. Konsequenterweise trugen beide »Kumpane« dasselbe Kostüm, so daß sie äußerlich nicht zu unterscheiden waren.

Eine eigenartige Variante mußten die erstaunten Zuschauer der Weimarer Fassung für einen Abend im Goethe-Jahr 1999 hinnehmen, denn bereits im *Prolog im Himmel* ging der erste Mephisto-Darsteller Eckart von der Trenk nach einem Handy-Telefonat mit dem Herrn nach links ab, und nach dem dicklichen folgte ein hochaufgeschossener, schlanker Mephisto in der Person von Daniel Graf. Das Wechselspiel ging über beide – drastisch gekürzte – Teile weiter, ohne daß Publikum und Kritik der Sinn dieser Wandlungen im theatralischen Spiel verständlich wurde. Die Presse urteilte zwar vernichtend über das, was in Goethes einstigem Haus mit seinem »Hauptgeschäft« angefangen wurde, aber Weimar hatte ebenfalls sein Novum für die Bühnengeschichte des *Faust:* einen dicken und einen dünnen Mephisto. Der Regisseur Gruner meinte hierzu im Programmheft, Faust habe zwei Seelen in seiner Brust, er sei innerlich zerrissen von zwei Bestrebungen: Die eine ziehe ihn weg von der Erde, was als Aussteigertum zu interpretieren sei, die andere ziehe ihn hin zu Lust, sinnlicher Befriedigung und irdischer Macht. Diese beiden Kräfte leben nach Gruners Meinung in Mephisto, und der Regisseur läßt Faust nun diese beiden Seiten in zwei sehr unterschiedlichen Mephisto-Gestalten begegnen. So gesehen läßt sich argumentieren, daß Gruner, im Sinne Béjarts, Fausts doppelte Mephisto-Gegenspieler als jeweils eine Seite des sich bedingenden Guten und Bösen zeigt.

Der Gang durch markante und maßstabsetzende Inszenierungen der bald 200jährigen Bühnengeschichte von Goethes *Faust* belegt, daß diesem grandiosen Weltspiel eine extrem starke dramatische Kraft innewohnt, von der bereits Goethe und Eckermann gesprochen haben, und die erst seit den 70er Jahren unseres Jahrhunderts in ihrer ganzen Vielfalt erschlossen worden ist. Den Autor Goethe und seine Intentionen dabei nicht zu opfern, bleibt Aufgabe jeglicher Inszenierung, die aber dennoch ausgerichtet sein muß an den Erfordernissen der Zeit, in der sie inszeniert wird. Auch das wußten Goethe und Eckermann: Sie setzten bezüglich der theatralischen Deutung des *Faust* auf Generationen in der fernen Zukunft.

1 Bei Zitaten aus Zeitschriften, Zeitungen und Tagebüchern wird aus Raumgründen nur die jeweilige Erscheinungsnummer bzw. das Datum angegeben. Alle anderen Zitate werden wiedergegeben nach folgendem Band: Bernd Mahl: *Goethes »Faust« auf der Bühne (1806-1998). Fragment – Ideologiestück – Spieltext*, Stuttgart und Weimar 1998, d.h., daß am Ende eines Zitats eine Zahl in Klammern erscheint, die die jeweilige Seitenzahl dieses Bildbandes angibt.

2 Ausführlich in Wort und Bild sind die hier übergangenen Inszenierungen, beispielsweise von Herrmann Müller, Wilbrandt, Savits, Martersteig, Reinhardt, Gründgens, Brecht, Bennewitz, Kayser, Heinz und Dresen, Peymann, Grüber, Dorn, Schleef oder Marthaler in folgendem Bildband des Autors dieses Beitrags nachzulesen: Mahl, Bernd: *Goethes »Faust« auf der Bühne (1806-1998). Fragment – Ideologiestück – Spieltext*, Stuttgart und Weimar 1998

# Vom Wort zur Gestalt
# Max Beckmanns Zeichnungen zu Goethes Faust, Zweiter Teil

Margret Stuffmann

Max Beckmann (1884–1950) ist im 20. Jahrhundert der einzige bildende Künstler, der es mit Erfolg unternommen hat, Goethes Dichtung *Faust, Zweiter Teil* aus der Sicht des schöpferischen Menschen so zu reflektieren, daß seine Antwort auf diesen Text zu einem exemplarischen Ausdruck des Weltverständnisses seiner Generation geworden ist.[1]

Aus historischer Distanz betrachtet und mit dem Maßstab einer größten, wenn auch in sich unterschiedlichen Annäherung von Zeichnung und Graphik an Goethes Text, ist Beckmanns Werk allein mit den beiden Folgen zu *Faust, Erster Teil* von Peter von Cornelius 1816, und von Eugène Delacroix 1828, vergleichbar.

Wir verdanken Beckmanns *Faust*-Zeichnungen der privaten Initiative von Georg Hartmann, dem Besitzer der Bauerschen Gießerei in Frankfurt am Main. Er blieb Beckmann als Freund und Förderer auch verbunden, nachdem dieser 1933 als »entarteter Künstler« die Stadt verlassen und sich nach Zwischenstationen in Berlin und Paris 1937 in Amsterdam niedergelassen hatte.

Der Auftrag zu einer Illustration des Goethe-Textes – die eine solche im klassischen Sinn nie werden sollte – beruht auf einer Vereinbarung zwischen Hartmann und Beckmann im Anschluß an die Veröffentlichung der *Apokalypse* nach Johannes (1943). Diese Folge von zum Teil handkolorierten Lithographien entsprach in ihrer Thematik sowohl den dramatischen Zeitläufen der Gegenwart als auch dem künstlerischen Streben Beckmanns, das sich in zunehmendem Maß auf die Erkundung einer Welt hinter der sichtbaren Wirklichkeit ausrichtete.

Beckmann, selbst ein begabter Briefschreiber und Schriftsteller, war immer ein vielseitig interessierter Leser, den deutsche und ausländische Literatur der Vergangenheit und Gegenwart ebenso beschäftigte wie Philosophie, Theologie und esoterische Schriften. Seine Tagebuchaufzeichnungen und das inzwischen bekannt gewordene Inventar seiner Bibliothek geben hiervon eindrucksvoll Kenntnis. Daher wissen wir auch, daß Jean Paul, E.T.A. Hoffmann, Flaubert, E.A. Poe und andere Beckmann zunächst offensichtlich näher standen als Goethe. Die Entscheidung zu *Faust, Zweiter Teil* ist allerdings schnell gefallen und dazu noch gegen Beckmanns Lieblingsbuch, *Don Quichote* von Cervantes.

Für die Arbeit am *Faust* lag dem Künstler ein Exemplar der Bremer Ausgabe 1925 mit Blindseiten sowie eine typographisch angelegte Probeseite der Bauerschen Gießerei vor. In dieses Buch (heute im Besitz der National Gallery, Washington) hat Beckmann, den Akten und dem Text kontinuierlich folgend, gezeichnet und 132 erste Gedankenskizzen offensichtlich zügig entwickelt. Sie dienten als Grundlage für die »Reinzeichnungen« in Feder und Tusche wechselnder Stärke über Spuren von Bleistift. Es ist ein Konvolut von 143 Blatt, das heute im Freien Deutschen Hochstift in Frankfurt am Main aufbewahrt wird.

Tagebuch und Korrespondenz des Künstlers erlauben es, den Entstehungsprozeß der *Faust*-Zeichnungen zu verfolgen und diesen im Kontext der damaligen, in jeder Weise belasteten Lebensbedingungen besser zu verstehen. Dies alles verdient Erwähnung, weil Beckmanns Kunst seit ihren Anfängen von einer intensiven, umfassenden Teilnahme an allen Bereichen des Lebens geprägt ist und hierin ein Schlüssel zum Verständnis seiner *Faust*-Zeichnungen gegeben ist.

Entwurf und Ausführung der Zeichnungen sind die Leistung von zehn Monaten, vom 15. April 1943 bis zum 15. Februar 1944. Parallel hierzu und als Beweis eines enormen inneren Produktionsdrucks, in dem sich der gerade sechzigjährige Beckmann befand, entstanden mehrere Gemälde unterschiedlicher Thematik, insbesondere *Odysseus* und *Kalypso* (Hamburger Kunsthalle), das Triptychon *Karneval* (University of Iowa), aber auch Stilleben und Landschaften, deren Spuren sich im *Faust* wiederfinden lassen.

Beckmann zeichnete die endgültige Fassung auf Bogen leicht getönten, fein gerippten Büttenpapiers, aus denen er die einzelnen Kompositionen herausschnitt und mit genauen Szenen und Textangaben versah. Offensichtlich dachte er an eine kunstvolle Montage von Text und Bild, deren Realisierung er nicht mehr erleben sollte.[2]

Obwohl von ganz unterschiedlichem Inhalt und Format, wechselndem Linienduktus und auch in unregelmäßiger Abfolge von dichter und lockerer Streuung folgen Beckmanns Zeichnungen dem Text. Einer zweiten Stimme vergleichbar, wahren sie zu ihm Nähe und Eigenständigkeit gleichermaßen. Es sind nur bedingt konkrete Beschreibungen. Vielmehr vermitteln sie den Eindruck, als ob Beckmann beim Lesen, unmit-

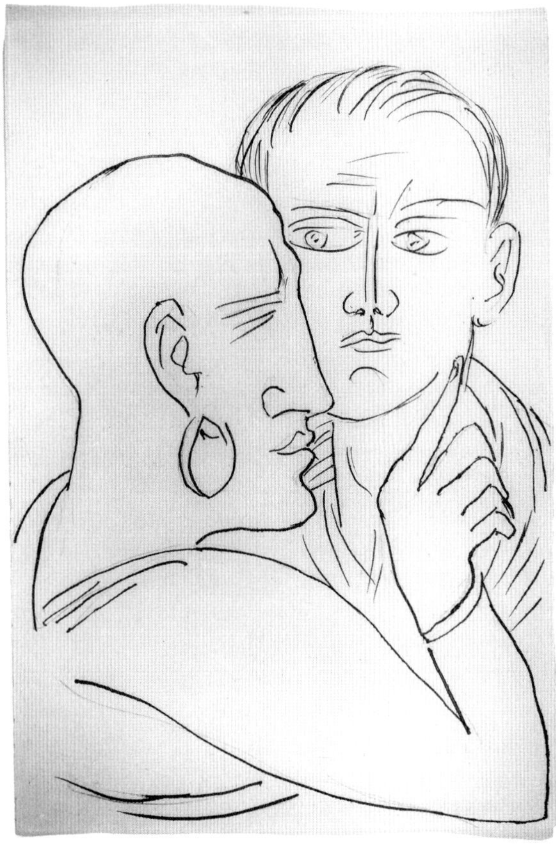

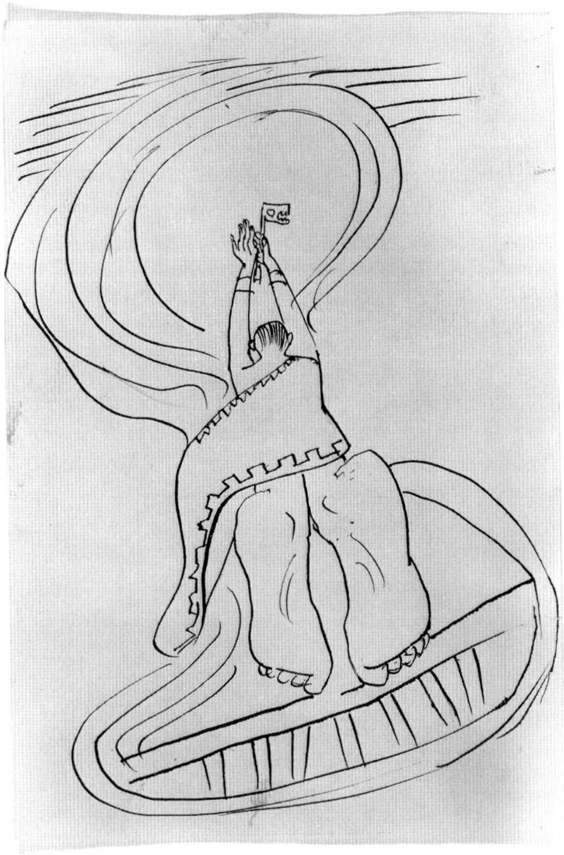

telbar aus der Lektüre, seine eigenen Vorstellungen und Gedanken zeichnend, als Antworten oder auch Gegenargumente formuliert und so die Worte in eine andere Ebene der Wahrnehmung transponiert habe.

Aus der Enge seines Amsterdamer Exils heraus gestaltete sich der Umgang mit dem Text Goethes für Beckmann zu einer Art von Lebens- und Weltenreise. Kaleidoskopartig wechseln in diesen Zeichnungen Orte und Zeiten; vom Kaiserhof zum Studierzimmer, von schroffer Berglandschaft zu ferner Meeresküste. Antike, Mittelalter, Neuzeit – Beckmanns und unsere Gegenwart nähern, verschränken und überlagern sich. Wir erkennen dabei gestalterische Strategien, die auch mit Größenunterschieden, raffinierten Raumverkürzungen, -dehnungen oder auch -drehungen zu visueller Glaubhaftigkeit beitragen. Auch finden sich auffallend viele Stilleben, die, Assoziationen fördernd, die Sinngehalte wiederholen und vertiefen.

Kaum Zweifel, daß Beckmann lesend und zeichnend immer mehr in den Bann von Goethes Dichtung geraten ist. Seine Fähigkeit intensiven Erlebens und gleichzeitiger, aus Reflexion gewonnener Distanz, seine ständige, drängende Frage nach einer Wirklichkeit jenseits der sichtbaren Realität, nach der »vierten Dimension«, wie er sie nannte, führten ihn unvermeidlich zur Identifikation mit Faust selbst. Zu diesem gesellt sich zugleich Mephisto. Beider Doppelgängertum im Sinn eines Alter ego hatte zuvor schon Delacroix in seinen Illustrationen zu *Faust, Erster Teil* im Wissen um die Austauschbarkeit von Täter und Opfer, die Nähe von Gut und Böse, auch mit einer Neigung zum Androgynen vorgetragen.

Das Prinzip der Austauschbarkeit oder der Spiegelung von Figuren im Sinn einer übergeordneten Wahrheit entspricht auch dem Entwurf Goethes. Hier setzt Beckmann ein und führt diesen weiter, indem er sowohl Faust als auch Mephisto mit seinem eigenen Bildnis besetzt und so seine Interpretation der Dichtung in ein Selbstgespräch von großer Eindringlichkeit verwandelt.

Gerade in der Begegnung und der kritischen Auseinandersetzung mit Goethes *Faust* tritt Beckmanns ausgeprägtes Selbstbewußtsein deutlich zutage. So äußert er im Februar 1944 dem Freund Erhard Göpel gegenüber: »Glauben Sie nur nicht, daß ich den alten Optimisten für diese Zeichnungen gebraucht hätte. Ich bewege mich in den gleichen Regionen und dort bin ich auch zuhause.«[3]

In gleichen Bereichen suchend, jedoch aus anderen Erfahrungen schöpfend – so mag man die erste und die letzte Zeichnung Beckmanns zu seinem *Faust* verstehen. Beide Blätter haben nur noch bedingt mit dem Text zu tun und eher die Funktion einleitender und abschließender Betrachtungen. Die *Staffelei mit dem Bild einer Landschaft mit Sonne, Gebirge und Wasserfall* zu Beginn könnte besagen, daß es nicht unmittelbare Anschauung der Welt selbst, sondern deren Erfahrung durch Kunst und eigenes Streben ist, die die Wahrheit bedeutet: »Am farbigen Abglanz haben wir das Leben«. Und als Schluß des Ganzen zeichnet Beckmann nach der Erscheinung der Mater Gloriosa und des Chorus Mysticus mit der Verheißung von Erlösung durch Gnade eine gläserne Ovalform. In ihr erscheinen Adam und Eva mit dem Lebensbaum, umwunden von einer riesigen Schlange. Es ist die Erinnerung an die weiter geltende Ursünde der Menschheit und vielleicht auch die bekennende Bitte um Erlösung.

Möglich und überzeugend ist die Veranschaulichung dieser höchst komplexen Inhalte allein durch Beckmanns zeichnerisches Vermögen. Gerade angesichts des in der Sprache des *Faust* gegebenen sinnlichen Reichtums fällt um so mehr auf, daß Beckmann, der zu gleicher Zeit Höhepunkte seines malerischen Werks erreicht, eine außerordentliche koloristische Phantasie entwickelt, bei den *Faust*-Blättern als Zeichner auf entsprechende Effekte ganz verzichtet. Statt dessen arbeitet er hier mit sehr großer Disziplin. So spontan, kühn und inspiriert die ersten schon erwähnten Entwürfe wirken, so konzentriert, energisch bis zur Schroffheit die ausgeführten Zeichnungen. Diese unterscheiden zwei Grundhaltungen, die in Bezug auf das jeweilige Thema bewußt eingesetzt werden: Einmal das klare, geradezu klassizistisch anmutende, Lichtwerte schaffende Lineament, zum anderen eine Art wirbelnder krauser Struktur, die vor allem Schatten und Dunkelheiten entstehen läßt. Die Beckmanns Malerei eigene, aus ihrer Vielschichtigkeit entstehende Leuchtkraft wird in seiner Zeichnung durch Lichtwerte kompensiert. Es sind die Linien und ihre Rhythmen selbst, die die unterschiedlichste Wirkung von Scheinen, Leuchten, Funkeln, Blitzen und damit auch die Veränderlichkeit der Stoffe hervorbringen.

Es fällt dabei auch auf, wie offen, scheinbar unvermittelt, Beckmann seine Zeichnung auf die Papierfläche setzt und diese in einen unmittelbar wahrnehmbaren Raum umzudeuten fähig ist.

Bei der Erfindung seiner Figuren, ihrer Erscheinung und Gestik, beweist Beckmann sehr wohl seinen Sinn für den theatralischen Effekt. Aber der Künstler, der als Maler so raffiniert mit der bildnerischen Funktion und zugleich metaphorischen Bedeutung von Theater, Bühne und Kulisse umgeht, verzichtet in seiner Zeichnung konsequent auf die Schilderung von Bühnenillusion.

Vor allem als Zeichner erweist sich Beckmann als Künstler seiner Generation, die sich gerade seit den späten zwanziger und dreißiger Jahren auch im Zusammenhang einer neuen Hin-

linke Seite, von links oben nach rechts unten:

Faust: Am farbigen Abglanz haben wir das Leben (I. Akt)

Knabe Lenker (I. Akt)

Mephisto erzählt Faust vom Reich der Mütter (I. Akt)

Mephistopheles: Versinke denn! Ich könnt' auch sagen steige! (I. Akt)

von links oben nach rechts unten:
Faust und der Kentaur Chiron (II. Akt)
Doriden (II. Akt)
Meeresküste (IV. Akt)
Schlußvignette zum IV. Akt

rechte Seite: von links oben nach rechts unten:
Faust im höchsten Alter, wandelnd nachdenkend (V. Akt)
Faust und die Sorge (V. Akt)
Mephistopheles: Der Körper liegt, und will der Geist entfliehn (V. Akt)
Mater Gloriosa (V. Akt)

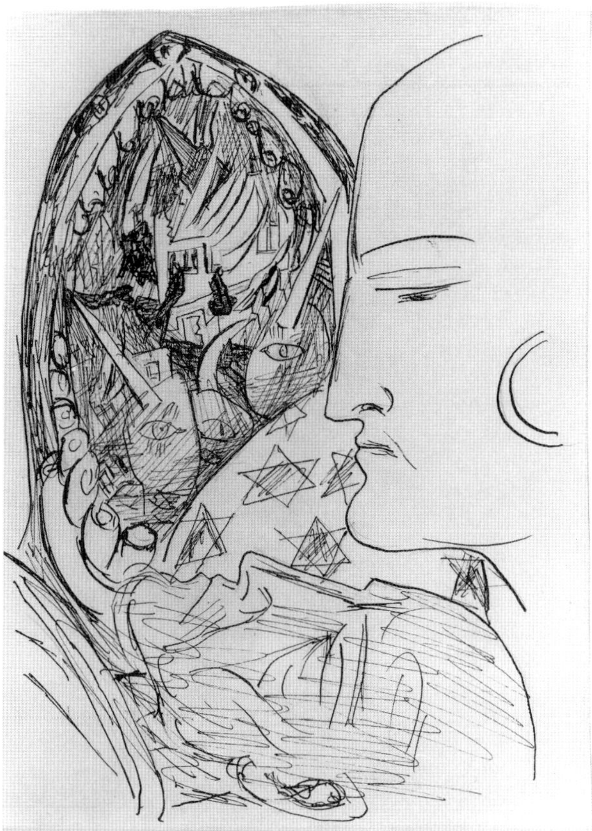

Schlußblatt (V. Akt)

wendung zur Antike und einer neu verstandenen Mythologie zu einer klassisch anmutenden Linearität bekannte. Der Blick auf Picasso und Matisse, deren Schaffen Beckmann während seiner zahlreichen Aufenthalte in Paris mit Interesse verfolgte, mag dies bestätigen. Allen gemeinsam, als Zeitgenossen der Moderne, ist jedoch, daß sie gerade in der Zeichnung die zunächst gewollte Klassizität verfremden oder buchstäblich brechen. Beckmanns Zeichnungen zu *Faust* machen dies besonders deutlich. Viele von ihnen stellen das »Ebenmaß« her, um es zugleich wieder durch Brüche und Kanten in Frage zu stellen, das harmonische Gleiten der Linien ins Stocken zu bringen. Ideal, Burleske und Karikatur liegen hier ganz nah beieinander. So erscheinen Beckmanns Zeichnungen als eine Art von Ausdrucksmittel, das er auf vergleichbare Weise einsetzt wie Goethe, der gerade im *Faust* durch den Wechsel unterschiedlicher Idiome eine besondere Form sprachlicher Kunst entwickelt hat.

Es ist Beckmanns Zeichnungen zu eigen, daß sie durch die zuvor beschriebenen Brechungen, die Labilität des Bezugs zwischen Körper und Raum und durch die verfremdende Verweigerung von Farbe eine Ambivalenz erhalten, die ihnen zugleich höchste Freiheit des Ausdrucks ermöglicht. In ihr beruht auch die Wirkung des Transitorischen und Oszillierenden, wie sie für viele der Szenen charakteristisch ist. Nur so werden diese Zeichnungen zu Räumen der Vorstellung, die die ganze Fülle an Phantasie und Erkenntnis, die Goethes *Faust* besitzt, aufnehmen können. Allerdings wird vom Betrachter, wie auch wohl vom Leser, jene Disponiertheit verlangt, die Beckmann 1945 in einem Brief an seinen Händler Kurt Valentin beschreibt: »Es giebt kein Rezept für Kunst. Das Maas der Intensität des Betrachters ist das Entscheidende. –«

1 Der vorliegende Text bezieht sich auf die drei folgenden Publikationen zu diesem Werkkomplex. Sie enthalten auch die weiterführenden Bibliographien: Christian Lenz, *Die Zeichnungen Max Beckmanns zum Faust,* in: *Glanzlichter,* Ausst.-Kat. Städtisches Kunstmuseum Bonn 1989, S. 180ff. Christoph Perels, *Max Beckmanns Zeichnungen zu Goethes Faust – Zweiter Teil,* in: Peter Boerner/Sidney Johnson (Hg.), *Faust through Four Centuries. Retrospect and Analysis,* Tübingen 1989, S. 101ff. Martin Sonnabend, *Zeichnungen zu Faust, Zweiter Teil,* in: *Hinter der Bühne. Backstage. Max Beckmann 1950,* Ausst.-Kat. Städtische Galerie im Städelschen Kunstinstitut in Frankfurt/M. 1990, S. 59ff.

2 Erst 1970 erschien die so geplante Fassung mit Text und Zeichnungen in einer außergewöhnlich sorgfältigen Ausgabe des Prestel-Verlages: Johann Wolfgang von Goethe, *Faust, Der Tragödie Zweiter Teil mit 143 Federzeichnungen von Max Beckmann.* Nachwort von Ernst Holzinger.

3 Erhard Göpel, *Max Beckmann der Zeichner, in:* ders., *Max Beckmann. Berichte eines Augenzeugen,* Frankfurt/M. 1984, S. 58–59.

Ausgewählte Quellen:

Max Beckmann, *Tagebücher 1940–1950,* zusammengestellt von Mathilde Q. Beckmann. Hg. von Erhard Göpel, erweiterte Ausgabe, München 1979.

Peter Beckmann/Joachim Schaffer, *Die Bibliothek Max Beckmanns,* Worms 1992.

Max Beckmann, *Briefe,* 3 Bde., hg. von Klaus Gallwitz, Uwe. M. Schneede und Stephan von Wiese, insbes. Bd. III 1937–1950, München/Zürich 1996.

# Abbildungs- und Copyrightnachweis

Archiv der Herausgeber: S. 104 unten, 108 oben, 111 oben, 116, 120 unten, 122, 127, 137, 145 oben, 146, 147, 149 unten, 153 unten, 156, 160, 161, 164 oben, 174, 175

Archiv DuMont Buchverlag: S. 79, 99, 112 oben, 139 oben, 162, 165, 177 oben

Bibliothèque Nationale, Paris. Cabinet des Estampes: S. 238, 239, 244, 245, 246, 248, 249, 250

© Moidele Bickel für die Kostümentwürfe zu Faust I und II

Museum Folkwang Essen: S. 236 oben

Freies Deutsches Hochstift – Frankfurter Goethe-Museum, Frankfurt am Main: S. 109, 110 oben (Fotos © Ursula Edelmann, Frankfurt am Main), S. 112 unten, 157; 236 unten l., 314, 316, 317, 318 (Fotos © Ursula Edelmann, Frankfurt am Main)

Goethe-Museum Düsseldorf (Anton-und-Katharina-Kippenberg-Stiftung): S. 78; 80, 81, 83 (Fotos © Walter Klein, Düsseldorf), 120 oben; 126 (Foto © Walter Klein, Düsseldorf), 129, 176; 177 unten, 225, 237 (Fotos © Walter Klein, Düsseldorf)

Kunstsammlungen der Veste Coburg: S. 103, 121

© Stefan Mayer für die Bühnenbildentwürfe zu Faust II

Staatliche Kunstsammlungen Dresden – Kupferstichkabinett: S. 224 unten (Fotos © Ursula-Maria Hoffmann)

Staatliche Museen zu Berlin – Preußischer Kulturbesitz, Kunstbibliothek: S. 101, 105, 107, 110 unten, 111 unten, 113, 117, 123, 130, 131 oben, 133 unten, 134, 167, 178, 179

Staatliche Museen zu Berlin – Preußischer Kulturbesitz, Kupferstichkabinett: S. 236 unten r. (Foto © Jörg P. Anders)

Staatsbibliothek zu Berlin – Preußischer Kulturbesitz: S. 104 oben, 131 unten, 133 oben, 139 unten, 144, 145 unten (2), 150 oben (2), 158 oben

Staatsgalerie Stuttgart: S. 240, 241, 242, 243, 247, 251

Städelsches Kunstinstitut, Frankfurt am Main: S. 226, 227, 228, 229, 230, 231 (Fotos © Ursula Edelmann, Frankfurt am Main)

Stiftung Weimarer Klassik, Goethe-Nationalmuseum: S. 102, 108 unten, 118, 119, 124, 132, 138, 140, 142, 146 unten, 148, 149 oben, 150 unten (Goethe-Schiller-Archiv), 151, 153 oben, 154 (Goethe-Schiller-Archiv), 158 unten, 163, 164 unten, 169 (Herzogin Anna Amalia Bibliothek), 220, 221, 222, 223 (Fotos © Sigrid Geske), 224 oben; 232, 233, 234, 235 (Fotos © Angelika Kittel), 255 (Foto © Sigrid Geske), 257

© 2000 VG Bild-Kunst, Bonn, für die Werke von Max Beckmann

© Ruth Walz, Berlin: S. 10/11, 95ff., 181–215

© Ferdinand Wögerbauer für die Bühnenbildentwürfe zu Faust I

Grafik der Grundrisse zu den Bühnenräumen Faust I (S. 25) von Ferdinand Wögerbauer.
Grundrisse zu den Bühnenräumen Faust II (S. 26/27) gezeichnet von Jan Steigert.

# Impressum

Das Buch erscheint anläßlich der Aufführung der Faust-Inszenierung von Peter Stein auf der EXPO in Hannover (22./23.7.–24.9.2000), in Berlin (21./22.10.2000–15.7.2001) und in Wien (8./9.9.–16.12.2001).

Die Deutsche Bibliothek – CIP-Einheitsaufnahme

Peter Stein inszeniert Faust von Johann Wolfgang Goethe : das Programmbuch. Faust I und II; [anläßlich der Aufführung der Faust-Inszenierung von Peter Stein auf der EXPO in Hannover (22./23.7.–24.9.2000), in Berlin (21./22.10.2000–15.7.2001) und in Wien (8./9.9.–16.12.2001)] / hrsg. von Roswitha Schieb unter Mitarb. von Anna Haas. - Köln : DuMont, 2000
ISBN 3-7701-5418-5


Lektorat: Katja Omonsky, Yvonne Paris, DuMont Buchverlag
Umschlaggestaltung: ESKOM Partner, Hamburg
Reproduktionen: Litho Köcher, Köln
Satz und Layout: Angela Buntenbroich, DuMont Buchverlag, Köln
Druck und buchbinderische Verarbeitung: Neue Stalling, Oldenburg

Printed in Germany ISBN 3-7701-5418-5